기출이 답이다

한국전력공사

NCS & 전공 7개년 기출복원문제 + 무료한전특강

SD에듀
㈜시대고시기획

2023 하반기 기출이 답이다!
한국전력공사(한전) NCS & 전공 7개년 기출 + 무료한전특강

Always **with you**

사람의 인연은 길에서 우연하게 만나거나 함께 살아가는 것만을 의미하지는 않습니다.
책을 펴내는 출판사와 그 책을 읽는 독자의 만남도 소중한 인연입니다.
SD에듀는 항상 독자의 마음을 헤아리기 위해 노력하고 있습니다.
늘 독자와 함께하겠습니다.

자격증 · 공무원 · 금융/보험 · 면허증 · 언어/외국어 · 검정고시/독학사 · 기업체/취업
이 시대의 모든 합격! SD에듀에서 합격하세요!
www.youtube.com → SD에듀 → 구독

PREFACE

머리말

깨끗하고 안전한 에너지를 만들어가는 한국전력공사는 2023년 하반기에 신입사원을 채용할 예정이다. 한국전력공사의 채용절차는 「입사지원서 접수 ➡ 서류전형 ➡ 필기전형 ➡ 역량면접 등 ➡ 종합면접 ➡ 신원조사 및 건강검진 ➡ 최종합격자 발표」 순서로 진행되며, 외국어 성적에 가산점을 합산한 총점의 고득점자 순으로 채용예정인원의 최대 70배수에게 필기전형 응시 기회를 부여한다. 필기전형은 직무능력검사로 진행된다. 의사소통능력, 수리능력, 문제해결능력을 공통으로 평가하고, 자원관리능력, 정보능력, 기술능력(전공)을 직렬별로 평가한다. 2022년 하반기에는 PSAT형으로 출제되었다. 필기전형 고득점자 순으로 채용예정인원의 2.5배수에게 면접전형 응시 기회가 주어지므로, 합격을 위해서는 필기전형에서의 고득점이 중요하다.

한국전력공사 필기전형 합격을 위해 SD에듀에서는 기업별 NCS 시리즈 누적 판매량 1위의 출간경험을 토대로 다음과 같은 특징을 가진 도서를 출간하였다.

도서의 특징

❶ 한국전력공사 대표유형을 통한 출제 유형 확인!
- 한국전력공사 직무능력검사 영역별로 대표유형을 수록하여 한국전력공사 필기유형을 분석할 수 있도록 하였다.

❷ 한국전력공사 기출복원문제를 통한 실력 상승!
- 한국전력공사 7개년(2022~2016년) NCS&전공 기출문제를 복원하여 한국전력공사 필기전형에 완벽히 대비할 수 있도록 하였다.

❸ 주요 공기업 기출복원문제를 통한 공기업 출제 유형 연습!
- 2023년 상반기 주요 공기업 NCS&전기 기출문제를 복원하여 공기업 필기전형 빈출 유형을 파악할 수 있도록 하였다.

❹ 다양한 콘텐츠로 최종합격까지!
- 기출 특강과 온라인 모의고사 응시 쿠폰을 무료로 제공하여 채용 전반을 대비할 수 있도록 하였다.

끝으로 본 도서를 통해 한국전력공사 채용을 준비하는 모든 수험생 여러분이 합격의 기쁨을 누리기를 진심으로 기원한다.

SDC(Sidae Data Center) 씀

한국전력공사 이야기

○ 미션

> 전력수급 안정으로 국민경제 발전에 이바지

○ 비전

> ## KEPCO – A Smart Energy Creator
> 사람 중심의 깨끗하고 따뜻한 에너지

○ 핵심가치

변화혁신	우리는 먼저 변화와 혁신을 실행한다.
고객존중	우리는 먼저 고객을 위한 가치를 실현한다.
상생성장	우리는 먼저 협력과 상생을 추구한다.
미래지향	우리는 먼저 미래를 준비하고 나아간다.
신뢰소통	우리는 먼저 소통을 통한 신뢰를 추구한다.

전략목표 & 전략과제

전략목표	전략과제
재무위기 극복 및 국민편익 증진	1. 고강도 자구책으로 재무 건전화 2. 요금체계 합리화 및 고객 서비스 혁신 3. 데이터 개방 확대 및 플랫폼 고도화
국가 전원믹스 구현을 위한 미래전력망 구축	4. 수용성 고려 계통 건설 최적화 5. 변동성 대응 계통 안정성 강화 6. 디지털 기반 계통 운영 고도화
기후위기 대응 및 전력안보를 위한 탄소중립 이행	7. 수요 최적화로 소비 효율 향상 8. 탄소중립 핵심기술 확보 추진 9. 질서 있는 재생에너지 확산 선도
지속가능한 사업 기반 강화로 전력생태계 경쟁력 제고	10. 안전·청렴 최우선 경영원칙 확립 11. 경영시스템 혁신으로 효율성 제고 12. ESG경영 고도화 및 확산 지원
민간 협업 기반 친환경 · e신사업 성장동력 확보	13. 민간 주도 신산업 활성화 지원 14. 친환경 중심 해외사업 재편 15. 해외원전 수익확대 및 수주협력 강화

인재상

통섭형 인재

융합적 사고를 바탕으로 Multi-specialist를 넘어 오케스트라 지휘자 같이 조직 역량의 시너지를 극대화하는 인재

기업가형 인재

회사에 대한 무한한 책임과 주인의식을 가지고 개인의 이익보다는 회사를 먼저 생각하는 인재

Global Pioneer

가치창조형 인재

현재 가치에 안주하지 않고, 글로벌 마인드에 기반한 날카로운 통찰력과 혁신적인 아이디어로 새로운 미래가치를 충족해 내는 인재

도전적 인재

뜨거운 열정과 창의적 사고를 바탕으로 실패와 좌절을 두려워하지 않고 지속적으로 새로운 도전과 모험을 감행하는 역동적 인재

⬡ 지원자격(공통)

❶ 연령 : 제한 없음[단, 공사 정년(만 60세)에 도달한 자는 지원불가]

❷ 학력 · 전공(자격증)

  • 사무 : 제한 없음

  • 사무 外 : 관련학과 전공자 또는 해당분야 기사 이상 자격증 보유자

  ※ 단, 배전 · 송변전 분야는 산업기사 이상

❸ 병역 : 병역법 제76조에서 정한 병역의무 불이행 사실이 없는 자

❹ 외국어

  • 대상 : 영어 등 10개 외국어

  • 자격기준(TOEIC 기준) : 700점 이상

❺ 당사 인사관리규정 제11조 신규채용자의 결격사유가 없는 자

⬡ 필기&면접전형

구분	사무	배전 · 송변전	ICT · 토목 · 건축 · 발전
직무능력검사	(공통) 의사소통능력, 수리능력, 문제해결능력		
	자원관리능력, 정보능력	자원관리능력, 기술능력(전공문항)	정보능력, 기술능력(전공문항)
인성 · 인재상 · 조직적합도 검사	한전 인재상 및 핵심가치, 태도, 직업윤리, 대인관계능력 등 인성 전반		
역량면접	PT발표 · 토론 · 실무(전공)면접 등의 방법으로 직무수행능력 평가 ※ 면접관련 세부내용은 추후 별도 안내		
종합면접	인성, 조직적합도, 청렴수준, 안전역량 등 종합평가		

❶ 직무능력검사 과락제 시행

  • 영역별 풀이 제한시간 구분 없음(평가시간 70분 내에 응시자가 자율적으로 시간 안배)

  • 5개 영역 중 1개 이상의 영역에서 과락점수 이하 득점 시 총점과 관계없이 탈락

  ※ 과락점수 : 모집단위별(직군, 권역) 대상인원의 성적하위 30%(상대점수)

❷ 사무 분야를 제외한 기술 분야의 경우 기술능력 평가는 전공문항(15문항)으로 대체

  • 사무 : NCS 50문항(100점)

  • 기술 : NCS 40문항(70점) + 전공 15문항(30점)

  ※ 기술 분야의 전공문항은 관련 분야의 기사(필기 및 실기) 수준으로 출제

❖ 위 채용안내는 2022년 하반기 채용공고를 기준으로 작성하였으므로 세부내용은 반드시 확정된 채용공고를 확인하기 바랍니다.

최신 기출분석

총평

영역별로 난이도 차이가 다소 있었지만, 전체적인 난이도는 어렵지 않다는 의견이 많았다. 의사소통능력은 지문이 길어서 시간이 오래 걸렸다는 평이 많았다. 수리영역은 응용수리 문제가 많이 나왔고, 문제해결능력과 자원관리능력은 평이했다는 의견이 있었다. 전체적으로 시간이 부족했다는 의견이 많았다.

◯ 의사소통능력

출제 특징	• 재생에너지, 전력유통망 관련 지문이 출제됨 • 내용일치, 추론하기, 문장배열 등의 유형이 출제됨
출제 키워드	• RPS, 재생에너지, 자동차 폐배터리 사업 등

◯ 수리능력

출제 특징	• 자료해석, 계산문제 등이 출제됨 • 응용수리 문제가 많이 출제됨
출제 키워드	• 상·하의 길이, 방정식 등

◯ 문제해결능력&자원관리능력

출제 특징	• 조건명제 문제가 다수 출제됨 • 주어진 자료를 해석해야 하는 문제가 출제됨
출제 키워드	• 사은품, 보고체계, 보상규정 등

◯ 정보능력

출제 특징	• 엑셀 문제가 출제됨 • 특정 코드를 맞추는 문제가 출제됨
출제 키워드	• 암호키, 제품코드, 도서관 분류코드 등

◯ 기술능력

출제 특징	• 통신과 관련된 문제가 다수 출제됨
출제 키워드	• 프린트 문제해결 등

PSAT형

※ 다음은 K공단의 국내 출장비 지급 기준에 대한 자료이다. 이어지는 질문에 답하시오. **[15~16]**

〈국내 출장비 지급 기준〉

① 근무지로부터 편도 100km 미만의 출장은 공단 차량 이용을 원칙으로 하며, 다음 각호에 따라 "별표 1"에 해당하는 여비를 지급한다.
　㉠ 일비
　　ⓐ 근무시간 4시간 이상 : 전액
　　ⓑ 근무시간 4시간 미만 : 1일분의 2분의 1
　㉡ 식비 : 명령권자가 근무시간이 모두 소요되는 1일 출장으로 인정한 경우에는 1일분의 3분의 1 범위 내에서 지급
　㉢ 숙박비 : 편도 50km 이상의 출장 중 출장일수가 2일 이상으로 숙박이 필요할 경우, 증빙자료 제출 시 숙박비 지급
② 제1항에도 불구하고 공단 차량을 이용할 수 없어 개인 소유 차량으로 업무를 수행한 경우에는 일비를 지급하지 않고 이사장이 따로 정하는 바에 따라 교통비를 지급한다.
③ 근무지로부터 100km 이상의 출장은 "별표 1"에 따라 교통비 및 일비는 전액을, 식비는 1일분의 3분의 2 해당액을 지급한다. 다만, 업무 형편상 숙박이 필요하다고 인정할 경우에는 출장기간에 대하여 숙박비, 일비, 식비 전액을 지급할 수 있다.

〈별표 1〉

구분	교통비				일비 (1일)	숙박비 (1박)	식비 (1일)
	철도임	선임	항공임	자동차임			
임원 및 본부장	1등급	1등급	실비	실비	30,000원	실비	45,000원
1, 2급 부서장	1등급	2등급	실비	실비	25,000원	실비	35,000원
2, 3, 4급 부장	1등급	2등급	실비	실비	20,000원	실비	30,000원
4급 이하 팀원	2등급	2등급	실비	실비	20,000원	실비	30,000원

1. 교통비는 실비를 기준으로 하되, 실비 정산은 국토해양부장관 또는 특별시장·광역시장·도지사·특별자치도지사 등이 인허한 요금을 기준으로 한다.
2. 선임 구분표 중 1등급 해당자는 특등, 2등급 해당자는 1등을 적용한다.
3. 철도임 구분표 중 1등급은 고속철도 특실, 2등급은 고속철도 일반실을 적용한다.
4. 임원 및 본부장의 식비가 위 정액을 초과하였을 경우 실비를 지급할 수 있다.
5. 운임 및 숙박비의 할인이 가능한 경우에는 할인 요금으로 지급한다.
6. 자동차임 실비 지급은 연료비와 실제 통행료를 지급한다.
　(연료비)＝[여행거리(km)]×(유가)÷(연비)
7. 임원 및 본부장을 제외한 직원의 숙박비는 70,000원을 한도로 실비를 정산할 수 있다.

특징　▶ 대부분 의사소통능력, 수리능력, 문제해결능력을 중심으로 출제(일부 기업의 경우 자원관리능력, 조직이해능력을 출제)
　　　　▶ 자료에 대한 추론 및 해석 능력을 요구

대행사　▶ 엑스퍼트컨설팅, 커리어넷, 태드솔루션, 한국행동과학연구소(행과연), 휴노 등

모듈형

| 대인관계능력

60 다음 자료는 갈등해결을 위한 6단계 프로세스이다. 3단계에 해당하는 대화의 예로 가장 적절한 것은?

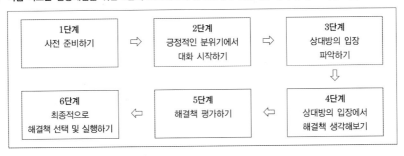

1단계		2단계		3단계
사전 준비하기	⇨	긍정적인 분위기에서 대화 시작하기	⇨	상대방의 입장 파악하기

6단계		5단계		4단계
최종적으로 해결책 선택 및 실행하기	⇦	해결책 평가하기	⇦	상대방의 입장에서 해결책 생각해보기

① 그럼 A씨의 생각대로 진행해 보시죠.

특징
▶ 이론 및 개념을 활용하여 푸는 유형
▶ 채용 기업 및 직무에 따라 NCS 직업기초능력평가 10개 영역 중 선발하여 출제
▶ 기업의 특성을 고려한 직무 관련 문제를 출제
▶ 주어진 상황에 대한 판단 및 이론 적용을 요구

대행사
▶ 인트로맨, 휴스테이션, ORP연구소 등

피듈형(PSAT형 + 모듈형)

| 문제해결능력

60 P회사는 직원 20명에게 나눠 줄 추석 선물 품목을 조사하였다. 다음은 유통업체별 품목 가격과 직원들의 품목 선호도를 나타낸 자료이다. 이를 참고하여 P회사에서 구매하는 물품과 업체를 바르게 연결한 것은?

〈업체별 품목 금액〉

구분		1세트당 가격	혜택
A업체	돼지고기	37,000원	10세트 이상 주문 시 배송 무료
	건어물	25,000원	
B업체	소고기	62,000원	20세트 주문 시 10% 할인
	참치	31,000원	
C업체	스팸	47,000원	50만 원 이상 주문 시 배송 무료
	김	15,000원	

〈구성원 품목 선호도〉

특징
▶ 기초 및 응용 모듈을 구분하여 푸는 유형
▶ 기초인지모듈과 응용업무모듈로 구분하여 출제
▶ PSAT형보다 난도가 낮은 편
▶ 유형이 정형화되어 있고, 유사한 유형의 문제를 세트로 출제

대행사
▶ 사람인, 스카우트, 인크루트, 커리어케어, 트리피, 한국사회능력개발원 등

주요 공기업 적중 문제

한국전력공사

증감률 ▶ 유형

19 다음은 양파와 마늘의 재배에 관한 자료의 일부이다. 이에 대한 설명으로 적절하지 않은 것은?

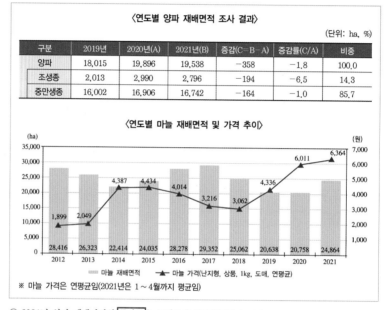

〈연도별 양파 재배면적 조사 결과〉

(단위: ha, %)

구분	2019년	2020년(A)	2021년(B)	증감(C=B−A)	증감률(C/A)	비중
양파	18,015	19,896	19,538	−358	−1.8	100.0
조생종	2,013	2,990	2,796	−194	−6.5	14.3
중만생종	16,002	16,906	16,742	−164	−1.0	85.7

〈연도별 마늘 재배면적 및 가격 추이〉

※ 마늘 가격은 연평균임(2021년은 1 ~ 4월까지 평균임)

① 2021년 양파 재배면적의 증감률은 조생종이 중만생종보다 크다.

② 마늘 가격은 마늘 재배면적에 반비례한다.

③ 마늘의 재배면적은 2017년이 가장 넓다.

④ 2021년 재배면적은 작년보다 양파는 감소하였고, 마늘은 증가하였다.

⑤ 마늘 가격은 2018년 이래로 계속 증가하였다.

할인 금액 ▶ 유형

13 S회사는 18주년을 맞이해 기념행사를 하려고 한다. 이에 걸맞은 단체 티셔츠를 구매하려고 하는데, A회사는 60장 이상 구매 시 20% 할인이 되고 B회사는 할인이 안 된다고 한다. A회사에서 50장을 구매하고 B회사에서 90장을 구매했을 때 가격은 약 399,500원이고, A회사에서 100장을 구매하고 B회사에서 40장을 구매했을 때 가격은 약 400,000원이다. A회사와 B회사의 할인 전 티셔츠 가격은?

	A회사	B회사
①	3,950원	2,100원
②	3,900원	2,200원
③	3,850원	2,300원
④	3,800원	2,400원
⑤	3,750원	2,500원

한국가스기술공사

브레인스토밍 ▶ 키워드

10 발산적 사고를 개발하기 위한 방법으로는 자유연상법, 강제연상법, 비교발상법이 있다. 다음 제시문의 보고회에서 사용된 사고 개발 방법으로 가장 적절한 것은?

> 충남 보령시는 2022년에 열리는 보령해양머드박람회와 연계할 사업을 발굴하기 위한 보고회를 개최하였다. 경제적·사회적 파급 효과의 극대화를 통한 성공적인 박람회 개최를 도모하기 위해 마련된 보고회는 각 부서의 업무에 국한하지 않은 채 가능한 많은 양의 아이디어를 자유롭게 제출하는 방식으로 진행됐다.
> 홍보미디어실에서는 박람회 기간 가상현실(VR)·증강현실(AR) 체험을 통해 사계절 머드 체험을 할 수 있도록 사계절 머드체험센터 조성을, 자치행정과에서는 박람회 임시주차장 조성 및 박람회장 전선 지중화 사업을, 교육체육과에서는 세계 태권도 대회 유치를 제안했다. 또 문화새마을과에서는 KBS 열린음악회 및 전국노래자랑 유치를, 세무과에서는 e-스포츠 전용경기장 조성을, 회계과에서는 해상케이블카 조성 및 폐광지구 자립형 농어촌 숙박단지 조성 등을 제안했다. 사회복지과에서는 여성 친화 플리마켓을, 교통과에서는 장항선 복선전철 조기 준공 및 열차 증편을, 관광과는 체험·놀이·전시 등 보령머드 테마파크 조성 등의 다양한 아이디어를 내놓았다.
> 보령시는 이번에 제안된 아이디어를 토대로 실현 가능성 등을 검토하고, 박람회 추진에 참고자료로 적극 활용할 계획이다.

① 브레인스토밍　　　　　　　② SCAMPER 기법
③ NM법　　　　　　　　　　④ Synectics법
⑤ 육색사고모자 기법

확률 계산 ▶ 유형

12 매일의 날씨 자료를 수집 및 분석한 결과, 전날의 날씨를 기준으로 그 다음 날의 날씨가 변할 확률은 다음과 같았다. 만약 내일 날씨가 화창하다면, 사흘 뒤에 비가 올 확률은?

전날 날씨	다음 날 날씨	확률
화창	화창	25%
화창	비	30%
비	화창	40%
비	비	15%

※ 날씨는 '화창'과 '비'로만 구분하여 분석함

① 12%　　　　　　　　　　② 13%
③ 14%　　　　　　　　　　④ 15%
⑤ 16%

한국전기안전공사

05 다음 기사의 제목으로 가장 적절한 것은?

> K공사는 7 ~ 8월 두 달간 주택용 전기요금 누진제를 한시적으로 완화하기로 했다. 금액으로 치면 모두 2,761억 원가량으로, 가구당 평균 19.5%의 인하 효과가 기대된다. 이를 위해 K공사는 현행 3단계인 누진 구간 중 1단계와 2단계 구간을 확대하는 내용이 담긴 누진제 완화 방안을 발표했다. 사상 유례 없는 폭염 상황에서 7월과 8월 두 달간 누진제를 한시적으로 완화하기로 한 것이다. 누진제 완화는 현재 3단계인 누진 구간 중 1단계와 2단계 구간을 확대하는 방식으로 진행된다. 각 구간별 상한선을 높이게 되면 평소보다 시간당 100kW 정도씩 전기를 더 사용해도 상급 구간으로 이동하지 않기 때문에 누진제로 인해 높은 전기요금이 적용되는 걸 피할 수 있다.
>
> K공사는 누진제 완화와는 별도로 사회적 배려계층을 위한 여름철 냉방 지원 대책도 마련했다. 기초 생활수급자와 장애인, 사회복지시설 등에 적용되는 K공사의 전기요금 복지할인 규모를 7 ~ 8월 두 달간 추가로 30% 확대하기로 한 것이다. 또한, 냉방 복지 지원 대상을 출생 1년 이하 영아에서 3년 이하 영·유아 가구로 늘려 모두 46만 가구에 매년 250억 원을 추가 지원하기로 했다.
>
> K공사는 "폭염이 장기간 지속되면서 사회적 배려계층이 가장 큰 영향을 받기 때문에 특별히 기존 복지할인제도에 더해 추가 보완대책을 마련했다."고 설명했다. 누진제 한시 완화와 사회적 배려계층 지원 대책에 소요되는 재원에 대해서는 재난안전법 개정과 함께 재해대책 예비비 등을 활용해 정부 재정으로 지원하는 방안을 적극 강구하기로 했다.

① 사상 유례없이 장기간 지속되는 폭염
② 1단계와 2단계의 누진 구간 확대
③ 폭염에 대비한 전기요금 대책
④ 주택용 전기요금 누진제 한시적 완화

01 귀하는 최근 회사 내 업무용 개인 컴퓨터의 보안을 강화하기 위하여 다음과 같은 메일을 받았다. 메일 내용을 토대로 귀하가 취해야 할 행동으로 옳지 않은 것은?

발신 : 전산보안팀
수신 : 전 임직원
제목 : 업무용 개인 컴퓨터 보안대책 공유
내용 : 안녕하십니까. 전산팀 ○○○ 팀장입니다. 최근 개인정보 유출 등 전산보안 사고가 자주 발생하고 있어 각별한 주의가 필요한 상황입니다. 이에 따라 자사에서도 업무상 주요 정보가 유출되지 않도록 보안프로그램을 업그레이드하는 등 전산보안을 더욱 강화하고 있습니다. 무엇보다 업무용 개인 컴퓨터를 사용하는 분들이 특히 신경을 많이 써주셔야 철저한 보안이 실천됩니다. 번거로우시더라도 아래와 같은 사항을 따라주시길 바랍니다. • 인터넷 익스플로러를 종료할 때마다 검색기록이 삭제되도록 설정해주세요. • 외출 또는 외근으로 장시간 컴퓨터를 켜두어야 하는 경우에는 인터넷 검색기록을 직접 삭제해주세요. • 인터넷 검색기록 삭제 시, 기본 설정되어 있는 항목 외에도 '다운로드 기록', '양식 데이터', '암호', '추적방지, ActiveX 필터링 및 Do Not Track 데이터'를 모두 체크하여 삭제해주세요(단, 즐겨찾기 웹 사이트 데이터 보존 부분은 체크 해제할 것). • 인터넷 익스플로러에서 방문한 웹 사이트 목록을 저장하는 기간을 5일로 변경해주세요. • 자사에서 제공 중인 보안프로그램은 항시 업데이트하여 최신 상태로 유지해주세요.

한국동서발전

신재생 ▶ 키워드

17 다음 중 스마트미터에 대한 내용으로 올바르지 않은 것은?

스마트미터는 소비자가 사용한 전력량을 일방적으로 보고하는 것이 아니라, 발전사로부터 전력 공급 현황을 받을 수 있는 양방향 통신, AMI(AMbient Intelligence)로 나아간다. 때문에 부가적인 설비를 더하지 않고 소프트웨어 설치만으로 집안의 통신이 가능한 각종 전자기기를 제어하는 기능까지 더할 수 있어 에너지를 더욱 효율적으로 관리하게 해주는 전력 시스템이다.

스마트미터는 신재생에너지가 보급되기 위해 필요한 스마트그리드의 기초가 되는 부분으로 그 시작은 자원 고갈에 대한 걱정과 환경 보호 협약 때문이었다. 하지만 스마트미터가 촉구되었던 더 큰 이유는 안정적으로 전기를 이용할 수 있느냐 하는 두려움 때문이었다. 사회는 끊임없는 발전을 이뤄왔지만 천재지변으로 인한 시설 훼손이나 전력 과부하로 인한 블랙아웃 앞에서는 어쩔 도리가 없었다. 태풍과 홍수, 산사태 등으로 막대한 피해를 보았던 2000년 대 초반 미국을 기점으로, 전력 정보의 신뢰도를 위해 스마트미터 산업은 크게 주목받기 시작했다. 대중은 비상시 전력 보급 현황을 알기 원했고, 미 정부는 전력 사용 현황을 파악함은 물론, 소비자가 전력 사용량을 확인할 수 있도록 제공하여 소비자 스스로 전력 사용을 줄이길 바랐다.

한편, 스마트미터는 기존의 전력 계량기를 교체해야 하는 수고와 비용이 들지만, 실시간으로 에너지 사용량을 알 수 있기 때문에 이용하는 순간부터 공급자인 발전사와 소비자 모두가 전력 정보를 편이하게 접할 수 있을 뿐만 아니라 효율적으로 관리가 가능해진다. 앞으로는 소비처로부터 멀리 떨어진 대규모 발전 시설에서 생산하는 전기뿐만 아니라, 스마트 그린시티에 설치된 발전설비를 통한 소량의 전기들까지 전기 가격을 하나의 정보로 규합하여 소비자가 필요에 맞게 전기를 소비할 수 있게 하였다. 또한, 소형 설비로 생산하거나 에너지 저장 시스템에 사용하다 남은 소량의 전기는 전력 시장에 역으로 제공해 보상을 받을 수도 있게 된다.

미래 에너지는 신재생에너지로의 완전한 전환이 중요하지만, 산업체는 물론 개개인이 에너지를 절약하는 것 역시 중요하다. 앞서 미국이 의도했던 것처럼 스마트미터를 보급하면 일상에서 쉽게 에너지 운용을 파악할 수 있게 되고, 에너지 절약을 습관화하는 데 도움이 될 것이다.

한국중부발전

글의 수정 ▶ 유형

11 다음 ⑦ ~ ㉣의 수정사항으로 적절하지 않은 것은?

오늘날 인류가 왼손보다 오른손을 ⑦ 더 선호하는 경향은 어디서 비롯되었을까? 오른손을 귀하게 여기고 왼손을 천대하는 현상은 어쩌면 산업화 이전 사회에서 배변 후 사용할 휴지가 없었다는 사실과 관련이 있을 법하다. 맨손으로 배변 뒤처리를 하는 것은 ㉡ 불쾌할 뿐더러 병균을 옮길 위험을 수반하는 일이었다. 이런 위험의 가능성을 낮추는 간단한 방법은 음식을 먹거나 인사할 때 다른 손을 사용하는 것이었다. 기술 발달 이전의 사회는 대개 왼손을 배변 뒤처리에, 오른손을 먹고 인사하는 일에 사용했다.

나는 이런 배경이 인간 사회에 널리 나타나는 '오른쪽'에 대한 긍정과 '왼쪽'에 대한 ㉢ 반감을 어느 정도 설명해 줄 수 있으리라고 생각한다. 그러나 이 설명은 왜 애초에 오른손이 먹는 일에, 그리고 왼손이 배변 처리에 사용되었는지 설명해주지 못한다. 동서양을 막론하고, 왼손잡이 사회는 확인된 바가 없기 때문이다. ㉣ 하지만 왼손잡이 사회가 존재할 가능성도 있으므로 만약 왼손잡이를 선호하는 사회가 발견된다면 이러한 논란은 종결되고 왼손잡이와 오른손잡이에 대한 새로운 이론이 등장할 것이다. 그러므로 근본적인 설명은 다른 곳에서 찾아야 할 것 같다.

한쪽 손을 주로 쓰는 경향은 뇌의 좌우반구의 기능 분화와 관련되어 있는 것으로 보인다. 보고된 증거에 따르면, 왼손잡이는 읽기와 쓰기, 개념적·논리적 사고 같은 좌반구 기능에서 오른손잡이보다 상대적으로 미약한 대신 상상력, 패턴 인식, 창의력 등 전형적인 우반구 기능에서는 상대적으로 기민한 경우가 많다.

나는 이성 대 직관의 힘겨루기, 뇌의 두 반구 사이의 힘겨루기가 오른손과 왼손의 힘겨루기로 표면화된 것이 아닐까 생각한다. 즉, 오른손이 원래 왼손보다 더 능숙했기 때문이 아니라 뇌의 좌반구가 인간의 행동을 지배하는 권력을 갖게 되었기 때문에 오른손 선호에 이르렀다는 생각이다.

도서 200% 활용하기

한국전력공사 직무능력검사 대표유형으로 영역별 학습

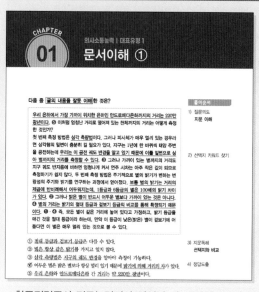
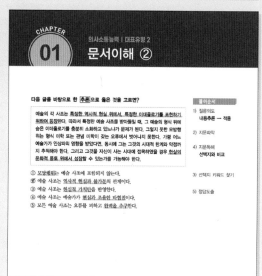

▶ 한국전력공사 직무능력검사 영역별 대표유형을 수록하여 최근 출제되는 문제의 유형을 익히고 점검할 수 있도록 하였다.

한국전력공사 기출복원문제로 맞춤형 학습

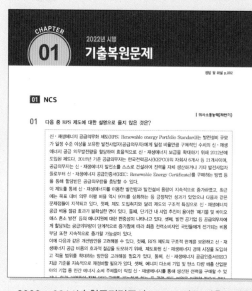
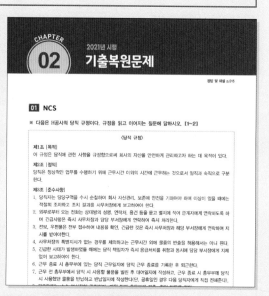

▶ 2022~2016년 한국전력공사 NCS&전공 기출문제를 복원하여 한국전력공사 필기전형에 완벽히 대비할 수 있도록 하였다.

주요 공기업 기출복원문제로 출제 경향 파악

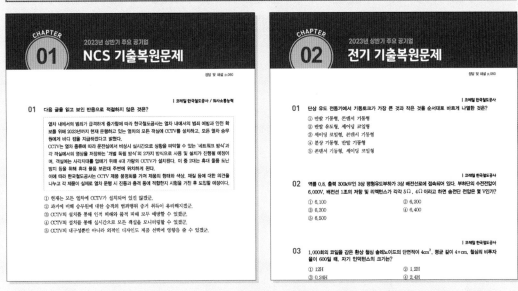

▶ 2023년 상반기 주요 공기업 NCS&전기 기출문제를 복원하여 공기업별 출제 경향을 파악할 수 있도록 하였다.

상세한 해설로 정답과 오답을 완벽하게 이해

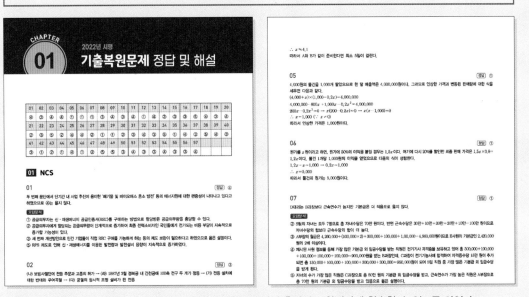

▶ 정답과 오답에 대한 상세한 해설과 추가적인 설명을 수록하여 혼자서도 완벽하게 학습할 수 있도록 하였다.

2023.06.01.(목)

한국전력공사, 국민들의 여름철 에너지비용 부담 경감 위해
전기요금 분할납부 제도 한시적 확대 시행

한국전력공사는 여름철 냉방수요 증가 등으로 인한 국민의 에너지비용 증가 부담 완화를 위해 2023년 6~9월분 전기요금에 대하여 분할납부 제도를 한시적으로 확대 시행하기로 하였다.

기존에는 일부 주택용 고객만 신청 가능하였으나 주거용 주택용 고객을 포함한 소상공인 및 뿌리기업 고객(일반용·산업용·비주거용 주택용)까지 신청 가능대상을 확대하였으며, 한국전력공사와 직접적인 계약관계 없이 전기요금을 관리비 등에 포함하여 납부하는 집합건물(아파트 등 포함) 내 개별세대까지 모두 참여 가능하다.

한전과 직접 전기사용계약을 체결한 고객은 한전:ON 등을 통해 직접 신청 가능하며, 전기요금을 관리비에 포함하여 납부하는 아파트 개별세대와 집합건물 내 상가고객은 관리사무소를 통해 신청할 수 있다.

Keyword

▶ 한전:ON : 전기사용과 관련하여 한전의 서비스를 언제든지 쉽고 편리하게 이용할 수 있는 한전의 서비스 플랫폼이다.

예상 면접 질문

▶ 전기요금 분할납부 제도에 대해 설명해 보시오.
▶ 한전:ON을 설명하고 사용 방안을 확대할 방법에 대한 아이디어가 있다면 말해 보시오.

2023.04.27.(목)

한국전력공사, 산업단지 마이크로그리드 구축 정부 공모사업 2년 연속 수주

한국전력공사는 지난 4월 25일 산업통상자원부와 한국산업단지공단에서 발주한 『스마트그린산단 에너지자급자족 인프라 구축사업』을 2년 연속 수주하였다.

본 사업은 산업단지 에너지 자급자족뿐만 아니라 탄소저감 실현 등 Net-Zero 산단 전환을 위해 태양광 및 그린수소 기반의 통합 에너지관리시스템을 구축하는 대규모 국책 사업으로, 한전은 산업단지별로 다양한 사업모델을 제시하였고, 전남 여수 산단은 주관기업, 대구 성서산단은 참여기업으로 각각 선정되었다.

스마트그린산단 에너지 자급자족 인프라 구축사업 개요에 대한 설명은 다음과 같다.

사업명은 산업단지 에너지 자급자족 인프라 구축 및 운영사업으로, 산업통상자원부, 한국산업단지공단에서 주관한다. 2023년 5월부터 2025년 12월까지 3년간 실시하며 전남 여수산단 380억 원, 대구 성서산단 315억 원을 사업비로 한다. 7개 산단을 선정(산업단지별 우선순위 1개 우선협상자 선정)하고, 주요 사업 내용은 산업단지 내 신재생 인프라 및 지능형 마이크로그리드 구축이다.

Keyword

▶ 마이크로그리드(Microgrid) : 제한된 지역에서 전력망에 IT기술을 접목하여 전력을 자체 생산·저장·소비하는 지능형 전력계통 체계이다.

예상 면접 질문

▶ 마이크로그리드를 활용할 수 있는 다른 방안에 대해 말해 보시오.
▶ 에너지를 자급자족하기 위해 구축할 수 있는 다른 사업에 대해 말해 보시오.

2023.04.26.(수)

한국전력공사, 美 GE 및 EPRI와 수소·암모니아 기술협력 및 탄소중립을 위한 전략적 파트너십 강화 합의

한국전력공사는 현지시간 4월 25일(화) 미국 워싱턴 D.C.에서 GE(GE Vernova, 사장 Scott Strazik)와 수소·암모니아 및 CCUS 분야 기술협력 양해각서(MOU)를 체결했으며, 4월 24일(월) EPRI(미국전력연구원, 대표 Arshad Mansoor)와 수소·암모니아를 포함한 탄소중립 R&D 협력을 위한 MOU를 각각 체결하였다.

GE와의 협약식에는 한전의 이흥주 해외원전부사장과 GE Vernova의 Scott Strazik 사장이 참석하였으며, 양사는 글로벌 탈탄소화 협력 사업 기회를 모색하기 위한 전략적 파트너십을 강화하기로 합의하였다.

양사는 2013년 상업운전을 시작한 멕시코 노르떼 II 가스복합 사업, 현재 건설 중인 말레이시아 풀라우인다 가스복합 사업, 연내 착공 예정인 사우디 자푸라 열병합 사업에 사업주와 주기기(가스터빈) 공급업체로 함께 참여하며 긴밀한 협력관계를 구축해 왔다.

Keyword

▶ **GE(GE Vernova)** : GE 그룹 내에서 에너지를 주력으로 하며, 세부 사업분야는 Power(전력), Renewable Energy(재생에너지), 디지털, 에너지파이낸셜서비스 사업을 포함한다.
▶ **탄소중립** : 기업이나 개인이 발생시킨 이산화탄소 배출량만큼 이산화탄소 흡수량도 늘려 실질적인 이산화탄소 배출량을 0(Zero)로 만드는 것이다.

예상 면접 질문

▶ GE와의 협약을 통해 발전할 수 있는 점에 대해 말해 보시오.
▶ 수소·암모니아 기술이 어떻게 탄소중립을 실현할 수 있는지 설명해 보시오.

한국전력공사, NATO 국제 사이버 보안 합동훈련 참가

한국전력공사는 4월 18일부터 21일까지 열리는 북대서양 조약기구(NATO) 사이버방위센터가 주관하는 국제 사이버 공격방어훈련인 'Locked Shields(락드쉴즈) 23'에 대한민국 · 튀르키예 연합훈련팀으로 참가한다.

우리나라는 한전을 포함한 국정원, 국가보안기술연구소 등 11개 기관 60여 명 규모의 한국 대표팀을 구성하여 작년에 이어 3년 연속으로 합동훈련에 참가하고 있다.

한전은 이번 훈련에 보안 경진대회 입상자 위주로 구성된 사내 정보보안 우수인력 8명이 참가하며, 에너지 분야의 방어팀 일원으로 가상의 에너지시스템에 대한 NATO 사이버 공격팀의 전산망 침투 시도를 방어하는 역할을 담당한다.

이번 훈련을 통해 해외 선진국이 가지고 있는 우수한 사이버 침해대응 능력과 노하우를 습득함으로써, 사이버 보안 대응체계를 점검하고 역량을 강화하는 한편 국내 유관기관들과 사이버 보안분야 협력 관계를 강화하는 계기가 될 것으로 기대하고 있다.

Keyword

▶ Locked Shields(락드쉴즈) : NATO 사이버방위센터가 회원국 간 사이버 방어 협력체제 마련과 종합적인 사이버 위기상황 해결을 위해 매년 에스토니아 탈린에서 실시하는 훈련이다.

예상 면접 질문

▶ Locked Shields(락드쉴즈)에 대해 설명해 보시오.
▶ 사이버 보안을 위해 할 수 있는 다른 사업에 대해 설명해 보시오.

이 책의 차례

Add+

한국전력공사 NCS
대표유형 파헤치기

CHAPTER 01

의사소통능력

합격 CHEAT KEY

의사소통능력은 평가하지 않는 공사·공단이 없을 만큼 필기시험에서 중요도가 높은 영역이다. 또한, 의사소통능력의 문제 출제 비중은 가장 높은 편이다. 이러한 점을 볼 때, 의사소통능력은 NCS를 준비하는 수험생이라면 반드시 정복해야 하는 과목이다.

국가직무능력표준에 따르면 의사소통능력의 세부 유형은 문서이해, 문서작성, 의사표현, 경청, 기초 외국어로 나눌 수 있다. 문서이해·문서작성과 같은 제시문에 대한 주제, 일치 문제의 출제 비중이 높으며, 공문서·기획서·보고서·설명서 등 문서의 특성을 파악하는 문제도 출제되고 있다. 따라서 이러한 분석을 바탕으로 전략을 세우는 것이 매우 중요하다.

01 문제에서 요구하는 바를 먼저 파악하라!

의사소통능력에서 가장 중요한 것은 제한된 시간 안에 빠르고 정확하게 답을 찾아내는 것이다. 그러기 위해서는 우리가 의사소통능력을 공부하는 이유를 잊지 말아야 한다. 우리는 지식을 쌓기 위해 의사소통능력 지문을 보는 것이 아니다. 의사소통능력에서는 지문이 아니라 문제가 주인공이다! 지문을 보기 전에 문제를 먼저 파악해야 한다. 주제 찾기 문제라면 첫 문장과 마지막 문장 또는 접속어를 주목하자! 내용일치 문제라면 지문과 문항의 일치/불일치 여부만 파악한 뒤 빠져 나오자! 지문에 빠져드는 순간 소중한 시험 시간은 속절없이 흘러 버린다!

02 잠재되어 있는 언어능력을 발휘하라!

의사소통능력에는 끝이 없다! 의사소통의 방대함에 포기한 적이 있는가? 세상에 글은 많고 우리가 학습할 수 있는 시간은 한정적이다. 이를 극복할 수 있는 방법은 다양한 글을 접하는 것이다. 실제 시험장에서 어떤 내용의 지문이 나올지 아무도 예측할 수 없다. 따라서 평소에 신문, 소설, 보고서 등 여러 글을 접하는 것이 필요하다. 잠재되어 있는 글에 대한 안목이 시험장에서 빛을 발할 것이다.

03 상황을 가정하라!

업무 수행에 있어 상황에 따른 언어 표현은 중요하다. 같은 말이라도 상황에 따라 다르게 해석될 수 있기 때문이다. 그런 의미에서 자신의 의견을 효과적으로 전달할 수 있는 능력을 평가하는 것은 당연하다. 따라서 다양한 상황에서의 언어표현능력을 함양하기 위한 연습의 과정이 요구된다. 업무를 수행하면서 발생할 수 있는 여러 상황을 가정하고 그에 따른 올바른 언어표현을 정리하는 것이 필요하다. 의사표현 영역의 경우 출제 빈도가 높지는 않지만 상황에 따른 판단력을 평가하는 문항인 만큼 대비하는 것이 필요하다.

04 말하는 이의 입장에서 생각하라!

잘 듣는 것 또한 하나의 능력이다. 상대방의 이야기에 귀 기울이고 공감하는 태도는 업무를 수행하는 관계 속에서 필요한 요소이다. 그런 의미에서 다양한 상황에서의 듣는 능력을 평가하는 것이다. 말하는 이가 요구하는 듣는 이의 태도를 파악하고, 이에 따른 판단을 할 수 있도록 언제나 말하는 사람의 입장이 되는 연습이 필요하다.

05 반복만이 살길이다!

학창 시절 외국어를 공부하던 때를 떠올려 보자! 셀 수 없이 많은 표현들을 익히기 위해 얼마나 많은 반복의 과정을 거쳤는가? 의사소통능력 역시 그러하다. 하나의 문제 유형을 마스터하기 위해 가장 중요한 것은 바로 여러 번, 많이 풀어 보는 것이다.

다음 중 글의 내용을 잘못 이해한 것은?

우리 은하에서 가장 가까이 위치한 은하인 안드로메다은하까지의 거리는 220만 광년이다. ❺ 이처럼 엄청난 거리로 떨어져 있는 천체까지의 거리는 어떻게 측정한 것인가?

첫 번째 측정 방법은 삼각 측량법이다. 그러나 피사체가 매우 멀리 있는 경우라면 삼각형의 밑변이 충분히 길 필요가 있다. 지구는 1년에 한 바퀴씩 태양 주변을 공전하는데 우리는 이 공전 궤도 반경을 알고 있기 때문에 이를 밑변으로 삼아 별까지의 거리를 측정할 수 있다. ❸ 그러나 가까이 있는 별까지의 거리도 지구 궤도 반지름에 비하면 엄청나게 커서 연주 시차는 아주 작은 값이 되므로 측정하기가 쉽지 않다. 두 번째 측정 방법은 주기적으로 별의 밝기가 변하는 변광성의 주기와 밝기를 연구하는 과정에서 얻어졌다. 보통 별의 밝기는 거리의 제곱에 반비례해서 어두워지는데, 1등급과 6등급의 별은 100배의 밝기 차이가 있다. ❷ 그러나 밝은 별이 반드시 어두운 별보다 가까이 있는 것은 아니다. ❹ 별의 거리는 밝기의 절대 등급과 겉보기 등급의 비교를 통해 확정되기 때문이다. ❶ · ❹ 즉, 모든 별이 같은 거리에 놓여 있다고 가정하고, 밝기 등급을 매긴 것을 절대 등급이라 하는데, 만약 이 등급이 낮은(밝은) 별이 겉보기에 어둡다면 이 별은 매우 멀리 있는 것으로 볼 수 있다.

① 절대 등급과 겉보기 등급은 다를 수 있다.
② 별은 항상 같은 밝기를 가지고 있지 않다.
③ 삼각 측량법은 지구의 궤도 반경을 알아야 측정이 가능하다.
✓ 어두운 별은 밝은 별보다 항상 멀리 있기 때문에 밝기에 의해 거리의 차가 있다.
⑤ 우리 은하와 안드로메다은하 간 거리는 약 220만 광년이다.

풀이순서

1) 질문의도
   지문 이해

2) 선택지 키워드 찾기

3) 지문독해
   선택지와 비교

4) 정답도출

📋 **유형 분석**
- 주어진 지문을 읽고 일치하는 선택지를 고르는 전형적인 독해 문제이다.
- 지문은 주로 신문기사(보도자료 등), 업무 보고서, 시사 등이 제시된다.
- 대체로 지문이 긴 경우가 많아 푸는 시간이 많이 소요된다.
  응용문제 : 지문의 주제를 찾는 문제나, 지문의 핵심내용을 근거로 추론하는 문제가 출제된다.

📋 **풀이 전략**
먼저 선택지의 키워드를 체크한 후, 지문의 내용과 비교하며 내용의 일치유무를 신속히 판단한다.

의사소통능력 | 대표유형 2

문서이해 ②

다음 글을 바탕으로 한 추론으로 옳은 것을 고르면?

풀이순서

> 예술의 각 사조는 특정한 역사적 현실 위에서, 특정한 이데올로기를 표현하기
> 위하여 등장한다. 따라서 특정한 예술 사조를 받아들일 때, 그 예술의 형식 뒤에
> 숨은 이데올로기를 충분히 소화하고 있느냐가 문제가 된다. 그렇지 못한 모방행
> 위는 형식 미학 또는 관념 미학이 갖는 오류에서 벗어나지 못한다. 가령 어느
> 예술가가 인상파의 영향을 받았다면, 동시에 그는 그것의 시대적 한계와 약점까
> 지 추적해야 한다. 그리고 그것을 자신이 사는 시대에 접목하였을 경우 현실의
> 문화적 풍토 위에서 성장할 수 있는가를 가늠해야 한다.

1) 질문의도
   내용추론 → 적용

2) 지문파악

4) 지문독해
   선택지와 비교

① 모방행위는 예술 사조에 포함되지 않는다.
② 예술 사조는 역사적 현실과 불가분의 관계이다.
③ 예술 사조는 현실적 가치만을 반영한다.
④ 예술 사조는 예술가가 현실과 조율한 타협점이다.
⑤ 모든 예술 사조는 오류를 피하고 완벽을 추구한다.

3) 선택지 키워드 찾기

5) 정답도출

📋 **유형 분석**
- 주어진 지문에 대한 이해를 바탕으로 유추할 수 있는 내용을 고르는 문제이다.
- 지문은 주로 업무 보고서, 기획서, 보도자료 등이 제시된다.
- 일반적인 독해 문제와는 달리 선택지의 내용이 애매모호한 경우가 많으므로 꼼꼼히 살펴보아야
  한다.

📋 **풀이 전략**
주어진 지문이 어떠한 내용을 다루고 있는지 파악한 후 선택지의 키워드를 체크한다. 그리고 나
서 지문의 내용에서 도출할 수 있는 내용을 선택지에서 찾아야 한다.

다음 밑줄 친 단어와 유사한 의미를 가진 단어로 적절한 것은?

> 같은 극의 자석이 지니는 동일한 자기적 속성과 그로 인해 발생하는 척력

☑ 성질 : 사람이 지닌 본바탕
② 성급 : 성질이 급함
③ 성찰 : 자신의 마음을 반성하고 살핌
④ 종속 : 자주성이 없이 주가 되는 것에 딸려 붙음
⑤ 예속 : 다른 사람의 지배 아래 매임

풀이순서

1) 질문의도
   유의어

2) 지문파악
   문맥을 보고 단어의
   뜻 유추

3) 정답도출

📑 **유형 분석**
- 주어진 지문에서 밑줄 친 단어의 유의어를 찾는 문제이다.
- 자료는 지문, 보고서, 약관, 공지 사항 등 다양하게 제시된다.
- 다른 문제들에 비해 쉬운 편에 속하지만 실수를 하기 쉽다.
  응용문제 : 틀린 단어를 올바르게 고치는 등 맞춤법과 관련된 문제가 출제된다.

📑 **풀이 전략**
앞뒤 문장을 읽어 문맥을 파악하여 밑줄 친 단어의 의미를 찾는다.

문서작성 ②

기획안을 작성할 때 유의할 점에 대해 김대리가 조언했을 말로 가장 적절하지 않은 것은?

> 발신인 : 김□□
> 수신인 : 이○○
> ○○씨, 김□□ 대리입니다. 기획안 잘 받아봤어요. 검토가 더 필요해서 결과는 시간이 좀 걸릴 것 같고요, 기왕 메일을 드리는 김에 기획안을 쓸 때 지켜야 할 점들에 대해서 말씀드리려고요. 문서는 내용 못지않게 형식을 지키는 것도 매우 중요하니까 다음 기획안을 쓸 때 참고하시면 도움이 될 겁니다.

① 표나 그래프를 활용하는 경우에는 내용이 잘 드러나는지 꼭 점검하세요.
② 마지막엔 반드시 '끝'을 붙여 문서의 마지막임을 확실하게 전달해야 해요.
　　→ 문서의 마지막에 꼭 '끝'을 써야하는 것은 공문서이다.
③ 전체적으로 내용이 많은 만큼 구성에 특히 신경을 써야 합니다.
④ 완벽해야 하기 때문에 꼭 여러 번 검토를 하세요.
⑤ 내용 준비 이전에 상대가 요구하는 것이 무엇인지 고려하는 것부터 해야 합니다.

📋 **유형 분석**　• 실무에서 적용할 수 있는 공문서 작성 방법의 개념을 익히고 있는지 평가하는 문제이다.
　　　　　　　• 지문은 실제 문서 형식, 조언하는 말하기, 조언하는 대화가 주로 제시된다.
　　　　　　　응용문제 : 문서 유형별 문서작성 방법에 대한 내용이 출제된다. 맞고 틀리고의 문제가 아니라 적합한 방법을 묻는 것이기 때문에 구분이 안 되어 있으면 틀리기 쉽다.

📋 **풀이 전략**　각 문서의 작성법을 익히고 해당 내용이 올바르게 적용되었는지 파악한다.

대화 상황에서 바람직한 경청의 방법으로 가장 적절한 것은?

① 상대의 말에 대한 원활한 대답을 위해 상대의 말을 들으면서 미리 대답할 말을 준비한다.

② 대화내용에서 상대방의 잘못이 드러나는 경우, 교정을 위해 즉시 비판적인 조언을 해준다.

③ 상대의 말을 모두 들은 후에 적절한 행동을 하도록 한다.

④ 상대가 전달할 내용에 대해 미리 짐작하여 대비한다.

⑤ 대화내용이 지나치게 사적이다 싶으면 다른 대화주제를 꺼내 화제를 옮긴다.

풀이순서

1) 질문의도
   경청 방법

2) 선택지 확인
   적절한 경청 방법

3) 정답도출

📋 **유형 분석**
- 경청 방법에 대해 이해하고 있는지를 묻는 문제이다.
- 경청 방법에 대한 지식이 있어도 대화 상황이나 예가 제시되었을 때 그 자료를 해석하지 못하면 소용이 없다. 지식과 예를 연결 지어 학습해야 한다.

  응용문제 : 경청하는 태도와 방법에 대한 질문, 경청을 방해하는 요인 등의 지식을 묻는 문제들이 출제된다.

📋 **풀이 전략**   경청에 대한 지식을 익히고 문제에 적용한다.

의사소통능력 | 대표유형 6

의사표현

다음 중 김대리의 의사소통을 저해하는 요인으로 가장 적절한 것은?

> 김대리는 업무를 처리할 때 담당자들과 별도의 상의를 하지 않고 스스로 판단해서 업무를 지시한다. 담당자들은 김대리의 지시 내용이 실제 업무 상황에 적합하지 않다고 생각하지만, 김대리는 자신의 판단에 확신을 가지고 자신의 지시 내용에 변화를 주지 않는다.

☑ 의사소통 기법의 미숙
② 잠재적 의도
③ 선입견과 고정관념
④ 평가적이며 판단적인 태도
⑤ 과거의 경험

풀이순서

1) 질문의도
   의사소통 저해요인

2) 지문파악
   '일방적으로 말하고',
   '일방적으로 듣는' 무
   책임한 마음
   → 의사소통 기법의
   미숙

3) 정답도출

유형 분석
- 상황에 적합한 의사표현법에 대한 이해를 묻는 문제이다.
- 의사표현 방법에 대한 지식이 있어도 대화 상황이나 예가 제시되었을 때 그 자료를 해석하지 못하면 소용이 없다. 지식과 예를 연결지어 학습해야 한다.
  응용문제 : 의사표현방법, 의사표현을 방해하는 요인 등의 지식을 묻는 문제들이 출제된다.

풀이 전략
의사소통의 저해요인에 대한 지식을 익히고 문제에 적용한다.

수리능력

합격 CHEAT KEY

수리능력은 사칙연산·통계·확률의 의미를 정확하게 이해하고 이를 업무에 적용하는 능력으로, 기초연산과 기초통계, 도표분석 및 작성의 문제 유형으로 출제된다. 수리능력 역시 채택하지 않는 공사·공단이 거의 없을 만큼 필기시험에서 중요도가 높은 영역이다.

수리능력은 NCS 기반 채용을 진행한 거의 모든 기업에서 다루었으며, 문항 수는 전체의 평균 16% 정도로 많이 출제되었다. 특히, 난이도가 높은 공사·공단의 시험에서는 도표분석, 즉 자료해석 유형의 문제가 많이 출제되고 있고, 응용수리 역시 꾸준히 출제하는 공사·공단이 많기 때문에 기초연산과 기초통계에 대한 공식의 암기와 자료해석능력을 기를 수 있는 꾸준한 연습이 필요하다.

01 응용수리능력의 공식은 반드시 암기하라!

응용수리능력은 지문이 짧지만, 풀이 과정은 긴 문제도 자주 볼 수 있다. 그렇기 때문에 응용수리능력의 공식을 반드시 암기하여 문제의 상황에 맞는 공식을 적절하게 적용하여 답을 도출해야 한다. 따라서 문제에서 묻는 것을 정확하게 파악하여 그에 맞는 공식을 적절하게 적용하는 꾸준한 노력과 공식을 암기하는 연습이 필요하다.

02 통계에서의 사건이 동시에 발생하는지 개별적으로 발생하는지 구분하라!

통계에서는 사건이 개별적으로 발생했을 때, 경우의 수는 합의 법칙, 확률은 덧셈정리를 활용하여 계산하며, 사건이 동시에 발생했을 때, 경우의 수는 곱의 법칙, 확률은 곱셈정리를 활용하여 계산한다. 특히, 기초통계능력에서 출제되는 문제 중 순열과 조합의 계산 방법이 필요한 문제도 다수이므로 순열(순서대로 나열)과 조합(순서에 상관없이 나열)의 차이점을 숙지하는 것 또한 중요하다. 통계 문제에서의 사건 발생 여부만 잘 판단하여도 계산과 공식을 적용하기가 수월하므로 문제의 의도를 잘 파악하는 것이 중요하다.

03 자료의 해석은 자료에서 즉시 확인할 수 있는 지문부터 확인하라!

대부분의 취업준비생들이 어려워 하는 영역이 수리영역 중 도표분석, 즉 자료해석능력이다. 자료는 표 또는 그래프로 제시되고, 쉬운 지문은 증가 혹은 감소 추이, 간단한 사칙연산으로 풀이가 가능한 문제 등이 있고, 자료의 조사기간 동안 전년 대비 증가율 혹은 감소율이 가장 높은 기간을 찾는 문제들도 있다. 따라서 일단 증가·감소 추이와 같이 눈으로 확인이 가능한 지문을 먼저 확인한 후 복잡한 계산이 필요한 지문을 확인하는 방법으로 문제를 풀이한다면, 시간을 조금이라도 아낄 수 있다. 특히, 그래프와 같은 경우에는 그래프에 대한 특징을 알고 있다면, 그래프의 길이 혹은 높낮이 등으로 대강의 수치를 빠르게 확인이 가능하므로 이에 대한 숙지도 필요하다. 또한, 여러 가지 보기가 주어진 문제 역시 지문을 잘 확인하고 문제를 풀이한다면 불필요한 계산을 생략할 수 있으므로 항상 지문부터 확인하는 습관을 들이기를 바란다.

04 도표작성능력에서 지문에 작성된 도표의 제목을 반드시 확인하라!

도표작성은 하나의 자료 혹은 보고서와 같은 수치가 표현된 자료를 도표로 작성하는 형식으로 출제되는데, 대체로 표보다는 그래프를 작성하는 형태로 많이 출제된다. 지문을 살펴보면 각 지문에서 주어진 도표에도 소제목이 있는 경우가 대부분이다. 이때, 자료의 수치와 도표의 제목이 일치하지 않는 경우 함정이 존재하는 문제일 가능성이 높으므로 도표의 제목을 반드시 확인하는 것이 중요하다. 도표작성의 경우 대부분 비율 계산이 많이 출제되는데, 도표의 제목과는 다른 수치로 작성된 도표가 존재하는 경우가 있다. 그렇기 때문에 지문에서 작성된 도표의 소제목을 먼저 확인하는 연습을 하여 간단하지 않은 비율 계산을 두 번 하는 일이 없도록 해야 한다.

S출판사는 어떤 창고에 도서를 보관하기로 하였다. 창고 A에 보관 작업 시 작업자 3명이 5시간 동안 10,300권의 책을 보관ⓐ할 수 있다. 창고 B에는 작업자 5명을 투입ⓑ시킨다면 몇 시간 후에 일이 끝마치게 되며, 몇 권까지 보관이 되겠는가?(단, 〈보기〉에 주어진 조건을 고려한다)

풀이순서

1) 질문의도
   보관 도서 수 및 작업 시간

2) 조건확인
   ⓐ~ⓕ

〈창고 A〉

사이즈 : 가로 10m×세로 5m×높이 3mⓒ → 150m³ : 10,300권

↓ 2배

〈창고 B〉

사이즈 : 가로 15m×세로 10m×높이 2mⓓ → 300m³ : 20,600권

보기

1. 도서가 창고공간을 모두 차지한다고 가정ⓔ한다.
2. 작업자의 작업능력은 동일ⓕ하다.

	보관 도서 수	시간
①	약 10,300권	약 5시간
②	약 10,300권	약 6시간
③	약 20,600권	약 5시간
✔④	약 20,600권	약 6시간
⑤	약 25,100권	약 5시간

ⓐ 1시간 당 1명이 작업한 도서 수
$10,300 \div 5 \div 3 = 686.67$권

ⓑ 1시간 당 보관 도서 수
$686.67 \times 5 = 3,433.35$권

∴ $20,600 \div 3,433.35 = 6$시간

3) 계산

4) 정답도출

📑 **유형 분석**
- 문제에서 제공하는 정보를 파악한 뒤 사칙연산을 활용하여 계산하는 응용수리 문제이다.
- 제시된 문제 안에 풀이를 위한 정보가 산재되어 있는 경우가 많으므로 문제 속 조건이나 보기 등을 꼼꼼히 읽어야 한다.

응용문제 : 최소공배수 등 수학 이론을 활용하여 계산하는 문제도 자주 출제된다.

📑 **풀이 전략**

문제에서 요구하는 답을 정확히 이해하고, 주어진 상황과 조건을 식으로 치환하여 신속하게 계산한다.

둘레의 길이가 10km@인 원형의 공원이 있다. 어느 지점에서 민수와 민희는 서로 반대 방향ⓑ으로 걷기 시작했다. 민수의 속력이 시속 3km©, 민희의 속력이 시속 2kmⓓ일 때, 둘은 몇 시간 후에 만나는가?

① 1시간
② 2시간
③ 2시간 30분
④ 2시간 50분
⑤ 3시간 20분

풀이순서

1) 질문의도
   만나는 데 걸린 시간

2) 조건확인
   @ ~ ⓓ

3) 계산

4) 정답도출

© 민수의 속력 : 3km/h
ⓓ 민희의 속력 : 2km/h
민수와 민희가 걸은 시간은 x시간으로 같다.

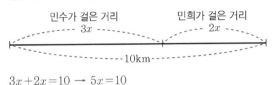

민수가 걸은 거리
$3x$

민희가 걸은 거리
$2x$

10km

$3x + 2x = 10 \rightarrow 5x = 10$
$\therefore \; x = 2$시간

📋 **유형 분석**
- 문제에서 제공하는 정보를 파악한 뒤 방정식을 세워 계산하는 응용수리 문제이다.
- 거리, 속력, 시간의 상관관계를 이해하고 이를 바탕으로 원하는 값을 도출할 수 있는지를 확인하므로 기본적인 공식은 알고 있어야 한다.
  응용문제 : 농도, 확률 등 방정식 및 수학 공식을 활용하여 계산하는 문제도 자주 출제된다.

📋 **풀이 전략**
문제에서 요구하는 답을 미지수로 하여 방정식을 세우고, (거리)=(속력)×(시간) 공식을 통해 필요한 값을 계산한다.

다음은 2020 ~ 2022년의 행정구역별 인구에 관한 자료이다. 전년 대비 2022년의 대구 지역의 인구 증가율을 구하면?(단, 소수점 둘째 자리에서 반올림한다)

풀이순서

〈행정구역별 인구〉

(단위 : 천 명)

구분	2020년	2021년	2022년
전국	20,726	21,012	21,291
서울	4,194	4,190	4,189
부산	1,423	1,438	1,451
대구	971	982	994
(중략)			
경북	1,154	1,170	1,181
경남	1,344	1,367	1,386
제주	247	257	267

① 약 1.1%
③ 약 1.3%
⑤ 약 1.5%
☑ 약 1.2%
④ 약 1.4%

1) 질문의도
2022년 대구의 전년 대비 인구 증가율

2) 조건확인
ⓐ 대구의 2021년 인구 수
: 982천 명
ⓑ 대구의 2022년 인구 수
: 994천 명

- 2021년 대구의 인구 수 : 982천 명
- 2022년 대구의 인구 수 : 994천 명
- 2022년 대구의 전년 대비 인구 수 증가율 : $\frac{994-982}{982} \times 100 ≒ 1.2\%$

3) 계산

4) 정답도출

📋 **유형 분석**
- 표를 통해 제시된 자료를 해석하고 계산하는 자료계산 문제이다.
- 주어진 자료를 통해 증가율이나 감소율 등의 정보를 구할 수 있는지 확인하는 문제이다.
응용문제 : 주어진 자료에 대한 해석을 묻는 문제도 자주 출제된다.

📋 **풀이 전략**
제시되는 자료의 양이 많지만 문제를 푸는 데 반드시 필요한 정보는 적은 경우가 많으므로 질문을 빠르게 이해하고, 필요한 정보를 먼저 체크하면 풀이 시간을 줄일 수 있다.

다음은 2010 ~ 2022년 축산물 수입 추이를 나타낸 그래프이다. 이에 대한 설명으로 옳지 <u>않은</u> 것은?

풀이순서

1) 질문의도
   도표분석

3) 도표분석
   축산물 수입량 / 수입
   액 추이

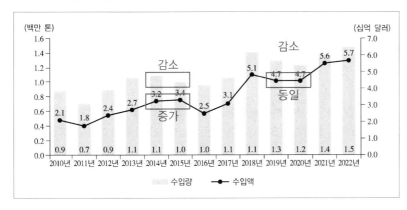

① 2022년 축산물 수입량은 2012년 대비 약 67% 증가하였다.

② 처음으로 2010년 축산물 수입액의 두 배 이상 수입한 해는 2018년이다.

③ 전년 대비 축산물 수입액의 증가율이 가장 높았던 해는 2018년이다.

✔ 축산물 수입량과 수입액의 변화 추세는 동일하다.

⑤ 2012년부터 2015년까지 축산물 수입액은 전년 대비 증가했다.

2) 선택지 키워드 찾기

4) 정답도출

📄 **유형 분석** · 제시된 도표를 분석하여 각 선택지의 정답 유무를 판단하는 자료해석 문제이다.
· 막대 그래프, 꺾은선 그래프 등 다양한 형태의 그래프가 제시되며, 증감률·비율·추세 등을 확인하는 문제이다.
· 경영·경제·산업 등 최신 이슈를 많이 다룬다.
응용문제 : 표의 형식으로 자료를 제시하고 그래프로 변환하는 등의 문제도 자주 출제된다.

📄 **풀이 전략** 각 선택지의 진위 여부를 파악하는 문제이므로 선택지 별로 필요한 정보가 무엇인지 빠르게 파악하고, 필요한 부분을 체크하여 혼동하지 않도록 한다.

CHAPTER 03

문제해결능력

합격 CHEAT KEY

문제해결능력은 업무를 수행하면서 여러 가지 문제 상황이 발생하였을 때, 창의적이고 논리적인 사고를 통하여 이를 올바르게 인식하고 적절히 해결하는 능력을 말한다. 하위능력으로는 사고력과 문제처리능력이 있다.

문제해결능력은 NCS 기반 채용을 진행하는 대다수의 공사·공단에서 채택하고 있으며, 문항 수는 평균 24% 정도로 상당히 많이 출제되고 있다. 하지만 많은 수험생들은 더 많이 출제되는 다른 영역에 몰입하고 문제해결능력은 집중하지 않는 실수를 하고 있다. 다른 영역보다 더 많은 노력이 필요할 수는 있지만 그렇기에 차별화를 할 수 있는 득점 영역이므로 포기하지 말고 꾸준하게 노력해야 한다.

01 질문의 의도를 정확하게 파악하라!

문제해결능력은 문제에서 무엇을 묻고 있는지 정확하게 파악하여 먼저 풀이 방향을 설정하는 것이 가장 효율적인 방법이다. 특히, 조건이 주어지고 답을 찾는 창의적·분석적인 문제가 주로 출제되고 있기 때문에 처음에 정확한 풀이 방향이 설정되지 않는다면 시간만 허비하고 결국 문제도 풀지 못하게 되므로 첫 번째로 출제의도 파악에 집중해야 한다.

중요한 정보는 반드시 표시하라!

위에서 말한 출제의도를 정확히 파악하기 위해서는 문제의 중요한 정보는 반드시 표시나 메모를 하여 하나의 조건, 단서도 잊고 넘어가는 일이 없도록 해야 한다. 실제 시험에서는 시간의 압박과 긴장감으로 정보를 잘못 적용하거나 잊어버리는 실수가 많이 발생하므로 사전에 충분한 연습이 필요하다.

가령 명제 문제의 경우 주어진 명제와 그 명제의 대우를 본인이 한눈에 파악할 수 있도록 기호화, 도식화하여 메모하면 흐름을 이해하기가 더 수월하다. 이를 통해 자신만의 풀이 순서와 방향, 기준 또한 생길 것이다.

03 반복 풀이를 통해 취약 유형을 파악하라!

길지 않은 한정된 시간 동안 모든 문제를 다 푸는 것은 조금은 어려울 수도 있다. 따라서 고득점을 할 수 있는 효율적인 문제 풀이 방법을 찾아야 한다. 이때, 반복적인 문제 풀이를 통해 자신이 취약한 유형을 파악하는 것이 중요하다. 취약 유형 파악은 종료 시간이 임박했을 때 빛을 발할 것이다. 풀 수 있는 문제부터 빠르게 풀고 취약한 유형은 나중에 푸는 효율적인 문제 풀이를 통해 최대한의 고득점을 하는 것이 중요하다. 그러므로 본인의 취약 유형을 파악하기 위해서는 많은 문제를 풀어 봐야 한다.

04 타고나는 것이 아니므로 열심히 노력하라!

대부분의 수험생들이 문제해결능력은 공부해도 실력이 늘지 않는 영역이라고 생각한다. 하지만 그렇지 않다. 문제해결능력이야말로 노력을 통해 충분히 고득점이 가능한 영역이다. 정확한 질문 의도 파악, 취약한 유형의 반복적인 풀이, 빈출유형 파악 등의 방법으로 충분히 실력을 향상시킬 수 있다. 자신감을 갖고 공부하기 바란다.

다음 〈보기〉 중 창의적 사고에 대한 설명으로 적절하지 않은 것을 모두 고르면?

> **보기**
>
> ㉠ 창의적 사고는 아무것도 없는 무에서 유를 만들어 내는 것이다.
>   └▶ 창의적 사고는 끊임없이 참신하고 새로운 아이디어를
>   만들어 내는 것
>
> ㉡ 창의적 사고는 끊임없이 참신한 아이디어를 산출하는 힘이다.
>
> ㉢ 우리는 매일 끊임없이 창의적 사고를 계속하고 있다.
>
> ㉣ 필요한 물건을 싸게 사기 위해서 하는 많은 생각들은 창의적 사고에 해당하
>   지 않는다. └▶ 창의적 사고는 일상생활의 작은 것부터 위대한 것까지
>   포함되며, 우리는 매일 창의적 사고를 하고 있음
>
> ㉤ 창의적 사고를 대단하게 여기는 사람들의 편견과 달리 창의적 사고는 누구에
>   게나 존재한다.

① ㉠, ㉢

② ㉠, ㉣

③ ㉡, ㉣

④ ㉢, ㉤

⑤ ㉣, ㉤

📋 **유형 분석** • 주어진 설명을 통해 이론이나 개념을 활용하여 풀어가는 문제이다.
응용 문제 : 주로 빠른 시간 안에 정답을 도출하는 문제가 출제된다.

📋 **풀이 전략** 모듈이론에 대한 전반적인 학습을 미리 해 두어야 하며, 이를 토대로 주어진 문제에 적용하여
문제를 해결해 나가도록 한다.

사고력 ② - 명제

게임 동호회 회장인 귀하는 주말에 진행되는 게임 행사에 동호회 회원인 A ~ E의 참여 가능 여부를 조사하려고 한다. 다음을 참고하여 E가 행사에 참여하지 않는다고 할 때, 행사에 참여 가능한 사람은 모두 몇 명인가?   ~e

- A가 행사에 참여하지 않으면, B가 행사에 참여한다.   ~a → b의 대우
      ~a   b   : ~b → a
- A가 행사에 참여하면, C는 행사에 참여하지 않는다.
      a   ~c
- B가 행사에 참여하면, D는 행사에 참여하지 않는다.   b → ~d의 대우
     b   ~d   : d → ~b
- D가 행사에 참여하지 않으면, E가 행사에 참여한다.   ~d → e의 대우
     ~d   e   : ~e → d

① 0명   ② 1명
③ 2명   ④ 3명
⑤ 4명

📋 유형 분석	• 주어진 문장을 토대로 논리적으로 추론하여 참 또는 거짓을 구분하는 문제이다. • 대체로 연역추론을 활용한 명제 문제가 출제된다. 응용문제 : 자료를 제시하고 새로운 결과나 자료에 주어지지 않은 내용을 추론해 가는 형식의 문제가 출제된다.
📋 풀이 전략	명제와 관련한 기본적인 논법에 대해서는 미리 학습해 두며, 이를 바탕으로 각 문장에 있는 핵심 단어 또는 문구를 기호화하여 정리한 후, 선택지와 비교하여 참 또는 거짓을 판단한다.

문제처리 ① – SWOT 분석

다음은 분식점에 대한 [SWOT 분석] 결과이다. 이에 대한 대응 방안으로 가장 적절한 것은?

S(강점)	W(약점)
• 좋은 품질의 재료만 사용 • 청결하고 차별화된 이미지	• 타 분식점에 비해 한정된 메뉴 • 배달서비스를 제공하지 않음
O(기회)	**T(위협)**
• 분식점 앞에 곧 학교가 들어설 예정 • 최근 TV프로그램 섭외 요청을 받음	• 프랜차이즈 분식점들로 포화 상태 • 저렴한 길거리 음식으로 취급하는 경향이 있음

① ST전략 : 비싼 재료들을 사용하여 가격을 올려 저렴한 길거리 음식이라는 인식을 바꾼다.
② WT전략 : 다른 분식점들과 차별화된 전략을 유지하기 위해 배달서비스를 시작한다.
✓ SO전략 : TV프로그램에 출연해 좋은 품질의 재료만 사용한다는 점을 부각시킨다.
　　　　　　　　O　　　　　　　　　S
④ WO전략 : TV프로그램 출연용으로 다양한 메뉴를 일시적으로 개발한다.
⑤ WT전략 : 포화 상태의 시장에서 살아남기 위해 다른 가게보다 저렴한 가격으로 판매한다.

풀이순서

1) 질문의도
　SWOT 분석

2) SWOT 분석

3) 정답도출

📋 **유형 분석**
• 상황에 대한 환경 분석 결과를 통해 주요 과제를 도출하는 문제이다.
• 주로 3C 분석 또는 SWOT 분석을 활용한 문제들이 출제되고 있으므로 해당 분석도구에 대한 사전 학습이 요구된다.

📋 **풀이 전략**
문제에 제시된 분석도구를 확인한 후, 분석 결과를 종합적으로 판단하여 각 선택지의 전략 과제와 일치 여부를 판단한다.

문제처리 ② – 공정 관리

다음은 제품 생산에 소요되는 작업 시간을 정리한 자료이다. 〈조건〉이 다음과 같을 때, 이에 대한 설명으로 가장 적절한 것은?

풀이순서

1) 질문의도
   공정 관리 이해

3) 정답도출

〈제품 생산에 소요되는 작업 시간〉

(단위 : 시간)

제품 \ 작업 구분	절삭 작업	용접 작업
a	2	1
b	1	2
c	3	3

2) 조건확인

조건

- a, b, c제품을 각 1개씩 생산한다.
- 주어진 기계는 절삭기 1대, 용접기 1대이다.
- 각 제품은 절삭 작업을 마친 후 용접 작업을 해야 한다.
- 총 작업 시간을 최소화하기 위해 제품의 제작 순서는 관계없다.

☑ 가장 적게 소요되는 총 작업 시간은 8시간이다.

— b → c → a의 순서

② 가장 많이 소요되는 총 작업 시간은 12시간이다.

   a → c → b의 순서 : 총 10시간

③ 총 작업 시간을 최소화하기 위해 제품 b를 가장 늦게 만든다.

④ 총 작업 시간을 최소화하기 위해 제품 a를 가장 먼저 만든다.

⑤ b → c → a의 순서로 작업할 때, b 작업 후 1시간 동안 용접을 더 하면 작업 시간이 늘어난다.

   b 작업 후 1시간의 유휴 시간이 있으므로 작업 시간 변함 없음

📋 **유형 분석**
- 주어진 상황과 정보를 종합적으로 활용하여 풀어가는 문제이다.
- 비용, 시간, 순서, 해석 등 다양한 주제를 다루고 있어 유형을 한 가지로 단일화하기 어렵다.

📋 **풀이 전략**
문제에서 묻는 것을 정확히 파악한 후, 필요한 상황과 정보를 찾아 이를 활용하여 문제를 풀어간다.

CHAPTER 04

자원관리능력

합격 CHEAT KEY

자원관리능력은 현재 많은 NCS 기반 채용을 진행하는 공사·공단에서 핵심영역으로 자리 잡아, 일부를 제외한 대부분의 시험에서 출제 영역으로 꼽히고 있다. 전체 문항수의 10 ~ 15% 비중으로 출제되고 있고, 난이도가 상당히 높기 때문에 NCS를 치를 수험생이라면 반드시 준비해야 할 필수 과목이다.

실제 시험 기출 키워드를 살펴보면 비용 계산, 해외파견 지원금 계산, 주문 제작 단가 계산, 일정 조율, 일정 선정, 행사 대여 장소 선정, 최단거리 구하기, 시차 계산, 소요시간 구하기, 해외파견 근무 기준에 부합한 또는 부합하지 않는 직원 고르기 등 크게 자원계산, 자원관리문제 유형이 출제된다. 대표유형문제를 바탕으로 응용되는 방식의 문제가 출제되고 있기 때문에 비슷한 유형을 계속해서 풀어보면서 감을 익히는 것이 중요하다.

01 시차를 먼저 계산하자!

시간자원관리문제의 대표유형 중 시차를 계산하여 일정에 맞는 항공권을 구입하거나 회의시간을 구하는 문제에서는 각각의 나라 시간을 한국 시간으로 전부 바꾸어 계산하는 것이 편리하다. 조건에 맞는 나라들의 시간을 전부 한국 시간으로 바꾸고 한국 시간과의 시차만 더하거나 빼주면 시간을 단축하여 풀 수 있다.

02 보기를 활용하자!

예산자원관리문제의 대표유형에서는 계산을 해서 값을 요구하는 문제들이 있다. 이런 문제유형에서는 문제 보기를 먼저 본 후 자리 수가 몇 단위로 끝나는지 확인한다. 예를 들어 412,300원, 426,700원, 434,100원, 453,800원인 보기가 있다고 하자. 이 보기는 100원 단위로 끝나기 때문에 제시된 조건에서 100원 단위로 나올 수 있는 항목을 찾아 그 항목만 계산하여 시간을 단축시키는 방법이 있다.
또한, 일일이 계산하는 문제가 많은데 예를 들어 640,000원, 720,000원, 810,000원 등의 수를 이용해 푸는 문제가 있다고 하자. 만 원 단위를 절사하고 계산하여 64, 72, 81처럼 요약하여 적는 것도 시간을 단축하는 방법이다.

03 최적의 값을 구하는 문제인지 파악하자!

물적자원관리문제의 대표유형에서는 제한된 자원 내에서 최대의 만족 또는 이익을 얻을 수 있는 방법을 강구하는 문제가 출제된다. 이때, 구하고자 하는 값을 x, y로 정하고 연립방정식을 이용해 x, y값을 구한다. 최소 비용으로 목표생산량을 달성하기 위한 업무 및 인력 할당, 정해진 시간 내에 최대 이윤을 낼 수 있는 업체 선정, 정해진 인력으로 효율적 업무 배치 등을 구하는 문제에서 사용되는 방법이다.

04 각 평가항목을 비교해보자!

인적자원관리문제의 대표유형에서는 각 평가항목을 비교하여 기준에 적합한 인물을 고르거나, 저렴한 업체를 선정하거나, 총점이 높은 업체를 선정하는 문제가 출제된다. 이런 문제를 해결할 때는 평가항목에서 가격이나 점수 차이에 영향을 많이 미치는 항목을 찾아 지우면 1 ~ 2개의 보기를 삭제하고 3 ~ 4개의 보기만 계산하여 시간을 단축할 수 있다.

05 문제의 단서를 이용하자!

자원관리능력은 계산문제가 많기 때문에, 복잡한 계산은 딱 떨어지게끔 조건을 제시하는 경우가 많다. 단서를 보고 보기에서 부합하지 않는 보기를 1 ~ 2개 먼저 소거한 뒤 계산을 하는 것도 시간을 단축하는 방법이다.

H공사는 한국 현지 시각 기준으로 오후 4시부터 5시까지 외국 지사와 화상 회의를 진행하려고 한다. 모든 지사는 각국 현지 시각으로 오전 8시부터 오후 6시까지 근무한다고 때, 다음 중 회의에 참석할 수 없는 지사 는?(단, 서머타임을 시행하는 국가는 +1:00을 반영한다)

국가	시차	국가	시차
파키스탄	−4:00	불가리아	−6:00
호주	+1:00	영국	−9:00
싱가포르	−1:00		

※ 오후 12시부터 1시까지는 점심시간이므로 회의를 진행하지 않는다.
※ 서머타임 시행 국가 : 영국

✔ 파키스탄 지사(오후 12 ~ 1시) → 회의 참석 불가능(점심시간)
② 호주 지사(오후 5 ~ 6시) → 회의 참석 가능
③ 싱가포르 지사 (오후 3 ~ 4시) → 회의 참석 가능
④ 불가리아 지사(오전 10 ~ 11시) → 회의 참석 가능
⑤ 영국 지사(오전 8 ~ 9시) → 회의 참석 가능

풀이순서

1) 질문의도
   회의에 참석할 수 없는 지사

2) 조건확인
   (ⅰ) 오후 12시부터 1시까지 점심시간 : 회의 ×
   (ⅱ) 서머타임 시행 국가 : 영국

3) 조건적용

4) 정답도출

📋 **유형 분석**
• 시간자원과 관련된 다양한 정보를 활용하여 문제풀이를 이어간다.
• 대체로 교통편 정보나 국가별 시차 정보가 제공되며, 이를 근거로 '회의에 참석할 수 없는 지사'를 고르는 문제가 출제된다.
• 업무수행에 필요한 기술의 개념·원리·절차, 관련 용어, 긍정적·부정적 영향에 대한 이해를 평가한다.

📋 **풀이 전략**
먼저 문제에서 묻는 것을 정확히 파악한다. 특히 제한사항에 대해서는 빠짐없이 확인해 두어야 한다. 이후 제시된 정보(시차 등)에서 필요한 것을 선별하여 문제를 풀어간다.

예산자원관리

K공사 임직원은 신입사원 입사를 맞아 워크숍을 가려고 한다. 총 13명의 임직원이 워크숍에 참여한다고 할 때, 다음 중 가장 저렴한 비용으로 이용할 수 있는 교통편의 조합은 무엇인가?

풀이순서

1) 질문의도
   가장 저렴한 비용인
   교통편의 조합

2) 조건확인
   비고란

3) 조건적용

4) 정답도출

〈이용 가능한 교통편 현황〉

구분	탑승 인원	비용	주유비	비고
소형버스	10명	200,000원	0원	1일 대여 비용
대형버스	40명	500,000원	0원	–
렌터카	5명	80,000원(대당)	50,000원	동일 기간 3대 이상 렌트 시 렌트비용 5% 할인
택시	3명	120,000원(편도)	0원	–
대중교통	제한 없음	13,400원 (1인당, 편도)	0원	10명 이상 왕복티켓 구매 시 총금액에서 10% 할인

① 대형버스 1대 → 500,000원
② 소형버스 1대, 렌터카 1대 → 200,000+130,000=330,000원
③ 소형버스 1대, 택시 1대 → 200,000+(120,000×2)=440,000원
④ 렌터카 3대 → (80,000×3×0.95)+(50,000×3)=378,000원
⑤ 대중교통 13명 → 13,400×13×2×0.9=313,560원

 유형 분석 · 가장 저렴한 비용으로 예산관리를 수행할 수 있는 업무에 대해 묻는 문제이다.

 풀이 전략 제한사항인 예산을 고려하여 문제에서 묻는 것을 정확히 파악한 후 제시된 정보에서 필요한 것을 선별하여 문제를 풀어간다.

대학교 입학을 위해 지방에서 올라온 대학생 S씨는 자취방을 구하려고 한다. 대학교 근처 자취방의 월세와 대학교까지 거리는 아래와 같다. 한 달을 기준으로 S씨가 지출하게 될 자취방 월세와 자취방에서 대학교까지 왕복 시 거리비용을 합산할 때, S씨가 선택할 수 있는 가장 저렴한 비용 의 자취방은?

풀이순서

1) 질문의도
   조건에 적합한 가장 저렴한 비용의 장소 찾기

2) 조건확인
   ① 대학교 통학일(한 달 기준)=15일
   ② 거리비용=1km 당 2,000원

3) 조건적용

4) 정답도출

구분	월세	대학교까지 거리
A자취방	330,000원	1.8km
B자취방	310,000원	2.3km
C자취방	350,000원	1.3km
D자취방	320,000원	1.6km
E자취방	340,000원	1.4km

※ 대학교 통학일(한 달 기준)=15일
※ 거리비용=1km당 2,000원

① A자취방
   $330,000+(1.8 \times 2,000 \times 2 \times 15)=438,000$원
② B자취방
   $310,000+(2.3 \times 2,000 \times 2 \times 15)=448,000$원
③ C자취방
   $350,000+(1.3 \times 2,000 \times 2 \times 15)=428,000$원
✔ D자취방
   $320,000+(1.6 \times 2,000 \times 2 \times 15)=416,000$원
⑤ E자취방
   $340,000+(1.4 \times 2,000 \times 2 \times 15)=424,000$원

📑 **유형 분석**
• 물적자원과 관련된 다양한 정보를 활용하여 풀어가는 문제이다.
• 주로 공정도·제품·시설 등에 대한 가격·특징·시간 정보가 제시되며, 이를 종합적으로 고려하는 문제가 출제된다.

📑 **풀이 전략**
문제에서 묻고자 하는 바를 정확히 파악하는 것이 중요하다. 문제에서 제시한 물적자원의 정보를 문제의 의도에 맞게 선별하면서 풀어간다.

다음은 어느 회사의 승진대상과 승진 규정이다. 다음의 규정에 따를 때, 2023년 현재 직급이 대리인 사람은?

풀이순서

1) 질문의도
   현재 직급 확인

2) 조건확인
   ⓐ~ⓔ

3) 조건적용

4) 정답도출

〈승진규정〉

· 2023년을 기준으로 근속연수가 3년 이상인 자 ⓐ 를 대상으로 한다.
· 출산 휴가 및 병가 기간은 근속 연수에서 제외ⓑ 한다.
· 평가연도 업무평가 점수가 80점 이상ⓒ인 자를 대상으로 한다.
· 평가연도 업무평가 점수는 직전연도 업무평가 점수에서 벌점을 차감한 점수 ⓓ 이다.
· 벌점은 결근 1회당 −10점, 지각 1회당 −5점 ⓔ 이다.
· 근무기간은 입사일로부터 2023년 현재까지를 나타낸다.

〈승진후보자 정보〉

구분	근무기간	작년 업무평가	근태현황		기타
			지각	결근	
사원 A	1년 4개월	79	1	−	−
주임 B	3년 1개월	86	−	1	출산휴가 35일
대리 C	7년 1개월	89	1	1	병가 10일
과장 D	10년 3개월	82	−	−	−
차장 E	12년 7개월	81	2	−	−

① A
② B
③ C
④ D
⑤ E

📋 **유형 분석** · 인적자원과 관련된 다양한 정보를 활용하여 문제를 풀어가는 문제이다.
· 주로 근무명단, 휴무일, 업무할당 등의 주제로 다양한 정보를 활용하여 종합적으로 풀어나가는 문제가 출제된다.

📋 **풀이 전략** 문제에서 근무자배정 혹은 인력배치 등의 주제가 출제될 경우에는 주어진 규정 혹은 규칙을 꼼꼼히 확인하여야 한다. 이를 근거로 각 선택지가 어긋나지 않는지 검토하며 문제를 풀어간다.

CHAPTER 05

정보능력

합격 CHEAT KEY

정보능력은 업무를 수행함에 있어 기본적인 컴퓨터를 활용하여 필요한 정보를 수집, 분석, 활용하는 능력을 의미한다. 또한 업무와 관련된 정보를 수집하고, 이를 분석하여 의미있는 정보를 얻는 능력이다.

국가직무능력표준에 따르면 정보능력의 세부 유형은 컴퓨터 활용 능력·정보처리능력으로 나눌 수 있다.

정보능력은 NCS 기반 채용을 진행한 곳 중 52% 정도가 다뤘으며, 문항 수는 전체에서 평균 6% 정도 출제되었다.

01 평소에 컴퓨터 활용 스킬을 틈틈이 익혀라!

윈도우(OS)에서 어떠한 설정을 할 수 있는지, 응용프로그램(엑셀 등)에서 어떠한 기능을 활용할 수 있는지를 평소에 직접 사용해 본다면 문제를 보다 수월하게 해결할 수 있다. 여건이 된다면 컴퓨터활용능력에 관련된 자격증 공부를 하는 것도 이론과 실무를 익히는 데 도움이 될 것이다.

02 문제의 규칙을 찾는 연습을 하라!

일반적으로 코드체계나 시스템 논리체계를 제공하고 이를 분석하여 문제를 해결하는 유형이 출제된다. 이러한 문제는 문제해결능력과 같은 맥락으로 규칙을 파악하여 접근하는 방식으로 연습이 필요하다.

03 현재 보고 있는 그 문제에 집중하자!

정보능력의 모든 것을 공부하려고 한다면 양이 너무나 방대하다. 그렇기 때문에 수험서에서 본인이 현재 보고 있는 문제들을 집중적으로 공부하고 기억하려고 해야 한다. 그러나 엑셀의 함수 수식, 연산자 등 암기를 필요로 하는 부분들은 필수적으로 암기를 해서 출제가 되었을 때 오답률을 낮출 수 있도록 한다.

04 사진 · 그림을 기억하자!

컴퓨터의 활용 능력을 파악하는 영역이다 보니 컴퓨터 속 옵션, 기능, 설정 등의 사진 · 그림이 문제에 같이 나오는 경우들이 있다. 그런 부분들은 직접 컴퓨터를 통해서 하나하나 확인을 하면서 공부한다면 더 기억에 잘 남게 된다. 조금 귀찮더라도 한 번씩 클릭하면서 확인을 해보도록 한다.

「=INDEX(배열로 입력된 셀의 범위, 배열이나 참조의 행 번호, 배열이나 참조의 열 번호)」

다음 시트에서 [E10] 셀에 수식 「= INDEX (E2:E9, MATCH (0,D2:D9,0))」를 입력했을 때, [E10] 셀에 표시되는 결괏값은?

「=MATCH(찾으려고 하는 값, 연속된 셀 범위, 되돌릴 값을 표시하는 숫자)」

풀이순서

1) 질문의도
   엑셀 함수의 활용
   방법

2) 자료비교

	A	B	C	D	E
1	부서	직위	사원명	근무연수	근무월수
2	재무팀	사원	이수연	2	11
3	교육사업팀	과장	조민정	3	5
4	신사업팀	사원	최지혁	1	3
5	교육컨텐츠팀	사원	김다연	0	2
6	교육사업팀	부장	민경희	8	10
7	기구설계팀	대리	김형준	2	1
8	교육사업팀	부장	문윤식	7	3
9	재무팀	대리	한영혜	3	0
10					

① 0

② 1

✓ 2

④ 3

⑤ 4

「=INDEX(E2:E9,MATCH(0,D2:D9,0))'」을 입력하면
근무연수가 0인 사람의 근무월수가 셀에 표시된다.
따라서 2가 표시된다.

3) 정답도출

📋 **유형 분석**
- 주어진 상황에 사용할 적절한 엑셀 함수가 무엇인지 묻는 문제이다.
- 주로 업무 수행 중에 많이 활용되는 대표적인 엑셀 함수가 출제된다.

응용문제 : 엑셀시트를 제시하여 각 셀에 들어갈 함수식을 고르는 문제가 출제된다.

📋 **풀이 전략**
제시된 조건의 엑셀 함수를 파악 후, 함수를 적용하여 값을 구한다. 엑셀 함수에 대한 기본적인
지식을 익혀 두면 풀이시간을 단축할 수 있다.

정보능력 | 대표유형 2

프로그램 언어(코딩)

다음 프로그램의 결괏값으로 옳은 것은?

```
#include <stdio.h>

int main(){
        int i = 4;
        int k = 2;
        switch(i) {
                case 0:
                case 1:
                case 2:
                case 3: k = 0;
                case 4: k += 5;
                case 5: k -= 20;
                default: k++;
        }
        printf("%d", k);
}
```

i가 4기 때문에 case 4부터 시작한다.
k는 2이고, k+=5를 하면 7이 된다.
case 5에서 k-=20을 하면 -13이 되고,
default에서 1이 증가하여 결괏값은 -12가
된다.

1) 질문의도
   C언어 연산자의 이해

2) 자료비교
   · 연산자 +
   · 연산자 -
   · 연산자 ++

3) 정답도출

① 12   ✔ -12
③ 10   ④ -10
⑤ -11

📋 **유형 분석**
- 주어진 정보를 통해 결괏값이 무엇인지 묻는 문제이다.
- 주로 C언어 연산자를 적용하여 나오는 값을 구하는 문제가 출제된다.

응용문제 : 정보를 제공하지 않고, 기본적인 C언어 지식을 통해 결괏값을 구하는 문제가 출제된다.

📋 **풀이 전략**
제시된 C언어 연산자를 파악 후, 연산자를 적용하여 값을 구한다. C언어에 대한 기본적인 지식을 익혀 두면 코딩 및 풀이시간을 줄일 수 있다.

합격 CHEAT KEY

한국전력공사 직무능력검사에서 기술능력은 직렬별 전공 문항으로 평가한다. 전공 문항은 관련 분야의 기사(필기 및 실기) 수준으로 출제되기 때문에 전공에 대한 기본 지식이 필요하다.

Key 2022년 하반기 기술능력(전기) 기출 키워드

>> KEC 121.2(전선의 식별)
- L1 : 갈색
- L2 : 흑색
- L3 : 회색
- N : 청색
- 보호도체 : 녹색 – 노란색

>> 제2차 접근상태
- 가공 전선이 다른 시설물과 접근하는 경우에 그 가공 전선이 다른 시설물의 위쪽 또는 옆쪽에서 수평 거리로 3m 미만인 곳에 시설되는 상태

>> 나트륨의 성질
- 원자번호 : 11번
- 불꽃의 색상 : 노란색
- 밀도 : 0.968g/cm^3
- 물에 넣으면 격렬히 반응

>> 유도형 발전기
- 동기 발전기와 유사하게 고정자와 회전자로 구성되어 있음
- 동기 발전기와 달리 여자기가 없어 스스로 발전을 할 수 없음
- 유도형 발전기로 발전을 하기 위해서는 외부에서 고정자에 상용전원을 공급해 주어야 함
- 동기속도(1,500rpm) 이상이 되어야 발전이 가능
- 회전자의 구조에 따라 권선형과 농형으로 나뉘며 농형 유도 발전기는 풍력 발전 설비에서 많이 사용

>> 주기와 주파수
- 주기(Period) : 하나의 사이클을 완성하는 데 필요한 시간(T)
- 주파수(Frequency) : 1초 동안 생성되는 신호 주기의 수(f)
- $f = \dfrac{1}{T}$

>> 정합필터(Matched Filter)
- 통신시스템에서 신호를 강조하고 잡음을 억제시켜 성능을 개선하는 필터로 동기 검파 시 심벌 판정에 사용
- 정합필터의 출력은 입력신호의 에너지와 같음
- 특징
  - White Gaussian Noise일 때, 최적의 검파를 수행
  - 동기검파 방식으로 회로 구성이 복잡
  - 송수신기 간 시간 동기가 필요
  - 선형시스템 조건에서 최적의 검파를 수행

>> CSMA/CA(반송파 감지 다중 엑세스 / 충돌 회피 방식)
- WLAN은 공기 중 전송매체이므로 충돌 감지가 불가능하여 전송 전 캐리어 감지를 하고 일정 시간동안 기다리며 사전에 가능한 한 충돌을 회피하는 무선전송 다중 엑세스 방식

>> WLAN(Wireless LAN)
- 장점
  - 케이블이 없어 이동이 자유로움
  - 네트워크 구축비용이 절감됨
  - 네트워크 유지 및 보수가 용이함
- 단점
  - 전파를 사용하는 다른 기기의 간섭을 받음
  - 유선랜에 비해 상대적으로 전송속도가 느림
  - 숨겨진 터미널 문제가 발생

$R=100\,\Omega$, $L=1/\pi\,\mathrm{H}$, $C=100/4\pi\,\mathrm{pF}$이다. 다음 중 직렬공진회로의 Q는 얼마인가?

✓ ① 2×10^{3}　　　　　　　　　② 2×10^{4}

③ 3×10^{2}　　　　　　　　　④ 3×10^{3}

⑤ 3×10^{4}

📑 **유형 분석**
- 관련 공식을 익혀두어야 풀 수 있는 계산 유형이다.
- 공식을 응용하여 문제를 푸는 연습이 필요하다.

📑 **정답 및 해설**

직렬공진회로의 첨예도

$$Q=\frac{1}{R}\sqrt{\frac{L}{C}}=\frac{1}{100}\sqrt{\frac{1/\pi}{100/4\pi\times10^{-12}}}=\frac{1}{100}\times\frac{1}{5}\times10^{6}=2\times10^{3}$$

📑 **문제 풀이 TIP**

공진회로

구분	직렬공진	병렬공진(반공진)
공진조건	$\omega_r L=\dfrac{1}{\omega_r C}$	$\omega_r C=\dfrac{1}{\omega_r L}$
공진주파수	$f_r=\dfrac{1}{2\pi\sqrt{LC}}$	$f_r=\dfrac{1}{2\pi\sqrt{LC}}$
임피던스	최소	최대
전류	최대	최소

첨예도

- 직렬공진 : $Q=\dfrac{1}{R}\sqrt{\dfrac{L}{C}}$
- 병렬공진 : $Q=R\sqrt{\dfrac{C}{L}}$

전기 ②

다음 중 전기력선의 성질에 관한 설명으로 옳지 않은 것은?

① 전기력선은 서로 교차하지 않는다.

② 전기력선은 도체의 표면에 수직이다.

③ 전기력선의 밀도는 전기장의 크기를 나타낸다.

✅ 같은 전기력선은 서로 끌어당긴다.

⑤ 전하가 없는 곳에서 발생한다.

📋 **유형 분석** ・용어의 정의 및 성질을 익혀두어야 풀 수 있는 문제가 출제되므로 관련 이론을 숙지하고 있어야 한다.

📋 **정답 및 해설** 전기력선끼리는 서로 끌어당기지 않고 반발한다.

[오답분석]
전기력선은 서로 교차하지 않고, 도체표면에 수직으로 출입하고, 도체 내부에는 존재하지 않는다. 또한 전계의 세기는 전기력선의 밀도와 같다.

📋 **문제 풀이 TIP** **전기력선의 성질**
・전기력선의 방향은 전계의 방향과 같음
・전기력선의 밀도는 전계의 세기와 같음(∵ 가우스의 법칙)
・전기력선은 전위가 높은 곳에서 낮은 곳으로, (+)에서 (−)로 이동
・전하가 없는 곳에서 발생하지만 소멸이 없음(연속적)
・단위전하에서는 $\dfrac{1}{\varepsilon_0}=36\pi\times10^9$개의 전기력선이 출입
・전기력선은 자신만으로 폐곡선을 이루지 않음
・두 개의 전기력선은 서로 교차하지 않음(전계가 0이 아닌 곳)
・전기력선은 등전위면과 수직 교차함

쿼드비트를 사용하여 1,600baud의 변조 속도를 지니는 데이터 신호가 있다. 이때, 데이터 신호 속도(bps)는?

① 2,400

② 3,200

③ 4,800

✔ 6,400

⑤ 7,200

📋 유형 분석	• 변조 속도와 데이터 신호 속도 간의 공식을 익혀두어야 풀 수 있는 계산 유형이다.	
📋 정답 및 해설	• 쿼드비트(Quadbit)의 변조 시 상태변화 수는 4bit이므로 데이터 신호 속도(bps)는 6,400bps 이다.	
📋 문제 풀이 TIP	• [데이터 신호 속도(bps)]=[변조 속도(baud)]×(변조 시 상태 변화 수)	

다음은 인터럽트 발생 시의 처리 동작이다. 수행 순서를 바르게 나열한 것은?

> ⊙ 현재 수행 중인 명령을 완료하고, 상태를 기억
> ⓒ 인터럽트 요청 신호 발생
> ⓒ 보존한 프로그램 상태로 복귀
> ⓔ 인터럽트 취급 루틴을 수행
> ⑩ 어느 장치가 인터럽트를 요청했는지 판별

① ⓒ → ⑩ → ⊙ → ⓔ → ⓒ

② ⓒ → ⊙ → ⓔ → ⑩ → ⓒ

③ ⓒ → ⊙ → ⑩ → ⓔ → ⓒ

④ ⓒ → ⓔ → ⊙ → ⑩ → ⓒ

⑤ ⓒ → ⓔ → ⊙ → ⓒ → ⑩

유형 분석
- 인터럽트의 의미와 발생 원인, 처리 과정 등에 대한 이해와 컴퓨터 구조에 대한 기본적인 지식이 필요한 유형이다.

정답 및 해설
- **인터럽트의 동작 순서**
  ⓒ 인터럽트의 요청 신호 발생
  ⊙ 현재 수행 중인 명령 완료 및 상태 기억
  ⑩ 어느 장치가 인터럽트를 요청했는지 판별
  ⓔ 인터럽트 취급 루틴 수행
  ⓒ 보존한 프로그램 상태로 복귀

문제 풀이 TIP
- 인터럽트 : CPU가 프로그램을 실행하는 도중 예기치 못한 상황이 발생하여 현재 수행 중인 작업을 중단하고 예외 상황을 처리한 뒤 다시 수행 중인 작업으로 복귀하는 작업이다.
- 인터럽트의 종류
  - 외부 인터럽트 : 정전, CPU의 기능적 오류 등 외부 요인으로 인한 인터럽트
  - 내부 인터럽트 : 잘못된 명령이나 데이터를 사용하였을 때 발생하는 인터럽트
  - 소프트웨어 인터럽트 : 프로그램 수행 중에 명령 요청에 의해서 발생하는 인터럽트

우리 인생의 가장 큰 영광은
결코 넘어지지 않는 데 있는 것이 아니라
넘어질 때마다 일어서는 데 있다.

- 넬슨 만델라 -

PART 1

한국전력공사 기출복원문제

정답 및 해설 p.002

01 NCS

| 의사소통능력(하반기)

01 다음 중 RPS 제도에 대한 설명으로 옳지 않은 것은?

> 신・재생에너지 공급의무화 제도(RPS; Renewable energy Portfolio Standard)는 발전설비 규모가 일정 수준 이상을 보유한 발전사업자(공급의무자)에게 일정 비율만큼 구체적인 수치의 신・재생에너지 공급 의무발전량을 할당하여 효율적으로 신・재생에너지 보급을 확대하기 위해 2012년에 도입된 제도다. 2018년 기준 공급의무자는 한국전력공사(KEPCO)의 자회사 6개사 등 21개사이며, 공급의무자는 신・재생에너지 발전소를 스스로 건설하여 전력을 자체 생산하거나 기타 발전사업자들로부터 신・재생에너지 공급인증서(REC; Renewable Energy Certificate)를 구매하는 방법 등을 통해 할당받은 공급의무량을 충당할 수 있다.
>
> 이 제도를 통해 신・재생에너지를 이용한 발전량과 발전설비 용량이 지속적으로 증가하였고, 최근에는 목표 대비 의무 이행 비율 역시 90%를 상회하는 등 긍정적인 성과가 있었으나 다음과 같은 문제점들이 지적되고 있다. 첫째, 제도 도입취지와 달리 제도의 구조적 특징으로 신・재생에너지 공급 비용 절감 효과가 불확실한 면이 있다. 둘째, 단기간 내 사업 추진이 용이한 '폐기물 및 바이오매스 혼소 발전' 등의 에너지원에 대한 편중성이 나타나고 있다. 셋째, 발전 공기업 등 공급의무자에게 할당되는 공급의무량이 단계적으로 증가함에 따라 최종 전력소비자인 국민들에게 전가되는 비용 부담 또한 지속적으로 증가할 가능성이 있다.
>
> 이에 다음과 같은 개선방안을 고려해볼 수 있다. 첫째, RPS 제도의 구조적 한계를 보완하고 신・재생에너지 공급 비용의 효과적 절감을 도모하기 위해, 제도화된 신・재생에너지 경매 시장을 도입하고 적용 범위를 확대하는 방안을 고려해볼 필요가 있다. 둘째, 신・재생에너지 공급인증서(REC) 지급 기준을 지속적으로 재정비할 필요가 있다. 셋째, 에너지 다소비 기업 및 탄소 다량 배출 산업분야의 기업 등 민간 에너지 소비 주체들이 직접 신・재생에너지를 통해 생산된 전력을 구매할 수 있거나, 민간 기업들이 직접 REC 구매를 가능하게 하는 등 관련 제도 보완을 마련할 필요가 있다.

① 자체 설비만으로 RPS 비율을 채울 수 없을 경우 신・재생에너지 투자 등의 방법으로 대신할 수 있다.
② 발전 비용 증가로 전기료가 인상될 가능성이 있다.
③ 민간 기업은 직접 REC를 구매할 수 없다.
④ 다양한 종류의 신・재생에너지원 사업이 추진되었다.
⑤ 신・재생에너지 발전량이 증가하였다.

02 다음 중 제시된 글의 문단을 논리적 순서대로 바르게 나열한 것은?

> (가) 최초 전등 점화에 성공하기는 하였지만, 전등 사업은 예상처럼 순조롭게 진행되지는 못하였다. 설비비용, 발전 시설 운전에 소요되는 석탄 등 연료비용, 외국 기술자 초빙에 따른 비용이 너무 높았기 때문에 전기 점등에 반대하는 상소를 올리는 사람들도 등장하였다. 게다가 점등된 전등들이 얼마 지나지 않아 툭하면 고장이 나서 전기가 들어오지 않기 일쑤거나 소음도 심해서 사람들은 당시 전등을 '건달불'이라고 부르기도 했다. 더군다나 경복궁에 설치된 발전 설비를 담당하던 유일한 전기 기사 맥케이(William Mckay)가 갑작스럽게 죽으면서 전기 점등이 몇 개월이나 지연되는 사태도 일어났다.
>
> (나) 기록에 의하면 우리나라에 처음 전기가 도입된 때는 개항기였던 1884년쯤이다. 최초의 전기 소비자는 조선의 황실이었으며, 도입국은 미국이었다. 황실의 전기 도입은 '조미 수호 통상 조약' 체결에 대한 감사의 표시로 미국이 조선의 사절단을 맞아들인 것이 직접적인 계기가 되었다. 1883년 미국에 파견된 '보빙사절단'은 발전소와 전신국을 방문하면서 전기의 위력에 감탄해 마지않았고, 특히 에디슨(Edison, Thomas Alva)의 백열등이 발하는 밝은 빛에 매료되고 말았다. 밀초나 쇠기름의 희미한 촛불에 익숙해 있던 그들에게 백열등의 빛은 개화의 빛으로 보였던가 보다. 그들은 미국 방문 중에 에디슨 전기 회사로 찾아가 전기등에 대한 주문 상담까지 벌였고, 귀국 후에는 고종에게 자신들이 받은 강렬한 인상을 전달하였다. 외국 사신들과 서적을 통해 전기에 관해서는 이미 알고 있던 고종은 이들의 귀국 보고를 받고는 바로 전등 설치를 허가하였다. 그리고 3개월 후 공식적으로 에디슨 사에 전등 설비 도입을 발주하였다.
>
> (다) 이런 우여곡절에도 불구하고 고종의 계속적인 지원으로 전등 사업은 계속되어, 1903년에는 경운궁에 자가 발전소가 설치되어 궁내에 약 900개의 백열등이 밝혀지게 되었다. 그 후 순종 황제의 거처가 된 창덕궁에는 45마력의 석유 발전기와 25kW 직류 발전기가 도입되어, 1908년 9월부터 발전에 들어가기도 했다. 전등은 이렇게 항시적으로 구중궁궐(九重宮闕)을 밝히는 조명 설비로 자리를 잡아 갔다.
>
> (라) 갑신정변에 의해 잠시 중단되었던 이 전등 사업은 다시 속개되어, 마침내 1887년 3월 경복궁 내 건천궁에 처음으로 100촉짜리 전구 두 개가 점등될 수 있었다. 프레이자(Everett Frazar)가 총책임을 맡은 이 일은, 경복궁 전체에 750개의 16촉짜리 전등을 설치하고 이에 필요한 발전 설비를 갖추는 당시로서는 대형 사업이었다. 40마력의 전동기 한 대와 이 엔진에 연결할 25kW 직류 발전기가 발전 설비로 도입되었고, 경복궁 내에 있는 향원정의 물이 발전기를 돌리는 데 이용되었다.

① (가) – (나) – (다) – (라)

② (나) – (다) – (가) – (라)

③ (나) – (라) – (가) – (다)

④ (다) – (라) – (가) – (나)

⑤ (다) – (라) – (나) – (가)

03 다음 중 글의 내용으로 적절한 것은?

> 4차 산업혁명이라는 새로운 산업혁신 담론이 제시되면서 각각 분리되어 있던 기존 산업이 IT기술을 통해 서로 융복합하여 새로운 혁신을 이루어 내고 있다. 이러한 산업의 융복합은 부동산서비스업계에서도 함께 진행되어 부동산(Property)과 기술(Technology)이 결합한 프롭테크(Proptech)라는 혁신을 이루어내고 있다.
>
> 프롭테크는 단순히 부동산 매물을 스마트폰으로 확인하는 것 이외에도 다양한 기술을 가지고 있다. 대면계약 대신 모바일로 부동산 계약을 진행하거나, 인공지능 기술을 활용하여 부동산 자산 컨설팅을 받을 수 있으며, 블록체인 기술을 통해 부동산 거래정보를 공유할 수도 있다. 또한 빅데이터 기술을 통해 집값을 실시간으로 산출 및 예측해 주거나, 2차원의 건축도면도 3차원의 입체화면으로 변환하여 보여주는 등 부동산에 관련된 다양하고 편리한 기능들을 사용자에게 제공하고 있다. 특히 코로나19 사태 이후로 메타버스 등의 가상현실 기술을 활용하여 오프라인 견본주택 대신에 모바일 등의 환경에서 가상 모델하우스를 선보이는 등 대형 건설사도 프롭테크 기업들과 협업을 하는 사례가 증가하고 있다.
>
> 이처럼 프롭테크 기술을 통해 굳이 발로 뛰어다니며 발품을 팔지 않아도 스마트폰으로 편리하게 다양한 정보를 손쉽게 얻을 수 있고 거래 사실이 확실한 정보로 남기 때문에 정부에서도 LH 토지주택공사와 SH 서울주택공사가 공급하는 모든 공공분양에 프롭테크 기술을 활용한 전자계약을 의무화하는 등 프롭테크 기술을 적극적으로 활용하고 있다.
>
> 그러나 프롭테크 기술이 성장하면서 기존 산업과의 마찰도 심해지고 있다. 특히 부동산 중개수수료에 대한 기존 공인중개사 업체와 프롭테크 업체 간 갈등이 심하게 진행되고 있다. 그러므로 기존의 업계들과 공존할 수 있도록 정부차원에서 제도적 장치를 마련하는 것이 시급하다.

① 전문가의 말을 인용하여 기술을 소개하고 있다.
② 예상되는 반론을 논파하여 기술의 장점을 강조하고 있다.
③ 비유와 상징을 통해 기술을 설명하고 있다.
④ 다양한 예시를 통해 산업의 융합을 소개하고 있다.
⑤ 기존과 달리 새로운 시각으로 기술을 바라보고 있다.

04 한국전력공사의 직원 A와 B는 해외사업 보고를 위한 프레젠테이션 준비를 하고 있다. A가 혼자 준비할 때 7일, B가 혼자 준비할 때 10일이 걸린다면, 두 명이 같이 준비할 때 최소 며칠이 걸리는가?(단, 소수점 첫째 자리에서 올림한다)

① 2일　　　　　　　　　　　　　　② 3일

③ 4일　　　　　　　　　　　　　　④ 5일

⑤ 6일

05 A마켓에서는 4,000원의 물건이 한 달에 1,000개 팔린다. 물가상승으로 인해 가격을 x원 올렸을 때, 판매량은 $0.2x$ 감소하지만 한 달 매출액이 동일하였다면, 인상한 가격은 얼마인가?

① 1,000원　　　　　　　　　　　　② 1,100원

③ 1,200원　　　　　　　　　　　　④ 1,300원

⑤ 1,400원

06 어떤 물건에 원가의 50% 이익을 붙여 판매했지만 잘 팔리지 않아서 다시 20% 할인해서 판매했더니 물건 1개당 1,000원의 이익을 얻었다. 이 물건의 원가는 얼마인가?

① 5,000원　　　　　　　　　　　　② 5,500원

③ 6,000원　　　　　　　　　　　　④ 6,500원

⑤ 7,000원

※ 다음은 K공사 S팀 직원의 월급 정보이다. 제시된 자료를 보고 이어지는 질문에 답하시오. [7~8]

〈기본급 외 임금수당〉

구분	금액	비고
식비	10만 원	전 직원 공통지급
교통비	10만 원	전 직원 공통지급
근속수당	10만 원	근속연수 1년부터 지급, 3년마다 10만 원씩 증가
자녀수당	10만 원	자녀 1명 당
자격증수당	전기기사 : 50만 원 전기산업기사 : 25만 원 전기기능사 : 15만 원	–

〈사원 정보〉

구분	근속연수	자녀 수	보유 자격증
A부장	7년	2명	–
B과장	2년	1명	전기기사
C과장	6년	3명	–
D대리	4년	1명	전기기능사
E사원	1년	0명	전기산업기사

〈사원별 기본급〉

구분	기본급
A부장	4,260,000원
B과장	3,280,000원
C과장	3,520,000원
D대리	2,910,000원
E사원	2,420,000원

※ (월급)=(기본급)+(기본급 외 임금수당)

07 다음 중 제시된 자료에 대한 설명으로 옳지 않은 것은?

① 근속연수가 높을수록 기본급 또한 높다.
② S팀의 자녀수당의 합보다 근속수당의 합이 더 높다.
③ A부장의 월급은 E사원의 기본급의 2배 이상이다.
④ C과장이 전기기능사에 합격하면 S팀 직원 중 가장 많은 기본급 외 임금수당을 받게 된다.
⑤ 자녀의 수가 가장 많은 직원은 근속연수가 가장 높은 직원보다 기본급 외 임금수당을 더 받는다.

08 제시된 자료를 바탕으로 월급이 높은 순서대로 바르게 나열한 것은?

① A부장 → B과장 → C과장 → D대리 → E사원

② A부장 → B과장 → C과장 → E사원 → D대리

③ A부장 → C과장 → B과장 → D대리 → E사원

④ C과장 → A부장 → B과장 → D대리 → E사원

⑤ C과장 → A부장 → B과장 → E사원 → D대리

09 다음은 K공사의 비품신청서이다. 각 열의 2행에서 〈Ctrl〉＋ 채우기 핸들로 7행까지 드래그 할 때, 표시되는 값이 바르게 연결된 것은?

	A	B	C	D	E
1	순서	신청일	부서	품명	금액
2	1	2022-12-20	영업1팀	A	₩10,000
3					
4					
5					
6					
7					

	순서	신청일	부서	품명	금액
①	1	2022-12-25	영업1팀	F	₩10,000
②	1	2022-12-25	영업2팀	A	₩10,005
③	1	2022-12-20	영업1팀	F	₩10,005
④	6	2022-12-20	영업1팀	A	₩10,005
⑤	6	2022-12-20	영업2팀	F	₩10,000

10 다음은 K헬스장의 회원별 기록표이다. 전체 회원의 개인별 합산 기록과 최대 기록을 입력하기 위해 [B7] 셀과 [B8] 셀에 함수를 입력 후 채우기 핸들 기능을 사용할 때, 입력할 함수가 바르게 연결된 것은?

◢	A	B	C	D	E	F
1		A	B	C	D	E
2	1일 차	20	38	37	58	44
3	2일 차	23	44	40	55	45
4	3일 차	21	45	45	61	47
5	4일 차	24	47	44	62	50
6	5일 차	25	50	52	65	51
7	합산 기록					
8	최대 기록					

	[B7]	[B8]
①	=COUNT(B2:B6)	=MAX(B2:B6)
②	=COUNT(B2:B6)	=LARGE(B2:B6)
③	=SUM(B2:B6)	=MAX(B2:B6)
④	=SUM(B2:B6)	=LARGE(B2:B6)
⑤	=SUM(B2:B6)	=COUNT(B2:B6)

※ 다음은 K도서관의 도서 분류번호에 대한 자료이다. 자료를 보고 이어지는 질문에 답하시오. [11~12]

도서 분류는 8자리로 이루어진다.

A	BB	C	D	E	FF
도서 구분	작가 국적	도서 분류	출판연도	시리즈 유무	판매처

도서 구분	작가 국적	도서 분류
N : 국내도서 F : 해외도서	01 : 한국 02 : 영미 03 : 독일 04 : 프랑스 05 : 중국 06 : 일본	A : 경제 B : 인물 C : 예술 D : 자기계발 E : 에세이 F : 소설 G : 교육 H : 육아

출판연도	시리즈 유무	판매처
a : 1980년대 b : 1990년대 c : 2000년대 d : 2010년대 e : 2020년대	1 : 시리즈 있음 0 : 시리즈 없음	01 : 온라인 단독 10 : 오프라인 단독 11 : 온·오프라인

┃ 정보능력(하반기)

11 한국에서 유명한 프랑스 소설가인 J씨가 그동안 연재했던 소설 '이상한 나라'의 마지막 편인 '이상한 나라 5'가 2022년 출판되어 큰 화제가 되었다. 이 소설이 오프라인 서점인 S서점에서 단독판매를 하기로 결정되었을 때, 해당 도서의 K도서관 분류번호로 옳은 것은?

① F04Fe001
② F04Fe010
③ F04Fe101
④ F04Fe110
⑤ F04Fe111

┃ 정보능력(하반기)

12 다음 중 갑이 K도서관에서 대여한 도서의 분류번호로 옳은 것은?

> 곧 출산예정인 갑은 육아에 대한 정보를 얻기 위해 온·오프라인 베스트셀러인 국내 유명 육아전문가 을이 쓴 도서를 읽기로 결심했다. 단행본이지만 을은 매년 개정판을 냈는데 이 도서관에는 2018년과 2017년 개정판밖에 없어 갑은 그 중 가장 최신판을 대여하였다.

① N01Hd011
② N01Hd111
③ N01He011
④ N01He101
⑤ N01He111

13 다음 중 제시된 지문의 내용과 일치하지 않는 것은?

> 전남 나주시가 강소연구개발특구 운영 활성화를 위해 한국전력, 특구기업과의 탄탄한 소통 네트워크 구축에 나섰다.
>
> 나주시는 혁신산업단지에 소재한 에너지신기술연구원에서 전라남도, 한국전력공사, 강소특구 44개 기업과 전남 나주 강소연구개발특구 기업 커뮤니티 협약을 체결했다고 밝혔다. 이번 협약은 각 주체 간 정보 교류, 보유 역량 활용 등을 위해 특구기업의 자체 커뮤니티 구성에 목적을 뒀다. 협약 주체들은 강소특구 중장기 성장모델과 전략수립 시 공동으로 노력을 기울이고, 적극적인 연구개발(R&D) 참여를 통해 상호 협력의 밸류체인(Value Chain)을 강화하기로 했다.
>
> 커뮤니티 구성에는 총 44개 기업이 참여해 강소특구 주력사업인 지역특성화육성사업에 부합하는 에너지효율화, 특화사업, 지능형 전력그리드 등 3개 분과로 운영된다. 또한 ㈜한국항공조명, ㈜유진테크노, ㈜미래이앤아이가 분과 리더기업으로 각각 지정돼 커뮤니티 활성화를 이끌 예정이다.
>
> 나주시와 한국전력공사는 협약을 통해 기업 판로확보와 에너지산업 수요·공급·연계 지원 등 특구기업과의 동반성장 플랫폼 구축에 힘쓸 계획이다.
>
> 한국전력공사 기술기획처장은 "특구사업의 선택과 집중을 통한 차별화된 지원을 추진하고, 기업 성장단계에 맞춘 효과적인 지원을 통해, 오는 2025년까지 스타기업 10개사를 육성하겠다."라는 계획을 밝혔다. 또한 나주시장 권한대행은 "이번 협약을 통해 기업 수요 기반 통합정보 공유로 각 기업의 성장단계별 맞춤형 지원을 통한 기업 경쟁력 확보와 동반성장 인프라 구축에 힘쓰겠다."라고 말했다.

① 나주시와 한국전력공사는 협약을 통해 기업의 판로 확보와 에너지산업 연계 지원 등을 꾀하고 있다.

② 나주시의 에너지신기술연구원은 혁신산업단지에 위치해 있다.

③ 협약 주체들은 한국전력공사와 강소특구의 여러 기업들이다.

④ 협약의 커뮤니티 구성은 총 3개 분과로 이루어져 있고, 각 분과마다 2개의 리더 그룹이 분과를 이끌어갈 예정이다.

⑤ 협약에 참여한 기업들은 연구개발 활동에 적극적으로 참여해야 한다.

14 다음 글을 읽고 추론할 수 있는 내용으로 옳지 않은 것은?

현재 화성을 탐사 중인 미국의 탐사 로버 '퍼시비어런스'는 방사성 원소인 플루토늄이 붕괴하면서 내는 열을 전기로 바꿔 에너지를 얻는다. 하지만 열을 전기로 바꾸는 변환 효율은 4 ~ 5%에 머물고 있다. 전기를 생산하기 어려운 화성에서는 충분히 쓸만하지만 지구에서는 효율적인 에너지원이 아니다. 그러나 최근 국내 연구팀이 오랫동안 한계로 지적된 열전 발전의 효율을 20% 이상으로 끌어올린 소재를 개발했다. 지금까지 개발된 열전 소재 가운데 세계에서 가장 효율이 높다는 평가다. 서울대 화학생물공학부 교수팀은 메르쿠리 카나치디스 미국 노스웨스턴대 화학부 교수 연구팀과 공동으로 주석과 셀레늄을 이용한 다결정 소재를 이용해 세계 최초로 열전성능지수(zT) 3을 넘기는데 성공했다고 밝혔다.

전 세계적으로 생산된 에너지의 65% 이상은 사용되지 못하고 열로 사라진다. 온도차를 이용해 전기를 생산하는 열전 기술은 이러한 폐열을 전기에너지로 직접 변환할 수 있다. 하지만 지금까지 개발된 소재들은 유독한 납과 지구상에서 8번째로 희귀한 원소인 텔루늄을 활용하는 등 상용화에 어려움이 있었다. 발전 효율이 낮은 것도 문제였다. 때문에 퍼시비어런스를 비롯한 화성탐사 로버에 탑재된 열전소재도 낮은 효율을 활용할 수밖에 없었다.

카나치디스 교수팀은 이를 대체하기 위한 소재를 찾던 중 2014년 셀레늄화주석 단결정 소재로 zT 2.6을 달성해 국제학지 '네이처'에 소개했다. 그러나 다이아몬드처럼 만들어지는 단결정 소재는 대량 생산이 어렵고 가공도 힘들어 상용화가 어렵다는 점이 문제로 꼽혔다. 이를 다결정으로 만들면 열이 결정 사이를 오가면서 방출돼 열전효율이 낮아지는 문제가 있었다. 또 결과가 재현되지 않아 네이처에 셀레늄화 주석 소재의 열전성능에 대해 반박하는 논문이 나오기도 했다.

연구팀은 셀레늄화주석의 구조를 분석해 원인을 찾았다. 주석을 활용하는 소재인 페로브스카이트 전고체 태양전지를 세계 처음으로 만든 교수팀은 순도 높은 주석이라도 표면이 산화물로 덮인다는 점을 주목했다. 열이 전도성 물질인 산화물을 따라 흐르면서 열전효율이 떨어진 것이다. 연구팀은 주석의 산화물을 제거한 후 셀레늄과 반응시키고 이후로도 추가로 순도를 높이는 공정을 개발해 문제를 해결했다.

연구팀이 개발한 주석셀레늄계(SnSe) 신소재는 기존 소재보다 월등한 성능을 보였다. 신소재는 섭씨 510도에서 zT가 3.1인 것으로 나타났고 소재 중 처음으로 3을 돌파했다. 납 텔루늄 소재 중 지금까지 최고 성능을 보인 소재의 zT가 2.6이었던 것을 감안하면 매우 높은 수치다. 에너지 변환효율 또한 기존 소재들이 기록한 5 ~ 12%보다 높은 20% 이상을 기록했다. 연구팀은 "지도교수였던 카나치디스 교수에게도 샘플을 보내고 열전도도를 측정하는 회사에도 소재를 보내 교차검증을 통해 정확한 수치를 얻었다."라고 말했다.

① 화성 탐사 로버 '퍼시비어런스'는 열을 전기로 바꿔 에너지원으로 삼지만, 그 효율은 5퍼센트 정도에 그쳤다.
② 현재까지 한국에서 개발한 열전소재가 가장 열전효율이 높다.
③ 주석셀레늄계 신소재는 어떤 환경에서든 열전발전의 효율 지수(zT)가 3.1을 넘는다.
④ 열전소재에 전기가 통하는 물질이 있다면 열전효율이 저하될 수 있다.
⑤ 주석셀레늄계 신소재는 열전발전의 효율이 기존보다 4배 이상 높다.

15 다음 지문을 읽고 '넛지효과'의 예시로 적절하지 않은 것은?

> 우리 대다수는 이메일을 일상적으로 사용하면서 가끔 첨부 파일을 깜빡 잊는 실수를 종종 범한다. 만약 이메일 서비스 제공 업체가 제목이나 본문에 '파일 첨부'란 단어가 있음에도 사용자가 파일을 첨부하지 않을 경우 '혹시 첨부해야 할 파일은 없습니까?'라고 발송 전 미리 알려주면 어떨까? 예시로 안전벨트 미착용 문제를 해결하기 위해 지금처럼 경찰이 단속하고 과태료를 물리는 것보다 애초에 안전벨트를 착용하지 않으면 주행이 되지 않게 설계하는 것은 어떨까? 이처럼 우리 인간의 선택과 행동을 두고 규제, 단속, 처벌보다는 부드럽게 개입하는 방식은 어떨까?
>
> 넛지(Nudge)는 강압적이지 않은 방법으로 사람들의 행동을 바꾸는 현상을 의미한다. 넛지의 사전적 의미는 '팔꿈치로 슬쩍 찌르다.', '주위를 환기하다.'인데, 시카고대 교수인 행동경제학자 리처드 탈러(Richard H. Thaler)와 하버드대 로스쿨 교수 캐스 선스타인(Cass R. Sunstein)은 2008년 『Nudge; Improving Decisions about Health, Wealth, and Happiness』라는 책을 내놓으면서 넛지를 '사람들의 선택을 유도하는 부드러운 개입'이라고 정의하였다. 이 책은 세계 여러 나라에서 번역되었는데, 특히 한국에서는 2009년 봄 『넛지; 똑똑한 선택을 이끄는 힘』이라는 제목으로 출간된 이후 대통령이 여름휴가 때 읽고 청와대 직원들에게 이 책을 선물하면서 화제가 되었다.
>
> 부드러운 간섭을 통한 넛지효과를 활용해 변화를 이끌어낸 사례는 많다. 그중에서 기업마케팅 전략으로 '넛지마케팅'이 최근 각광받고 있다. 예를 들어, 제품을 효율적으로 재배치만 해도 특정 상품의 판매를 늘릴 수 있다는 연구결과가 속속 나오고 있다. 그렇다면 설탕을 줄인 제품을 잘 보이는 곳에 진열하면 어떨까? 최근 각국에서 비만의 사회적 비용을 줄이기 위한 설탕세(Soda Tax, Sugar Tax, Sugary Drinks Tax) 도입을 두고 찬반 논쟁이 치열한데 징벌적 성격의 세금부과보다 넛지효과를 이용해 설탕 소비 감소를 유도하는 것은 어떤가? 우리나라 미래를 이끌 20 ~ 30대 청년의 초고도비만이 가파르게 증가하는 현실에서 소아비만과 청년비만 대응책으로 진지하게 생각해 볼 문제이다.
>
> 이처럼 공익적 목적으로 넛지효과를 사용하는 현상을 '넛지 캠페인'이라 한다. 특히 개인에게 '넛지'를 가할 수 있는 "선택 설계자(Choice Architecture)"의 범위를 공공영역으로 확대하는 것은 공공선을 달성하기 위해 매우 중요하다.

① 계단을 이용하면 10원씩 기부금이 적립되어 계단 이용을 장려하는 '기부 계단'
② 쓰레기통에 쓰레기를 집어넣도록 유도하기 위해 농구 골대 형태로 만든 '농구대 쓰레기통'
③ 금연율을 높이기 위해 직접적이고 재미있는 'No담배' 문구를 창작한 캠페인
④ 계단을 오르내리면 피아노 소리가 나와 호기심으로 계단 이용을 장려하는 '피아노 계단'
⑤ 아이들의 손씻기를 장려하기 위해 비누 안에 장난감을 집어넣은 '희망 비누'

16 다음 지문을 읽고 추론할 수 있는 내용이 아닌 것은?

> 해외여행을 떠날 때, 필수품 중의 하나는 여행용 멀티 어댑터라고 볼 수 있다. 나라마다 사용 전압과 콘센트 모양이 다르기 때문에 여행자들은 어댑터를 이용해 다양한 종류의 표준전압에 대처하고 있다. 일본・미국・대만은 110V를 사용하고, 유럽은 220 ~ 240V를 사용하는 등 나라마다 이용 전압도 다르고, 주파수・플러그 모양・크기도 제각각으로 형성되어 있다.
>
> 그렇다면 세계 여러 나라는 전압을 통합해 사용하지 않고, 우리나라는 왜 220V를 사용할까?
>
> 한국도 처음 전기가 보급될 때는 11자 모양 콘센트의 110V를 표준전압으로 사용했다. 1973년부터 2005년까지 32년에 걸쳐 1조 4,000억 원을 들여 220V로 표준전압을 바꾸는 작업을 진행했다. 어렸을 때, 집에서 일명 '도란스(Trance)'라는 변압기를 사용했던 기억이 있다.
>
> 한국전력공사 승압 작업으로 인해 110V의 가전제품을 220V의 콘센트・전압에 이용했다. 220V 승압 작업을 진행했던 이유는 전력 손실을 줄이고 같은 굵기의 전선으로 많은 전력을 보내기 위함이었다. 전압이 높을수록 저항으로 인한 손실도 줄어들고 발전소에서 가정으로 보급하는 데까지의 전기 전달 효율이 높아진다. 쉽게 말해서 수도관에서 나오는 물이 수압이 높을수록 더욱더 강하게 나오는 것에 비유하면 되지 않을까 싶다.
>
> 한국전력공사에 따르면 110V에서 220V로 전압을 높임으로써 설비의 증설 없이 기존보다 2배 정도의 전기 사용이 가능해지고, 전기 손실도 줄어 세계 최저 수준의 전기 손실률을 기록하게 됐다고 한다. 물론 220V를 이용할 때 가정에서 전기에 노출될 경우 위험성은 더 높을 수 있다.
>
> 110V를 표준전압으로 사용하는 일본・미국은 비교적 넓은 대지와 긴 송전선로로 인해 220V로 전압을 높이려면 전력설비 교체 비용과 기존의 전자제품 이용으로 엄청난 비용과 시간이 소요되므로 승압이 어려운 상황이다. 또 지진이나 허리케인과 같은 천재지변으로 인한 위험성이 높고 유지 관리에 어려운 점, 다수의 민영 전력회사로 운영된다는 점도 승압이 어려운 이유라고 생각한다.
>
> 국가마다 표준전압이 달라서 조심해야 할 사항도 있다. 콘센트 모양만 맞추면 사용할 수 있겠다고 생각하겠지만 110V 가전제품을 우리나라로 가져와서 220V의 콘센트에 연결 후 사용하면 제품이 망가지고 화재나 폭발이 일어날 수도 있다. 반대로 220V 가전제품을 110V에 사용하면 낮은 전압으로 인해 정상적으로 작동되지 않는다. 해외에 나가서 가전제품을 이용하거나 해외 제품을 직접 구매해 가정에서 이용할 때는 꼭 주의하여 사용하기 바란다.

① 한국에 처음 전기가 보급될 때는 110V를 사용했었다.

② 일본과 미국에서는 전력을 공급하는 사기업들이 있을 것이다.

③ 1조 4,000억 원 가량의 예산을 들여 220V로 전환한 이유는 가정에서의 전기 안전성을 높이기 위함이다.

④ 220V로 전압을 높이면 전기 전달 과정에서 발생하는 손실을 줄여 효율적으로 가정에 전달할 수 있다.

⑤ 전압이 다른 가전제품을 변압기 없이 사용하면 위험하거나 제품의 고장을 초래할 수 있다.

17 다음 중 제시된 지문의 문단이 순서대로 바르게 배열된 것은?

> (가) 이 플랫폼은 IoT와 클라우드 기반의 빅데이터 시스템을 통해 수소경제 전 주기의 데이터를 수집·활용해 안전관련 디지털 트윈 정보와 인프라 감시, EMS, 수소·전력 예측 서비스 등을 제공하는 '통합 안전관리 시스템'과 수집된 정보를 한전KDN이 운영하는 마이크로그리드 전력관리시스템(MG – EMS)과 에너지 집중 원격감시 제어시스템(SCADA, Supervisory Control And Data Acquisition)으로부터 제공받아 실시간 인프라 감시정보를 관리자에게 제공하는 '에너지 통합감시 시스템'으로 구성된 솔루션이다. 특히, 수소도시의 주요 설비를 최상의 상태로 운영하고자 안전 포털 서비스, AI 예측 서비스, 에너지 SCADA, 디지털트윈, 수소설비 데이터 수집 및 표준화 기능을 제공하는 것이 특징이다. 한전KDN 관계자는 "한전KDN은 에너지 ICT 전문 공기업의 역할을 성실히 수행하며 올해 창립 30주년이 됐다."면서 "안정적 전력산업 운영 경험을 통한 최신 ICT 기술력을 국제원자력산업전 참가로 널리 알리고 사업 다각화를 통한 기회의 장으로 삼을 수 있도록 노력할 것"이라고 밝혔다.
>
> (나) 국내 유일의 에너지 ICT 공기업인 한전KDN은 이번 전시회에 원전 전자파 감시시스템, 수소도시 통합관리 플랫폼 등 2종의 솔루션을 출품·전시했다.
> '원전 전자파 감시시스템'은 올해 새롭게 개발되고 있는 신규솔루션으로 국내 전자파 관련 규제 및 지침 법규에 따라 원자력발전소 내 무선통신 기반 서비스 운영설비의 전자파를 감시·분석해 안정성을 확보하고 이상 전자파로부터 원자력의 안전 운용을 지원하는 시스템이다. 특히, 이상 전자파 검증기준에 따라 지정된 배제구역(출입통제구역)에 설치된 민감기기의 경우 무단 출입자에 따른 안정을 확보하기 어렵다는 점을 극복하고자 현장 무선기기의 전자파 차단과 함께 실시간으로 민감기기 주변 전자파를 감시해 이상 전자파 감지 시 사용자 단말기에 경보 알람을 발생시키는 등 안정적인 발전소 관리에 기여할 것으로 기대된다. 한전KDN이 함께 전시하는 수소도시 통합관리 플랫폼은 정부가 추진하는 수소시범도시의 안전관리를 위한 것으로 수소 생산시설, 충전소, 파이프라인, 튜브 트레일러, 연료전지, 수소버스까지 다양한 수소도시의 설비운영과 안전관리를 위해 개발된 솔루션이다.
>
> (다) 한전KDN이 4월 부산 벡스코(BEXCO)에서 열리는 2022 부산 국제원자력산업전에 참가했다.
> 올해 6회째를 맞는 국내 최대 원자력분야 전문 전시회인 부산 국제원자력산업전은 국내외 주요 원자력발전사업체들이 참가해 원전 건설, 원전 기자재, 원전 해체 등 원자력 산업 관련 전반과 함께 전기·전자통신 분야의 새로운 기술과 제품을 선보이며, 12개국 126개사 356부스 규모로 개최됐다.

① (가) – (나) – (다)　　　　　② (나) – (가) – (다)
③ (나) – (다) – (가)　　　　　④ (다) – (가) – (나)
⑤ (다) – (나) – (가)

18 다음 지문을 읽고 바르게 설명한 사람을 〈보기〉에서 모두 고르면?

> 우리는 가끔 평소보다 큰 보름달인 '슈퍼문(Supermoon)'을 보게 된다. 실제 달의 크기는 일정한데 이러한 현상이 발생하는 까닭은 무엇일까? 이 현상은 달의 공전 궤도가 타원 궤도라는 점과 관련이 있다.
>
> 타원은 두 개의 초점이 있고 두 초점으로부터의 거리를 합한 값이 일정한 점들의 집합이다. 두 초점 이 가까울수록 원 모양에 가까워진다. 타원에서 두 초점을 지나는 긴지름을 가리켜 장축이라 하는 데, 두 초점 사이의 거리를 장축의 길이로 나눈 값을 이심률이라 한다. 두 초점이 가까울수록 이심률 은 작아진다.
>
> 달은 지구를 한 초점으로 하면서 이심률이 약 0.055인 타원 궤도를 돌고 있다. 이 궤도의 장축 상에 서 지구로부터 가장 먼 지점을 '원지점', 가장 가까운 지점을 '근지점'이라 한다. 지구에서 보름달은 약 29.5일 주기로 세 천체가 '태양 – 지구 – 달'의 순서로 배열될 때 볼 수 있는데, 이때 보름달이 근지점이나 그 근처에 위치하면 슈퍼문이 관측된다. 슈퍼문은 보름달 중 크기가 가장 작게 보이는 것보다 14% 정도 크게 보인다. 이는 지구에서 본 달의 겉보기 지름이 달라졌기 때문이다. 지구에서 본 천체의 겉보기 지름을 각도로 나타낸 것을 각지름이라 하는데, 관측되는 천체까지의 거리가 가까 워지면 각지름이 커진다. 예를 들어, 달과 태양의 경우 평균적인 각지름은 각각 0.5° 정도이다.
>
> 지구의 공전 궤도에서도 이와 같은 현상이 나타난다. 지구 역시 태양을 한 초점으로 하는 타원 궤도 로 공전하고 있으므로, 궤도상의 지구의 위치에 따라 태양과의 거리가 다르다. 달과 마찬가지로 지 구도 공전 궤도의 장축 상에서 태양으로부터 가장 먼 지점과 가장 가까운 지점을 갖는데, 이를 각각 원일점과 근일점이라 한다. 지구와 태양 사이의 이러한 거리 차이에 따라 일식 현상이 다르게 나타 난다. 세 천체가 '태양 – 달 – 지구'의 순서로 늘어서고, 달이 태양을 가릴 수 있는 특정한 위치에 있을 때, 일식 현상이 일어난다. 이때 달이 근지점이나 그 근처에 위치하면 대부분의 경우 태양 면의 전체 면적이 달에 의해 완전히 가려지는 개기 일식이 관측된다. 하지만 일식이 일어나는 같은 조건 에서 달이 원지점이나 그 근처에 위치하면 대부분의 경우 태양 면이 달에 의해 완전히 가려지지 않 아 태양 면의 가장자리가 빛나는 고리처럼 보이는 금환 일식이 관측될 수 있다.
>
> 이러한 원일점, 근일점, 원지점, 근지점의 위치는 태양, 행성 등 다른 천체들의 인력에 의해 영향을 받아 미세하게 변한다. 현재 지구 공전 궤도의 이심률은 약 0.017인데, 일정한 주기로 이심률이 변 한다. 천체의 다른 조건들을 고려하지 않을 때 지구 공전 궤도의 이심률만이 현재보다 더 작아지면 근일점은 현재보다 더 멀어지며 원일점은 현재보다 더 가까워지게 된다. 이는 달의 공전 궤도 상에 있는 근지점과 원지점도 마찬가지이다. 천체의 다른 조건들을 고려하지 않을 때 천체의 공전 궤도의 이심률만이 현재보다 커지면 반대의 현상이 일어난다.

보기

- 재석 : 달 공전 궤도의 이심률은 태양의 인력에 의해서 변화하기도 해.
- 명수 : 현재를 기준으로 하였을 때 지구 공전 궤도보다 달 공전 궤도가 더 원에 가까워.
- 하하 : 지구 공전 궤도의 근일점에서 본 태양의 각지름은 원일점에서 본 태양의 각지름보다 더 커.
- 준하 : 태양, 달, 지구의 배열이 동일하더라도, 달이 지구 공전 궤도의 어느 지점에 위치하느냐에 따라서 일식의 종류가 달라질 수 있어.

① 재석, 명수　　　　　　　　　② 명수, 하하
③ 하하, 준하　　　　　　　　　④ 재석, 하하, 준하
⑤ 명수, 하하, 준하

19 다음 지문을 읽고, 추론할 수 있는 내용이 아닌 것은?

'메기 효과'란 용어가 있다. 정체된 생태계에 메기 같은 강력한 포식자(경쟁자)가 나타나면 개체들이 생존을 위해 활력을 띄게 되는 현상을 말하며 주로 경영학에서 비유적으로 사용된다. 이는 과거 유럽 어부들이 북해 연안에서 잡은 청어를 싱싱하게 운반하기 위해 수조에 천적인 메기를 넣었다는 주장에서 비롯된 것으로 알려졌으며, 역사학자 아놀드 토인비가 즐겨 사용한 것으로 알려졌다. 그런데 최근에는 메기 효과 자체가 없거나 과장됐다는 주장도 나온다.

메기 효과의 기원에 대해서는 영어권에서도 논란이다. 영문판 위키피디아에서는 메기 효과의 기원에 대해서 알려진 것이 없으며 영어 문헌에서는 거의 다뤄지지 않는다고 적고 있다. 서울특별시 미디어 기업인 뉴스톱은 메기 효과의 역사적 기원에 대해서 추적을 해보았으나 관련 내용을 찾지 못했다. 노르웨이(혹은 영국) 어부가 청어를 싱싱하게 운송하기 위해 수조에 메기를 넣는 방법을 사용했다는 주장만 있을 뿐, 이 방법이 실제 사용됐는지, 효과가 있는지는 확인되지 않았다. 소수의 영어 문헌만이 동일한 주장을 반복하고 있을 뿐이다.

이처럼 메기 효과는 영미권에서는 잘 사용하지 않지만 한국과 중국에서 많이 사용하고 있다. 2019년 12월 16일 금융위원회가 토스 뱅크의 인터넷 전문은행 예비인가를 의결했을 때, 관련 전문가들은 토스 뱅크의 등장이 기존 금융시장에 메기 효과를 일으킬 것이라며 기업의 경쟁력을 키우기 위해 적절한 위협요인과 자극이 필요하다고 메기 효과를 강조하였다.

이처럼 메기 효과는 영미권이 기원으로 알려 졌지만, 실제로는 한국, 중국 등 동아시아 지역에서 많이 사용되며 영미권에서는 제한적으로 사용되고 있다. 이는 개인 간 경쟁을 장려하는 동아시아 특유의 문화가 반영된 것으로 보인다.

① 메기 효과란 강력한 경쟁자가 나타났을 때 기존 경쟁자 간의 경쟁력을 키워주는 것을 말한다.
② 메기 효과가 서양보다는 동양에서 많이 사용되고 언급되는 것은 두 문화권이 경쟁을 보는 관점에 차이가 있기 때문일 것이다.
③ 메기 효과의 기원은 유럽 어부들이 청어를 더 싱싱하게 운반하기 위해 청어 수조에 메기를 집어넣던 것으로 확실히 밝혀졌다.
④ 메기 효과는 때로는 위협요인이 성장에 도움이 될 수 있다는 생각을 바탕으로 할 것이다.
⑤ 메기 효과의 사례로 마라토너가 혼자 뛸 때보다 경쟁자와 함께 뛸 때 기록이 더 좋아지는 경우를 들 수 있을 것이다.

20 〈보기〉는 '밀그램 실험'에 대한 제시문을 읽고 그 내용을 요약한 것이다. 빈칸에 들어갈 단어로 가장 적절한 것은?

> 밀그램 실험은 예일 대학교 사회심리학자인 스탠리 밀그램(Stanley Milgram)이 1961년에 한 실험으로 사람이 권위자의 잔인한 명령에 얼마나 복종하는지를 알아보는 실험이다.
> 인간성에 대해 탐구하기 위해 밀그램은 특수한 실험 장치를 고안했다. 실험자는 피실험자가 옆방에 있는 사람에게 비교적 해가 되지 않는 15V에서 사람에게 치명적인 피해를 줄 수 있는 450V까지 순차적으로 전기충격을 가하도록 명령한다. 이와 동시에 고압 전기충격에 대한 위험성도 피실험자에게 알려 주었다. 물론 이 실험에서 실제로 전기가 통하게 하지 않았으며, 전문 배우가 실제로 전기충격을 받는 것처럼 고통스럽게 비명을 지르거나 그만하라고 소리치게 하였다. 이때 실험자는 피실험자에게 과학적 발전을 위한 실험이라며 중간에 전기충격을 중단해서는 안 된다는 지침을 내렸다.
> 밀그램은 실험 전에는 단 0.1%만이 450V까지 전압을 올릴 것으로 예상했지만, 실제로는 실험에 참가한 40명 중 65%가 전문 배우가 그만하라고 고통스럽게 소리를 지르는데도 실험자의 명령에 따라 가장 높은 450V까지 전압을 올렸다. 이들은 상대가 죽을 수도 있다는 것을 알고 있었고, 비명도 들었으나 모든 책임은 실험자가 지겠다는 말에 복종한 것이다.

보기

> 밀그램의 전기충격 실험은 사람들이 권위자의 명령에 어디까지 복종하는지를 알아보기 위한 실험이다. 실험 결과 밀그램이 예상한 것과 달리 아주 일부의 사람만 _____ 하였다.

① 복종   ② 순응
③ 고민   ④ 불복종
⑤ 참가

21 다음 지문을 읽고, 이어질 순서로 가장 적절한 것은?

> (가) 당시 테메르 대통령의 거부권 행사가 노르웨이 방문을 앞두고 환경친화적인 모습을 보여주기
>   위한 행동이라는 비난이 제기됐다. 노르웨이는 아마존 열대우림 보호를 위해 국제사회의 기부
>   를 통해 조성되는 아마존 기금에 가장 많은 재원을 낸 국가다. '아마존 기금'은 지난 2008년
>   루이스 이나시우 룰라 다 시우바 전 대통령의 요청으로 창설됐으며, 아마존 열대우림 파괴 억
>   제와 복구 활동 지원을 목적으로 한다. 현재까지 조성된 기금은 28억 4천 300만 헤알(약 1조
>   원)이다. 노르웨이가 97%에 해당하는 27억 7천만 헤알을 기부했고 독일이 6천만 헤알, 브라질
>   이 1천 300만 헤알을 냈다.
>
> (나) 브라질 정부가 지구의 허파로 불리는 아마존 열대우림 내 환경보호구역 축소를 추진하면서 상
>   당한 논란이 예상된다. 15일(현지시간) 브라질 언론에 따르면 환경부는 북부 파라 주(州)의 남
>   서부에 있는 130만 ha 넓이의 자만심 국립공원 가운데 27%를 환경보호구역에서 제외하는 법
>   안을 의회에 제출했다. 이 법안은 환경보호구역으로 지정된 열대우림을 벌목, 채굴, 영농 등의
>   목적으로 용도 변경하는 것이다. 브라질 의회는 지난 5월 자만심 국립공원의 37%를 용도 변경
>   하는 법안을 통과시켰으나 미세우 테메르 대통령이 거부권을 행사했다. 환경단체들은 "새 법안
>   이 통과되면 열대우림 파괴를 가속하는 결과를 가져올 것"이라면서 "2030년까지 이 지역에서
>   배출되는 탄산가스가 배로 늘어날 것으로 추산된다."고 주장했다.
>
> (다) 노르웨이 정부는 브라질 정부의 아마존 열대우림 보호 정책에 의문을 제기하면서, 이에 대한
>   명확한 설명이 없으면 올해 기부하기로 한 금액 가운데 절반 정도를 줄이겠다고 밝혔다. 독일
>   정부도 아마존 열대우림 파괴 면적이 최근 2년간 60%가량 늘었다고 지적하면서 지난해 현황
>   이 발표되면 기부 규모를 결정할 것이라고 말했다. 브라질 아마존 환경연구소(IPAM)에 따르면
>   2015년 8월 ~ 2016년 7월에 아마존 열대우림 7천 989km²가 파괴된 것으로 확인됐다. 이는
>   중남미 최대 도시인 상파울루의 5배에 달하는 면적으로, 1시간에 128개 축구경기장 넓이에 해
>   당하는 열대우림이 사라진 것과 마찬가지라고 IPAM은 말했다. 아마존 열대우림 파괴 면적은
>   2003년 8월부터 2004년 7월까지 2만 7천 772km²를 기록한 이후 감소세를 보였다.

① (가) – (나) – (다)
② (나) – (가) – (다)
③ (나) – (다) – (가)
④ (다) – (나) – (가)
⑤ (다) – (가) – (나)

22 다음의 기사와 첨부된 자료를 참고하여 8월 말 기준 서울에서 업체 하나가 운영하는 전동 킥보드의 평균 대수는?(단, 평균값은 소수점 첫째 자리에서 반올림한다)

> 공유 전동킥보드 플랫폼 업체들은 다음 달 서울에만 3천 대 이상의 새 기기를 공급할 계획인 것으로 조사됐다. 기존 전동킥보드 고장에 따른 대체 수량은 제외한 수치다.
>
> 작년 해외에서 인기를 끈 마이크로모빌리티 서비스 유행이 국내에 상륙하면서 관련 신생 업체들이 빠르게 생겨나고 있다. 연말까지 관련 업체 수십 곳이 문을 열고, 전동킥보드 3만 ~ 4만 대가 새로 공급될 전망이다. 한국교통연구원은 2020년까지 전동킥보드 20만 ~ 30만 대가 도로 위를 달릴 것이라고 예상했다.

〈서울에서 운영되는 공유 전동 킥보드 플랫폼 현황〉

서비스명	킥보드 운영 대수 (7월 말 기준)	비고	
킥고잉	2,000대	9월	타지역(경기 시흥) 진출
씽씽	1,000대	8월	2,000대 추가
고고씽	300대	9월	5,000대 추가
스윙	300대	8월	300대 추가
지빌리티	200대	-	오디오 콘텐츠 계획
일레클	150대	8월	700대 추가
라이드	150대	-	대학가 확장 계획
플라워로드	100대	-	-
카카오T바이크	100대	-	-
디어	100대	-	-
빔	100대	-	-
윈드	100대	-	-
무빗	100대	-	-

① 415대
② 515대
③ 592대
④ 746대
⑤ 977대

23 다음은 농부 A씨가 경기도 광주시에 있는 농장에서 최근 1년간 사용한 전력량 기록이다. 농장의 계약전력은 500kW이고, 주어진 송전요금 계산 규정과 요금표를 참고할 때, 2022년 5월 A씨가 지불한 송전이용요금은?(단, 기본요금과 사용요금 계산 시 각각 10원 미만은 절사한다)

년월	전력소비량(kWh)	년월	전력소비량(kWh)
2021.04	3,800	2021.11	3,970
2021.05	3,570	2021.12	4,480
2021.06	3,330	2022.01	4,790
2021.07	2,570	2022.02	3,960
2021.08	2,200	2022.03	3,880
2021.09	2,780	2022.04	3,760
2021.10	3,000	2022.05	3,500

제43조 【송전이용요금의 계산 및 청구】
① 송전이용요금은 기본요금과 사용요금의 합계액으로 하며, 1이용계약에 대하여 1개월마다 [별표 1 – 송전이용요금표]에 따라 계산하여 청구합니다.
② 고객에 대한 [별표 1 – 송전이용요금표]의 송전이용요금단가 적용지역은 이용계약서의 이용장소를 기준으로 합니다.
③ 기본요금은 다음 각 호의 1과 같이 계산합니다.
   1. 수요고객의 경우는 [별표 1 – 송전이용요금표]의 수요지역별 송전이용요금단가의 기본요금단가(원kW/월)에 검침 당월을 포함한 직전 12개월 및 당월분으로 고지한 송전요금 청구서상의 가장 큰 최대이용전력을 곱하여 계산합니다(단, 월 사용 전력량은 450시간 사용을 기준으로 환산). 단, 최대이용전력이 계약전력의 30% 미만인 경우에는 계약전력의 30% 해당 전력을 곱하여 계산합니다.
   2. 발전고객의 경우는 [별표 1 – 송전이용요금표]의 발전지역별 송전이용요금단가의 기본요금단가(원/kW/월)에 계약전력(kW)을 곱하여 계산합니다.
④ 사용요금은 다음과 같이 계산합니다.
   1. 수요고객의 경우 수요지역별 사용요금단가(원/kWh)에 당월 사용전력량(kWh)을 곱하여 계산합니다.
   2. 발전고객의 경우 발전지역별 사용요금단가(원/kWh)에 당월 거래전력량(kWh)을 곱하여 계산합니다.
   3. 수요고객의 예비공급설비에 대한 사용요금은 상시 공급설비와 동일한 단가를 적용합니다.

[별표 1 - 송전이용요금표]

1. 발전지역별 송전이용요금단가

발전지역		사용요금 [원/kWh]	기본요금 [원/kW/월]
수도권 북부지역	서울특별시 일부(강북구, 광진구, 노원구, 도봉구, 동대문구, 마포구, 서대문구, 성동구, 성북구, 용산구, 은평구, 종로구, 중구, 중랑구), 경기도 일부(의정부시, 구리시, 남양주시, 고양시, 동두천시, 파주시, 포천시, 양평군, 양주시, 가평군, 연천군)	1.25	667.36
수도권 남부지역	서울특별시 일부(강남구, 강동구, 송파구, 강서구, 관악구, 영등포구, 구로구, 금천구, 동작구, 서초구, 양천구), 인천광역시, 경기도 일부(과천시, 수원시, 안양시, 의왕시, 군포시, 성남시, 평택시, 광명시, 안산시, 안성시, 오산시, 용인시, 이천시, 하남시, 광주시, 여주군, 화성시, 부천시, 김포시, 시흥시)	1.20	
비수도권 지역	부산광역시, 대구광역시, 광주광역시, 대전광역시, 울산광역시, 강원도, 충청북도, 충청남도, 전라북도, 전라남도, 경상북도, 경상남도	1.92	
제주지역	제주특별자치도	1.90	

2. 수요지역별 송전이용요금단가

발전지역		사용요금 [원/kWh]	기본요금 [원/kW/월]
수도권지역	서울특별시, 인천광역시, 경기도	2.44	667.61
비수도권 지역	부산광역시, 대구광역시, 광주광역시, 대전광역시, 울산광역시, 강원도, 충청북도, 충청남도, 전라북도, 전라남도, 경상북도, 경상남도	1.42	
제주지역	제주특별자치도	6.95	

① 11,470원   ② 11,300원

③ 12,070원   ④ 13,820원

⑤ 15,640원

24 다음은 A대학 학생식당의 요일별 평균 이용자 수 및 매출액에 관한 자료이다. 식재료 가격 인상 등 전반적인 물가상승을 식대에 반영하기 위해 이용자들을 대상으로 가격 인상 시의 이용자 수 예측을 실시하였다. 예측작업에 대한 최종 보고회에서 발표된 내용을 토대로 식대 1,000원 인상에 따른 학생식당의 주간 매출액 예측치를 바르게 나타낸 것은?(단, 현재 학생식당은 학생, 교직원, 외부인에 대해 모두 동일한 식대를 적용하고 있다)

〈매출액 조사표〉

구분 / 요일	이용자 수				매출액(천 원)
	학생	교직원	외부인	계	
일	138	10	4	152	608
월	1,168	53	20	1,241	4,964
화	1,595	55	15	1,665	6,660
수	1,232	52	19	1,303	5,212
목	1,688	51	21	1,760	7,040
금	905	50	20	975	3,900
토	204	12	5	221	884
계	6,930	283	104	7,317	29,268

〈식대 인상에 따른 영향 분석 예측 보고서 요약본〉

1. 가격을 동결할 경우 현재의 이용자 수가 유지될 것으로 예상됨
2. 식대 1,000원 인상 시, 학생들의 요일별 수요가 10% 감소할 것으로 예측되며, 교직원의 수요 변화는 없을 것으로 예측되었으나 외부인의 수요는 50% 감소할 것으로 예측되었음

① 29,268,000원 ② 32,860,000원
③ 33,120,000원 ④ 36,325,000원
⑤ 36,585,000원

25 K사는 직원들의 다면평가를 실시하고, 평가항목별 점수의 합으로 상대평가를 실시하여 성과급을 지급한다. 상위 25% 직원에게는 월급여의 200%, 상위 25 ~ 50% 이내의 직원에게는 월급여의 150%, 나머지는 월급여의 100%를 지급한다. 주어진 자료를 참고할 때, 수령하는 성과급의 차이가 A와 가장 적은 직원은?

〈경영지원팀 직원들의 평가 결과〉

(단위 : 점, 만 원)

직원	업무전문성	조직친화력	책임감	월급여
A	37	24	21	320
B	25	29	20	330
C	24	18	25	340
D	21	28	17	360
E	40	18	21	380
F	33	21	30	370

〈전체 직원의 평가 결과〉

구분	합산점수 기준
평균	70.4
중간값	75.5
제1사분위 수	50.7
제3사분위 수	79.8
표준편차	10.2

① B
② C
③ D
④ E
⑤ F

26 다음은 입사지원자 5명의 정보와 K사의 서류전형 평가기준이다. 5명의 지원자 중, 서류전형 점수가 가장 높은 사람은 누구인가?

〈입사지원자 정보〉

지원자	전공	최종학력	제2외국어	관련 경력	자격증	특이사항
A	법학	석사	스페인어	2년	변호사	장애인
B	경영학	대졸	일본어	−	−	다문화가족
C	기계공학	대졸	−	3년	변리사	국가유공자
D	−	고졸	아랍어	7년	정보처리기사	−
E	물리학	박사	독일어	−	−	−

〈평가기준〉

1. 최종학력에 따라 대졸 10점, 석사 20점, 박사 30점을 부여한다.
2. 자연과학 및 공학 석사 이상 학위 취득자에게 가산점 10점을 부여한다.
3. 일본어 또는 독일어 가능자에게 20점을 부여한다. 기타 구사 가능한 제2외국어가 있는 지원자에게는 5점을 부여한다.
4. 관련업무 경력 3년 이상인 자에게 20점을 부여하고, 3년을 초과하는 추가 경력에 대해서는 1년마다 10점을 추가로 부여한다.
5. 변호사 면허 소지자에게 20점을 부여한다.
6. 장애인, 국가유공자, 보훈보상대상자에 대해 10점을 부여한다.

① A지원자
② B지원자
③ C지원자
④ D지원자
⑤ E지원자

27 흰색, 빨간색, 노란색, 초록색, 검은색의 5가지 물감이 주어졌다. 다음의 물감 조합표를 참고할 때, 주어진 5가지 물감으로 만들어 낼 수 없는 색상은?

〈물감 조합표〉

연분홍색＝흰색(97)＋빨간색(3)	황토색＝노(90)＋검(2)＋빨(8)	진보라색＝보라색(90)＋검은색(10)
분홍색＝흰색(90)＋빨간색(10)	살구색＝흰색(90)＋주황색(10)	고동색＝검은색(20)＋빨간색(80)
진분홍색＝흰색(80)＋빨간색(20)	옥색＝흰색(97)＋초록색(3)	카키색＝초록색(90)＋검은색(10)
진노란색＝흰색(98)＋노란색(2)	연두색＝노란색(95)＋파란색(5)	연하늘색＝흰색(97)＋파란색(3)
주황색＝노란색(80)＋빨간색(20)	초록색＝노란색(70)＋파란색(30)	하늘색＝흰색(90)＋파란색(10)
연회색＝흰색(98)＋검은색(2)	청록색＝노란색(50)＋파란색(50)	진하늘색＝흰색(80)＋파란색(20)
회색＝흰색(95)＋검은색(5)	고동색＝빨간색(80)＋검은색(20)	소라색＝흰(90)＋파(7)＋빨(3)
진회색＝흰색(90)＋검은색(10)	연보라색＝흰색(90)＋보라색(10)	－
연황토색＝갈색(98)＋노란색(2)	보라색＝빨간색(70)＋파란색(30)	－

※ 괄호 안의 숫자는 비율을 뜻한다.

① 고동색   ② 연보라색
③ 살구색   ④ 카키색
⑤ 옥색

28 K공사는 인사이동에 앞서 각 직원들의 근무 희망부서를 조사하였다. 각 직원의 기존 근무부서, 이동 희망부서, 배치부서가 다음과 같을 때, 본인이 희망한 부서에 배치된 사람은 몇 명인가?

구분	기존부서	희망부서	배치부서
A	회계팀	인사팀	?
B	국내영업팀	해외영업팀	?
C	해외영업팀	?	?
D	홍보팀	?	홍보팀
E	인사팀	?	해외영업팀

조건

- A ~ E 다섯 사람은 각각 회계팀, 국내영업팀, 해외영업팀, 홍보팀, 인사팀 중 한 곳을 희망하였다.
- A ~ E 다섯 사람은 인사이동 후 회계팀, 국내영업팀, 해외영업팀, 홍보팀, 인사팀에 각 1명씩 근무한다.
- 본인이 근무하던 부서를 희망부서로 제출한 사람은 없다.
- B는 다른 직원과 근무부서를 서로 맞바꾸게 되었다.

① 0명
② 1명
③ 2명
④ 3명
⑤ 4명

29 A공사는 다음과 같은 기준으로 국내출장여비를 지급한다. 국내출장여비 지급 기준과 김차장의 국내출장 신청서를 참고할 때, 김차장이 받을 수 있는 국내출장여비는?

〈국내출장여비 지급 기준〉

- 직급은 사원 – 대리 – 과장 – 차장 – 부장 순이다.
- 사원을 기준으로 기본 교통비는 2만 원이 지급되며, 직급이 올라갈 때마다 기본 교통비에 10%씩 가산하여 지급한다. … ㉠
- 출장지까지의 거리가 50km 미만인 지역까지는 기본 교통비만 지급하며, 50km 이상인 지역은 50km를 지나는 순간부터 매 50km 구간마다 5천 원을 추가 지급한다. 예를 들어 출장지까지의 거리가 120km라면 기본 교통비에 1만 원을 추가로 지급받는다. … ㉡
- 출장지가 광주광역시, 전라남도인 경우에는 기본 교통비에 ㉠, ㉡이 적용된 금액을 그대로 지급받으며, 출장지가 서울특별시, 인천광역시, 경기도 남부인 경우 10%, 경기도 북부인 경우 15%, 강원도인 경우 20%, 제주특별자치도인 경우 25%의 가산율을 기본 교통비와 추가 여비의 합산 금액에 적용하여 교통비를 지급받는다. 기타 지역에 대해서는 일괄적으로 5%의 가산율을 기본 교통비와 추가 여비의 합산 금액에 적용한다.
- 지급금액은 백 원 단위에서 올림한다.

〈국내출장 신청서〉

- 성명 : 김건우
- 직급 : 차장
- 출장지 : 산업통상자원부(세종특별자치시 한누리대로 402)
- 출장지까지의 거리(자동계산) : 204km
- 출장목적 : 스마트그리드 추진 민관협의체 회의 참석

---

① 49,000원
② 50,000원
③ 51,000원
④ 52,000원
⑤ 53,000원

02 전기

30 다음 중 풍력발전기에 사용되는 유도형 발전기의 특징으로 옳지 않은 것은?

① 동기발전기와 유사하게 고정자와 회전자로 구성되어 있다.
② 유도형 발전기는 동기 발전기처럼 단독 발전이 가능하다.
③ 유도형 발전기는 외부로부터 상용전원을 공급받아야 하는 특성 때문에 독립전원으로 사용하기에는 부적합하다.
④ 유도형 발전기는 회전자의 구조에 따라서 권선형 유도발전기와 농형 유도발전기 2종류가 있다.
⑤ 유도형 발전기는 고정자에 상용전원이 공급된 상태에서 회전자의 회전속도가 동기속도 이상이 되어야 발전이 가능하다.

31 다음 중 KEC 규정에 따른 상별 전선 색상이 옳지 않은 것은?

① 상선(L1) : 갈색
② 상선(L2) : 흑색
③ 상선(L3) : 적색
④ 중성선(N) : 청색
⑤ 보호도체(PE) : 녹색 – 노란색

32 다음 중 '제2차 접근상태'에 대한 설명으로 옳은 것은?

① 가공 전선이 다른 시설물과 접근하는 경우에 그 가공 전선이 다른 시설물의 위쪽 또는 옆쪽에서 수평 거리로 5m 미만인 곳에 시설되는 상태
② 가공 전선이 다른 시설물과 접근하는 경우에 그 가공 전선이 다른 시설물의 위쪽 또는 옆쪽에서 수평 거리로 3m 이상인 곳에 시설되는 상태
③ 가공 전선이 다른 시설물과 접근하는 경우에 그 가공 전선이 다른 시설물의 위쪽 또는 옆쪽에서 수평 거리로 5m 이상인 곳에 시설되는 상태
④ 가공 전선이 다른 시설물과 접근하는 경우에 그 가공 전선이 다른 시설물의 위쪽 또는 옆쪽에서 수평 거리로 3m 미만인 곳에 시설되는 상태
⑤ 가공 전선이 다른 시설물과 접근하는 경우에 그 가공 전선이 다른 시설물의 위쪽 또는 옆쪽에서 수평 거리로 3m 이하인 곳에 시설되는 상태

33 다음 중 나트륨(Na)의 물성으로 옳지 않은 것은?

① 나트륨은 물에 넣으면 격렬하게 반응한다.

② 나트륨의 불꽃 색상은 노란색이다.

③ 나트륨의 원자량은 32이다.

④ 나트륨의 원자번호는 11번이다.

⑤ 나트륨의 밀도는 $0.968g/cm^3$ 이다.

34 다음 중 제시된 기호가 나타내는 수전설비로 옳은 것은?

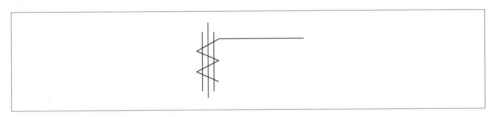

① CT(계기용 변류기)　　　　　　② PT(계기용 변압기)

③ OCR(과전류 계전기)　　　　　④ OVR(과전압 계전기)

⑤ ZCT(영상 변류기)

35 다음 중 단락비가 큰 경우의 특징으로 옳지 않은 것은?

① 계자 기자력과 전기자 반작용이 크다.

② 안정도가 높다.

③ 선로의 충전용량이 크다.

④ 돌극형 철기계이다.

⑤ 철손이 커서 효율이 떨어진다.

36 다음 중 선로 임피던스 Z송수전단 양쪽에 어드미턴스가 Y인 T형 회로의 4단자 정수에서 B와 D의 값이 바르게 연결된 것은?

$$
\begin{array}{ccc}
& B & D \\
① & 1+\dfrac{ZY}{2} & Z\left(1+\dfrac{ZY}{4}\right) \\[2mm]
② & 1+\dfrac{ZY}{2} & Z\left(1+\dfrac{ZY}{2}\right) \\[2mm]
③ & Z\left(1+\dfrac{ZY}{4}\right) & Z \\[2mm]
④ & Z\left(1+\dfrac{ZY}{4}\right) & 1+\dfrac{ZY}{2} \\[2mm]
⑤ & Z\left(1+\dfrac{ZY}{4}\right) & 1+\dfrac{ZY}{4}
\end{array}
$$

37 비투자율(μ_s)이 400인 환상 철심 내의 평균 자계의 세기(H)가 2,000AT/m일 때, 철심 주의 자화의 세기는?

① 0.3Wb/m^2 ② 0.7Wb/m^2

③ 1.0Wb/m^2 ④ 1.5Wb/m^2

⑤ 1.8Wb/m^2

38 다음 중 EMS에 대한 설명으로 옳지 않은 것은?

① EMS는 적용 대상에 따라 빌딩전용, 공장전용, 주택전용 등으로 구분된다.

② EMS는 전력 등 에너지 흐름에 대한 모니터링이 가능하다.

③ EMS는 일반적으로 에너지 정보시스템, 에너지 제어시스템, 에너지관리 공통기반시스템 등 3종류의 서브시스템으로 구성된다.

④ EMS는 신재생에너지나 ESS를 제어할 수 있다.

⑤ EMS는 초기 설치비용이 적다.

39 점전하에 의한 전위가 함수 $V = \dfrac{10}{x^2 + y^2}$ 일 때 점(2, 1)에서의 전위 경도는?(단, V의 단위는 [V], (x, y)의 단위는 [m]이다)

① $\dfrac{5}{4}(i + 2k)[\text{V/m}]$ ② $\dfrac{4}{5}(2i + j)[\text{V/m}]$

③ $\dfrac{5}{4}(i + 2j)[\text{V/m}]$ ④ $-\dfrac{4}{5}(2i + j)[\text{V/m}]$

⑤ $-\dfrac{5}{4}(2i + j)[\text{V/m}]$

40 자유공간 내에서 전장이 $E = (\sin x a_x + \cos x a_y)e^{-y}$로 주어졌을 때, 전하밀도 ρ는?

① e^y ② e^{-y}

③ 0 ④ $\cos x e^{-y}$

⑤ $\sin x e^y$

41 다음 중 반원구의 입체각으로 옳은 것은?

① π ② $\dfrac{1}{2\pi}$

③ 2π ④ 4π

⑤ $\dfrac{1}{4\pi}$

42 전계와 자계의 요소를 서로 대칭되게 나타내었을 때, 전계에서 전기 2중층을 자계에서는 무엇이라 하는가?

① 판자석 ② 소자석
③ 자기쌍극자 ④ 자기력
⑤ 강자석

43 직류전동기의 속도 제어법 중에 보조 전동기가 별도로 필요하며, 정부하 시 광범위한 속도 제어가 가능한 속도 제어법은?

① 일그너 제어방식　　　　　　② 워드 레너드 제어방식
③ 직·병렬 제어방식　　　　　　④ 2차 저항 제어법
⑤ 계자 제어법

44 다음 중 변전소의 설치 위치 조건으로 옳지 않은 것은?

① 변전소 앞 절연구간에서 전기철도차량의 타행운행을 제한하는 곳
② 수전선로의 길이가 최소화 되도록 하며 전력수급이 용이한 곳
③ 기기와 시설 자재의 운반이 용이한 곳
④ 공해, 염해, 및 각종 재해의 영향이 적거나 없는 곳
⑤ 전기철도망건설계획 등 연장급전을 고려한 곳

45 다음 중 소호리엑터 접지 방식을 채택한 전선로의 공칭전압은 얼마인가?

① 765kV　　　　　　　　　　② 345kV
③ 154kV　　　　　　　　　　④ 66kV
⑤ 22.9kV

46 다음 중 하현의 유량이 적을 때 사용하는 직접 유량 측정방법은?

① 언측법　　　　　　　　　　② 수위 관측법
③ 염분법　　　　　　　　　　④ 부표법
⑤ 피토관법

47 가로의 길이가 10m, 세로의 길이 30m, 높이가 3m인 사무실에 27W 형광등 1개의 광속이 3,800lm인 형광등 기구를 시설하여 300lx의 평균 조도를 얻고자 할 때, 필요한 형광등 기구 수는 약 몇 개인가?(단, 조명율이 0.5, 보수율은 0.8이며 기구 수는 소수점 첫째 자리에서 올림한다)

① 55개   ② 60개
③ 65개   ④ 70개
⑤ 75개

48 다음 중 $f(t) = \sin t + 2\cos t$를 라플라스 변환한 것으로 옳은 것은?

① $\dfrac{2s-1}{(s+1)^2}$ ② $\dfrac{2s+1}{(s+1)^2}$

③ $\dfrac{2s}{(s+1)^2}$ ④ $\dfrac{2s}{s^2+1}$

⑤ $\dfrac{2s+1}{s^2+1}$

49 출력 30kW, 6극 50Hz인 권선형 유도 전동기의 전부하 회전자가 950rpm이라고 한다. 같은 부하 토크로 2차 저항 r_2를 3배로 하면 회전속도는 몇 rpm인가?

① 780rpm   ② 805rpm
③ 820rpm   ④ 835rpm
⑤ 850rpm

50 다음 중 고압 가공전선로의 지지물로서 사용하는 목주의 안전율과 말구 지름이 바르게 연결된 것은?

① 안전율 1.0 이상, 말구 지름 0.08m 이상일 것
② 안전율 1.2 이상, 말구 지름 0.10m 이상일 것
③ 안전율 1.3 이상, 말구 지름 0.12m 이상일 것
④ 안전율 1.5 이상, 말구 지름 0.15m 이상일 것
⑤ 안전율 2.0 이상, 말구 지름 0.18m 이상일 것

PART 1   PART 2

51 다음 중 옥내에 시설하는 저압전선으로 나전선을 절대로 사용할 수 없는 경우는?

① 애자사용공사에 의하여 전개된 곳에 전기로용 전선을 시설하는 경우

② 유희용 전차에 전기를 공급하기 위하여 접촉 전선을 시설하는 경우

③ 버스덕트공사에 의하여 시설하는 경우

④ 합성수지관공사 의하여 시설하는 경우

⑤ 라이팅덕트공사에 의하여 시설하는 경우

52 다음 중 고압 알칼리축전지의 공칭전압으로 옳은 것은?

① 0.8V

② 1.0V

③ 1.2V

④ 1.5V

⑤ 2.0V

53 다음 중 단권변압기의 특징으로 옳지 않은 것은?

① 전압강하, 전압변동률이 작다.

② 임피던스가 작기 때문에 철손, 동손이 작아 효율이 좋다.

③ 임피던스가 커서 단락전류가 작다.

④ 누설자속이 작고 기계기구를 소형화할 수 있다.

⑤ 1, 2차 회로가 전기적으로 절연이 어렵다.

54 송전선로의 일반회로정수가 $A=0.7$, $B=j190$, $D=0.9$라면, C의 값은?

① $-j1.95\times10^{-4}$

② $-j1.95\times10^{-3}$

③ $j1.95\times10^{-2}$

④ $j1.95\times10^{-3}$

⑤ $j1.95\times10^{-4}$

03 ICT

┃ 기술능력(하반기)

55 전파의 속도가 300,000km/s일 때, 파장이 10cm인 전파의 주파수는?

① 30MHz

② 300MHz

③ 3GHz

④ 30GHz

⑤ 300GHz

┃ 기술능력(하반기)

56 다음 중 무선랜(WLAN)에 대한 설명으로 옳지 않은 것은?

① IEEE 802.11 규격으로 a, b, g, n이 있으며, 물리계층과 MAC계층에 대해서 규격을 정하고 있다.

② IEEE 802.11과 802.11b를 제외하고 직교 주파수 분할 다중화(OFDM) 기술을 적용하고 있다.

③ 사용 주파수 대역은 2.4GHz대이며, 점유 대역폭은 20MHz로 모든 규격이 동일하다.

④ 직교 주파수 분할 다중화(OFDM)에 적용되는 변조 방식으로 BPSK, QPSK, 16QAM, 64QAM을 지원한다.

⑤ 쉽게 접근이 가능하여 해킹에 대한 보안 대책이 필요하다.

┃ 기술능력(하반기)

57 무선 네트워크는 공기 중 전송매체이므로 충돌 감지가 거의 불가능하다. 이를 해결하기 위해 데이터 전송 전에 캐리어 감지를 하여 사전에 충돌을 회피하는 무선전송 다원접속 방식은?

① CDMA / CD

② CDMA / CA

③ CSMA / CD

④ CSMA / CA

⑤ CSMA / FD

정답 및 해설 p.015

01 NCS

※ 다음은 H공사의 당직 규정이다. 규정을 읽고 이어지는 질문에 답하시오. **[1~2]**

〈당직 규정〉

제1조 [목적]
이 규정은 당직에 관한 사항을 규정함으로써 회사의 자산을 안전하게 관리하고자 하는 데 목적이 있다.

제2조 [정의]
당직은 정상적인 업무를 수행하기 위해 근무시간 이외의 시간에 근무하는 것으로서 일직과 숙직으로 구분한다.

제3조 [준수사항]
1. 당직자는 담당구역을 수시 순찰하여 회사 자산관리, 보존에 안전을 기하여야 하며 이상이 있을 때에는 적절히 조치하고 조치 결과를 사무처장에게 보고하여야 한다.
2. 외부로부터 오는 전화는 상대방의 성명, 연락처, 용건 등을 묻고 별지에 적어 관계자에게 연락하도록 하며 긴급사항은 즉시 사무처장과 담당 부서장에게 연락하여 즉시 처리한다.
3. 전보, 우편물은 전부 접수하여 내용을 확인, 긴급한 것은 즉시 사무처장과 해당 부서장에게 연락하여 지시를 받아야한다.
4. 사무처장의 특별지시가 없는 경우를 제외하고는 근무시간 외에 물품의 반출을 허용해서는 아니 된다.
5. 긴급한 사태가 발생하였을 때에는 당직 책임자가 즉시 응급처치를 취함과 동시에 담당 부서장에게 지체 없이 보고하여야 한다.
6. 근무 종료 시 총무부에 있는 당직 근무일지에 당직 근무 종료를 기록한 후 퇴근한다.
7. 근무 전 총무부에서 당직 시 사용할 물품을 빌린 후 대여일지에 작성하고, 근무 종료 시 총무부에 당직 시 사용했던 물품을 반납하고 반납일지에 작성한다(단, 공휴일인 경우 다음 당직자에게 직접 전해준다).
8. 당직일지는 소속 부서장이 관리하며, 매월 말에 총무부에 제출, 확인 받도록 한다.
9. 처음 당직 근무를 하는 경우, 당직 근무 1일 전까지 회사 웹 사이트에 있는 당직 규정 교육을 들어야 한다.

제4조 [당직 명령 및 변경]
1. 당직 명령은 주무 부서의 장 또는 사무처장이 근무예정일 5일 전까지 하여야한다.
2. 당직 명령을 받은 자가 출장, 휴가, 기타 부득이한 사유로 당직 근무를 할 수 없을 때에는 지체 없이 당직 변경신청서(별지서식 제1호)에 의거 당직 명령자로부터 당직 근무일지 변경승인을 받아야 한다.

제5조 [당직비 규정]

1. 당직자에게는 당직비 지급 규정에 따른 당직비를 지급한다.

제6조 [견책]

1. 총무부장은 당직근무자가 정당한 사유 없이 근무를 불참하거나 근무 중 금지행위를 할 때에는 시말서를 청구할 수 있다.

01 다음 중 H공사 당직 규정과 일치하지 않는 것은?

① 총무부장은 당직 근무자가 정당한 사유 없이 근무를 불참하거나 근무 중 금지행위를 할 때에는 시말서를 청구할 수 있다.

② 당직 명령은 주무 부서의 장 또는 사무처장이 근무예정일 5일 전까지 하여야한다.

③ 긴급한 사태가 발생하였을 때에는 당직 책임자가 즉시 담당 부서장에게 보고해야 한다.

④ 긴급한 전보, 우편물은 즉시 사무처장과 담당 부서장에게 연락하여 지시를 받아야 한다.

⑤ 당직 근무자는 근무 전 당직 근무일지에 당직 근무 시작을 기록해야 한다.

02 H공사에서 처음 당직 근무를 하는 신입사원 A씨는 다음과 같이 당직 근무를 했다. ㉠~㉤ 중 A씨가 잘못한 것은?

> ㉠ A씨는 이번 주 토요일 근무를 할 당직 근무를 위해 목요일에 회사 웹 사이트에 접속하여 당직 규정 교육을 들었다. ㉡ 당직 근무를 하기 전 총무부에 물품을 빌린 후 대여일지에 작성했다. ㉢ 근무 중 외부로부터 걸려온 긴급한 전화는 즉시 사무처장과 담당 부서장에게 연락하여 즉시 처리하였다. ㉣ 사무처장의 특별지시가 없어 물품의 반출을 허용하지 않았다. ㉤ 근무 종료 시 총무부에 당직 시 사용했던 물품을 반납하고 반납일지에 작성했다.

① ㉠

② ㉡

③ ㉢

④ ㉣

⑤ ㉤

03 A와 B 2명은 코인 세탁소를 오픈할 지역을 찾고 있다. 아래의 점수 기준표와 〈보기〉에 나온 둘의 대화를 보고 각각 선택할 지역으로 옳은 것은?(단, A와 B는 조건 만족 시 총점이 가장 높은 지역을 선택한다)

〈점수 기준표〉

※ 접근성, 인지도 점수 : ★(10점), ☆(5점) (예 ★★☆＝25점)
※ 최종 점수가 같은 곳이 2개 이상인 경우 인지도가 높은 곳을 선택한다(A, B 둘 다 해당).

• 위치 점수

등급	최상	상	중	하
점수	100	95	90	85

• 유동인구 점수

유동인구(일)	6,000명 초과	5,000명 초과 6,000명 이하	4,000명 초과 5,000명 이하	4,000명 이하
점수	50	40	30	20

• 지역별 점수

구분	지역 1	지역 2	지역 3	지역 4	지역 5
접근성	★★★	★★★★	★★★	★★★☆	★★★★☆
인지도	★★★★	★★★	★★★☆	★★★★☆	★★☆
위치	상	중	중	최상	하
유동인구(일)	4,000명	5,200명	6,200명	5,500명	4,500명

보기

A : 저는 코인 세탁소 입지를 정할 때 위치와 인지도가 중요하다고 생각합니다. 위치 점수가 하인 곳은 선택하지 않을 예정입니다. 또한 인지도 점수가 35점 미만인 곳도 선택하지 않을 예정입니다.

B : 저는 접근성이 좋다면 위치랑 인지도는 상관없다고 생각합니다. 그렇기 때문에 접근성 점수가 40점 이상인 곳을 선택할 예정입니다. 또한 유동인구가 적어도 4,500명 이상인 곳을 선택할 예정입니다.

	A	B
①	지역 1	지역 5
②	지역 1	지역 4
③	지역 2	지역 3
④	지역 3	지역 2
⑤	지역 4	지역 2

04 다음은 K공사의 9월 전기설비 점검일지이다. 각 항목별 점검 일자를 통해, 9월 30일에 점검하지 않는 항목으로만 짝지어진 것은?

〈9월 전기설비 점검일지〉

항목	점검 일자																			
	1	2	3	4	5	6	7	8	9	10	11	12	13	14	15	16	17	18	19	20
케이블 점검																				
변압기 유량 상태																				
변압기 동작 상태																				
고압기기 이상 유무																				
발전기 기동 상태																				
비상용 발전장치 이상 유무																				
보호장치 변색 유무																				
모선 접속부 이상 상태																				
개폐기 균열 상태																				

※ 특정 주기에 맞춰 점검한다.
※ 검은색으로 표시한 날이 점검한 날이다.

① 케이블 점검, 변압기 동작 상태
② 변압기 동작 상태, 고압기기 이상 유무
③ 발전기 기동 상태, 비상용 발전장치 이상 유무
④ 고압기기 이상 유무, 보호장치 변색 유무
⑤ 모선 접속부의 이상 상태, 개폐기 균열 상태

〈지역별 폐기물 현황〉

지역	1일 폐기물 배출량	인구수
용산구	305.2톤/일	132,259명
중구	413.7톤/일	394,679명
종로구	339.9톤/일	240,665명
서대문구	240.1톤/일	155,106명
마포구	477.5톤/일	295,767명

〈지역별 폐기물 집하장 위치 및 이동시간〉

다음은 각 지역별 폐기물 집하장 간 이동에 걸리는 시간을 표시한 것이다.

지역	용산구	중구	종로구	서대문구	마포구
용산구		50분	200분	150분	100분
중구	50분		60분	70분	100분
종로구	200분	60분		50분	100분
서대문구	150분	70분	50분		80분
마포구	100분	100분	100분	80분	

| 수리능력(하반기)

05 자료에 표시된 지역 중 1인당 1일 폐기물 배출량이 가장 많은 곳에 폐기물 처리장을 만든다고 할 때, 다음 중 어느 구에 설치해야 하는가?(단, 1인당 1일 폐기물 배출량은 소수점 셋째 자리에서 반올림한다)

① 용산구
② 중구
③ 종로구
④ 서대문구
⑤ 마포구

06 05번의 결과를 참고하여 폐기물 처리장이 설치된 구에서 폐기물 수집 차량이 출발하여 1인당 1일 폐기물 배출량이 많은 순서대로 수거하고 다시 돌아올 때, 걸리는 최소 시간은?

① 3시간 10분

② 4시간 20분

③ 5시간 40분

④ 6시간 00분

⑤ 7시간 10분

07 H팀은 정기행사를 진행하기 위해 공연장을 대여하려 한다. H팀의 상황을 고려하여 공연장을 대여한다고 할 때, 총비용은 얼마인가?

〈공연장 대여비용〉

구분	공연 준비비	공연장 대여비	소품 대여비	보조진행요원 고용비
단가	50만 원	20만 원(1시간)	5만 원(1세트)	5만 원(1인, 1시간)
할인	총비용 150만 원 이상 : 10%	2시간 이상 : 3% 5시간 이상 : 10% 12시간 이상 : 20%	3세트 : 4% 6세트 : 10% 10세트 : 25%	2시간 이상 : 5% 4시간 이상 : 12% 8시간 이상 : 25%

※ 할인은 각 품목마다 개별적으로 적용된다.

〈H팀 상황〉

A : 저희 총예산은 수입보다 많으면 안 됩니다. 티켓은 4만 원이고, 50명 정도 관람할 것으로 예상됩니다.

B : 공연은 2시간이고, 리허설 시간으로 2시간이 필요하며, 공연 준비 및 정리를 하려면 공연 앞뒤로 1시간씩은 필요합니다.

C : 소품은 공연 때 2세트 필요한데, 예비로 1세트 더 준비하도록 하죠.

D : 진행은 저희끼리 다 못하니까 주차장을 관리할 인원 1명을 고용해서 공연 시간 동안과 공연 앞뒤 1시간씩 공연장 주변을 정리하도록 합시다. 총예산이 모자라면 예비 소품 1세트 취소, 보조진행요원 미고용, 리허설 시간 1시간 축소 순서로 줄이도록 하죠.

① 1,800,000원

② 1,850,000원

③ 1,900,000원

④ 2,050,000원

⑤ 2,100,000원

08 다음 주 당직 근무에 대한 일정표를 작성하고 있다. 작성하고 봤더니 잘못된 점이 보여 수정을 하려 한다. 한 사람만 옮겨 일정표를 완성하려고 할 때, 일정을 변경해야 하는 사람은?

〈당직 근무 규칙〉

• 낮에 2명, 야간에 2명은 항상 당직을 서야 하고, 더 많은 사람이 당직을 설 수도 있다.
• 낮과 야간을 합하여 하루에 최대 6명까지 당직을 설 수 있다.
• 같은 날에 낮과 야간 당직 근무는 함께 설 수 없다.
• 낮과 야간 당직을 합하여 주에 세 번 이상 다섯 번 미만으로 당직을 서야 한다.
• 월요일부터 일요일까지 모두 당직을 선다.

〈당직 근무 일정〉

직원	낮	야간	직원	낮	야간
가	월요일	수요일, 목요일	바	금요일, 일요일	화요일, 수요일
나	월요일, 화요일	수요일, 금요일	사	토요일	수요일, 목요일
다	화요일, 수요일	금요일, 일요일	아	목요일	화요일, 금요일
라	토요일	월요일, 수요일	자	목요일, 금요일	화요일, 토요일
마	월요일, 수요일	화요일, 토요일	차	토요일	목요일, 일요일

① 나
② 라
③ 마
④ 바
⑤ 사

09 다음 사례에 나타난 논리적 오류는?

〈사례〉

A : 내가 어제 귀신과 싸워서 이겼다.
B : 귀신이 있어야 귀신과 싸우지.
A : 내가 봤다니까. 귀신 없는 거 증명할 수 있어?

① 성급한 일반화의 오류
② 무지에 호소하는 오류
③ 거짓 딜레마의 오류
④ 대중에 호소하는 오류
⑤ 인신공격의 오류

10 한국전력공사의 가대리, 나사원, 다사원, 라사원, 마대리 중 1명이 어제 출근하지 않았다. 이와 관련하여 5명의 직원이 〈보기〉와 같이 말했고, 이들 중 2명이 거짓말을 한다고 할 때, 다음 중 출근하지 않은 사람은 누구인가?(단, 출근을 하였어도, 결근 사유를 듣지 못할 수도 있다)

> **보기**
>
> 가대리 : 나는 출근했고, 마대리도 출근했다. 누가 출근하지 않았는지는 알지 못한다.
> 나사원 : 다사원은 출근 하였다. 가대리님의 말은 모두 사실이다.
> 다사원 : 라사원은 출근하지 않았다.
> 라사원 : 나사원의 말은 모두 사실이다.
> 마대리 : 출근하지 않은 사람은 라사원이다. 라사원이 개인 사정으로 인해 출석하지 못한다고 가대리님에게 전했다.

① 가대리
② 나사원
③ 다사원
④ 라사원
⑤ 마대리

11 신종 감염병을 해결하기 위해 한 제약사에서 신약 A ~ E를 연구 중에 있다. 최종 임상실험에 가 ~ 마 5명이 지원하였고, 그 결과가 다음과 같을 때, 개발에 성공한 신약은?(단, 성공한 신약을 먹으면 반드시 병이 치료된다)

> 〈투약 결과〉
>
> 가 : A와 B를 먹었고 C는 먹지 않았다. 나머지는 먹었을 수도, 안 먹었을 수도 있다.
> 나 : C와 D를 먹었다. 나머지는 먹었을 수도, 안 먹었을 수도 있다.
> 다 : A와 B를 먹었고 E는 먹지 않았다. 나머지는 먹었을 수도, 안 먹었을 수도 있다.
> 라 : B를 먹었고 A와 D는 먹지 않았다. 나머지는 먹었을 수도, 안 먹었을 수도 있다.
> 마 : A와 D를 먹었고 B, E는 먹지 않았다. 나머지는 먹었을 수도, 안 먹었을 수도 있다.
> ※ 두 명만 병이 치료되었다.
> ※ '나'는 병이 치료되지 않았다.

① A
② B
③ C
④ D
⑤ E

12 다음은 K오디션의 1, 2차 결과를 나타낸 표이다. [E2:E7]에 아래 그림과 같이 최종점수를 구하고
자 할 때, 필요한 함수는?

	A	B	C	D	E
1	이름	1차	2차	평균점수	최종점수
2	유재석	96.45	45.67	71.06	71.1
3	전현무	89.67	34.77	62.22	62.2
4	강호동	88.76	45.63	67.195	67.2
5	신동엽	93.67	43.56	68.615	68.6
6	김성주	92.56	38.45	65.505	65.5
7	송해	95.78	43.65	69.715	69.7

① ROUND   ② INT
③ TRUNC   ④ COUNTIF
⑤ ABS

13 학교에서 자연어처리(NLP)에 대해 배우고 있는 희영은 간단한 실습과제를 수행하는 중이다. 다음
〈보기〉의 희영은 자연어처리 과정 중 어떤 단계를 수행한 것인가?

> 보기
>
> 희영은 프로그램이 잘 돌아가는지 확인하기 위해 시험 삼아 '나는 밥을 먹는다.'를 입력해보았다.
> 그 결과 '나/NP 는/JXS 밥/NNG 을/JKO 먹/VV 는다/EFN ./SF'가 출력되었다.

① 형태소 분석   ② 구문 분석
③ 의미 분석   ④ 특성 추출
⑤ 단어 분석

14 다음은 Python으로 구현된 프로그램이다. 실행결과로 옳은 것은?

```
kks = ['두', '바', '퀴', '로', '가', '는', '자', '동', '차']

kks.insert(1, '다')
del kks[3]
print(kks[4], kks[6])
```

① 가 자   ② 로 는
③ 로 자   ④ 는 동
⑤ 퀴 가

15 다음 중 클라우드 컴퓨팅(Cloud Computing)에 대한 설명으로 옳지 않은 것은?

① 가상화와 분산처리 기술을 기반으로 한다.
② 최근에는 컨테이너(Container)방식으로 서버를 가상화하고 있다.
③ 서비스 유형에 따라 IaaS, PaaS, SaaS로 분류할 수 있다.
④ 공개 범위에 따라 퍼블릭 클라우드, 프라이빗 클라우드, 하이브리드 클라우드로 분류할 수 있다.
⑤ 주로 과학·기술적 계산 같은 대규모 연산의 용도로 사용된다.

리튬은 원자번호 3번으로 알칼리 금속이다. 리튬은 아르헨티나와 칠레 등 남미와 호주에서 대부분 생산된다. 소금호수로 불리는 염호에서 리튬을 채굴하는 것이다. 리튬을 비롯한 알칼리 금속은 쉽게 전자를 잃어버리고 양이온이 되는 특성이 있으며 전자를 잃은 리튬은 리튬이온(Li+) 상태로 존재한다.

리튬의 가장 큰 장점은 가볍다는 점이다. 스마트폰이나 노트북 등 이동형 기기가 등장할 수 있었던 이유다. 이동형 기기에 전원을 공급하는 전지가 무겁다면 들고 다니기 쉽지 않다. 경량화를 통해 에너지 효율을 추구하는 전기차도 마찬가지다. 또 양이온 중 수소를 제외하면 이동 속도가 가장 빠르다. 리튬이온의 이동 속도가 빠르면 더 큰 전기에너지를 내는 전지로 만들 수 있기 때문에 리튬이온전지 같은 성능을 내는 2차 전지는 현재로서는 없다고 할 수 있다.

리튬이온전지는 양극과 음극, 그리고 전지 내부를 채우는 전해질로 구성된다. 액체로 구성된 전해질은 리튬이온이 이동하는 경로 역할을 한다. 일반적으로 리튬이온전지의 음극에는 흑연을, 양극에는 금속산화물을 쓴다.

충전은 외부에서 전기에너지를 가해 리튬이온을 음극재인 흑연으로 이동시키는 과정이며, 방전은 음극에 모인 리튬이온이 양극으로 이동하는 과정을 말한다. 양극재로 쓰이는 금속산화물에는 보통 리튬코발트산화물이 쓰인다. 충전 과정을 통해 음극에 삽입돼 있던 리튬이온이 빠져나와 전해질을 통해 양극으로 이동한다. 이때 리튬이온이 잃은 전자가 외부 도선을 통해 양극으로 이동하게 되는데, 이 과정에서 전기에너지가 만들어진다. 리튬이온이 전부 양극으로 이동하면 방전상태가 된다. 다시 외부에서 전기에너지를 가하면 리튬이온이 음극으로 모이면서 충전된다. 이 같은 충·방전 과정을 반복하며 전기차나 스마트폰, 노트북 등에 전원을 공급하는 역할을 하는 것이다.

리튬이온전지와 같은 2차 전지 기술의 발달로 전기차는 대중화를 바라보고 있다. 하지만 전기차에 집어넣을 수 있는 2차 전지의 양을 무작정 늘리기는 어렵다. 전지의 양이 많아지면 무게가 그만큼 무거워져 에너지 효율이 낮아지기 때문이다. 무거운 일반 내연기관차가 경차보다 단위 연료(가솔린, 디젤)당 주행거리를 의미하는 연비가 떨어지는 것과 같은 이치다.

전기차를 움직이는 리튬이온전지의 용량 단위는 보통 킬로와트시(kWh)를 쓴다. 이때 와트는 전기에너지 양을 나타내는 일반적인 단위로 1볼트(V)의 전압을 가해 1암페어(A)의 전류를 내는 양을 말한다. 와트시(Wh)는 1시간 동안 소모할 수 있는 에너지의 양을 의미한다. 1시간 동안 1W의 전력량을 소모하면 1Wh가 된다. 전지의 용량은 전기차를 선택하는 핵심 요소인 완전 충전 시 주행거리와 연결된다. 테슬라 모델3 스탠더드 버전의 경우 공개된 자료에 따르면 1kWh당 6.1km를 주행할 수 있다. 이를 기준으로 50kWh의 전지 용량을 곱하게 되면 약 300km를 주행하는 것으로 계산된다. 물론 운전자의 주행 습관이나 기온, 도로 등 주행 환경에 따라 주행거리는 달라진다.

보편적으로 쓰이는 2차 전지인 리튬이온전지의 성능을 개선하려는 연구 노력도 이어지고 있다. 대표적인 것이 양극에 쓰이는 금속산화물을 개선하는 것이다. 현재 리튬이온전지 양극재는 리튬에 니켈, 코발트, 망간, 알루미늄을 섞은 금속산화물이 쓰인다. 리튬이온전지 제조사마다 쓰이는 성분이 조금씩 다른데 각 재료의 함유량에 따라 성능이 달라지기 때문이다. 특히 충·방전을 많이 하면 전지 용량이 감소하는 현상과 리튬이온을 양극에 잘 붙들 수 있는 소재 조성과 구조를 개선하는 연구가 이뤄지고 있다.

16 다음 〈보기〉 중 글의 내용을 올바르게 파악한 사람을 모두 고른 것은?

> **보기**
>
> A : 리튬의 장점은 가볍다는 것이며, 양이온 중에서도 이동속도가 가장 빠르다.
> B : 리튬이온은 충전 과정을 통해 전지의 양극에 모이게 된다.
> C : 내연기관차는 무게가 무겁기 때문에 에너지 효율이 그만큼 떨어진다.
> D : 테슬라 모델3 스탠더드 버전의 배터리 용량이 20kWh일 때 달리면 약 20km를 주행하게 된다.
> E : 전지의 충전과 방전이 계속되면 전지 용량이 줄어들게 된다.

① A, B
② B, C
③ C, D
④ D, E
⑤ C, E

17 다음 중 글의 주된 서술 방식으로 옳은 것은?

① 대상이 지난 문제점을 파악하고 이를 해결하기 위한 방안을 제시하고 있다.
② 대상과 관련된 논쟁을 비유적인 표현을 통해 묘사하고 있다.
③ 구체적인 예시를 통해 대상의 특징을 설명하고 있다.
④ 시간의 흐름에 따른 대상의 변화를 설명하고 있다.
⑤ 대상을 여러 측면에서 분석하고 현황을 소개하고 있다.

※ 유통업체인 K사는 유통대상의 정보에 따라 12자리로 구성된 분류코드를 부여하여 관리하고 있다. 다음 자료를 읽고 이어지는 질문에 답하시오. [18~19]

<〈분류코드 생성 방법〉>

- 분류코드는 한 개 상품당 하나가 부과된다.
- 분류코드는 '발송코드 – 배송코드 – 보관코드 – 운송코드 – 서비스코드'가 순서대로 연속된 12자리 숫자로 구성되어 있다.
- 발송지역

발송지역	발송코드	발송지역	발송코드	발송지역	발송코드
수도권	a1	강원	a2	경상	b1
전라	b2	충청	c4	제주	t1
기타	k9	–	–	–	–

- 배송지역

배송지역	배송코드	배송지역	배송코드	배송지역	배송코드
서울	011	인천	012	강원	021
경기	103	충남	022	충북	203
경남	240	경북	304	전남	350
전북	038	제주	040	광주	042
대구	051	부산	053	울산	062
대전	071	세종	708	기타	009

- 보관구분

보관구분	보관코드	보관구분	보관코드	보관구분	보관코드
냉동	FZ	냉장	RF	파손주의	FG
고가품	HP	일반	GN	–	–

- 운송수단

운송수단	운송코드	운송수단	운송코드	운송수단	운송코드
5톤 트럭	105	15톤 트럭	115	30톤 트럭	130
항공운송	247	열차수송	383	기타	473

- 서비스 종류

배송서비스	서비스코드	배송서비스	서비스코드	배송서비스	서비스코드
당일 배송	01	지정일 배송	02	일반 배송	10

※ 수도권은 서울, 경기, 인천 지역이다.

18 다음 분류코드로 확인할 수 있는 정보로 옳지 않은 것은?

c4304HP11501

① 해당 제품은 충청지역에서 발송되어 경북지역으로 배송되는 제품이다.
② 냉장보관이 필요한 제품이다.
③ 15톤 트럭에 의해 배송될 제품이다.
④ 당일 배송 서비스가 적용된 제품이다.
⑤ 해당 제품은 고가품이다.

19 다음 〈조건〉에 따라 제품 A에 부여될 분류코드로 옳은 것은?

> **조건**
> • A는 Q업체가 7월 5일에 경기도에서 울산지역에 위치한 구매자에게 발송한 제품이다.
> • 수산품인 만큼, 냉동 보관이 필요하며, 발송자는 택배 도착일을 7월 7일로 지정하였다.
> • A는 5톤 트럭을 이용해 배송된다.

① k9062RF10510
② a1062FZ10502
③ a1062FZ11502
④ a1103FZ10501
⑤ a1102FZ10502

20 다음은 농수산물 식품수거검사에 관한 자료이다. 〈보기〉의 설명 중 옳지 않은 것을 모두 고르면?

〈식품수거검사〉

- 검사
  - 월별 정기 및 수시 수거검사
- 대상
  - 다년간 부적합 비율 및 유통점유율이 높은 품목대상
  - 신규 생산품목 및 문제식품의 신속 수거·검사 실시
  - 언론이나 소비자단체 등 사회문제화 된 식품
  - 재래시장, 연쇄점, 소형슈퍼마켓 주변의 유통식품
  - 학교주변 어린이 기호식품류
  - 김밥, 도시락, 햄버거 등 유통식품
  - 유통 중인 농·수·축산물(엽경채류, 콩나물, 어류, 패류, 돼지고기, 닭고기 등)
- 식품종류별 주요 검사항목
  - 농산물 : 잔류농약
  - 수산물 : 총수은, 납, 항생물질, 장염비브리오 등 식중독균 오염여부
  - 축산물 : 항생물질, 합성항균제, 성장홀몬제, 대장균O-157:H7, 리스테리아균, 살모넬라균, 클로스트리디움균
  - 식품제조·가공품 : 과산화물가, 대장균, 대장균군, 보존료, 타르색소 등
- 부적합에 따른 조치
  - 제조업체 해당 시·군에 통보(시정명령, 영업정지, 품목정지, 폐기처분 등 행정조치)
  - 식품의약안전청 홈페이지 식품긴급회수창에 위해정보공개
  - 부적합 유통식품 수거검사 및 폐기

보기

ㄱ. 유통 중에 있는 식품은 식품수거검사 대상에 해당되지 않는다.
ㄴ. 항생물질 함유 여부를 검사하는 항목은 축산물뿐이다.
ㄷ. 식품수거검사는 월별 정기검사와 수시검사 모두 진행된다.
ㄹ. 식품수거검사 결과 적발한 위해정보는 제조업체 해당 시·군 홈페이지에서 확인할 수 있다.

① ㄱ, ㄷ
② ㄴ, ㄹ
③ ㄱ, ㄴ, ㄹ
④ ㄱ, ㄷ, ㄹ
⑤ ㄴ, ㄷ, ㄹ

21 나주 한국전력 본사에서 근무하는 K대리는 대구 본부와 광주 본부에서 열리는 회의에 참석하기 위해 출장을 다녀올 예정이다. 출장 기간 동안의 경비에 대한 정보가 다음과 같다. K대리가 기차와 택시를 이용해 이동을 한다고 할 때, 본사에서 출발하여 모든 회의에 참석한 후 다시 본사로 돌아오기까지 소요되는 총 경비로 옳은 것은?

> K대리는 8월 10일에 나주 본사에서 출발하여 대구에 도착하고, S호텔에서 잠을 잔 후, 11일에 대구 본부에서 열리는 회의에 참석할 계획이다. 회의 후에는 광주로 이동하여 광주의 T호텔에서 잠을 잔 후, 12일에 광주 본부에서 열리는 회의에 참석하고 본사로 돌아올 계획이다.
> ※ 이동에는 기차와 택시만 이용하였다.
>
> 〈소요경비 정보〉
>
> • 숙박비
>
> | 호텔 | 요금(1박) |
> | --- | --- |
> | S호텔 | 75,500원 |
> | T호텔 | 59,400원 |
>
> • 철도 요금
>
> | 출발지 | 도착지 | 편도 요금 |
> | --- | --- | --- |
> | 나주역 | 대구역 | 42,000원 |
> | 나주역 | 광주역 | 39,500원 |
> | 대구역 | 광주역 | 37,100원 |
> | 대구역 | 나주역 | 45,000원 |
> | 광주역 | 대구역 | 36,500원 |
> | 광주역 | 나주역 | 43,000원 |
>
> • 택시비
>
> | 출발정류장 | 도착정류장 | 편도 요금 |
> | --- | --- | --- |
> | 한국전력 본사 앞 | 나주역 | 7,900원 |
> | 대구역 | S호텔 | 4,300원 |
> | 광주역 | T호텔 | 6,500원 |
> | S호텔 | 한국전력 대구 본부 앞 | 4,900원 |
> | T호텔 | 한국전력 광주 본부 앞 | 5,700원 |
> | 한국전력 대구 본부 앞 | 대구역 | 4,300원 |
> | 한국전력 광주 본부 앞 | 광주역 | 5,400원 |
>
> ※ 도착 정류장과 출발 정류장이 바뀌어도 비용은 같다.

① 169,000원   ② 226,000원
③ 274,500원   ④ 303,900원
⑤ 342,600원

22 다음 글을 읽고 추론한 내용으로 옳지 않은 것은?

> 1인 가구가 급속히 증가하는 이 같은 상황에 대응하기 위하여 한국전력은 전력 데이터를 활용하여 국민이 체감할 수 있는 사회안전망 서비스를 제공하고 사회적 가치를 구현하고자 '1인 가구 안부 살핌 서비스'를 개발하여 지자체에 제공하고 있다. '1인 가구 안부 살핌 서비스'는 전력 빅데이터와 통신데이터를 분석하여 1인 가구의 안부 이상 여부를 확인한 후 이를 사회복지 공무원 등에게 SMS로 알려주어 고독사를 예방하는 인공지능 서비스이다.
>
> 이 서비스의 핵심인 돌봄 대상자의 안부 이상 여부를 판단하는 인공지능 모델은 딥러닝 기법을 활용하는 오토 인코더(Auto Encoder)를 기반으로 설계하였다. 이 모델은 정상적인 전력 사용 패턴을 학습하여 생성되고 난 후, 평소와 다른 비정상적인 사용패턴이 모델에 입력되면 돌봄 대상의 안부에 이상이 있다고 판단하고 지자체 담당 공무원에게 경보 SMS를 발송하는 알고리즘을 가지고 있다. 경보 SMS에는 전력 사용 패턴 이상 여부 이외에 돌봄 대상자의 전화 수・발신, 문자 발신, 데이터 사용량 등 통신사용량 정보도 추가로 제공되고 있다. 향후 전력 및 통신데이터 이외에 수도나 가스 등 다양한 이종 데이터도 융합하여 서비스 알람 신뢰도를 더욱 향상시킬 수 있을 것으로 기대하고 있다.
>
> '1인 가구 안부 살핌 서비스'는 2019년에 에스케이텔레콤(SKT)과 사회안전망 서비스를 개발하기 위한 협약의 체결로 시작되었다. 이후 양사는 아이디어 공유를 위한 실무회의 등을 거쳐 서비스를 개발하였고, 서비스의 효과를 검증하기 위하여 광주광역시 광산구 우산동과 협약을 체결하여 실증사업을 시행하였다. 실증사업 기간 동안 우산동 복지담당자들은 서비스에 커다란 만족감을 나타내었다.
>
> 우산동 복지담당 공무원이었던 A씨는 관내 돌봄 대상자가 자택에서 어지러움으로 쓰러진 후 지인의 도움으로 병원에 내진한 사실을 서비스 알람을 받아 빠르게 파악할 수 있었다. 이 사례를 예로 들며 "관리 지역은 나이가 많고 혼자 사는 분들이 많아 고독사가 발생할 가능성이 큰데, 매일 건강 상태를 확인할 수도 없어 평소에 이를 예방하기란 쉽지가 않다."면서 "한국전력의 1인 가구 안부 살핌 서비스가 큰 도움이 되었고 많은 기대가 된다."고 밝혔다.

① 한국전력은 고독사를 예방하기 위해 데이터 기술을 적용한 서비스를 만들었다.
② 오토 인코더 모델은 비정상적인 패턴을 감지하면 알람이 가도록 설계되었다.
③ 앞으로 '1인 가구 안부 살핌 서비스'에는 전력 데이터가 추가로 수집될 수 있다.
④ 광주광역시 광산구 우산동 지역 사람들이 처음으로 이 서비스를 사용하였다.
⑤ 우산동에서 이 서비스의 주요 대상은 고령의 1인 가구이다.

23 다음은 칸트의 미적 기준에 관한 글이다. 다음 중 밑줄 친 ㉠에 대해 '미적 무관심성'을 보인 사람은?

> 한 떨기 ㉠흰 장미가 우리 앞에 있다고 하자. 하나의 동일한 대상이지만 그것을 받아들이는 방식은 다양하다. 그것은 이윤을 창출하는 상품으로 보일 수도 있고, 식물학적 연구 대상으로 보일 수도 있다. 또한 어떤 경우에는 나치에 항거하다 죽어 간 저항 조직 '백장미'의 젊은이들을 떠올리게 할 수도 있다. 그런데 이런 경우들과 달리 우리는 종종 그저 그 꽃잎의 모양과 순백의 색깔이 아름답다는 이유만으로 충분히 만족을 느끼기도 한다.
>
> 가끔씩 우리는 이렇게 평소와는 매우 다른 특별한 순간들을 맛본다. 평소에 중요하게 여겨지던 것들이 이 순간에는 철저히 관심 밖으로 밀려나고, 오직 대상의 내재적인 미적 형식만이 관심의 대상이 된다. 이러한 마음의 작동 방식을 가리키는 개념어가 '미적 무관심성'이다. 칸트가 이 개념의 대표적인 대변자인데, 그에 따르면 미적 무관심성이란 대상의 아름다움을 판정할 때 요구되는 순수하게 심미적인 심리 상태를 뜻한다. 즉 'X는 아름답다.'라고 판단할 때 우리의 관심은 오로지 X의 형식적 측면이 우리의 감수성에 쾌·불쾌를 주는지를 가리는 데 있으므로 '무관심적 관심'이다. 그리고 무언가를 실질적으로 얻거나 알고자 하는 모든 관심으로부터 자유로운 X의 존재 가치는 '목적 없는 합목적성'에 있다. 대상의 개념이나 용도 및 현존으로부터의 완전한 거리 두기를 통해 도달할 수 있는 순수 미적인 차원에 대한 이러한 이론적 정당화는 쇼펜하우어에 이르러서는 예술미의 관조를 인간의 영적 구원의 한 가능성으로 평가하는 사상으로까지 발전하였다. 불교에 심취한 그는 칸트의 '미적 무관심성' 개념에서 더 나아가 '미적 무욕성'을 주창했다. 그에 따르면 이 세계는 '맹목적 의지'가 지배하는 곳으로, 거기에 사는 우리는 욕구와 결핍의 부단한 교차 속에서 고통 받지만, 예술미에 도취하는 그 순간만큼은 해방을 맛본다. 즉 '의지의 폭정'에서 벗어나 잠정적인 열반에 도달한다.
>
> 미적 무관심성은 예술의 고유한 가치를 옹호하는 데 큰 역할을 하는 개념이다. 그러나 우리는 그것이 극단적으로 추구될 경우에 가해질 수 있는 비판을 또한 존중하지 않을 수 없다. 왜냐하면 독립 선언이 곧 고립 선언은 아니기 때문이다. 예술의 고유한 가치는 진리나 선과 같은 가치 영역들과 유기적인 조화를 이룰 때 더욱 고양된다. 요컨대 예술은 다른 목적에 종속되는 한갓된 수단이 되어서도 안 되겠지만, 그것의 지적·실천적 역할이 완전히 도외시되어서도 안 된다.

① 예지 : 성년의 날에 장미를 대학교 앞에 가져가 팔면 많은 돈을 벌 수 있겠어.

② 지원 : 장미의 향기를 맡고 있자니 이 세상에서 영혼이 해방된 느낌이 들어.

③ 도일 : 장미에서 흐르는 윤기와 단단한 줄기에서 아름다움이 느껴져.

④ 지은 : 인위적으로 하얀색 장미를 만들어내는 것은 논란의 여지가 있어.

⑤ 수림 : 빨간 장미와 달리 흰 장미가 흰색을 띠는 이유가 무엇인지 분석해보고 싶어.

24 다음 중 글의 내용과 가장 일치하는 것은?

> 지진해일은 지진, 해저 화산폭발 등으로 바다에서 발생하는 파장이 긴 파도이다. 지진에 의해 바다 밑바닥이 솟아오르거나 가라앉으면 바로 위의 바닷물이 갑자기 상승 또는 하강하게 된다. 이 영향으로 지진해일파가 빠른 속도로 퍼져나가 해안가에 엄청난 위험과 피해를 일으킬 수 있다.
> 전 세계의 모든 해안 지역이 지진해일의 피해를 받을 수 있지만, 우리에게 피해를 주는 지진해일의 대부분은 태평양과 주변해역에서 발생한다. 이는 태평양의 규모가 거대하고 이 지역에서 대규모 지진이 많이 발생하기 때문이다. 태평양에서 발생한 지진해일은 발생 하루 만에 발생지점에서 지구의 반대편까지 이동할 수 있으며, 수심이 깊을 경우 파고가 낮고 주기가 길기 때문에 선박이나 비행기에서도 관측할 수 없다.
> 먼 바다에서 지진해일 파고는 해수면으로부터 수십 cm 이하이지만 얕은 바다에서는 급격하게 높아진다. 또한 수심이 6,000m 이상인 곳에서 지진해일은 비행기의 속도와 비슷한 시속 800km로 이동할 수 있다. 지진해일은 얕은 바다에서 파고가 급격히 높아짐에 따라 그 속도가 느려지며 지진해일이 해안가의 수심이 얕은 지역에 도달할 때 그 속도는 시속 45~60km까지 느려지면서 파도가 강해진다. 이것이 해안을 강타함에 따라 파도의 에너지는 더 짧고 더 얕은 곳으로 모여 무시무시한 파괴력을 가져 우리의 생명을 위협하는 파도로 발달하게 된다. 최악의 경우, 파고가 15m 이상으로 높아지고 지진의 진앙 근처에서 발생한 지진해일의 경우 파고가 30m를 넘을 수도 있다. 파고가 3~6m 높이가 되면 많은 사상자와 피해를 일으키는 아주 파괴적인 지진해일이 될 수 있다.
> 지진해일의 파도 높이와 피해 정도는 에너지의 양, 지진해일의 전파 경로, 앞바다와 해안선의 모양 등으로 결정된다. 또한 암초, 항만, 하구나 해저의 모양, 해안의 경사 등 모든 것이 지진해일을 변형시키는 요인이 된다.
>
> – ⓒ 기상청

① 지진해일은 파장이 짧으며, 화산폭발 등으로 인해 발생한다.
② 태평양 인근에서 발생한 지진해일은 대부분 한 달에 걸쳐 지구 반대편으로 이동하게 된다.
③ 바다가 얕을수록 지진해일의 파고가 높아진다.
④ 지진해일이 해안가에 도달할수록 파도가 강해지며 속도는 800km에 달한다.
⑤ 해안의 경사는 지진해일에 아무런 영향을 주지 않는다.

25 다음 중 글을 통해 확인할 수 있는 사실로 가장 옳은 것은?

> 많은 것들이 글로 이루어진 세상에서 읽지 못한다는 것은 생활하는 데에 큰 불편함을 준다. 난독증
> 이 바로 그 예이다. 난독증(Dyslexia)은 그리스어로 불충분, 미성숙을 뜻하는 접두어 Dys에 말과
> 언어를 뜻하는 Lexis가 합쳐져 만들어진 단어이다.
> 난독증은 지능에는 문제가 없으며, 단지 언어활동에만 문제가 있는 질환이다. 특히 영어권에서 많이
> 나타나는데, 비교적 복잡한 발음체계 때문이다. 인구의 5 ~ 10% 정도가 난독증이 있으며 피카소,
> 톰 크루즈, 아인슈타인 등이 난독증을 극복하고 자신의 분야에서 성공한 사례이다.
> 난독증은 단순히 읽지 못하는 것뿐만이 아니라, 여러 가지 증상으로 나타난다. 단어의 의미를 다른
> 것으로 바꾸어 해석하거나 글자를 섞어서 보는 경우가 있다. 또한 문자열을 전체로는 처리하지 못하
> 고 하나씩 취급하여 전체 문맥을 이해하지 못하기도 한다.
> 지금까지 난독증의 원인은 흔히 두뇌의 역기능이나 신경장애와 연관된 것이라고 여겨졌으며, 유전
> 적인 원인이나 청각의 왜곡 등이 거론되기도 하였다. 우리나라에서는 실제 아동의 2 ~ 8% 정도가
> 난독증을 경험하는 것으로 알려져 있으며, 지능과 시각, 청각이 모두 정상임에도 경험하는 경우가
> 있다.
> 난독증을 유발하는 원인은 많이 있지만 그중 하나는 바로 '얼렌 증후군'이다. 미국의 교육심리학자
> 얼렌(Helen L. Irlen)이 먼저 발견했다고 해서 붙여진 이름으로, 광과민 증후군으로도 알려져 있다.
> 이는 시신경 세포와 관련이 있는 난독증 유발 원인이다.
> 얼렌 증후군이 생기는 이유는 유전인 경우가 많으며 시신경 세포가 정상인보다 작거나 미성숙해서
> 망막으로 들어오는 정보를 뇌에 제대로 전달하지 못한다. 이로 인해 집중력이 떨어지고 능률이 저하
> 되며 독서의 경우에는 속독이 어렵게 된다.
> 얼렌 증후군 환자들은 사물이 흐릿해지면서 두세 개로 보이는 시각적 왜곡이 생기기 때문에 책을
> 보고 있으면 눈이 쉽게 충혈 되고 두통이나 어지럼증 등 신체 다른 부분에도 영향을 미친다. 그래서
> 얼렌 증후군 환자들은 어두운 곳에서 책을 보고 싶어 하는 경우가 많다.
> 얼렌 증후군의 치료를 위해서는 원인이 되는 색조합을 찾아서 얼렌필터 렌즈를 착용하는 것이 일반
> 적이다. 특정 빛의 파장을 걸러주면서 이 질환을 교정하는 것이다. 얼렌 증후군은 교정이 된 후에
> 글씨가 뚜렷하게 보여 읽기가 편해지고 난독증이 어느 정도 치유되기 때문에 증상을 보이면 안과를
> 찾아 정확한 검사를 받는 것이 중요하다.
>
> － ⓒ 사이언스타임즈

① 난독증은 주로 지능에 문제가 있는 사람들에게서 나타난다.
② 단순히 전체 문맥을 이해하지 못하는 것은 난독증에 해당하지 않는다.
③ 시각과 청각이 모두 정상이라면 난독증을 경험하지 않는다.
④ 시신경 세포가 적어서 생기는 난독증의 경우 환경의 요인을 많이 받는다.
⑤ 얼렌 증후군 환자들은 밝은 곳에서 난독증을 호소하는 경우가 더 많다.

26 다음 중 글의 내용과 가장 일치하는 것은?

고갈되지 않는 천연자원 중에서도 가장 많이 보급된 재생에너지인 태양광발전은 전력변환 효율이 현재 평균 10% 이상으로 20%까지 오르기도 한다. 특히 에너지 기술의 발전과 태양광발전 장비의 대량생산 등으로 전 세계 여러 지역에서 태양광 발전원가가 석탄이나 가스 등과 같거나 더 저렴해지는 그리드 패리티(Grid Parity)* 시대에 접어들었다. 중국은 현재 태양광발전이 가스보다 저렴해졌고, 독일은 석탄발전 대비 20% 이상 저렴한 가격을 자랑한다. 한국 역시 지속적으로 생산 단가가 감소하면서 그리드 패리티 시대를 맞을 준비를 하고 있다.

태양에너지를 활용하는 두 가지 방법인 태양광과 태양열은 어떻게 다를까? 태양광은 '빛(光)', 즉 햇빛을 이용해 전기에너지로 변환하는 방식이다. 햇빛을 받으면 광전효과에 의해 전기를 발생시키는 발전으로 태양광발전 모듈을 이용해 빛을 직접 전기로 바꿀 수 있다. 태양열발전은 태양에서 지구에 도달하는 열에너지를 이용한 발전방식으로 표면 온도가 6,000℃인 태양열을 이용한다. 태양열은 흡수・저장・열변환 등을 통해 건물의 냉난방 및 급탕 등에 활용된다.

별이 빛나는 이유는 핵융합 과정에서 발생하는 핵에너지 때문이다. 수소로 이루어진 거대한 가스 덩어리가 높은 열을 받아 헬륨으로 변하는 핵융합이 끊임없이 계속되는 것이다. 그런 우주의 핵융합을 지구에서 실현하려고 만든 것이 바로 인공태양이다. 이러한 핵융합 에너지의 연료인 중수소는 바닷물에 들어 있어 원료가 고갈될 염려가 없다. 게다가 바닷물에서 얻은 연료 1그램이면 석유 8톤 분량의 에너지를 얻을 수 있다고 한다. 우리나라는 1995년부터 인공태양 연구를 시작했으며 KSTAR, ITER 등 세계적인 핵융합장치를 개발 중이다.

중국 산동성에 특별한 도로가 생겼다. 바로 1km 길이의 태양광 도로다. 중국 치루 교통그룹이 개발한 이 도로는 노면 자체가 곧 태양광 발전소다. 프랑스는 세계 최초로 노르망디의 와트웨이에 태양광 도로를 건설했고, 네덜란드 역시 2만 5,000km의 자전거 전용 태양광 도로가 있다. 태양광 도로는 도로에서 발전한 전력으로 전기차를 충전하거나 겨울철 빙판길 방지에도 활용할 수 있어 교통안전과 효율에도 긍정적으로 활약할 것으로 보인다.

태양과 닮은 해바라기는 광합성을 위해 빛이 강한 방향으로 줄기가 굴절되는 성질을 가지고 있다. 미국 로스앤젤레스 캘리포니아대학교와 애리조나 주립대 연구팀에서는 해바라기의 이런 특징에서 착안해 '선봇(Sunbot)'이라는 새로운 합성물질을 개발했다. 선봇은 해바라기처럼 햇빛을 따라 굴절한다. 연구팀은 이 물질이 태양광 패널, 스마트 글라스, 우주선 솔라세일, 레이더 등에 이용될 수 있다고 발표했다. 특히 태양전지에 활용하면 현재 20% 수준인 발전 효율을 90%까지 끌어올릴 수 있다.

* 그리드 패리티 : 석유・석탄 등을 쓰는 화력발전과 태양・바람 등을 이용하는 신재생에너지 발전 원가가 같아지는 시점

① 독일, 중국과 마찬가지로 한국 역시 화력발전보다 태양광발전의 단가가 낮아졌다.
② 태양열 발전은 열에너지를 이용한 광전효과를 통해 전기를 발생시킨다.
③ 우리나라는 이미 1995년에 세계적인 핵융합장치를 개발했다.
④ 태양광 도로는 전력 발전뿐만 아니라 전기차 충전 등 다방면으로 사용이 가능하다.
⑤ '선봇(Sunbot)'을 활용하면 10% 수준인 발전 효율을 20%까지 끌어올릴 수 있다.

27 다음 글의 내용과 가장 일치하는 것은?

> 한국전력공사 전력연구원이 한전KDN, 한국과학기술원, 아이렉스넷과 공동으로 배전계통 부하예측 관리시스템을 개발했다.
>
> 안정적인 전력망 운영을 위해서는 전력계통에서 전력의 공급량과 전력의 수요량이 같아야 하는데, 전력 수요량은 계절 및 사회적 요인 등 다양한 원인으로 달라져 예측에 어려움이 있었다. 이에 전력 수요 예측 시스템을 개발하려는 시도는 꾸준히 있어왔지만, 전력 데이터 확보 및 실증의 어려움으로 개발되지 못했다.
>
> 전력연구원은 시스템 개발을 위해 먼저 한전의 전력 데이터를 활용해 매달 수백억 건의 데이터를 처리하는 빅데이터 시스템을 구축했다. 이를 기반으로 인공지능을 적용한 전력 수요량 예측 시스템인 '배전계통 부하예측 및 관리시스템'을 개발했으며, 전력 수요량의 패턴인식 및 패턴 변화 감지 기반의 재학습 기능을 적용해 태양광, 풍력 등 날씨에 따른 발전량의 급격한 변화에도 예측이 가능하도록 했으며 현재 전국 1만여 전력 선로를 대상으로 실증을 마친 상태다.
>
> 배전계통 부하예측 및 관리시스템은 배전계통의 운전효율 개선 및 설비투자 비용 절감으로 연간 80억 원을 절감할 것으로 기대되며 고부가 데이터 확보를 통한 직간접 이윤은 연간 100억 원에 달할 것으로 보인다.
>
> 전력연구원 관계자는 "능동형 배전계통 관리기술은 설비투자의 관점에서 설비효율 개선의 관점으로 운영패러다임 변화를 이끌 수 있으며 현 정부에서 추진하는 4차 산업혁명의 과학기술혁신 이행계획에 상당 부분 기여할 것으로 기대한다."라고 말했다.
>
> 전력연구원은 개발시스템을 2021년 한국전력 내 전체 사업소에 보급하고 기술을 베트남, 미얀마에 수출할 계획이다.

① 전력의 공급량과 수요량이 같으면 안정적인 전력망이 구축된다.
② 전력 데이터는 확보가 어렵기 때문에 전력 수요 예측 시스템을 개발하지 못한다.
③ 배전계통 부하예측 및 관리시스템은 급격한 날씨 변화 상황에서는 예측을 하지 못한다.
④ 새로 개발한 관리시스템으로 인해 연간 최대 100억 원의 비용을 절감할 것으로 기대된다.
⑤ 개발시스템은 2021년 모든 발전소에 확대 보급될 예정이다.

28 서울에서 근무 중인 A대리는 현재 P지부와 N지부에 근무 중인 협력업체 직원과 화상 회의를 하고 자 한다. N지부 현지시간은 서울보다 11시간 느리며, P지부 현지시간은 N지부보다 6시간 빠르다. 회의에 대한 시간 정보가 〈조건〉과 같을 때, 다음 중 세 번째 화상 회의에 정시 참석하기 위해 K주임이 접속해야 하는 현지시간으로 옳은 것은?

> **조건**
>
> • A대리는 P지부에 근무 중인 K주임과, N지부에 근무 중인 S대리와 총 5회의 화상 회의를 진행하고자 한다.
> • 첫 회의는 서울 시간을 기준으로 오전 11시에 열린다.
> • 매회 회의는 직전 회의보다 2시간 늦게 시작된다.

① 8:00　　　　　　　　　　　　　　② 9:00
③ 10:00　　　　　　　　　　　　　　④ 11:00
⑤ 12:00

29 S대리는 K도시의 해안지역에 설치할 발전기를 검토 중이다. 설치 환경 및 요건에 대한 정보가 다음과 같을 때, 후보 발전기 중 설치될 발전기로 옳은 것은?

> 〈발전기 설치 환경 및 요건 정보〉
>
> • 발전기는 동일한 종류를 2기 설치한다.
> • 발전기를 설치할 대지는 $1,500m^2$이다.
> • 에너지 발전단가가 1,000kWh당 97,500원을 초과하지 않도록 한다.
> • 후보 발전기 중 탄소배출량이 가장 많은 발전기는 제외한다.
> • 운송수단 및 운송비를 고려하여, 개당 중량은 3톤을 초과하지 않도록 한다.

〈후보 발전기 정보〉

발전기 종류	발전방식	발전단가	탄소배출량	필요면적	중량
A	수력	92원/kWh	45g/kWh	$690m^2$	3,600kg
B	화력	75원/kWh	91g/kWh	$580m^2$	1,250kg
C	화력	105원/kWh	88g/kWh	$450m^2$	1,600kg
D	풍력	95원/kWh	14g/kWh	$800m^2$	2,800kg
E	풍력	80원/kWh	22g/kWh	$720m^2$	2,140kg

① A　　　　　　　　　　　　　　② B
③ C　　　　　　　　　　　　　　④ D
⑤ E

30 다음 〈보기〉는 업무수행 과정 중 발생한 문제 상황이다. 문제 유형과 상황을 바르게 연결한 것은?

> **보기**
>
> ㄱ. A회사의 에어컨 판매부서는 현재 어느 정도 매출이 나오고 있는 상황이지만, 경쟁이 치열해지고 있기 때문에 생산성 제고를 위한 활동을 하려 한다.
> ㄴ. B고객으로부터 작년에 구입한 A회사의 에어컨이 고장으로 작동하지 않는다며 항의전화가 왔다.
> ㄷ. 에어컨에 주력하던 A회사는 올해부터 새로운 사업으로 공기청정기 분야에 진출하기 위한 계획을 해야 한다.

	ㄱ	ㄴ	ㄷ
①	발생형 문제	탐색형 문제	설정형 문제
②	설정형 문제	탐색형 문제	발생형 문제
③	설정형 문제	발생형 문제	탐색형 문제
④	탐색형 문제	발생형 문제	설정형 문제
⑤	탐색형 문제	설정형 문제	발생형 문제

02 전기

Ⅰ 기술능력(하반기)

31 전압을 저압, 고압, 특고압으로 구분할 때, 다음 중 교류 고압의 범위로 옳은 것은?

① 600V 이상 ~ 7kV 이하　　　　② 750V 초과 ~ 7kV 이하

③ 1kV 초과 ~ 7kV 이하　　　　④ 1.5kV 초과 ~ 7kV 이하

⑤ 7kV 이상

Ⅰ 기술능력(하반기)

32 주파수 90Hz 회로에 접속되어 슬립 3%, 회전수 1,164rpm으로 회전하고 있는 유도 전동기의 극수는?

① 5극　　　　　　　　　　② 6극

③ 7극　　　　　　　　　　④ 9극

⑤ 12극

Ⅰ 기술능력(하반기)

33 다음의 ⓐ, ⓑ에 들어갈 내용으로 옳은 것은?

> 과전류차단기로 시설하는 퓨즈 중 고압 전로에 사용하는 포장 퓨즈는 정격전류의 ___ⓐ___ 배에 견디고, 2배의 전류에서는 ___ⓑ___ 분 안에 용단되는 것이어야 한다.

	ⓐ	ⓑ			ⓐ	ⓑ
①	1.1	100		②	1.2	100
③	1.25	120		④	1.3	120
⑤	1.3	200				

Ⅰ 기술능력(하반기)

34 다음 중 3상 차단기의 정격차단용량(P_s)을 나타낸 것으로 옳은 것은?(단, 정격전압은 V, 정격차단전류는 I_s이다)

① $P_s = \sqrt{3} \times V \times I_s$　　　　② $P_s = \sqrt{3} \times V \times I_s^2$

③ $P_s = \sqrt{2} \times V \times I_s$　　　　④ $P_s = \sqrt{2} \times V^2 \times I_s$

⑤ $P_s = \sqrt{3} \times V^2 \times I_s$

35 다음 중 연가(Transposition)를 사용하는 목적으로 옳은 것은?

① 임피던스를 불평형으로 만들기 위해

② 선로정수의 평형을 위해

③ 통신선의 유도장해를 증가시키기 위해

④ 소호리액터 접지 시 직렬공진을 하기 위해

⑤ 코로나 현상을 방지하기 위해

36 다음 중 피뢰기(Lightning Arrester)의 구비조건으로 옳지 않은 것은?

① 방전내량이 커야 한다.

② 속류차단이 능력이 커야 한다.

③ 내구성이 및 경제성이 있어야 한다.

④ 제한전압이 높아야 한다.

⑤ 상용주파 방전개시전압이 높아야 한다.

37 다음 중 차단기에 대한 명칭이 바르지 않은 것은?

① ACB – 공기차단기　　　　　　② OCB – 유입차단기

③ VCB – 진공차단기　　　　　　④ MCB – 자기차단기

⑤ GCB – 가스차단기

38 다음 중 CT(Current Transformer)에 대한 설명으로 옳은 것은?

① 일반적으로 2차측 정격전류는 110V이다.

② 계기용 변압기이다.

③ 고전압의 교류회로에서 전압을 취급하기 쉬운 크기로 변환한다.

④ 과전류를 방지하기 위해 사용한다.

⑤ PT는 개방하지만 CT는 단락한다.

39 다음 중 인덕턴스에 대한 설명으로 옳은 것은?

① 인덕턴스가 증가할수록 굵기는 감소하고, 간격도 감소한다.
② 인덕턴스가 증가할수록 굵기는 감소하고, 간격은 증가한다.
③ 인덕턴스가 증가할수록 굵기는 증가하고, 간격도 증가한다.
④ 인덕턴스가 증가할수록 굵기는 증가하고, 간격은 감소한다.
⑤ 인덕턴스가 증가할수록 굵기는 변하지 않고, 간격은 증가한다.

40 다음 중 표피효과와 침투깊이에 대한 설명으로 옳지 않은 것은?

① 표피효과는 도전율에 비례한다.
② 침투깊이가 깊으면 표피효과가 적어진다.
③ 표피효과가 클수록 전력이 손실된다.
④ 투자율이 증가하면, 침투깊이도 증가한다.
⑤ 전선에 직류가 흐를 때보다 교류가 흐를 때 전력손실이 많아진다.

41 다음 중 직류를 교류로 바꿔주는 장치는?

① 점등관(Glow Switch)
② 컨버터(Converter)
③ 인버터(Inverter)
④ 정류기(Rectifier)
⑤ 안정기(Ballast Stabilizer)

42 다음 중 사람의 전기감전을 방지하기 위한 주택용 누전차단기의 규정으로 옳은 것은?

① 정격감도전류 20mA 이하, 0.02초 이내에 동작
② 정격감도전류 20mA 이하, 0.03초 이내에 동작
③ 정격감도전류 30mA 이하, 0.03초 이내에 동작
④ 정격감도전류 30mA 이하, 0.04초 이내에 동작
⑤ 정격감도전류 40mA 이하, 0.04초 이내에 동작

정답 및 해설 p.025

PART 1

PART 2

01 NCS

| 의사소통능력(하반기)

01 다음 글을 읽고 알 수 있는 내용으로 가장 적절하지 않은 것은?

> 스마트시티란 크게는 첨단 정보통신기술을 이용해 도시 생활 속에서 유발되는 교통 문제, 환경 문제, 주거 문제, 시설 비효율 등을 해결하여 시민들이 편리하고 쾌적한 삶을 누릴 수 있도록 한 '똑똑한 도시'를 뜻한다. 하지만, 각국 경제 및 발전 수준, 도시 상황과 여건에 따라 매우 다양하게 정의 및 활용되고, 접근 전략에도 차이가 있다.
>
> 스페인의 경우, 2013년 초부터 노후된 바르셀로나 도시 중심지 본 지구를 재개발하면서 곳곳에 사물인터넷 기술을 기반으로 한 '스마트시티' 솔루션을 시범 운영했다. 이 경험을 바탕으로 바르셀로나 곳곳이 스마트 환경으로 변화하고 있다. 가장 성공적인 프로젝트 중 하나는 센서가 움직임을 감지하여 에너지를 절약하는 스마트 LED 조명을 광범위하게 설치한 것이다. 이 스마트 가로등은 무선 인터넷의 공유기 역할을 하는 동시에 소음 수준과 공기 오염도를 분석하여 인구 밀집도까지 파악할 수 있다. 아울러 바르셀로나는 원격 관개 제어를 설치해 분수를 원격으로 제어하고, 빌딩을 스마트화해 에너지 모니터링을 시행하고 있다. 또 주차 공간에 차가 있는지 여부를 감지하는 센서를 설치한 '스마트 주차'를 도입하기도 했다.
>
> 또한, 항저우를 비롯한 중국의 여러 도시들은 블록체인 기술을 사물인터넷과 디지털 월렛 등에 적용하여 페이퍼리스 사회를 구현하고 있다. 알리바바의 알리페이를 통해 항저우 택시의 98%, 편의점의 95% 정도에서 모바일 결제가 가능하며, 정부 업무, 차량, 의료 등 60여 종에 달하는 서비스를 이용할 수 있다.
>
> 우리나라도 2021년 입주를 목표로 세종과 부산에 스마트시티 국가 시범도시를 조성하고 있다. 세종에서는 인공지능, 블록체인 기술을 기반으로 한 도시를 조성해 모빌리티, 헬스케어, 교육, 에너지환경, 거버넌스, 문화쇼핑, 일자리 등 7대 서비스를 구현한다. 이곳에서는 자율주행 셔틀버스, 전기공유차 등을 이용할 수 있고 개인 맞춤형 의료 서비스 등을 받을 수 있다. 또 부산에서는 고령화, 일자리 감소 등의 도시문제에 대응하기 위해 로봇, 물관리 관련 신사업을 육성한다. 로봇이 주차를 하거나 물류를 나르는 등 일상생활에서 로봇 서비스를 이용할 수 있고 첨단 스마트 물 관리 기술을 적용해 한국형 물 특화 도시모델을 구축한다.

① 각 국에 따라 스마트시티에서 활용되는 기능을 다를 수 있다.
② 스페인의 스마트시티에서는 직접 인구조사를 하지 않더라도 인구 밀집도를 파악할 수 있다.
③ 스페인의 스마트시티에서는 '스마트 주차' 기능을 통해 대리주차가 가능하다.
④ 중국의 스마트시티에서는 지갑을 가지고 다니지 않더라도 일부 서비스를 이용할 수 있다.
⑤ 맞춤형 의료 서비스가 필요한 환자의 경우 부산보다는 세종 스마트시티가 더 적절하다.

02 다음 글을 읽고 추론한 것으로 적절한 것은?

우리는 물놀이를 할 때는 구명조끼, 오토바이를 탈 때는 보호대를 착용한다. 이외에도 각종 작업 및 스포츠 활동을 할 때 안전을 위해 보호 장치를 착용하는데, 위험성이 높을수록 이러한 안전장치의 필요성이 높아진다. 특히 자칫 잘못하면 생명을 위협할 수 있는 송배전 계통선 감전 등의 전기사고를 방지하기 위한 안전장치가 필요한데 그중에 하나가 '접지'이다. 접지란, 감전 등의 전기사고 예방 목적으로 전기회로 또는 전기기기, 전기설비의 어느 한쪽을 대지에 연결하여 기기와 대지와의 전위차가 0V가 되도록 하는 것이다. 전류는 전위차가 있을 때에만 흐르므로 접지가 되어 있는 전기회로 및 설비에는 사람의 몸이 닿아도 감전되지 않게 된다.

접지를 하는 가장 큰 목적은 사람과 가축의 감전을 방지하기 위해서이다. 전기설비의 전선 피복이 벗겨지거나 노출된 상태에서 사람이나 가축이 전선이나 설비의 케이스를 만지면 감전사고로 인한 부상 및 사망 등의 위험이 높아지기 때문이다. 접지의 또 다른 목적 중 하나는 폭발 및 화재방지이다. 마찰 등에 의한 정전기 발생 위험이 있는 장치 및 물질을 취급하는 전기설비들은 자칫하면 정전기 발생이 화재 및 폭발로 이어질 수 있기 때문에 정전기 발생을 사전에 예방하기 위해 접지를 해둬야 한다. 그 외에도 송전선으로부터 인근 통신선의 유도장애 방지, 전기설비의 절연파괴 방지에 따른 신뢰도 향상 등을 위해 접지를 사용하기도 한다.

접지방식에는 비접지방식, 직접 접지방식, 저항 접지방식, 리액터 접지방식이 있다. 비접지방식의 경우 접지를 위해 중성점에 따로 금속선을 연결할 필요는 없으나, 송배전 계통의 전압이 높고 선로의 전압이 높으면 송전선로, 배전선로의 일부가 대지와 전기적으로 연결되는 지락사고를 발생시킬 수 있는 것이 단점이다. 반대로 우리나라에서 가장 많이 사용하는 직접 접지방식은 중성점에 금속선을 연결한 것으로 절연비를 절감할 수 있지만, 금속선을 타고 지락 전류가 많이 흐르므로 계통의 안정도가 나쁘다.

그 밖에도 저항 접지방식은 중성점에 연결하는 선의 저항 크기에 따라 고저항 접지방식과 저저항 접지방식이 있다. 접지 저항이 작을수록 송배전선 인근 통신선에 유도장애가 커지고, 반대로 커질수록 평상시 대지전압이 높아진다.

리액터 접지방식도 저항 접지방식과 같이 임피던스의 크기에 따라 저임피던스 접지방식과 고임피던스 접지방식이 있다. 임피던스가 작을수록 인근 통신선에 유도장애가 커지고, 커질수록 평상시 대지전압이 높아진다.

이처럼 각 접지 종류별로 장단점이 있어 모든 전기사고를 완벽히 방지할 수는 없기에, 더 안전하고 완벽한 접지에 대한 연구의 필요성이 높아지고 있다.

① 위험성이 낮을 경우 안전장치는 필요하지 않다.
② 전기사고를 방지하는 안전장치는 접지 외에도 다양한 방법들이 있다.
③ 전위차가 없더라도 전류가 흐를 수 있다.
④ 접지를 하지 않으면 정전기가 발생한다.
⑤ 중성점에 연결하는 선의 저항 크기와 임피던스의 크기는 상관관계가 있다.

03 다음 중 (가) ~ (라)를 논리적인 순서에 따라 배열한 것은?

> 서울에 사는 주부 김 씨는 세탁기나 청소기 등의 가전기기를 사용하기 전에 집안에 설치된 원격검침을 꼭 확인한다. 하루 중 전기료가 가장 저렴한 시간에 가전기기를 사용해 비용을 조금이라도 줄이고자 함이다.
>
> (가) 이를 활용하여 전력 공급자는 전력 사용 현황을 실시간으로 파악하여 공급량을 탄력적으로 조절할 수 있고, 전력 소비자는 전력 사용 현황을 실시간으로 파악함으로써 이에 맞게 요금이 비싼 시간대를 피하여 사용 시간과 사용량을 조절할 수 있게 되는 것이다.
>
> (나) 비현실적으로 들리는 이 사례들은 이제 우리의 일상이 될 수 있다. 이미 스마트폰을 이용해 외부에서 원격으로 집 안의 가전기기를 조작하고, 사물인터넷을 이용해 어떤 가전기기가 언제 전기를 가장 많이 쓰는지도 스마트폰 하나로 파악할 수 있는 시대이기 때문이다.
>
> (다) 비슷한 사례로 직업상 컴퓨터 사용이 많은 웹디자이너 강 씨 역시 전기료가 가장 저렴한 심야 시간을 활용해 작업을 하다 보니 어느새 낮과 밤이 바뀌는 지경에 이르렀다.
>
> (라) 이러한 사물인터넷과 스마트그리드가 정착이 되면 미래의 전기 사용 패턴은 지금과 완전히 달라질 것이다. 기존에 발전 – 송전 – 배전 – 판매의 단계로 이루어지던 단방향 전력망이 전력 공급자와 소비자의 양방향 실시간 정보교환이 가능해지는 지능형 전력망으로 변화되기 때문이다.

① (가) – (나) – (다) – (라)
③ (나) – (다) – (가) – (라)
⑤ (다) – (나) – (라) – (가)

② (가) – (다) – (나) – (라)
④ (다) – (나) – (가) – (라)

04 하경이는 생일을 맞이하여 같은 반 친구들인 민지, 슬기, 경서, 성준, 민준이를 생일 파티에 초대하였다. 하경이와 친구들이 함께 축하 파티를 하기 위해 간격이 일정한 원형 테이블에 다음과 같이 앉았을 때, 항상 참이 되는 것은?

> • 하경이의 바로 옆 자리에는 성준이나 민준이가 앉지 않았다.
> • 슬기는 성준이 또는 경서의 바로 옆 자리에 앉았다.
> • 민지의 바로 왼쪽 자리에는 경서가 앉았다.
> • 슬기와 민준이 사이에 한 명이 앉아 있다.

① 하경이는 민준이와 서로 마주 보고 앉아 있다.
② 민지는 민준이 바로 옆 자리에 앉아 있다.
③ 경서는 하경이 바로 옆 자리에 앉아 있다.
④ 민지는 슬기와 서로 마주 보고 앉아 있다.
⑤ 경서와 성준이는 서로 마주 보고 앉아 있다.

05 다음 중 폼재킹에 대한 설명으로 옳지 않은 것은?

① 사용자의 결제 정보 양식(Form)을 중간에서 납치(Hijacking)한다는 의미의 합성어이다.
② 사용자가 이용하는 웹사이트에 악성코드를 심어 신용카드 등의 금융정보를 탈취한다.
③ 온라인 쇼핑의 증가로 인해 피해 사례가 증가하고 있다.
④ 온라인 구매 및 결제 서비스를 제공하는 다양한 산업에서 피해가 일어나고 있다.
⑤ 카드 결제 시스템에 특수 장치를 불법으로 설치하여 카드 정보를 복사한다.

06 다음 〈보기〉 중 제로 트러스트 모델에 대한 설명으로 옳은 것을 모두 고르면?

> **보기**
> ㉠ 0(Zero)과 신뢰하다(Trust)의 합성어로 아무도 신뢰하지 않는다는 뜻이다.
> ㉡ 네트워크 설계의 방향은 외부에서 내부로 설정한다.
> ㉢ IT 보안 문제가 내부에서 발생함에 따라 새롭게 만들어진 IT 보안 모델이다.
> ㉣ MFA(Multi Factor Authentication), IAM(Identity and Access Management) 등의 기술을 통해 제로 트러스트를 구현할 수 있다.

① ㉠, ㉣
② ㉡, ㉢
③ ㉠, ㉡, ㉢
④ ㉠, ㉢, ㉣
⑤ ㉡, ㉢, ㉣

07 다음은 상수도 구역에 따라 수질 오염정도를 나타낸 자료이다. 자료에 대한 해석으로 옳은 것은?

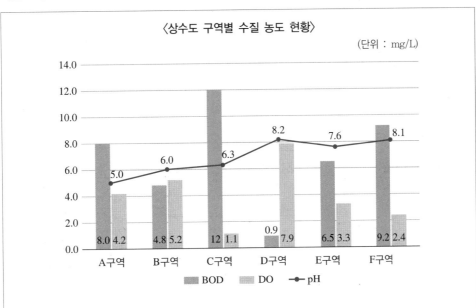

〈상수도 구역별 수질 농도 현황〉

(단위 : mg/L)

〈수질 등급 기준〉

등급	매우 좋음	좋음	약간 좋음	보통	약간 나쁨	나쁨	매우 나쁨
	1a	1b	2	3	4	5	6
DO(mg/L)	7.5 이상	5.0 이상			2.0 이상		2.0 미만
BOD(mg/L)	1 이하	2 이하	3 이하	5 이하	8 이하	10 이하	10 초과
pH	6.5 ~ 8.5				6.0 ~ 8.5		

※ DO, BOD, pH 수치를 모두 충족하는 등급으로 결정된다.
※ DO는 용존산소량, BOD는 생화학적 산소요구량을 말한다.

① BOD 농도가 5mg/L 이하인 상수도 구역 중 3등급은 하나이다.
② pH 수치가 가장 높은 구역의 등급은 '매우 좋음'이다.
③ 상수도 구역에서 등급이 '약간 나쁨' 또는 '나쁨'인 구역은 두 곳이다.
④ 수질 기준은 DO와 BOD의 농도가 높을수록 좋은 등급을 받는다.
⑤ 수소이온농도가 낮을수록 수질 등급은 '매우 좋음'에 가까워진다.

※ 다음은 바이오에너지에 대한 자료이다. 자료를 참고하여 이어지는 질문에 답하시오. [8~9]

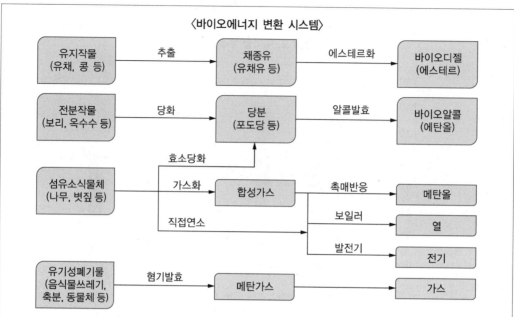

〈바이오에너지 변환 시스템〉

• 바이오에너지란?

생물체로부터 발생하는 에너지를 이용하는 것으로 나무를 사용해 땔감으로 사용하기도 하고 식물에서 기름을 추출해 액체 연료로 만드는 방법 등 동·식물의 에너지를 이용하여 자연환경을 깨끗하게 유지할 수 있다.

쓰레기 매립지에서 발생하는 매립지 가스(LFG; Landfill Gas)를 원료로 발전 설비를 가동하고 전력을 생산하는 과정을 통하여 매립지 주변의 대기 중 메탄가스 방출을 줄이고, 폐기물을 자원으로 재활용하여 환경오염을 줄일 수 있다.

〈바이오에너지 원리 및 구조〉

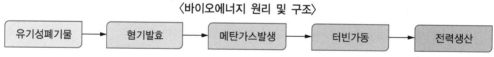

• 매립가스를 포집
 − 보일러에서 메탄(CH_4)을 연소하여 과열 증기를 생산한다.
• 메탄(CH_4)을 보일러로 공급하여 보일러에서 연소
 − 쓰레기 매립지에서 발생하는 매립지 가스(Landfill Gas) 중 가연성 기체인 메탄(CH_4)을 포집하여 발전의 열원으로 사용한다.
• 과열증기로 터빈과 발전기 가동 및 전력생산
 − 보일러에서 공급되는 과열 증기로 터빈 발전기를 가동시켜 전력을 생산하고 송전계통을 통해 이를 한전으로 공급한다.
• 잔열의 재사용
 − 터빈과 발전기 가동 시 증기의 일부가 급수의 가열에 재사용되고 나머지 폐열은 복수기를 통해 순환수 계통으로 방출되어 한전으로 공급한다.

08 다음 중 바이오에너지에 대한 내용으로 옳지 않은 것은?

① 바이오에너지 사용은 환경오염을 줄일 수 있다.
② '열에너지 → 운동에너지 → 전기에너지'의 단계로 바뀌어 한전으로 전기를 공급한다.
③ 섬유소식물체인 나무, 볏짚 등에서 3가지 이상의 연료를 얻을 수 있다.
④ 보리를 이용하여 얻을 수 있는 연료는 에탄올과 메탄올이다.
⑤ 발전기를 가동할 때 일부 증기는 급수 가열에 재사용된다.

09 바이오에너지를 만들기 위해서는 다양한 공정이 필요하다. 공정마다 소요되는 비용을 점수로 매겼을 때, 최종 공정이 끝난 후 공정가격으로 옳지 않은 것은?(단, 공정별 점수표에 제시된 공정만 시행한다)

〈공정별 점수표〉

공정	추출	에스테르화	당화	알콜발효	효소당화	가스화	보일러	혐기발효
점수	4점	5점	9점	3점	7점	8점	2점	6점

※ 공정 단계별 비용은 다음과 같다.
 • 1점 이상 ~ 4점 미만 : 1점당 3만 원
 • 4점 이상 ~ 8점 미만 : 1점당 4만 원
 • 8점 이상 ~ 11점 미만 : 1점당 5만 원

	에너지원	연료	공정가격
①	옥수수	에탄올	54만 원
②	유채	에스테르	36만 원
③	나무	열	44만 원
④	음식물쓰레기	가스	24만 원
⑤	볏짚	바이오알콜	37만 원

10 다음은 2019년 데이트 폭력 신고건수에 대한 그래프이다. 자료에 대한 해석으로 옳지 않은 것은? (단, 비율은 소수점 둘째 자리에서 반올림한다)

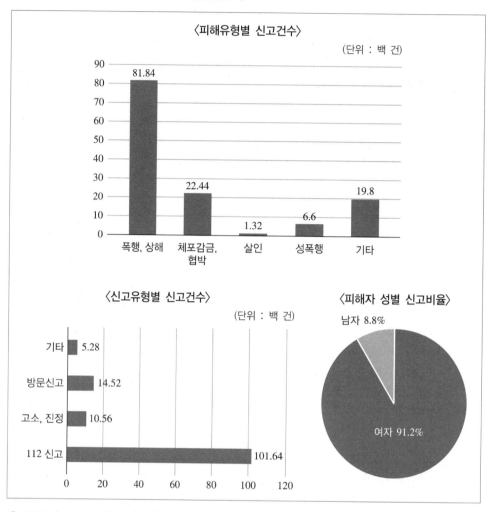

① 2019년 데이트 폭력 신고건수는 총 13,200건이다.

② 112신고로 접수된 건수는 체포감금, 협박 피해자로 신고한 건수의 4배 이상이다.

③ 남성 피해자의 50%가 폭행, 상해로 신고했을 때, 폭행, 상해 전체 신고건수에서 남성의 비율은 약 7.1%이다.

④ 방문신고의 25%가 성폭행 피해자일 때, 이들은 전체 신고건수에서 약 2.8%를 차지한다.

⑤ 살인 신고건수에서 여성피해자가 남성피해자의 2배일 때, 전체 남성피해자 신고건수 중 살인 신고건수는 3% 미만이다.

11 다음은 H회사의 2018 ~ 2019년 손익계산서를 나타낸 표이다. 자료에 대한 해석으로 옳지 않은 것은?(단, 증감률은 소수점 둘째 자리에서 반올림한다)

〈손익계산서〉

(단위 : 억 원, %)

항목	2018.12.	2019.12.	전년 대비 증감률
매출액	9,730.5	10,324.6	6.1
매출원가	5,108.1	4,959.4	A
매출총이익	4,622.4	5,365.2	16.1
판매비와 관리비	2,174.7	2,891.6	33.0
영업이익	2,447.7	2,473.6	1.1
영업외수익	482.6	485.1	0.5
영업외비용	542.3	380.2	−29.9
법인세비용 차감 전 순손익	2,388.0	2,578.5	8.0
법인세비용	577.6	510.9	−11.5
당기순이익	1,810.4	2,067.6	B

※ 전년 대비 증감률은 2018년 대비 2019년에 대한 증감률이다.

① 매출액은 매출원가와 매출총이익의 합과 같다.
② 매출총이익에서 판매비와 관리비를 제외한 값은 영업이익이다.
③ A, B에 들어갈 알맞은 수치는 각각 '−3.1, 13.2'이다.
④ 영업이익과 영업외수익 합에서 영업외비용을 뺀 값은 당기순이익과 법인세비용의 합이다.
⑤ 매출액 대비 당기순이익 비율은 2018년도보다 2019년도가 더 높다.

12 자사의 마스코트가 '소'인 A은행이 캐릭터를 활용한 상품 프로모션을 진행하고자 할 때, 다음 중 가장 적절한 의견을 제시하고 있는 사원은?

> 홍보팀장 : 우리 회사에 대해 고객들이 친밀감을 가질 수 있도록 인지도가 높으면서도 자사와 연관될 수 있는 캐릭터를 활용하여 홍보 방안을 세웠으면 좋겠어요.

① A사원 : 남녀노소 누구나 좋아하는 연예인을 캐릭터화하여 상품의 홍보 모델로 사용하는 것은 어떨까요?
② B사원 : 요즘 인기 있는 펭귄 캐릭터와 협업하여 우리 회사의 인지도를 높이는 방법은 어떨까요?
③ C사원 : 우리 은행의 마스코트인 소를 캐릭터로 활용하여 인형이나 디자인 소품으로 상품화하는 것은 어떨까요?
④ D사원 : 우리 은행의 마스코트인 소의 울음소리를 녹음하여 상담 전화 연결 시 활용하는 것은 어떨까요?
⑤ E사원 : 저금통을 상징하는 돼지 캐릭터와 우리 은행의 특징을 드러내는 소 캐릭터를 함께 사용하여 '~소'를 활용한 홍보문구를 작성해보는 건 어떨까요?

13 다음은 의류 생산공장의 생산 코드 부여 방식이다. 자료를 참고할 때, 〈보기〉에 해당하지 않는 생산 코드는 무엇인가?

〈의류 생산 코드〉

• 생산 코드 부여 방식
[종류] – [색상] – [제조일] – [공장지역] – [수량] 순으로 16자리이다.

• 종류

티셔츠	스커트	청바지	원피스
OT	OH	OJ	OP

• 색상

검정색	붉은색	푸른색	노란색	흰색	회색
BK	RD	BL	YL	WH	GR

• 제조일

해당연도	월	일
마지막 두 자리 숫자 예 2019 → 19	01 ~ 12	01 ~ 31

• 공장지역

서울	수원	전주	창원
475	869	935	753

• 수량

100벌 이상 150벌 미만	150장 이상 200벌 미만	200장 이상 250벌 미만	250장 이상	50벌 추가 생산
aaa	aab	aba	baa	ccc

〈예시〉

– 2020년 5월 16일에 수원 공장에서 검정 청바지 170벌을 생산하였다.
– 청바지 생산 코드 : OJBK – 200516 – 869aab

보기

ㄱ. 2019년 12월 4일에 붉은색 스커트를 창원 공장에서 120벌 생산하였다.
ㄴ. 회색 티셔츠를 추가로 50벌을 서울 공장에서 2020년 1월 24일에 생산하였다.
ㄷ. 흰색 청바지를 전주 공장에서 265벌을 납품일(2020년 7월 23일) 전날에 생산하였다.
ㄹ. 티셔츠와 스커트를 노란색으로 178벌씩 수원 공장에서 2020년 4월 30일에 생산했다.
ㅁ. 생산날짜가 2019년 7월 5일인 푸른색 원피스는 창원 공장에서 227벌 생산되었다.

① OPGR – 200124 – 475ccc   ② OJWH – 200722 – 935baa
③ OHRD – 191204 – 753aaa   ④ OHYL – 200430 – 869aab
⑤ OPBL – 190705 – 753aba

14 다음 중 글의 내용과 일치하는 것은?

특허출원이란 발명자가 자신의 발명을 개인 또는 변리사를 통해 특허출원 명세서에 기재한 후 특허청에 등록 여부 판단을 받기 위해 신청하는 행위의 전반을 의미한다. 특허출원은 주로 경쟁자로부터 자신의 제품이나 서비스를 지키기 위해 이루어진다. 그러나 선두업체로 기술적 우위를 표시하기 위해 또는 벤처기업 등의 인증을 받기 위해 이루어지기도 한다. 단순하게 발명의 보호를 받아 타인의 도용을 막는 것뿐만 아니라 다양한 이유로 진행되고 있는 것이다.

특허출원 시에는 특허출원서와 특허명세서를 제출해야 한다. 특허출원서는 출원인 정보, 발명자 정보 등의 서지사항을 기재하는 문서이며, 특허명세서는 발명의 구체적인 내용을 기재하는 문서이다. 특허명세서에는 발명의 명칭, 발명의 효과, 발명의 실시를 위한 구체적인 내용, 청구범위, 도면 등의 항목들을 작성하는데, 이때 권리로 보호받고자 하는 사항을 기재하는 청구범위가 명세서의 가장 핵심적인 부분이 된다. 청구범위를 별도로 구분하는 이유는 특허등록 후 권리 범위가 어디까지인지 명확히 구분하기 위한 것이다. 청구범위가 존재하지 않는다면 상세한 설명으로 권리 범위를 판단해야 하는데, 권리 범위가 다양하게 해석된다면 분쟁의 원인이 될 수 있다.

특허를 출원할 때 많은 부분을 보호받고 싶은 마음에 청구범위를 넓게 설정하는 경우가 있다. 그러나 이는 다른 선행기술들과 저촉되는 일이 발생하게 되므로 특허가 거절될 가능성이 매우 높아진다. 그렇다고 특허등록 가능성을 높이기 위해 청구범위를 너무 좁게 설정해서도 안 된다. 청구범위가 좁을 경우 특허등록 가능성은 높아지지만, 보호 범위가 좁아져 제3자가 특허 범위를 회피할 가능성이 높아지게 된다. 따라서 기존에 존재하는 선행기술에 저촉되지 않는 범위 내에서 청구범위를 설정하는 것이 중요하다.

① 자신의 발명을 특허청에 등록하기 위해서는 반드시 본인이 특허출원 명세서를 기재해야 한다.
② 기업체의 특허출원은 타사로부터의 기술 도용을 방지하기 위한 것일 뿐 이를 통해 기술적 우위를 나타낼 순 없다.
③ 특허출원서는 발명의 명칭, 발명의 효과, 청구범위 등의 항목을 모두 작성하여야 한다.
④ 청구범위가 넓으면 특허 등록의 가능성이 줄어들고, 좁으면 특허등록 가능성이 커진다.
⑤ 청구범위가 넓을 경우 제3자가 특허 범위를 회피할 가능성이 높아지게 된다.

15 다음 글에 대한 내용으로 옳지 않은 것은?

코로나19 확진자가 늘어남에 따라 배출되는 의료폐기물의 양도 빠르게 늘어나고 있다. 코로나19와 관련된 폐기물은 격리의료폐기물, 일반의료폐기물, 자가격리자폐기물, 확진자 방문지·다중이용시설 폐기물로 구분된다.

우선 격리의료폐기물의 경우 의료기관에서 발생하는 감염성 폐기물은 배출 장소에서 바로 합성수지 전용 용기에 투입하여 밀폐 처리한다. 특히 폐기물 투입 전과 밀폐 후에는 반드시 전용 용기를 소독 처리해야 한다. 병원 전체의 격리로 음식물 폐기물을 전용 용기에 투입하지 못할 경우에는 소독 후 지자체 공공소각장 또는 사업장폐기물 소각장에서 일괄 소각 처리한다. 이때, 격리의료폐기물은 당일 반출이 원칙이므로 병원 내 보관을 최소화해야 한다. 의료기관 외 생활치료센터에 입소한 무증상·경증 환자에게서 발생하는 모든 폐기물 역시 격리의료폐기물로 처리한다.

확진자와의 접촉 없이 생활치료센터 운영·지원 과정에서 발생하는 생활폐기물은 일반의료폐기물로 강화해 소각 처리한다. 센터 내 격리의료폐기물과 마찬가지로 소독·밀폐 처리하여 전량을 일일 소각하지만, 합성수지의 전용 용기가 아닌 골판지 전용 용기를 사용한다. 생활치료센터에서 나오는 격리·일반의료폐기물은 지정한 전담 수거 처리 업체가 관리한다.

자가격리자에게는 유역·지방환경청이 시·군·구 보건소를 통해 봉투형 전용 용기와 소독약품 등을 무상으로 제공하고, 확진 이후 병실 부족 등으로 자가격리된 경우에는 합성수지 전용 용기를 추가 제공한다. 증상이 없을 경우에는 폐기물 배출 자제를 원칙으로 하되, 극히 예외적인 상황에만 배출한다. 폐기물을 배출할 때는 폐기물을 소독한 후 의료폐기물 전용 봉투에 담아 밀봉한 후 다시 종량제 봉투에 넣고 보건소에 연락해야 한다. 전용 봉투가 없을 경우에는 종량제 봉투를 활용해 이중 밀폐한다.

마지막으로 확진자가 다녀간 이용 시설에서 나온 폐기물은 종량제 봉투에 담아 밀폐 처리하고 소독 후에 공공소각장 등에서 소각 처리한다.

① 코로나19 확진 판정을 받고 병원에 입원한 A씨의 폐기물은 병원 내 전용 용기에 담아 밀폐 처리한다.

② 코로나19 확진 판정을 받고 생활치료센터에서 생활 중인 B씨의 폐기물은 골판지 전용 용기에 담아 밀폐 처리한다.

③ 코로나19 확진자와 접촉하였지만 별다른 증상이 없어 자가격리 중인 C씨의 폐기물은 보건소에서 따로 처리한다.

④ 코로나19 음성 판정을 받고 자가격리 중인 유학생 D씨의 폐기물은 전용 봉투에 담아야 하지만, 불가피할 경우 종량제 봉투에 담아 밀폐 처리한다.

⑤ 코로나19 확진자가 다녀간 백화점에서 나온 폐기물은 종량제 봉투에 담아 밀폐 처리한다.

16 다음 중 시각 장애인 유도 블록 설치에 대한 설명으로 옳지 않은 것은?

점자 블록으로도 불리는 시각 장애인 유도 블록은 블록 표면에 돌기를 양각하여 시각 장애인이 발바닥이나 지팡이의 촉감으로 위치나 방향을 알 수 있도록 유도한다. 횡단보도나 버스정류장 등의 공공장소에 설치되며, 블록의 형태는 발바닥의 촉감, 일반 보행자와의 관계 등 다양한 요인에 따라 결정된다.

점자 블록은 크게 위치 표시용의 점형 블록과 방향 표시용의 선형 블록 두 종류로 나뉜다. 먼저 점형 블록은 횡단지점, 대기지점, 목적지점, 보행 동선의 분기점 등의 위치를 표시하거나 위험 지점을 알리는 역할을 한다. 보통 30cm(가로)×30cm(세로)×6cm(높이)의 콘크리트제 사각 형태가 많이 쓰이며, 양각된 돌기의 수는 외부용 콘크리트 블록의 경우 36개, 내부용의 경우 64개가 적절하다. 일반적인 위치 감지용으로 점형 블록을 설치할 경우 가로 폭은 대상 시설의 폭만큼 설치하며, 세로 폭은 보도의 폭을 고려하여 30~90cm 범위 안에서 설치한다.

다음으로 선형 블록은 방향 유도용으로 보행 동선의 분기점, 대기지점, 횡단지점에 설치된 점형 블록과 연계하여 목적 방향으로 일정한 거리까지 설치한다. 정확한 방향을 알 수 있도록 하는 데 목적이 있으며, 보행 동선을 확보·유지하는 역할을 한다. 양각된 돌출선은 윗면은 평면이 주로 쓰이고, 돌출선의 양 끝은 둥글게 처리한 것이 많다. 선형 블록은 시각 장애인이 안전하고 장애물이 없는 도로를 따라 이동할 수 있도록 설치하는데, 이때 블록의 돌출선은 유도 대상 시설의 방향과 평행해야 한다.

① 선형 블록은 보행 동선의 분기점에 설치한다.
② 횡단지점의 위치를 표시하기 위해서는 점형 블록을 설치한다.
③ 외부에는 양각된 돌기의 수가 36개인 점형 블록을 설치한다.
④ 선형 블록은 돌출선의 방향이 유도 대상 시설과 평행하도록 설치한다.
⑤ 점형 블록을 횡단보도 앞에 설치하는 경우 세로 방향으로 4개 이상 설치하지 않는다.

17 다음 파이썬 프로그램의 실행 결과로 옳은 것은?

```
a = 0
for i in range(1, 11, 2):
    a += i
print (a)
```

① 1
② 2
③ 11
④ 25
⑤ 30

18 다음 중국의 인스턴트 커피 시장에 대한 분석 내용을 바탕으로 제품을 출시할 경우 고려해야 할 점으로 옳지 <u>않은</u> 것은?

> 중국의 인스턴트 커피 시장 규모는 574억 위안으로 전년보다 1.8% 성장한 것으로 보이며, 2024년까지 매년 평균 1.7%의 성장세를 이어갈 것으로 예측된다.
>
> • 4P 분석
>
> | 4P 분석 | 분석 내용 |
> |---|---|
> | 판매가격
(Price) | 중국 스타벅스의 아메리카노 한 잔 가격은 22위안으로 중국의 최저임금을 상회한다. 이에 비해 S사의 캡슐 커피는 24개에 약 190위안으로 한 잔당 8위안에 불과하다. 스틱형 커피의 경우 그 격차는 훨씬 커진다. |
> | 유통경로
(Place) | 로스팅 커피는 카페에서 구매가 이루어지나, 인스턴트 커피는 슈퍼, 편의점, 대형마트 등 다양한 장소에서 구매가 가능하다. 최근에는 중국 내 온라인 플랫폼 마켓의 발전으로 스마트폰이나 컴퓨터로 간편하게 구입이 가능하다. |
> | 판매촉진
(Promotion) | 최근 인스턴트 커피 브랜드는 SNS를 이용하여 고객과 소통하고, 할인 쿠폰 및 행사 관련 정보를 제공하는 등 시장을 적극적으로 공략하고 있다. |
> | 제품
(Product) | 공간과 시간에 구애받지 않고 언제든 편하게 마실 수 있다는 '편의성'을 통해 소비자들에게 꾸준한 관심을 받고 있다. 스타벅스, 코카콜라 등의 기업들은 자사의 장점을 살린 RTD 인스턴트 커피 및 캡슐 커피 등을 출시해 인스턴트 커피 시장에 진입하고 있다. |
>
> • 중국 인스턴트 커피 제품 현황 및 특징
>
> 1) 스틱형 커피 : 가장 초기의 인스턴트 커피 형태로 출시 역사가 길고, 브랜드가 다양하다. 초기에는 단맛이 나는 믹스 형태의 제품이 대부분이었지만, 최근 콜드브루, 블랙커피 등 다양한 유형의 스틱 커피가 출시되고 있다.
>
> 2) RTD(Ready To Drink) 커피 : 주로 편의점과 온라인 쇼핑몰에 보급되어 있는 제품으로 병이나 종이 용기 등의 형태로 유통된다. 제조과정이 없어 마시기 간편하고 콜드브루, 라떼 등 다양한 맛을 즐길 수 있다. 기존의 인스턴트 커피 제조업체뿐만 아니라 커피숍 브랜드도 RTD 커피 시장에 진출하고 있다.
>
> 3) 소포장 형식 : 휴대하기 용이하고 제품의 품질이 좋아 소비자들에게 좋은 반응을 얻고 있다. 제품 유형에 따라 캡슐 커피와 작은 용기에 담겨 있는 인스턴트 커피로 나눌 수 있다.
>
> 4) 드립백 커피 : 커피 가루가 담긴 티백을 커피잔에 걸쳐 뜨거운 물을 부어서 우려내 마시는 커피이다. 핸드드립 커피를 보다 간편하게 즐기고 싶은 소비자의 수요에 맞춰 출시한 제품으로 신선하고 고급스러운 풍미를 맛볼 수 있다는 장점이 있다. 그러나 다른 인스턴트 커피 종류에 비해 커피의 맛이 비교적 제한적이다.

① 스틱형 커피는 다른 인스턴트 커피에 비해 종류가 다양하지 못하므로 차별화된 프리미엄 상품을 스틱형으로 출시한다.

② 스마트폰으로 간편하게 구입할 수 있도록 캡슐 커피를 출시하고, 중국 내 이용자가 가장 많은 SNS를 통해 이벤트를 진행한다.

③ 현지 소비자들의 입맛에 맞으면서도 다양한 맛을 선택할 수 있도록 여러 종류의 드립백 커피 상품을 출시한다.

④ 현지 로스팅 커피 브랜드와 협력하여 RTD 커피를 출시하고, 온라인 쇼핑몰을 통해 쉽게 구매할 수 있다는 점을 홍보 전략으로 세운다.

⑤ 휴대가 편리한 소포장 형식의 인스턴트 커피를 출시하고, 언제 어디서든 쉽게 마실 수 있다는 점을 홍보 전략으로 세운다.

19 다음은 생애주기와 2018 ~ 2019년도에 종이책, 전자책 및 오디오북을 통한 독서량을 연령별로 조사한 자료이다. 이에 대해 바르게 이해한 것은?(단, 인원은 소수점 첫째 자리에서 버림한다)

〈생애주기〉

영아기	유아기	아동기	청소년기	성년기	중년기	노년기
생후 24개월	만 3 ~ 5세	초등학생	중학생, 고등학생	20 ~ 39세	40 ~ 59세	60세 이상
언어 습득	언어 습득	사회성 발달	신체발달	심리적 성숙	지각능력 감소	신체능력 쇠퇴

〈연령별 독서형태(학생)〉

(단위 : %)

학교급별	사례 수(건)	종이책		전자책		오디오북
		2018년	2019년	2018년	2019년	2019년
전체	3,126	91.7	90.7	29.8	37.2	18.7
초등학교	1,005	96.8	94.8	34.1	40.8	30.9
중학교	985	92.5	91.6	30.0	30.6	11.6
고등학교	1,136	87.2	86.3	26.5	39.8	13.9

〈연령별 독서형태(성인)〉

(단위 : %)

연령별(세)	사례 수(건)	종이책		전자책		오디오북
		2018년	2019년	2018년	2019년	2019년
전체	6,000	59.9	52.1	14.1	16.5	3.5
20 ~ 29	1,057	73.5	70.4	34.7	39.0	6.5
30 ~ 39	1,022	68.9	68.7	22.7	31.3	6.2
40 ~ 49	1,158	61.9	57.6	13.8	14.4	4.2
50 ~ 59	1,192	52.2	43.5	3.5	4.9	1.6
60세 이상	1,571	47.8	31.5	1.3	2.0	0.6

※ 사례 수 1건당 인원은 1명이다.

① 성인 중 오디오북을 본 사람은 학생 중 오디오북을 본 사람보다 많다.
② 모든 연령대에서 전년 대비 2019년도 독서량 중 종이책은 줄어들고, 전자책은 늘어났다.
③ 중년기의 오디오북 독서량은 성년기의 오디오북 독서량보다 많다.
④ 노년기는 2018년 대비 2019년에 종이책 및 전자책 독서량이 줄어들었다.
⑤ 2018년도 종이책을 본 아동기 학생은 종이책을 본 청소년기 학생보다 많다.

20 다음 시트에서 상품이 '하모니카'인 악기의 평균매출액을 구하려고 할 때, [E11] 셀에 입력할 수식으로 올바른 것은?

	A	B	C	D	E
1	모델명	상품	판매금액	판매수량	매출액
2	D7S	통기타	₩189,000	7	₩1,323,000
3	LC25	우쿨렐레	₩105,000	11	₩1,155,000
4	N1120	하모니카	₩60,000	16	₩960,000
5	MS083	기타	₩210,000	3	₩630,000
6	H904	하모니카	₩63,000	25	₩1,575,000
7	C954	통기타	₩135,000	15	₩2,025,000
8	P655	기타	₩193,000	8	₩1,544,000
9	N1198	하모니카	₩57,000	10	₩570,000
10	하모니카의 평균 판매수량				17
11	하모니카 평균매출액				₩1,035,000

① =COUNTIF(B2:B9,"하모니카")

② =AVERAGE(E2:E9)

③ =AVERAGEIFS(B2:B9,E2:E9,"하모니카")

④ =AVERAGEA(B2:B9,"하모니카",E2:E9)

⑤ =AVERAGEIF(B2:B9,"하모니카",E2:E9)

21 다음 시트에서 [E10] 셀에 수식 「=INDEX(E2:E9,MATCH(0,D2:D9,0))」를 입력했을 때, [E10] 셀에 표시되는 결과로 옳은 것은?

	A	B	C	D	E
1	부서	직위	사원명	근무연수	근무월수
2	재무팀	사원	이수연	2	11
3	교육사업팀	과장	조민정	3	5
4	신사업팀	사원	최지혁	1	3
5	교육컨텐츠팀	사원	김다연	0	2
6	교육사업팀	부장	민경희	8	10
7	기구설계팀	대리	김형준	2	1
8	교육사업팀	부장	문윤식	7	3
9	재무팀	대리	한영혜	3	0
10					

① 0   ② 1

③ 2   ④ 3

⑤ 4

22 다음 중 배전방식에 대한 설명으로 옳지 않은 것은?

① 환상식은 전류 통로에 대한 융통성이 있다.
② 수지식은 전압 변동이 크고 정전 범위가 좁다.
③ 뱅킹식은 전압 강하 및 전력 손실을 경감한다.
④ 망상식은 건설비가 비싸다.
⑤ 망상식은 무정전 공급이 가능하다.

23 다음 중 가공전선로의 지지물에 시설하는 지선에 대한 설명으로 옳은 것은?

① 연선을 사용할 경우 소선 3가닥 이상의 연선일 것
② 안전율은 1.2 이상일 것
③ 허용 인장 하중의 최저는 5.26kN으로 할 것
④ 철근콘크리트주는 지선을 사용할 것
⑤ 아연도금철봉은 지중 부분 및 지표상 20cm까지 사용할 것

24 다음 중 침투 깊이에 대한 설명으로 옳은 것은?

① 침투 깊이는 주파수에 비례한다.
② 침투 깊이는 투자율에 비례한다.
③ 침투 깊이는 도전율에 반비례한다.
④ 침투 깊이가 작을수록 표피 효과도 작아진다.
⑤ 침투 깊이가 작으면 전류가 도선 표피에 적게 흐른다.

25 다음 중 동기전동기의 특징으로 옳지 않은 것은?

① 속도가 일정하다.
② 역률과 효율이 좋다.
③ 직류전원 설비가 필요하다.
④ 난조가 발생하지 않는다.
⑤ 기동 시 토크를 얻기 어렵다.

26 다음 중 제1종 접지공사가 가능한 것은?

① 교통신호등 제어장치의 금속제 외함
② 저압 옥내배선에 사용하는 셀룰러 덕트
③ 고・저압 혼촉방지판
④ 전극식 온천용 승온기
⑤ 주상 변압기 2차측 전로

27 다음 중 단일한 도체로 된 막대기의 양 끝에 전위차가 가해질 때, 이 도체의 양 끝에서 열의 흡수나 방출이 일어나는 현상은?

① 볼타 효과(Volta Effect)
② 제벡 효과(Seebeck Effect)
③ 톰슨 효과(Thomson Effect)
④ 표피 효과(Skin Effect)
⑤ 펠티에 효과(Peltier Effect)

28 다음 중 방향성을 갖고 있는 계전기는?

① 선택 지락 계전기   ② 거리 계전기
③ 차동 계전기   ④ 부족 전압 계전기
⑤ 지락 계전기

29 다음 중 OSI 7 계층 모델의 각 계층에 대한 설명으로 옳지 않은 것은?

① Network Layer : 여러 네트워크를 통해 패킷을 발신지로부터 목적지까지 전달한다.

② Transport Layer : 전체 메시지의 프로세스 – 대 – 프로세스 전달을 한다.

③ Session Layer : 정보의 압축 기능을 담당한다.

④ Data Link Layer : 가공되지 않은 내용의 전송을 담당하는 물리 계층을 신뢰성 있는 링크로 변환시켜 준다.

⑤ Application Layer : 사용자(사람 또는 소프트웨어)가 네트워크에 접근할 수 있도록 한다.

30 다음 중 변조의 목적으로 옳지 않은 것은?

① 전송채널에서 간섭과 잡음을 줄이기 위해서

② 다중통신을 하기 위해서

③ 전송 효율을 향상시키기 위해서

④ 더욱 긴 파장의 신호를 만들기 위해서

⑤ 복사를 용이하게 하기 위해서

31 다음 중 LAN에 대한 설명으로 옳지 않은 것은?

① 지역적으로 비교적 넓은 범위의 통신망에 사용된다.

② 네트워크의 매체로는 동축 케이블 등이 사용된다.

③ 적용 범위는 반경 1km 정도이다.

④ 1Mbps 이상의 전송 속도를 가진다.

⑤ 토폴로지(Topology)에 따라 링형, 버스형, 스타형으로 분류된다.

32 다음 중 디지털 신호를 전송하기 위해 디지털 방식의 전송로를 이용하는 장비로 옳은 것은?

① 리피터(Repeater)
② DSU
③ 통신 제어 장치
④ 변복조기
⑤ 라우터(Router)

33 다음 중 블루투스(Bluetooth)에 대한 설명으로 옳지 않은 것은?

① 근거리 무선 통신 기술이다.
② ISM 주파수 대역을 사용한다.
③ 주파수 호핑 방식을 사용한다.
④ 기기 간 마스터와 슬레이브 구성으로 연결된다.
⑤ 해킹으로부터 보안이 매우 뛰어나다.

34 다음 중 스피어 피싱(Spear Phishing)에 대한 설명으로 옳은 것은?

① 공격 대상에 대한 정보를 수집하고, 이를 분석하여 정보를 불법적으로 알아낸다.
② 인터넷 등에서 무료 소프트웨어를 다운로드받을 때 설치되어 이용자의 정보를 빼간다.
③ 컴퓨터 사용자의 키보드 움직임을 탐지해 정보를 빼간다.
④ 임의로 구성된 웹 사이트를 통하여 이용자의 정보를 빼간다.
⑤ 네트워크의 중간에서 남의 패킷 정보를 도청한다.

35 다음 중 패치(Patch)의 정의로 옳은 것은?

① 복사 방지나 등록 기술 등이 적용된 상용 소프트웨어를 복제 또는 파괴하는 행위
② 프로그램의 일부를 빠르게 고치는 일
③ 비정상적인 방법으로 데이터를 조작하는 행위
④ 일반적으로 어떤 목적을 위해 설계된 기계나 장치
⑤ 하드웨어나 소프트웨어의 성능을 기존 제품보다 뛰어난 새것으로 변경하는 일

36 어떤 릴레이션 R이 2NF를 만족하면서 키에 속하지 않는 모든 애트리뷰트가 기본 키에 대하여 이행적 함수 종속이 아닌 경우 어떤 정규형에 해당하는가?

① 제1정규형
② 제2정규형
③ 제3정규형
④ 제1, 2, 3정규형
⑤ 제2, 3정규형

37 다음 중 관계 데이터베이스에 있어서 관계 대수의 연산이 아닌 것은?

① 디비전(Division)
② 프로젝트(Project)
③ 조인(Join)
④ 포크(Fork)
⑤ 셀렉트(Select)

38 기본키를 구성하는 모든 속성은 널(Null) 값을 가질 수 없다는 규칙은 무엇인가?

① 개체 무결성
② 참조 무결성
③ 키 무결성
④ 널 무결성
⑤ 연관 무결성

39 다음 중 통신환경의 변화 방향에 대한 설명으로 옳지 않은 것은?

① 다양한 시스템 간의 액세스가 발생하는 환경으로 변화하고 있다.
② 가상화 기술의 활성화로 네트워크에 연결된 서버의 수가 급증하고 있다.
③ 트래픽 패턴이나 동시 접속자 수 등 네트워크 규모의 예측이 쉬워지고 있다.
④ 특정 메이저 장비의 제조사 중심으로 통신 시장이 형성되고 있다.
⑤ 네트워크 구조가 갈수록 복잡해지고 있다.

▎문제해결능력(하반기)

01 한국전력공사는 필리핀의 신재생에너지 시장에 진출하려고 한다. 전략기획팀의 M대리는 3C 분석 방법을 통해 다음과 같은 결과를 도출하였다. 다음 중 필리핀 시장 진출에 대한 판단으로 가장 적절한 것은?

3C	상황분석
고객(Customer)	• 아시아 국가 중 전기요금이 높은 편에 속함 • 태양광, 지열 등 훌륭한 자연환경 조건 기반 • 신재생에너지 사업에 대한 정부의 적극적 추진 의지
경쟁사(Competitor)	• 필리핀 민간 기업의 투자 증가 • 중국 등 후발국의 급속한 성장 • 체계화된 기술 개발 부족
자사(Company)	• 필리핀 화력발전사업에 진출한 이력 • 필리핀의 태양광 발전소 지분 인수 • 현재 미국, 중국 등 4개국에서 풍력과 태양광 발전소 운영 중

① 필리핀은 전기요금이 높아 국민들의 전력 사용량이 많지 않을 것으로 예상되며, 열악한 전력 인프라로 신재생에너지 시장의 발전 가능성 또한 낮을 것으로 예상되므로 자사의 필리핀 시장 진출은 바람직하지 않다.

② 필리핀은 정부의 적극적 추진 의지로 신재생에너지 시장이 급성장하고 있으나, 민간 기업의 투자와 다른 아시아국가의 급속한 성장으로 경쟁이 치열하므로 자사는 비교적 경쟁이 덜한 중국 시장으로 진출하는 것이 바람직하다.

③ 풍부한 자연환경 조건을 가진 필리핀 신재생에너지 시장의 성장 가능성은 높지만, 경쟁사에 비해 체계적이지 못한 자사의 기술 개발 역량이 필리핀 시장 진출에 걸림돌이 될 것이다.

④ 훌륭한 자연환경 조건과 사업에 대한 정부의 추진 의지를 바탕으로 한 필리핀의 신재생에너지 시장에서는 필리핀 민간 기업이나 후발국과의 치열한 경쟁이 예상되나, 자사의 진출 이력을 바탕으로 경쟁력을 확보할 수 있을 것이다.

⑤ 필리핀 시장에 대한 정보가 부족한 자사가 성장 가능성이 높은 신재생에너지 시장에 진출하기 위해서는 현재 급속한 성장을 보이고 있는 중국 등과 협력하여 함께 진출하는 것이 바람직하다.

02 다음은 한국전력공사가 추진 중인 '그린수소' 사업에 관한 보도 자료와 SWOT 분석 결과이다. SWOT 분석 결과를 참고할 때, '그린수소' 사업에 해당하는 전략은 무엇인가?

> 한국전력공사는 전라남도, 나주시와 '그린수소 사업 협력 MOU'를 체결하였다. 지난 5월 정부는 탄소 배출 없는 그린수소 생산을 위해 한국전력공사를 사업자로 선정하였고, 재생에너지 잉여전력을 활용한 수전해(P2G) 기술을 통해 그린수소를 만들어 저장하는 사업을 정부 과제로 선정하여 추진하기로 하였다.
>
> 그린(Green)수소란 이산화탄소 배출을 수반하지 않는 수소로, 주로 수전해(P2G)기술을 통해 생산된다. 현재 국내에서 생산되는 수소는 그레이(Gray)수소로, 추출·생산하는 과정에서 질소산화물, 이산화탄소 등을 배출한다.
>
> 수전해(P2G) 기술은 재생에너지 잉여전력을 활용하여 물의 전기분해를 통해 수소(H_2)를 생산 및 저장하거나, 생산된 수소와 이산화탄소(CO_2)를 결합하여 천연가스의 주성분인 메탄(CH_4)으로 전환함으로써 수송, 발전 및 도시가스 연료로 활용하는 전력 가스화(P2G, Power To Gas) 기술을 말한다.
>
> 그린수소 사업은 정부의 '재생에너지 3020 계획'에 따라 계속 증가하는 재생에너지를 활용해 수소를 생산함으로써 재생에너지 잉여전력 문제를 해결할 것으로 예상된다.
>
> MOU 체결식에서 한국전력공사 사장은 "한국전력공사는 전라남도, 나주시와 지속적으로 협력하여 정부 에너지전환 정책에 부응하고, 사업에 필요한 기술개발을 위해 더욱 노력할 것"이라고 밝혔다.

〈SWOT 분석 결과〉

장점(Strength)	약점(Weakness)
• 적극적인 기술개발 의지 • 차별화된 환경기술 보유	• 해외시장 진출에 대한 두려움 • 경험 많은 기술 인력의 부족
기회(Opportunity)	**위협(Threat)**
• 발전설비를 동반한 환경설비 수출 유리 • 세계 전력 시장의 지속적 성장	• 재생에너지의 잉여전력 증가 • 친환경 기술 경쟁 심화

① SO전략

② ST전략

③ WO전략

④ WT전략

⑤ OT전략

03 다음 글을 통해 추론할 수 있는 내용으로 적절하지 않은 것은?

> 인류는 미래의 에너지로 청정하고 고갈될 염려가 없는 풍부한 에너지를 기대하며, 신재생에너지인 태양광과 풍력에너지에 많은 기대를 걸고 있다. 그러나 태양광이나 풍력으로는 화력발전을 통해 생산되는 전력 공급량을 대체하기 어렵고, 기상 환경에 많은 영향을 받는다는 점에서 한계가 있다. 이에 대한 대안으로 많은 전문가들은 '핵융합 에너지'에 기대를 걸고 있다.
>
> 핵융합발전은 핵융합 현상을 이용하는 발전 방식으로, 핵융합은 말 그대로 원자의 핵이 융합하는 것을 말한다. 우라늄의 원자핵이 분열하면서 방출되는 에너지를 이용하는 원자력발전과 달리, 핵융합발전은 수소 원자핵이 융합해 헬륨 원자핵으로 바뀌는 과정에서 방출되는 에너지를 이용해 물을 가열하고 수증기로 터빈을 돌려 전기를 생산한다.
>
> 핵융합발전이 다음 세대를 이끌어갈 전력 생산 방식이 될 수 있는 이유는 인류가 원하는 에너지원의 조건을 모두 갖추고 있기 때문이다. 우선 연료가 거의 무한대라고 할 수 있을 정도로 풍부하다. 핵융합발전에 사용되는 수소는 일반적인 수소가 아닌 수소의 동위원소로, 지구의 70%를 덮고 있는 바닷물을 이용해서 얼마든지 생산할 수 있다. 게다가 적은 연료로 원자력발전에 비해 훨씬 많은 에너지를 얻을 수 있다. 1g으로 석유 8톤(t)을 태워서 얻을 수 있는 전기를 생산할 수 있고, 원자력발전에 비하면 같은 양의 연료로 3 ~ 4배의 전기를 생산할 수 있다.
>
> 무엇보다 오염물질을 거의 배출하지 않는 점이 큰 장점이다. 미세먼지와 대기오염을 일으키는 오염물질은 전혀 나오지 않고 오직 헬륨만 배출된다. 약간의 방사선이 방출되지만, 원자력발전에서 배출되는 방사성 폐기물에 비하면 거의 없다고 볼 수 있을 정도다.
>
> 핵융합발전은 안전 문제에서도 자유롭다. 원자력발전은 수개월 혹은 1년 치 연료를 원자로에 넣고 연쇄적으로 핵분열 반응을 일으키는 방식이라 문제가 생겨도 당장 가동을 멈춰 사태가 악화되는 것을 막을 수 없다. 하지만 핵융합발전은 연료가 아주 조금 들어가기 때문에 문제가 생겨도 원자로가 녹아내리는 것과 같은 대형 재난으로 이어지지 않는다. 문제가 생기면 즉시 핵융합 반응이 중단되고 발전장치가 꺼져버린다. 핵융합 반응을 제어하는 일이 극도로 까다롭기 때문에 오히려 발전장치가 꺼지지 않도록 정밀하게 제어하는 것이 중요하다.
>
> 현재 세계 각국은 각자 개별적으로 핵융합발전 기술을 개발하는 한편 프랑스 남부 카다라슈 지역에 '국제핵융합실험로(ITER)'를 건설해 공동으로 실증 실험을 할 준비를 진행하고 있다. 한국과 유럽연합(EU), 미국, 일본, 러시아, 중국, 인도 등 7개국이 참여해 구축하고 있는 ITER는 2025년 12월 완공될 예정이며, 2025년 이후에는 그동안 각국이 갈고 닦은 기술을 적용해 핵융합 반응을 일으켜 상용화 가능성을 검증하게 된다. 불과 10년 내로 세계 전력산업의 패러다임을 바꾸는 역사적인 핵융합 실험이 지구상에서 이뤄지게 되는 것이다.

① 핵융합발전이 태양열발전보다 더 많은 양의 전기를 생산할 수 있겠어.
② 핵융합발전과 원자력발전은 원자의 핵을 다르게 이용한다는 점에서 차이가 있군.
③ 같은 양의 전력 생산을 목표로 한다면 원자력발전의 연료비는 핵융합발전의 3배 이상이겠어.
④ 헬륨은 대기오염을 일으키는 오염물질에 해당하지 않는군.
⑤ 핵융합발전에는 발전장치를 제어하는 사람의 역할이 중요하겠어.

04 K공사에 다니는 W사원이 해외로 출장을 가기로 하였다. 이번 달 영국에서 5일 동안 일을 마치고 한국에 돌아와 일주일 후 스페인으로 다시 4일간의 출장을 간다고 한다. 다음 자료를 참고하여 W사원이 영국과 스페인 출장 시 사용할 총 비용을 A ~ C은행에서 환전할 때, 필요한 원화의 최댓값과 최솟값의 차이는 얼마인가?(단, 출장비는 해외여비와 교통비의 합이다)

〈국가별 1일 여비〉

구분	영국	스페인
1일 해외여비	50파운드	60유로

〈국가별 교통비 및 추가 지급비용〉

구분	영국	스페인
교통비(비행시간)	380파운드(12시간)	870유로(14시간)
초과 시간당 추가 지급비용	20파운드	15유로

※ 교통비는 편도 항공권 비용이며, 비행시간도 편도에 해당한다.
※ 편도 비행시간이 10시간을 초과하면 시간당 추가 비용이 지급된다.

〈은행별 환율 현황〉

구분	매매기준율(KRW)	
	원/파운드	원/유로
A은행	1,470	1,320
B은행	1,450	1,330
C은행	1,460	1,310

① 31,900원
② 32,700원
③ 33,500원
④ 34,800원
⑤ 35,200원

05 총무부의 K부장은 주말 동안 출장을 떠나며, 다음 주 월요일의 부서 업무를 다음과 같이 정리하였고, 스케줄을 바탕으로 부서원에게 해당 업무를 배정할 수 있도록 G과장에게 업무 메일을 남겼다. 총무부의 월요일 스케줄을 참고할 때, 처리해야 할 업무가 잘못 배정된 사람은?(단, 한 명당 하나의 업무만 배정한다)

〈K부장의 E-mail 내용〉

G과장, 내가 이번 주말 동안 지방 순회 출장을 가서 다음 주 월요일 오전에 회사에 복귀할 예정이야. 현안 업무 중 다음 주 전사 행사 준비, 전사 사무비품 보충, 지난 달 완료한 ○○프로젝트 보고서 초안 작성이 시급한데, 내가 출장 준비 때문에 사원들에게 일일이 업무를 부여하지 못했네. 첨부파일로 우선 다음 주 월요일에 해야 할 업무와 부서원의 스케줄을 정리해 놨으니, 확인하고 월요일 오전에는 나 대신 부서장 회의에 참석하고, 이후에 부서원들에게 업무지시를 좀 해줘야겠어. 사무비품 주문서의 경우는 작성만 확실히 해 두면 내가 오후에 직접 결재하고 발송할 테니 오류 없도록 G과장이 다시 한번 확인해 줘.

〈총무부 월요일 업무〉

• 부서장 회의 참석(09:30 ~ 10:00)
• 사무비품 주문서 작성 및 주문 메일 발송
  ※ 주문서 최종 결재자 : K부장, 메일은 퇴근 전에 발송할 것
• 행사 용품 오배송건 반품
  ※ 택배 접수 마감 시간 16:00
• ○○프로젝트 보고서 초안 작성
• 행사 참여 안내문 등기 발송
  ※ 우체국 영업시간(09:00 ~ 18:00) 내 방문

〈총무부 월요일 스케줄〉

시간	K부장	G과장	J대리	L사원	O사원
09:00 ~ 10:00	출장 복귀		오전 반차	사내 교육 프로그램 참여	
10:00 ~ 11:00					
11:00 ~ 12:00					
12:00 ~ 13:00	점심시간				
13:00 ~ 14:00	외근	○○프로젝트 성과분석회의	오전 반차		
14:00 ~ 15:00			행사 진행 업체 사전미팅		
15:00 ~ 16:00					
16:00 ~ 17:00					
17:00 ~ 18:00	업무 보고			비품 정리	

① G과장 - 부서장 회의 참석
② G과장 - ○○프로젝트 보고서 초안 작성
③ J대리 - 행사 용품 오배송건 반품
④ L사원 - 우체국 방문 및 등기 발송
⑤ O사원 - 사무용품 주문서 작성

06 다음 중 기사의 내용으로 적절하지 않은 것은?

〈에너지밸리, 4차 산업혁명의 요람으로 태동〉

한국전력공사(이하 '한전')는 3월 27일 한전 본사에서 광주광역시, 전라남도, 한전KDN과 함께 23개사와 에너지밸리 투자 유치 협약을 체결하였다. 이번 협약을 통해 한전은 지금까지 200개의 기업과 에너지밸리 투자 협약을 체결하였으며, 누적 투자금액 8,810억 원 및 6,086명의 고용 창출 효과를 거두었다.

이번 투자 협약을 체결한 기업들은 ESS 분야의 에너지신산업 기업 13개사와 수배전반 제조분야의 신창전설 등 전력기자재 기업 10개사 등 총 23개사로 4차 산업혁명을 이끌 강소기업들이 다수 포함되어 있으며, 투자지역으로는 6개사가 광주전남공동혁신도시에, 7개사가 광주지역에, 10개사가 나주지역에 투자를 실행할 예정이다.

2015년부터 본격화된 에너지밸리 조성 사업은 도입기를 거쳐 2016년까지 177개사의 기업 유치를 달성하였으며, 이번 협약을 통해 총 200개사의 기업과 투자 협약을 체결하여 본격적인 성장기로 접어들었다.

한전은 올해 250개사의 기업 유치 목표와 함께 대기업과 외국기업의 대규모 투자 유치를 중점적으로 추진하여 에너지밸리의 성공기반을 확고히 하기 위해 노력 중이다.

협약식에서 한전 사장은 "올해는 GE의 HVDC 융합클러스터 구축 등과 같은 대규모 투자 실행과 함께 ICT 기업유치 및 육성에 역점을 둘 것"이라며, "에너지밸리를 에너지신산업이 집약된 스마트 시티로 조성하여 4차 산업혁명의 핵심 클러스터로 키워나갈 계획"이라고 밝혔다.

특히, 지난 2월에 개소한 빛가람창조경제혁신센터와 나주혁신산단에 조성될 에너지밸리 산학융합원 등 에너지밸리의 창업 지원과 인력 양성을 위한 인프라 구축이 본격화되고, 광주 도첨산단에 2018년부터 투자기업의 입주가 시작되면 에너지밸리 투자가 더욱 증가할 것으로 기대된다고 강조하였다. 이를 위해 한전은 "광주광역시 및 전라남도와도 지속적인 협력을 통해 기업 유치 목표를 차질 없이 달성하고, 투자기업과의 소통을 통해 기업이 안심하고 경영활동에 매진할 수 있는 환경조성을 위해 최선을 다하겠다."고 말했다.

---

① 한국전력공사는 광주광역시, 전라남도, 한전KDN과 함께 23개사와 에너지밸리 투자 유치 협약을 체결하였다.
② 투자지역은 각각 광주전남공동혁신도시, 광주지역, 나주지역이다.
③ 에너지밸리 조성 사업은 2015년부터 본격화되었다.
④ 올해 한국전력공사의 기업 유치 목표는 250개사이다.
⑤ 2018년부터 투자기업의 입주가 시작되면 에너지밸리 투자는 다소 감소할 것으로 예상된다.

07 다음 중 빈칸에 들어갈 내용으로 적절한 것은?

> 포논(Phonon)이라는 용어는 소리(Pho-)라는 접두어에 입자(-non)라는 접미어를 붙여 만든 단어로, 실제로 포논이 고체 안에서 소리를 전달하기 때문에 이런 이름이 붙었다. 어떤 고체의 한쪽을 두드리면 포논이 전파해 반대쪽에서 소리를 들을 수 있다.
>
> 아인슈타인이 새롭게 만든 고체의 비열 공식(아인슈타인 모형)은 실험결과와 상당히 잘 맞았다. 그런데 그의 성공은 고체 내부의 진동을 포논으로 해석한 데에만 있지 않다. 그는 포논이 보손(Boson) 입자라는 사실을 간파하고, 고체 내부의 세상에 보손의 물리학(보스 – 아인슈타인 통계)을 적용했다. 비로소 고체의 비열이 온도에 따라 달라진다는 결론을 얻을 수 있었다.
>
> 양자역학의 세계에서 입자는 스핀 상태에 따라 분류된다. 스핀이 1/2의 홀수배(1/2, 3/2, …)인 입자들은 원자로를 개발한 유명한 물리학자 엔리코 페르미의 이름을 따 '페르미온'이라고 부른다. 오스트리아의 이론물리학자 볼프강 파울리는 페르미온들은 같은 에너지 상태를 가질 수 없고 서로 배척한다는 사실을 알아냈다(즉, 같은 에너지 상태에서는 + / – 반대의 스핀을 갖는 페르미온끼리만 같이 존재할 수 있다). 이를 '파울리의 배타원리'라고 한다. 페르미온은 대개 양성자, 중성자, 전자 같은 물질을 구성하며, 파울리의 배타원리에 따라 페르미온 입자로 이뤄진 물질은 우리가 손으로 만질 수 있다.
>
> 스핀이 0, 1, 2, … 등 정수 값인 입자도 있다. 바로 보손이다. 인도의 무명 물리학자였던 사티엔드라 나트 보스의 이름을 본땄다. 보스는 페르미가 개발한 페르미 통계를 공부하고 보손의 물리학을 만들었다. 당시 그는 박사학위도 없는 무명의 물리학자여서 논문을 작성한 뒤 아인슈타인에게 편지로 보냈다. 다행히 아인슈타인은 그 논문을 쓰레기통에 넣지 않고 꼼꼼히 읽어본 뒤 자신의 생각을 첨가하고 독일어로 번역해 학술지에 제출했다. 바로 보손 입자의 물리학(보스 – 아인슈타인 통계)이다. 이에 따르면, 보손 입자는 페르미온과 달리 파울리의 배타원리를 따르지 않는다. 따라서 같은 에너지 상태를 지닌 입자라도 서로 겹쳐서 존재할 수 있다. 만져지지 않는 에너지 덩어리인 셈이다. 이들 보손 입자는 대개 힘을 매개한다.
>
> 빛 알갱이, 즉 _____ 빛은 실험을 해 보면 입자의 특성을 보이지만, 질량이 없고 물질을 투과하며 만져지지 않는다. 포논은 어떨까? 원자 사이의 용수철 진동을 양자화 한 것이므로 물질이 아니라 단순한 에너지의 진동으로서 파울리의 배타원리를 따르지 않는다. 즉, 포논은 광자와 마찬가지로 스핀이 0인 보손 입자다.

① 광자는 파울리의 배타원리를 따른다.
② 광자는 스핀 상태에 따라 분류할 수 없다.
③ 광자는 스핀이 1/2의 홀수배인 입자의 대표적인 예다.
④ 광자는 보손의 대표적인 예다.
⑤ 광자는 페르미온의 대표적인 예다.

08 다음은 바코드의 구성에 관한 자료이다. 이를 참고하여 〈보기〉의 빈칸에 들어갈 체크디지트로 옳은 것은?

〈바코드의 구성〉

- 바코드는 13자리 숫자로 구성되어 있다.
- 바코드의 숫자 중 처음 세 자리는 국가코드, 다음 네 자리는 제조회사코드, 다음 다섯 자리는 상품코드이다.
- 국가코드, 제조회사코드, 상품코드를 제외한 마지막 한 자리는 체크디지트이다.
- 체크디지트 계산방법 : (바코드 홀수자리 수의 합)+3×(바코드 짝수자리 수의 합)+(체크디지트) =(10의 배수)

※ 바코드 880105500005□의 체크디지트

: (8+0+0+5+0+0)+3×(8+1+5+0+0+5)+□=(10의 배수)

→ 13+3×19+□=(10의 배수) → 70+□=(10의 배수)

따라서 70은 10의 배수이므로 체크디지트는 0이다.

보기

---

① 1   ② 3

③ 5   ④ 7

⑤ 9

09 다음은 전국의 전력발전량 및 소비량에 관한 자료이다. 이에 대한 〈보기〉의 설명으로 옳은 것은 총 몇 개인가?(단, 자립도 및 비율은 소수점 둘째 자리에서 반올림한다)

〈전국의 전력발전량 및 소비량〉

구분	전력발전량(GWh)	전력소비량(GWh)	자립도(%)
서울	1,384	46,903	
인천	68,953	22,241	
경기	23,791	97,003	
대전	156	9,060	
충북	1,580	20,453	
충남	118,041	42,650	
광주	37	8,047	
전북	7,181	21,168	
전남	69,481	27,137	
부산	39,131	20,562	
대구	198	14,822	
울산	10,750	28,198	
경북	71,706	44,167	
경남	69,579	33,071	
강원	12,047	15,876	
제주	2,878	3,710	

※ [자립도(%)]=(전력발전량)÷(전력소비량)×100
※ 수도권 : 서울, 인천, 경기
※ 충청권 : 대전, 충북, 충남
※ 호남권 : 광주, 전북, 전남
※ 영남권 : 부산, 대구, 울산, 경북, 경남

보기

ㄱ. 서울지역의 자립도는 5% 미만이다.
ㄴ. 인천지역의 자립도와 부산지역의 자립도 차이는 109.7%p이다.
ㄷ. 서울과 충남지역의 전력소비량의 합은 경기지역의 전력소비량보다 적다.
ㄹ. 전력발전량이 가장 많은 지역의 전력소비량은 전국에서 세 번째로 많다.
ㅁ. 호남권의 전력소비량 대비 수도권의 전력발전량 비율은 170% 이상이다.

① 1개
② 2개
③ 3개
④ 4개
⑤ 5개

10 다음 문단에 이어질 내용을 논리적 순서대로 바르게 나열한 것은?

⟨J경주시장, 경주 풍력발전소 안전 점검⟩

– ESS 운영실태 점검, 화재사고 철저 대비 요구 –

J경주시장은 신재생에너지 발전소 내 설치된 ESS(에너지저장장치)운영 실태 점검에 나섰다.

J경주시장은 최근 타 지자체 소재의 신재생에너지 발전소 내 설치된 ESS 화재사고가 발생함에 따라 지난 5일, 양북면 장항리 소재의 경주 풍력발전소 현장에 P도의원, C국장 등과 함께 방문했다.

(가) 경주시 최초 풍력발전소인 경주 풍력발전소는 2012년 10월 발전용량 16.8MW로 상업운전을 시작해 연간 3,900KWh의 전기를 생산하고 있는 발전소다.

(나) 현장 관계자는 "발전소 내 설치된 ESS는 2017년 7월 설치된 3MW급으로 설치했다."며, "ESS 실내에는 이중 항습설비, 소화설비, 비상발전기 등의 화재 대비 설비가 완비되어 화재에 대한 안전성을 확보했다."고 설명했다.

(다) J경주시장은 "경주시 최초 풍력발전소의 자부심과 사명감을 가지고 발전소 화재사고에 철저하게 대비하여 인근주민과 상생 발전하는 풍력발전소가 되길 바란다."며, "기타 시설안전과 관련한 행정적인 지원을 아끼지 않겠다."고 말했다.

---

① (나) – (가) – (다) ② (가) – (다) – (나)
③ (다) – (가) – (나) ④ (나) – (다) – (가)
⑤ (가) – (나) – (다)

11 다음 중 빈칸에 들어갈 단어를 알맞게 짝지은 것은?

> (㉠)은/는 센서 네트워크와 외부 네트워크(인터넷)를 연결하는 (㉡) 역할을 하며 (㉢)에게 임무를 부여하고, 감지된 모든 이벤트를 수집한다.

	㉠	㉡	㉢
①	싱크 노드	센서 노드	게이트웨이
②	센서 노드	싱크 노드	게이트웨이
③	게이트웨이	센서 노드	싱크 노드
④	싱크 노드	게이트웨이	센서 노드
⑤	센서 노드	게이트웨이	싱크 노드

12 다음 중 워드프로세서의 하이퍼텍스트(Hypertext)에 대한 설명으로 옳지 않은 것은?

① 문서와 문서가 순차적인 구조를 가지고 있어서 관련된 내용을 차례대로 참조하는 기능이다.
② Windows의 도움말이나 인터넷 웹 페이지에 사용된다.
③ 하이퍼텍스트에서 다른 문서간의 연결을 링크(Link)라고 한다.
④ 하나의 문서를 보다가 내용 중의 특정 부분과 관련된 다른 부분을 쉽게 참조할 수 있다.
⑤ 하이퍼텍스트 구조를 멀티미디어까지 이용 범위를 확장시켜 정보를 활용하는 방법은 하이퍼미디어(Hyper-media)라고 한다.

13 다음 중 엑셀의 차트와 스파크라인에 대한 공통점으로 옳지 않은 것은?

① 작성 시 반드시 원본 데이터가 있어야 한다.
② 데이터의 추이를 시각적으로 표현한 것이다.
③ 데이터 레이블을 입력할 수 있다.
④ 원본 데이터를 변경하면 내용도 자동으로 함께 변경된다.
⑤ 디자인 도구를 활용하여 디자인 편집이 가능하다.

14 다음은 2017 ~ 2018년 광역 자치단체 전력소비량 현황에 관한 그래프이다. 그래프에 대한 〈보기〉의 설명 중 옳지 않은 것은 총 몇 개인가?(단, 증가율은 소수점 둘째 자리에서 반올림한다)

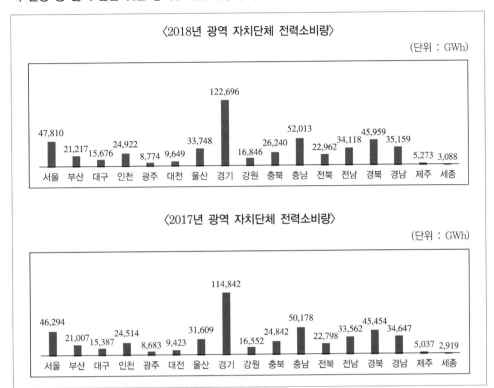

〈2018년 광역 자치단체 전력소비량〉
(단위 : GWh)

서울	부산	대구	인천	광주	대전	울산	경기	강원	충북	충남	전북	전남	경북	경남	제주	세종
47,810	21,217	15,676	24,922	8,774	9,649	33,748	122,696	16,846	26,240	52,013	22,962	34,118	45,959	35,159	5,273	3,088

〈2017년 광역 자치단체 전력소비량〉
(단위 : GWh)

서울	부산	대구	인천	광주	대전	울산	경기	강원	충북	충남	전북	전남	경북	경남	제주	세종
46,294	21,007	15,387	24,514	8,683	9,423	31,609	114,842	16,552	24,842	50,178	22,798	33,562	45,454	34,647	5,037	2,919

보기

ㄱ. 2018년에 전력소비량이 가장 많은 지역과 두 번째로 많은 지역의 전력소비량 차이는 2018년 전력소비량이 두 번째로 많은 지역보다 크다.
ㄴ. 2017년에 전력소비량이 가장 적은 지역은 2018년에도 전력소비량이 가장 적다.
ㄷ. 2017년과 2018년에 부산지역과 인천지역의 전력소비량 합은 서울지역의 전력소비량보다 적다.
ㄹ. 전년 대비 2018년 전남지역의 전력소비량 증가율은 1.5% 이상이다.

① 0개   ② 1개
③ 2개   ④ 3개
⑤ 4개

15 다음은 주택용 전력 요금에 관한 자료이다. 단독주택에 거주하는 A씨는 전력을 저압으로 공급받고, 빌라에 거주하는 B씨는 전력을 고압으로 공급받는다. 이번 달 A씨의 전력 사용량은 285kWh이고, B씨의 전력 사용량은 410kWh일 때, A씨와 B씨의 전기요금이 바르게 짝지어진 것은?

〈주택용 전기요금〉

구분	기본요금(원/호)		전력량 요금(원/kWh)	
주택용 전력(저압)	200kWh 이하 사용	910	처음 200kWh 까지	93.3
	201 ~ 400kWh 사용	1,600	다음 200kWh 까지	187.9
	400kWh 초과 사용	7,300	400kWh 초과	280.6
주택용 전력(고압)	200kWh 이하 사용	730	처음 200kWh 까지	78.3
	201 ~ 400kWh 사용	1,260	다음 200kWh 까지	147.3
	400kWh 초과 사용	6,060	400kWh 초과	215.6

※ (전기요금)=(기본요금)+(전력량 요금)+(부가가치세)+(전력산업기반기금)
※ (부가가치세)=[(기본요금)+(전력량 요금)]×0.1(10원 미만 절사)
※ (전력산업기반기금)=[(기본요금)+(전력량 요금)]×0.037(10원 미만 절사)
※ 전력량 요금은 주택용 요금 누진제 적용(10원 미만 절사)
 - 주택용 요금 누진제는 사용량이 증가함에 따라 순차적으로 높은 단가가 적용되며, 현재 200kWh 단위로 3단계 운영

	A씨의 전기요금	B씨의 전기요금
①	41,190원	55,830원
②	40,500원	55,300원
③	41,190원	60,630원
④	46,890원	55,830원
⑤	40,500원	60,630원

16 K공사의 A사원은 지사방문 일정으로 여수와 순천으로 출장을 다녀와야 한다. 다음은 용산역 - 여수EXPO역, 여수EXPO역 - 순천역 및 순천역 - 용산역 KTX 운행시간 및 요금에 관한 일부 자료이다. A사원이 용산역에서 07:30에 출발해서 일정을 마친 뒤 최대한 일찍 용산역에 도착하려고 할 때, 다음 중 A사원이 가장 일찍 용산역에 도착할 수 있는 시각과 총 요금으로 올바르게 짝지어진 것은?(단, A사원은 여수를 처음으로 방문하고, 점심식사 시간은 12:00 ~ 13:00이며, 열차 운행의 지연은 없다고 가정한다)

<용산역 - 여수EXPO역 KTX 운행시간 및 요금>

열차	출발 - 도착 시각	요금(원)
KTX 703	07:15 - 10:18	47,200
KTX 781	07:45 - 11:19	46,000
KTX 705	08:40 - 11:40	47,200

※ 여수 지사방문 일정에는 40분이 소요된다(이동시간 포함).

<여수EXPO역 - 순천역 KTX 운행시간 및 요금>

열차	출발 - 도착 시각	요금(원)
KTX 710	12:00 - 12:20	8,400
KTX 782	12:10 - 12:27	8,400
KTX 712	13:05 - 13:22	8,400
KTX 714	14:05 - 14:25	8,400
KTX 716	15:00 - 15:18	8,400

※ 순천 지사방문 일정에는 2시간이 소요된다(이동시간 포함).

<순천역 - 용산역 KTX 운행시간 및 요금>

열차	출발 - 도착 시각	요금(원)
KTX 716	15:20 - 17:59	44,000
KTX 718	16:57 - 19:31	44,000
KTX 720	18:21 - 21:03	44,000
KTX 784	19:10 - 22:29	43,000
KTX 724	22:10 - 00:38	44,000

	용산역 도착 시각	총 요금
①	17:59	99,600원
②	19:31	98,400원
③	21:03	98,600원
④	22:29	97,400원
⑤	00:38	98,400원

※ 다음은 도서관에서 책을 분류하는 방법으로 이용하는 한국십진분류법에 대한 자료이다. 이를 참고하여
   이어지는 질문에 답하시오. [17~18]

<한국십진분류법>

주류	강목								
000	010	020	030	040	050	060	070	080	090
총류	도서학, 서지학	문헌정보학	백과사전	강연집, 수필집, 연설문집	일반 연속간행물	일반 학회, 단체, 협회, 기관	신문, 저널리즘	일반전집, 총서	향토자료
100	110	120	130	140	150	160	170	180	190
철학	형이상학	인식론, 인과론, 인간학	철학의 체계	경학	동양철학, 사상	서양철학	논리학	심리학	윤리학, 도덕철학
200	210	220	230	240	250	260	270	280	290
종교	비교종교	불교	기독교	도교	천도교	–	힌두교, 브라만교	이슬람교 (회교)	기타 제종교
300	310	320	330	340	350	360	370	380	390
사회과학	통계학	경제학	사회학, 사회문제	정치학	행정학	법학	교육학	풍속, 예절, 민속학	국방, 군사학
400	410	420	430	440	450	460	470	480	490
순수과학	수학	물리학	화학	천문학	지학	광물학	생명과학	식물학	동물학
500	510	520	530	540	550	560	570	580	590
기술과학	의학	농업, 농학	공학, 공업일반, 토목공학, 환경공학	건축공학	기계공학	전기공학, 전자공학	화학공학	제조업	생활과학
600	610	620	630	640	650	660	670	680	690
예술	건축술	조각 및 조형미술	공예, 장식미술	서예	회화, 도화	사진, 예술	음악	공연예술 및 매체예술	오락, 스포츠
700	710	720	730	740	750	760	770	780	790
어학	한국어	중국어	일본어 및 기타 아시아 제어	영어	독일어	프랑스어	스페인어 및 포르투갈어	이탈리아어	기타 제어
800	810	820	830	840	850	860	870	880	890
문학	한국문학	중국문학	일본문학 및 기타 아시아문학	영미문학	독일문학	프랑스문학	스페인문학 및 포르투갈문학	이탈리아 문학	기타 제문학
900	910	920	930	940	950	960	970	980	990
역사	아시아	유럽	아프리카	북아프리카	남아프리카	오세아니아	양극지방	지리	전기

※ 빈칸은 한국십진분류법 미사용 번호이다.
※ 강목은 주류에 포함되어 있는 세분화된 항목이다.

17 법학에 관심이 많은 C씨는 법학 관련 도서를 대여하기 위해 도서관에 방문하였다. 한국십진분류법을 참고할 때, C씨가 찾아봐야 할 주류번호로 옳은 것은?

① 100

② 300

③ 500

④ 700

⑤ 900

18 다음 중 한국십진분류법을 참고하여 바르게 분류한 것을 〈보기〉에서 모두 고르면?

> **보기**
>
> ㄱ. 심리학에 관한 자료를 찾고 싶다면, 분류번호 330번대의 도서를 찾아봐야 한다.
> ㄴ. 인구통계에 관련된 도서의 분류번호는 410이다.
> ㄷ. 음악 이론에 관하여 공부하고 싶다면, 분류번호 670번대의 도서를 찾아봐야 한다.
> ㄹ. 한국어로 작성된 한국소설문학은 분류번호 810번대에서 찾을 수 있다.

① ㄱ, ㄴ

② ㄱ, ㄷ

③ ㄱ, ㄹ

④ ㄴ, ㄷ

⑤ ㄷ, ㄹ

19 다음 글을 참고했을 때, 태양열 발전기의 구조 중 분산전원에 사용되지 않는 형태는 총 몇 가지인가?

> 지난 2009년 독일에서는 사상 최대의 태양열 발전 계획인 '데저텍 프로젝트'가 발표됐다. 북아프리카의 사하라 사막과 중동에 태양광 발전소를 설치하고, 해저케이블을 이용해 여기에서 생산된 전기를 유럽으로 보내는 사업이다. 12개 업체가 참여한 이 프로젝트는 4,000억 유로, 우리 돈으로 약 620조 원을 투자하여 사하라 사막에 태양열 발전소를 건설해 2050년까지 유럽연합(EU) 전력사용량의 15%를 공급한다는 야심찬 계획이다. 시장이 고사위기에 빠진 국내와 달리 해외에서는 태양열 보급 열기가 뜨겁게 타오르고 있다. 각국 정부가 보급을 장려하고 있고 기업들도 이에 적극 호응하고 있기 때문이다.
>
> 태양열 발전기의 구조는 크게 집열·축열·발전장치 등 세 부분으로 나뉘며, 집열 방법에 따라 파라볼릭형, 타워형, 접시형, 프레넬형의 네 가지 형태로 구분된다. 파라볼릭형은 긴 원통을 반으로 자른 모양의 반사경으로 빛을 모으는 방식으로 시스템 안정성이 좋고 높은 효율이 가능해 전 세계 태양열 발전의 90% 이상을 차지할 정도로 대세를 이루고 있다. 파라볼릭형은 최대 25%의 효율을 낼 수 있다. 타워형은 여러 개의 반사거울을 설치하고 그 중앙에 위치한 타워에 빛을 집중하는 방식이며, 접시형은 접시 형태의 집열기로 빛을 한 곳에 모으는 형태이다. 프레넬형은 파라볼릭형과 유사한 방법을 사용하지만 평면거울을 사용한다는 점이 다르다. 일반적으로 접시형은 소규모 분산전원에 사용되며, 나머지는 대규모 발전소에 사용된다.
>
> 지금은 90% 이상이 파라볼릭 방식을 사용하고 있지만 향후 계획 중인 태양열 발전소의 76%만이 이 방식을 사용할 예정이며, 접시형(13%)과 타워형(8%)이 점유율을 점차 늘려나갈 것으로 예상된다. 한편, 2012년까지 미국 태양열 발전 시장의 40%를 파라볼릭형이, 31%를 접시형이 차지할 것으로 예상되는데 반해, 스페인은 96%를 파라볼릭형이 차지할 것으로 예상된다. 스페인은 발전소가 주류를 차지하고 미국은 발전소와 일반 가정용으로 시장이 양분될 것임을 시사하는 대목이다.

① 없음
② 한 가지
③ 두 가지
④ 세 가지
⑤ 네 가지

20 다음 중 광자(Photon)에 대한 설명으로 옳은 것은?

> 빛의 회절 및 간섭현상은 빛의 파동성으로 설명된다. 하지만 직진성을 가지는 입자의 성질로는 파동의 원형으로 퍼져나가는 회절 및 간섭현상을 설명할 수 없다. 반면에 콤프턴 산란과 같은 현상은 빛을 여러 개의 입자, 즉 광자(Photon)로 구성된 것으로 생각해야 한다. 이 중 한 개의 입자가 물질 내 전자와 부딪친다. 부딪친 후 광자는 전자에 에너지를 주고, 자신은 에너지가 낮아져서 나온다. 이렇게 빛을 입자의 성질을 띤 광자로 보는 입장은 원자처럼 아주 작은 단위의 자연계현상에서 관측이 된다.
>
> 빛을 입자로 이해할 때, 광자 한 개의 에너지는 hv이고(h – 플랑크 상수, v – 진동수) 광속으로 이동하는 빛의 입자를 광자라 한다. 광자는 많은 에너지를 가진 감마선과 X선부터 가시광선을 거쳐 적은 에너지를 가진 적외선과 라디오파에 이르기까지 모든 에너지 상태에 걸쳐 존재한다. 광자의 개념은 1905년 알베르트 아인슈타인(Albert Einstein)이 광전 효과를 설명하기 위해 도입했는데, 그는 빛이 전파되는 동안 불연속적인 에너지 다발이 존재한다는 광양자설을 제안했다.
>
> 1923년 미국의 물리학자 아서 콤프턴(Arthur Compton)이 X선의 입자성을 밝힌 뒤 이 개념이 널리 사용되었으나, '광자'라는 용어는 1926년에 와서야 사용되었다. 광자에너지는 복사 진동수에 비례하는 특정한 값을 단위로 해서 그 정수배로 된다. 즉, 광자에너지는 $hv = hc \div \lambda$ (h – 플랑크 상수, v – 진동수, c – 광속, λ – 파장)의 에너지 다발로 나가고 임의의 비율로 분할되지 않는다. 이것은 마치 물질이 원자로 구성되어 있는 것과 비슷해서, 거시적인 전자기파의 취급에서는 두드러지지 않으나 원자의 차원에서 그 움직임을 생각할 경우에는 그 입자적인 성격이 중요한 뜻을 가지게 됨을 의미한다.
>
> 결국 '광자'라는 개념의 도입으로 전자기파로서의 빛(파동성)과 광자로서의 빛(입자성)이라는 물질의 이중성을 인식하게 되는 계기가 되었다. 모든 광자는 광속으로 움직이며, 원자 구성입자 범주에서 생각할 때 광자는 전하와 정지질량을 갖지 않는 전자기장의 운반자로 취급된다.

① 직진성을 가지는 입자의 성질로는 파동의 원형으로 퍼져나가는 회절 및 간섭현상을 설명할 수 있다.

② 빛을 입자의 성질을 띤 광자로 보는 입장은 원자처럼 아주 작은 단위의 자연계현상에서 관측이 된다.

③ 광자는 모든 에너지 상태에 걸쳐 존재하지는 않는다.

④ 광자의 개념은 광전 효과를 설명하기 위해 미국의 물리학자 아서 콤프턴이 도입하였다.

⑤ 일부 광자는 광속으로 움직이지 않는다.

21 다음은 태양광 발전기로 전기 사용 시 절감되는 예상 전기료와 태양광 발전기 전체 설치 가구 수 및 대여 설치 가구 수에 대한 자료이다. 이에 대한 해석으로 옳은 것은?(단, 적용되는 전기료는 조사기간 동안 동일하다)

〈태양광 전기 350kWh 사용 시 예상 절감비용〉

(단위 : 원)

1개월 사용량	정상요금	요금발생 전기량	실제요금	절감효과
350kWh	62,900	0kWh	1,130	61,770
400kWh	78,850	50kWh	3,910	74,940
450kWh	106,520	100kWh	7,350	99,170
500kWh	130,260	150kWh	15,090	115,170
600kWh	217,350	250kWh	33,710	183,640
700kWh	298,020	350kWh	62,900	235,120
800kWh	378,690	450kWh	106,520	272,170

(예시) 1개월 사용량이 400kWh일 때, 태양광 발전기로 얻은 전기 350kWh를 사용하고 나머지 50kWh에 대한 전기요금만 부과된다. 따라서 1개월 사용량의 정상요금에서 태양광 전기사용량의 절감효과를 제외한 실제요금만 부과된다.

〈태양광 발전기 전체 설치 및 대여 설치 가구 수〉

(단위 : 가구)

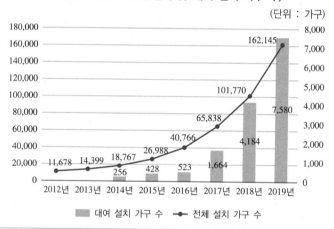

① 태양광 전기 350kWh 사용 시 한 달 전기사용량이 많을수록 정상요금에서 실제요금의 비율은 커진다.
② 2015 ~ 2019년 태양광 발전기 대여 설치 가구의 전년 대비 증가량은 매년 증가하고 있다.
③ 2014년부터 전체 태양광 발전기 설치 가구에서 대여 설치하지 않은 가구의 비율은 점차 감소했다.
④ 2014년 모든 태양광 발전기 대여 설치 가구의 한 달 전기사용량이 350kWh이고, 이들이 태양광 전기만 사용했을 경우 한 달 전기요금은 총 30만 원 이상이다.
⑤ 2017년과 2018년의 전년 대비 태양광 발전기 대여 설치 가구의 증가율 차이는 55%p 미만이다.

22 다음은 2019년 우리나라 반도체 회사의 시장점유율과 반도체 종류에 따른 수출 현황을 나타낸 자료이다. 이에 대한 해석으로 옳지 않은 것은?(단, 점유율 및 증감률은 소수점 둘째 자리에서 반올림한 값이다)

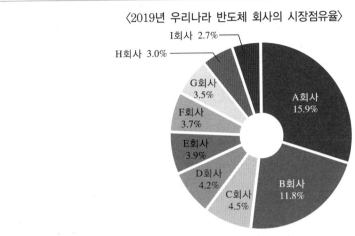

〈2019년 우리나라 반도체 회사의 시장점유율〉

※ A ~ I회사를 제외한 기타 반도체 회사의 시장점유율은 46.8%이다.

〈우리나라 반도체 종류별 수출 현황〉

(단위 : 백만 달러, %)

구분		2018년	2019년				
			1분기	2분기	3분기	4분기	합계
반도체	금액	62,229	20,519	23,050	26,852	29,291	99,712
	증감률	−1.1	46.9	56.6	64.8	69.8	60.2
집적회로 반도체	금액	55,918	18,994	21,368	24,981	27,456	92,799
	증감률	−2.1	52.1	63.1	70.5	75.1	66.0
개별소자 반도체	금액	5,677	1,372	1,505	1,695	1,650	6,222
	증감률	10.5	4.2	3.8	14.8	15.1	9.6
실리콘 웨이퍼	금액	634	153	177	176	185	691
	증감률	−2.2	−7.5	2.2	7.5	41.3	9.0

※ 2018년 증감률은 전년도 대비 수출금액 증감률이며, 2019년 합계 증감률도 전년도 대비 수출금액 증감률을 뜻한다.

※ 2019년 분기별 증감률은 2018년도 동분기 대비 수출금액 증감률을 나타낸다.

① 2018년 수출액이 전년 대비 증가한 반도체의 전년 대비 수출액 증가율은 2019년이 2018년보다 낮다.

② 2019년 환율이 1,100원/달러로 일정할 때, 실리콘 웨이퍼의 4분기 수출액은 1분기보다 300억 원 이상 많다.

③ 시장점유율이 수출액에서 차지하는 비율과 동일할 때, C회사의 2019년 반도체 수출액은 총 40억 달러 미만이다.

④ A ~ E회사의 2019년 시장점유율의 합은 I회사 점유율의 약 15배이다.

⑤ 반도체 수출 현황에서 2018 ~ 2019년 동안 수출액이 많은 순서는 매년 동일하다.

23 다음은 제9회 사법고시 시험에 대한 대학별 결과를 나타낸 자료이다. 이에 대한 해석으로 옳지 않은 것은?(단, 선택지 비율은 소수점 둘째 자리에서 반올림한다)

〈제9회 사법고시 시험 결과표〉

(단위 : 명)

로스쿨	입학인원	석사학위 취득자	제9회 사법고시 시험	
			응시자	합격자
A대학	154	123	123	117
B대학	70	60	60	49
C대학	44	32	32	30
D대학	129	104	103	87
E대학	127	97	95	85
F대학	66	48	49	41
G대학	128	95	95	78
H대학	52	41	40	31
I대학	110	85	85	65
J대학	103	82	80	59

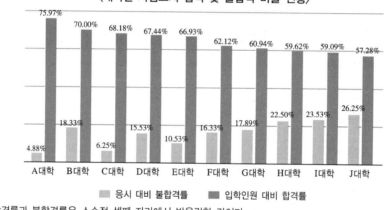

〈대학별 사법고시 합격 및 불합격 비율 현황〉

※ 합격률과 불합격률은 소수점 셋째 자리에서 반올림한 값이다.

① B대학과 I대학은 입학인원 차이가 석사학위 취득자의 차이보다 15명 많다.
② A~J대학 중 응시 대비 합격률이 가장 높은 로스쿨 3곳은 A, C, E대학이다.
③ 입학자 중 석사학위 취득자 비율은 D대학이 G대학보다 6.4%p 높다.
④ 입학인원 대비 합격률이 가장 낮은 곳의 응시 대비 불합격률은 입학인원 대비 합격률의 50% 이상이다.
⑤ A~J대학 전체 입학인원 중 D, E, F대학의 총 입학인원은 30% 이상이다.

| 의사소통능력(하반기)

01 다음 자료의 유형에 대한 설명으로 적절한 것은?

- 한국전력공사는 8월 14일(화) 오후 2시 전남 나주 한전 본사 재난상황실에서 전력수급 비상상황 발생에 대비한 '전력수급 비상훈련'을 실시하였음
  - 이날 훈련은 올여름 재난 수준의 폭염으로 전력수요가 급증하는 상황에서 발전기 고장의 극단적인 상황을 가정하였고, '관심·주의·경계·심각' 등 4개 비상단계별로 대응 훈련을 진행해 분야별 조치사항을 면밀하게 점검하였음
- 주요 훈련 시나리오
  - 오후 2시에 전력예비력이 400만 kW 이하로 떨어지는 전력수급 비상 '관심' 단계가 발령되어 재난상황실 직원들은 핫라인·휴대폰 문자·팩스 등 모든 통신수단을 활용해 비상상황을 방송사와 유관기관에 신속히 알림
  - 회사 소셜미디어와 홈페이지에 전력수급상황을 실시간으로 공지하여 국민들에게 신속히 알리고, 냉난방기기 원격제어 시스템을 설치한 고객의 설비를 제어하여 예비력을 확보함
  - 이후 전력예비력이 100만 kW 이하로 떨어지는 전력수급 비상 '심각' 단계 발령까지 대국민 절전홍보, 긴급절전 약정고객의 수요조정, 순환단전 조치 등을 단계별로 시행함
- 올여름은 예상치 못한 폭염의 영향으로 지난 7월 하계 최대수요를 경신하였고 기상청은 무더위가 당분간 이어질 것으로 전망하고 있지만, 한전 관계자는 "전력예비력에 충분히 여유가 있고, 전력수급 비상상황에 대비하여 철저히 준비하고 있어 전력공급에는 문제가 없을 것"이라고 전망함
- 공사의 사장은 이날 훈련에 참가한 직원들에게 "지금의 전력수급 비상훈련은 국가적으로 큰 재난을 일으킬 수 있는 긴급 상황을 대비한 것"이라고 강조하면서 "무더위가 이어지는 9월까지는 긴장의 끈을 놓지 말고 전력수급에 만전을 기해야 한다."고 당부하였음
- 기타 문의사항이 있을 시 공사 홍보팀으로 연락주시기 바랍니다.

① 자신의 아이디어를 상대방에게 보고하기 위한 목적으로 작성되는 문서이다.
② 기자들에게 자신들의 정보가 기사로 보도되도록 하기 위해 보내는 문서이다.
③ 정부 행정기관에서 대내적, 혹은 대외적 공무를 집행하기 위해 작성하는 문서이다.
④ 업무의 진행 상황과 결과를 파악하기 위해 작성하는 문서이다.
⑤ 상대방에게 회사의 업무에 대한 협조를 요청할 때 작성하는 공식적인 문서이다.

02 다음은 한국전력공사의 아파트형 전기자동차 충전기 설치 신청에 대한 안내문이다. 이를 이해한 내용으로 적절하지 않은 것은?

한국전력공사에서는 온실가스 감축과 전기자동차 활성화를 위한 정부 정책의 일환으로 전국의 공동 주택을 대상으로 2018년도 아파트형 전기자동차 충전소 구축 사업을 추진하오니 다음과 같이 신청 하여 주시기 바랍니다.

1. 신청대상 : 전기자동차 기보유 또는 보유 예정(사전 구매 예약) 단지 중 입주자대표회의 동의가 완료된 전국의 공동주택
   ※ 설치 제외 대상
   ① 타사 충전기 설치 또는 설치 신청 단지(중복설치 금지. 단, 이동형 제외)
   ② 보유 또는 보유 예정(사전 구매 예약)인 전기자동차가 없는 단지
   ③ 현장 점검 시까지 입주자대표회의 동의가 완료되지 않은 단지
   ④ 재건축 대상 및 변압기 용량부족 단지(APT 단지 책임 확인)
   ⑤ 현장 점검 후 설치 불가 판정 단지(적정 설치 위치 미제공 등)
2. 접수기간 : 2018. 10. 8 ~ 19.
3. 사업내용 : 입주민 합의가 완료된 공동주택을 대상으로 급·완속 충전기 설치
   ※ 한전 소유 설비로 별도 부담(설치비, 전기요금) 없음, 충전기당 전용주차면 제공 필요
4. 신청방법 : 한전 전기자동차 충전서비스 홈페이지 접속 후 입주자대표 명의로 신청
5. 신청내용 : APT 정보(세대 수, 계약전력, 입주년도, 주차면), 구축희망 충전기 수, 전기자동차 보유 대수 등
6. 대상선정기준(고득점순으로 우선순위 배정)

구분	기준 배점
전기자동차 대수	보유(예정)한 전기자동차 5대 이상 20점
세대 수	2,000세대 이상 40점, 1,000세대 이상 30점, 500세대 이상 20점, 500세대 미만 0점

---

① 대상으로 선정될 경우 한전이 소유한 충전기가 별도의 설치비용 없이 무상으로 설치된다.
② 5대 이상의 전기자동차를 보유한 2,000세대 이상의 공동주택이 최우선으로 선정된다.
③ 신청 시 전기자동차를 보유하고 있지 않은 단지는 설치 대상에서 제외된다.
④ 재건축 대상인 아파트의 경우 입주민 합의가 완료되었더라도 충전소 설치를 할 수 없다.
⑤ 입주민의 합의가 완료되었다면 한전 전기자동차 충전서비스 홈페이지에 접속하여 입주자대표 명의로 신청해야 한다.

03 다음 글을 읽고 4D 프린팅으로 구현할 수 있는 제품으로 가장 적절한 것은?

3D 프린팅을 넘어 4D 프린팅이 차세대 블루오션 기술로 주목받고 있다. 스스로 크기와 모양을 바꾸는 등 이제껏 없던 전혀 새로운 방식의 제품 설계가 가능하기 때문이다. 4D 프린팅은 3D 프린팅에 '시간'이라는 한 차원(Dimension)을 추가한 개념으로, 시간의 경과, 온도의 변화 등 특정 상황에 놓일 경우 4D 프린팅 출력물의 외형과 성질이 변한다. 변화의 비결은 자가 변형이 가능한 '스마트 소재'의 사용에 있는데, 가열하면 본래 형태로 돌아오는 '형상기억합금'이 대표적인 스마트 소재이다. 4D 프린팅은 외부 환경의 변화에 따라 형태를 바꾸는 것은 물론, 별다른 동력 없이도 움직일 수 있어 활용 가능성이 넓다. 이는 4D 프린팅이 3D 프린팅의 '크기' 한계를 넘었기 때문이다. 현재 3D 프린팅으로 건물을 찍어내기 위해서는 건물과 같은 크기의 3D 프린터가 있어야 하지만 4D 프린팅은 그렇지 않다. 소형으로 압축 출력한 스마트 소재가 시간이 지나면서 건물 한 동 크기로 쑥쑥 자라날 수 있는 것이다. 즉, 자동차가 로봇으로 변하는 '트랜스포머' 로봇도 4D 프린팅으로 구현이 가능하다.

패션·디자인·의료·인프라 등 다양한 분야에서 혁신 제품들을 하나둘 선보이고 있다. 미국 디자인 업체 '너브스시스템'이 4D 프린팅으로 옷·장신구·장식품 등을 제작하는 '키네마틱스 프로젝트' 기획도 그중 하나다. 2016년 너브스시스템은 3D 프린팅으로 만든 드레스와 그 제작 과정을 선보였는데, 프린터에서 출력될 때는 평면이었던 드레스가 시간이 지나면서 입체적인 형태를 이루었다.

색깔이 변하는 4D 프린팅은 디자인뿐만 아니라 국민 안전 차원에서도 유용할 것으로 보인다. 한 연구원은 "미세먼지, 방사선 노출 등 국민 생활안전 이슈가 점차 중요해지면서 색상 변환 4D 프린팅이 유망할 것으로 본다. 일상이나 작업 환경에 배치한 4D 소재가 오염 정도에 따라 자극을 일으켜 위험 신호를 주는 형태로 활용 가능할 것"이라고 분석했다.

하지만 3D 프린팅 시장도 제대로 형성되지 않은 현시점에서 4D 프린팅 상용화를 논하기에는 아직 갈 길이 멀다. 워낙 역사 자체가 짧기 때문이다. 시장조사 전문기관의 평가도 이와 다르지 않다. 2016년 발표한 '3D 프린팅 사이클'에서 4D 프린팅은 아직 '기술 태동 단계(Innovation Trigger)'에 불과하다고 전망했다. 연구개발을 이제 막 시작하는 수준이라는 얘기다.

① 줄기세포와 뼈 형성 단백질 등을 재료로 사용하여 혈관조직을 내·외부로 분포시킨 뼈 조직
② 프린터 내부 금형에 액체 섬유 용액을 부어 만든 옷
③ 사용자 얼굴의 형태에 맞춘 세상에 단 하나뿐인 주문형 안경
④ 열에 반응하는 소재를 사용하여 뜨거운 물에 닿으면 닫히고, 열이 식으면 열리는 수도 밸브
⑤ 쿠키 반죽을 원료로 활용해 구운 쿠키

04 다음 글을 읽고 추론한 내용으로 적절하지 않은 것은?

> 현재 다양한 종류의 라이프로그가 있으며, 개인의 생활방식 변화와 새로운 기술의 출현에 따라 새로운 종류의 라이프로그가 계속 생겨나고 있다. 기본적인 라이프로그에는 사진, 비디오, 문서, 이메일, 일정 등이 있으며, 대화나 모임의 내용, 컴퓨터 사용 내역 등을 기록한 라이프로그도 있다. 또한 센서 기술의 발달로 다양한 센서에서 측정한 값이나 건강상태의 기록 같은 라이프로그도 생겨나고 있다. 개인 정보기기와 저장 기술이 발전하면서 개인 콘텐츠를 손쉽게 생성할 수 있게 되었고, 유비쿼터스 컴퓨팅 기술의 발달로 지속적인 라이프로그 생성이 가능해졌다. 이러한 라이프로그는 효과적인 관리를 통해 개인의 생산성 향상, 소셜 릴레이션십 강화, 문화 수준의 증진, 삶의 질 향상, 개인화된 비즈니스 창출 등 다양한 효과를 기대할 수 있다. 이렇게 라이프로그 관리의 중요성에 대한 인식이 확산되면서 라이프로그를 효과적으로 관리하기 위한 라이프로그 관리 시스템들이 제안되었다.
>
> 기존 라이프로그 관리 시스템들은 기반 데이터 모델에 따라 크게 세 가지 부류로 나눌 수 있다. 먼저, 관계 데이터 모델 기반 라이프로그 관리 시스템은 라이프로그를 관계 데이터 모델로 모델링하고, 라이프로그에 관한 질의를 SQL*로 변환해 처리한다. 이러한 시스템은 질의 처리 성능이 뛰어난 반면, 라이프로그 간 복잡한 관계에 기반한 관계 질의 처리를 제대로 지원하지 못한다. 반면, 온톨로지 기반 라이프로그 관리 시스템은 라이프로그를 자유로운 구조를 가지는 그래프로 모델링함으로써 복잡한 관계 질의를 가능하게 한다. 하지만, 이러한 시스템은 질의 작성이 어렵고 질의 처리 성능이 떨어진다. 마지막으로 구글 데스크톱이나 SIS와 같이 PC에 있는 모든 파일의 메타 데이터와 콘텐츠에 대해 텍스트 인덱스를 생성하고, 이를 기반으로 키워드 질의를 지원하는 파일 기반 라이프로그 관리 시스템도 존재한다. 이러한 시스템들은 라이프로그에 대한 키워드 검색만을 지원할 뿐 관계 질의를 지원하지 못한다.
>
> 개별 라이프로그들이 관리되는 상황에서 사람들이 더욱 관심을 가지게 되는 것은 여행, 결혼식, 돌잔치 등 기억에 남는 사건들일 것이다. 라이프로그 관리 시스템은 사용자의 이러한 요구사항을 충족시키기 위해 개별 라이프로그 관리에서 한발 더 나아가 라이프로그 그룹인 라이프 이벤트를 생성·편집·검색·플레이·공유할 수 있는 기능을 제공해야 한다. 기존 라이프로그 관리 시스템들은 라이프로그 그룹을 생성하고 브라우징하기 위한 간단한 기능만을 제공할 뿐, 총체적인 라이프 이벤트 관리와 관계 데이터 모델 기반의 라이프로그 관리 시스템과 그 응용 기능을 제공하지 못하고 있다. 사용자 질의에 대해 풍부한 결과를 제공하기 위해서는 수집된 라이프로그에 충분한 정보가 태깅(Tagging)되어 있어야 한다. 또한 라이프로그에 태깅된 정보가 잘못되었을 경우 이를 수정할 수도 있어야 한다. 그러나 기존 라이프로그 관리 시스템에서는 라이프로그에 추가 정보를 간단히 태깅하는 기능만을 제공할 뿐, 기존 태그 정보를 수정하는 방법을 제공하고 있지 않거나, 편리한 태깅 인터페이스를 제공하지 못하고 있다.
>
> * SQL(Structured Query Language : 구조화 질의어) : 관계형 데이터베이스 관리 시스템에서 자료의 검색과 관리, 데이터베이스 스키마 생성과 수정, 데이터베이스 객체 접근 조정 관리를 위해 고안된 컴퓨터 언어

① 라이프로그는 헬스케어 분야에서 활용될 수 있다.
② 기존의 라이프로그 관리 시스템은 라이프로그 그룹 생성 기능을 갖추지 못했다.
③ 많은 사람들이 라이프로그 관리의 중요성을 인식하고 있다.
④ 기존 라이프로그 관리 시스템은 태깅된 정보 수정에 한계가 있다.
⑤ 라이프로그 간의 관계에 대한 관리가 중요해지고 있다.

05 사내 시설 예약을 담당하는 K사원은 서포터즈 발대식 안내문을 받고 〈조건〉에 따라 시설을 예약하려고 한다. 다음 중 K사원이 예약할 시설로 가장 적절한 것은?

〈서포터즈 발대식 안내〉

– 일시 : 8월 17 ~ 18일(1박 2일)
– 대상인원 : 서포터즈 선발 인원 117명, 아나운서 6명
··· (하략) ···

〈사내 시설 현황〉

구분	최대 수용 인원	시설 예약완료 현황			부대시설	
		8월 16일	8월 17일	8월 18일	마이크	프로젝터
한빛관	166명	–	–	09:00 ~ 11:00	○	×
비전홀	158명	15:00 ~ 17:00	–	–	○	○
대회의실 1	148명	09:00 ~ 10:00	–	–	○	○
대회의실 2	136명	–	–	15:00 ~ 17:00	○	○
세미나실 4	124명	–	–	–	×	×

조건
• 운영 인원 10명을 포함한 전체 참여 인원을 수용할 수 있어야 한다.
• 전체 참여 인원의 10%를 추가로 수용할 수 있는 여유 공간이 있어야 한다.
• 마이크와 프로젝터가 모두 있어야 한다.
• 발대식 전날 정오부터 대여가 가능해야 한다.

① 한빛관
② 비전홀
③ 대회의실 1
④ 대회의실 2
⑤ 세미나실 4

06 다음 중 (가) ~ (다)의 전개 방식에 대한 설명으로 적절한 것은?

(가)

〈전자기장〉

1. 전기력 또는 자기력과 관계되고, 맥스웰 방정식에 의해 기술되는 시간에 따라 변화하는 장(場)
2. 전자파원으로부터 방출되고, 전기장과 자기장을 모두 포함하는 에너지 장(場)
3. 움직이는 전하와 관련된 전자기력 장(場)으로, 전기장과 자기장 성분을 가지며 유한한 양의 전자기 에너지를 포함하고 있다. 이 에너지는 전자파에 포함되어 있으며 광속도로 자유공간과 공기 중을 전파한다.
4. 신호원으로부터의 전자파 복사가 다른 물체에 영향을 미치는 영역으로, 이들 사이의 접촉 여부에는 상관없다.

(나)

"지난달 영국 중부 지역의 한 주택가. 흉기를 든 남성 대여섯 명이 한 20대 남성을 공격합니다. 피해자는 중상을 입은 채 병원으로 옮겨졌습니다. 런던의 한 나이트클럽. 손님들을 대상으로 한 남성이 산성 액체를 뿌렸고, 14명이 화상을 입었습니다. 불특정 다수를 향한 이른바 묻지마 폭행입니다. 지난해 영국에서 발생한 범죄 건수는 480만 건으로 지난 2015년보다 9% 늘었습니다. 살인 사건은 무려 21%나 급증했고, 이 가운데 흉기 범죄는 14% 증가했습니다. 경찰 인원이 6년 전보다 14% 가까이 감소한 것이 주요 원인으로 분석됩니다."

(다)

전자파(Electromagnetic Waves)란 전기 및 자기의 흐름에서 발생하는 일종의 전자기 에너지이다. 즉, 전기가 흐를 때 그 주위에 전기장과 자기장이 동시에 발생하는데 이들이 주기적으로 바뀌면서 생기는 파동을 전자파라고 한다. 진동수가 300,000Hz 이상으로 높은 경우 TV와 라디오 송신파 등과 같이 먼 공간까지 전파되며, 태양광선도 전자파의 일종이다. 또한 파장이 짧은(12cm) 마이크로파를 이용한 전자레인지와 같이 음식물을 가열시킬 정도로 높은 에너지를 발생하기도 한다.

① (가) ~ (다)는 동일한 전개 방식을 사용하고 있다.
② 전개 방식에 따라 (가)와 (다)를 한 유형으로 묶을 수 있다.
③ (나)는 생소한 현상을 낯선 대상에 비유하여 설명하고 있다.
④ (나)와 (다)는 어떤 현상의 발생 원인을 분석하고 있다.
⑤ (다)는 개념을 정의한 후 대상을 일정한 기준으로 나누어 설명한다.

07 다음 글에 나타난 필자의 주장을 강화할 수 있는 논거를 〈보기〉에서 모두 고르면?

에너지 빈곤 요인은 상호복합적이기 때문에 에너지 복지정책도 이에 따라 복합적인 형태로 접근해야 한다. 단순 가격보조 형태의 에너지 복지대책을 확대하는 것은 낮은 에너지 효율성이라는 에너지 빈곤 요인을 제거하지 못하기 때문에 행정적 부담만 지속적으로 증가할 것이다. 따라서 에너지 빈곤 해소의 가장 중요한 포인트는 에너지 효율성을 높여 에너지 소비량을 줄이는 방향으로 정책을 설계하는 것이며 이를 통해 가격보조 효과가 발생할 수 있도록 유도해야 한다.

에너지 복지 프로그램은 크게 '공급형', '효율형', '전환형' 세 가지로 유형화할 수 있다. 정부가 주로 활용하고 있는 '공급형'은 긴급 구호형태를 띄는 연료비 보존 및 단전 유예 등을 들 수 있다. 그러나 공급형은 에너지 수요관리를 해야 하는 에너지 정책과 상충하고, 복지효과 역시 지속적이지 않다는 단점이 있다. 이를 발전시킨 것이 미국의 저소득층 에너지 효율화 집수리 서비스(WAP; Weatherization Assistance Program)와 같은 '효율형' 에너지 복지 대책이다. 이는 에너지 수요를 줄이면서도, 중장기적으로는 요금 절감 효과가 있어 '공급형'에 비해 훨씬 효과가 높은 것으로 평가받고 있다. 또한, 저소득층을 에너지 효율화 집수리 사업에 고용하여 일자리 창출 효과도 높일 수 있다. 마지막으로 에너지원 자체를 재생가능 에너지로 전환해 주는 '전환형' 방법이 있다. 앞의 두 유형보다 복지·환경 효과는 더 높은 데 비해 재원이 많이 소요되고, 법·제도적으로도 보완해야 할 점이 많다는 점에서 시기상조로 보는 시각도 존재한다.

따라서 중단기적으로는 '효율형' 에너지 복지 대책에 집중하되, '전환형' 에너지 복지 프로그램을 병행하는 단계적 접근 전략이 필요하다. 그러나 현재 우리나라의 에너지 복지 정책들은 에너지 비용을 지원하는 단기적이고, 화석 에너지 중심의 기본적인 수준에 머물고 있다. 이에 따라 복지 효과는 지속되지 못하고, 오히려 에너지 사용량이 늘어나 에너지 절감과 같은 환경 보호 효과는 다른 정책에 역행하는 양상을 나타내고 있다. 따라서 한국의 에너지 복지 정책 역시 단계적인 에너지 효율 개선과 에너지 전환을 위한 발전으로 확장할 필요가 있다.

보기

㉠ 저소득층에게 에너지 지원은 필수이다.
㉡ 현물이나 현금을 지원하는 것은 일시적 미봉책에 불과하다.
㉢ 에너지 복지 사업은 고용 창출과 환경 보호를 고려해야 한다.

① ㉠
② ㉠, ㉡
③ ㉡, ㉢
④ ㉠, ㉢
⑤ ㉠, ㉡, ㉢

08 다음 글의 전개방식으로 가장 적절한 것은?

> 한국전력공사는 음성 대화형 인공지능 로봇인 '파워봇'의 고객 응대 서비스를 개시했다. 이날 기념식에는 한국전력공사의 사장 등 40여 명이 참석한 가운데 영업 창구에 방문하는 고객을 직접 응대하는 창구 로봇과 직원의 업무를 보조하는 비서 로봇의 시연이 있었다. 창구 로봇은 요금조회, 명의변경, 이사 정산, 각종 청구서 발행, 전기요금 계산 등의 다양한 고객 응대를 하고, 비서 로봇은 직원을 대상으로 각종 사내규정이나 통계 조회, 직무코칭, 통역서비스 등의 비서업무를 수행한다. 특히, 고객 응대 창구 로봇은 고객의 음성을 인식해 서비스를 제공하고, 동작 인식과 딥러닝 기술이 탑재되어 스스로 학습할 수 있으며, 한국어뿐만 아니라 영어·중국어·일본어 등의 외국어 서비스와 청각장애인을 위한 수화서비스도 가능하다. 한국전력공사는 우선 서초지사와 영등포지사에 인공지능 로봇을 배치해 시범 운영한 뒤 내년에 전국 지사로 서비스를 확대할 예정이다.

① 기능별로 나눈 대상의 역할에 대해서 설명한다.
② 구체적인 사례를 통해 대상을 설명한다.
③ 가설을 세우고 이를 논리적으로 전개한다.
④ 시간의 흐름에 따라 대상의 변화 과정을 서술한다.
⑤ 비유를 통해 대상의 다양한 특징을 설명한다.

09 한국전력공사 해외사업부에서 일하고 있는 E대리는 베를린으로 출장을 가게 되었다. 인천공항에서 11월 8일 목요일 오전 7시에 출발하여 11시간 25분 후에 프랑크푸르트 공항에 도착한다. 베를린 지사에 가기 위해 30분 후 한 번 더 비행기를 갈아타고 1시간 30분 비행하여 베를린 공항에 도착하였다. 베를린 공항에 도착했을 때, 베를린의 현지시각은?(단, 독일은 한국보다 8시간 느리다)

① 11월 8일 오후 12시 10분
② 11월 8일 오후 12시 15분
③ 11월 8일 오후 12시 20분
④ 11월 8일 오후 12시 25분
⑤ 11월 8일 오후 12시 30분

10 K공사의 인사팀은 올해 하반기 인사평가를 위해 직원들의 업무 부문별 평가 점수표를 만들려고 한다. B과장의 업무 부문별 평가 점수에 관한 자료가 다음과 같을 때, B과장의 업무평가 점수를 구하면?

〈업무 부문별 평가 점수〉

(단위 : 점)

구분	실적·성과	외국어 능력	전문성	태도
B과장	15	18	20	10

※ 각 항목은 20점 만점이다.

〈업무평가 점수 산출방법〉

• 전문성, 태도 부문 점수의 가중치는 각각 1.5이다.
• 실적·성과 부문이나 외국어 능력 부문은 부문 점수가 17점 이상이면 2점 가산한다.
• 업무평가 점수 총점은 100점 만점이지만 가산점으로 인해 초과될 수 있다.

① 80점
② 90점
③ 100점
④ 102점
⑤ 105점

11 한국전력공사에서 신입사원 채용을 위해 면접을 실시한다고 한다. A ~ E면접관 5명은 2명 또는 3명의 두 팀으로 나누어 면접실에 들어간다. 1차 서류 및 필기시험을 통과한 사람들은 30명이며, 205 ~ 209호 면접실에 면접자는 5 ~ 7명이 들어가 면접을 진행한다고 한다. 다음 〈조건〉을 참고하여 호실 숫자가 큰 면접실부터 면접을 본다고 할 때, C면접관이 처음 들어갈 면접실은 몇 호인가?(단, 면접은 205 ~ 209호실에서만 진행한다)

조건

• A면접관과 E면접관은 같은 팀이다.
• B면접관과 D면접관은 같은 팀이 아니다.
• 205호에는 5명, 208호에는 6명의 면접자들이 앉아 있다.
• 연달아 있는 면접실에는 면접자들의 인원이 같지 않다.
• 2명인 면접관 팀은 면접자 인원수가 5명인 면접실만 맡는다.
• 면접실은 205호를 시작으로 왼쪽부터 차례로 배치되어 있다.

① 205호
② 206호
③ 207호
④ 208호
⑤ 209호

12 K씨는 인터넷뱅킹 사이트에 가입하기 위해 가입절차에 따라 정보를 입력하는데 패스워드 만드는 과정이 까다로워 계속 실패하고 있다. 다음 중 〈조건〉에 부합하는 패스워드는 무엇인가?

> **조건**
> • 패스워드는 7자리이다.
> • 영어 대문자, 소문자, 숫자, 특수기호가 적어도 하나씩 포함한다.
> • 숫자는 0과 함께 연속으로 나열할 수 없다.
> • 영어 대문자는 다른 영어 대문자와 연속해서 나열할 수 없다.
> • 특수기호는 첫 번째로 할 수 없다.

① a?102CB
② 7!z0bT4
③ #38Yup0
④ ssng99&
⑤ 6LI◇23

13 수능을 본 학생들을 대상으로 각 매장에서 할인행사를 다음과 같이 실시한다. 자료를 참고하여 A학생이 〈조건〉에 맞는 상품을 샀을 때, 금액은 얼마인가?

〈수험생 대상 할인행사〉

구분	품목	금액	수험표 지참 시 할인율	Set 구매 가격
의류 매장	코트	250,000원	20%	코트와 패딩 모두 구입 시
	패딩	330,000원	30%	총 금액의 40% 할인
화장품 매장	아이섀도	8,000원	10%	2개 구매 시 20% 할인
	스킨·로션 세트	90,000원	40%	–
액세서리 매장	시계	70,000원	30%	–
	반지	63,000원	10%	–
	팔찌	50,000원	20%	시계 구매 시 30% 할인

> **조건**
> • A학생은 코트 또는 패딩 중 한 벌을 사고 싶어 한다.
> • 팔찌 한 개와 시계 또는 반지를 구입한다.
> • 시계와 반지 중 하나를 구입 시, 팔찌를 같이 살 때 금액이 적은 상품으로 구입한다.
> • 아이섀도 2개와 스킨·로션 세트를 구입한다.
> • A학생이 사용 가능한 금액은 400,000원이며, 이 금액을 초과하지 않는다.
> • 최대한 400,000원에 가까이 맞춰 구입한다.

① 350,000원
② 350,800원
③ 380,000원
④ 380,800원
⑤ 381,800원

14 다음은 한국전력공사의 '임직원 행동지침' 중 일부 내용이다. 행동지침을 이해한 내용으로 적절하지 않은 것은?

제7조 법인카드 사용

① 임직원은 다음 각호와 같이 법인카드 사용을 하여서는 아니 된다. 단, 업무와 관련된 법인카드 사용으로서 내부 품의 등 증빙자료가 있는 경우에는 그러하지 아니하다.

　1. 공휴일, 휴무일 등 사적 용도의 카드 사용

　2. 관할구역 외 원거리 지역, 비정상 시간대 사용

　3. 골프용품, 귀금속류, 화장품 및 액세서리 등 구매제한 품목 구매

　4. 법인카드 사용에 따른 부가혜택(적립 포인트 등)의 사적 용도 사용

　5. 단순 음주 목적 사용

② 임직원은 카드 매출 전표상에 실명 서명을 필수적으로 하여야 하며, 관련 규정을 준수하여 사용하여야 한다. 〈2017. 8. 18. 신설〉

제8조 인사청탁 등의 금지

① 임직원은 본인 및 타인의 인사와 관련하여, 직접 또는 내·외부인을 통해 임직원에게 부당하게 영향력을 행사하여서는 아니 된다.

② 임직원은 본인 및 타인의 인사를 위해 선물, 기념품 등을 배포하여서는 아니 된다.

③ 임직원은 내부경영평가, 우수과제평가 등 사내 각종 평가의 공정성을 저해하는 행위를 하여서는 아니 된다.

④ 임직원은 제1항 내지 제3항과 관련하여 다음 각호와 같이 개인 또는 사업소 홍보를 하여서는 아니 된다.

　1. 본사 처(실), 사업소 등 타부서를 직접 방문하여 홍보하는 행위

　2. 우편, 이메일 발송, SMS, SNS 전송 등 기타 일체의 홍보 행위

⑤ 임직원은 승진, 이동, 채용, 교육, 평가 등과 관련하여 면접·심사·심의위원 명단 등 직무상 비밀을 누설하여서는 아니 된다.

⑥ 누구든지 임직원의 인사청탁 등의 위반 사실을 알게 된 때에는 부정청탁 신고센터나 개인 홍보 신고센터를 이용하여 신고하여야 한다. 〈2017. 8. 18. 신설〉

제9조 정보보안 및 개인정보 목적 외 이용 금지

① 임직원은 다음 각호의 정보보안 활동에 적극 따라야 한다.

　1. 출처 불분명 인터넷 이메일 열람 금지 및 즉시 삭제

　2. 인터넷망 PC 내 회사 및 개인정보 파일 즉시 삭제

　3. 인터넷 PC V3 백신, 윈도우, 한글뷰어 등 프로그램 최신보안 업데이트 시행 및 유지

　4. 불필요한 인터넷 접속 및 파일 다운로드 금지

　5. 불필요한 파일 인터넷 PC에서 업무망 PC로 전송 자제

　6. 용역업체 등 외부직원 보안 관리 철저

② 임직원은 개인정보를 목적 외 용도로 이용하거나 제3자에게 제공하는 경우 그 사실을 관보 또는 인터넷 홈페이지에 게재하여야 한다. 〈2017. 8. 18. 신설〉

---

① 업무와 관련하여 법인카드를 사용할 경우 매출 전표에 반드시 실명으로 서명해야 한다.

② 법인카드 사용 시 발생한 포인트의 경우 사적인 용도로 사용해서는 안 된다.

③ 자신의 부서에서는 사업소 홍보가 불가능하지만, 타부서를 직접 방문할 경우에는 가능하다.

④ 출처가 불분명한 이메일을 받은 경우 열람하지 않고 바로 삭제해야 한다.

⑤ 개인정보를 제3자에게 제공할 경우 그 사실을 관보 또는 홈페이지에 게재하여야 한다.

15 제시된 글은 한국전력공사의 '한전인의 윤리헌장' 중 일부 내용이다. 다음 중 윤리헌장을 지키지 않는 사람은?

제2장 한전인의 기본윤리

1. 회사의 핵심가치와 비전을 공유하고 부여받은 임무를 완수하며, 끊임없는 자기계발을 통해 개인과 회사발전을 추구한다.
2. 높은 윤리적 가치관을 바탕으로 제반 법규를 준수하면서 업무를 공정하고 성실하게 처리하고, 부당한 이득을 얻지 않으며 개인의 품위와 회사의 명예를 유지하도록 노력한다.
3. 노사 모두가 회사의 주인임을 인식하고 신뢰와 화합을 바탕으로 노사의 공존과 번영을 위해 다 같이 앞장선다.

제3장 고객 및 협력업체에 대한 윤리

1. 고객존중의 정신으로 고객의 가치를 모든 행동의 최우선 기준으로 삼아, 고객이 만족하는 최고 품질의 전력과 서비스를 제공하여 고객으로부터 신뢰를 확보한다.
2. 자유경쟁의 원칙에 따라 시장경제질서를 존중하고, 경쟁사와는 상호 존중을 기반으로 정정당당하게 선의의 경쟁을 추구한다.
3. 협력업체에 공평하게 기회를 제공하고 상호 대등한 위치에서 공정하게 업무를 처리하며 다양한 지원을 통해 협력업체와의 공동발전을 지향한다.

제4장 주주 및 투자자에 대한 윤리

1. 효율적인 경영활동과 투명한 업무처리를 통해 건전한 이익을 실현하여 주주와 투자자의 투자수익을 보호한다.
2. 지속적인 변화와 혁신전략으로 기업가치를 제고하여 회사의 장기적이고 건전한 성장발전을 추구한다.
3. 기업정보는 투명하게 공개하고 제공하며, 회사 정책 등 경영 의사결정에 대한 참여기회를 확대하여 주주 및 투자자로서의 권리를 행사할 수 있도록 지원한다.

제5장 임직원에 대한 윤리

1. 개개인을 존엄한 인격체로 대하며, 개인의 능력과 자질에 따라 균등한 기회를 부여하고, 성별·학력·종교·연령·신체장애 등을 이유로 차별하거나 우대하지 않는다.
2. 개인의 능력개발을 적극 지원하여 회사에 필요한 전문 인재로 육성하고, 창의적이고 자율적인 사고와 행동이 촉진될 수 있도록 여건을 조성한다.
3. 쾌적하고 안전한 근무환경을 조성하여 상호신뢰와 이해를 바탕으로 임직원이 회사에 대한 긍지와 자부심을 가질 수 있도록 지속적으로 노력한다.

제6장 국가와 사회에 대한 윤리

1. 합리적이고 책임 있는 경영을 통한 지속적인 성장발전으로 국가와 사회의 발전에 이바지하며, 지역사회의 일원으로서 사회적 책임 활동을 적극 수행한다.
2. 인간존중의 이념으로 개인과 고객의 안전을 위하는 안전문화를 정립하고, 환경문제의 중요성을 인식하여 국내외 환경 관련 법규를 준수하고 환경보호와 오염방지를 위해 노력한다.
3. 경영활동에 있어 국내외 법규와 국제협약을 준수하고, 현지국의 문화를 존중하며 현지국의 경제발전에 공헌한다.

① A사원은 자신에게 주어진 업무를 충실히 수행할 뿐만 아니라, 업무와 관련된 자격증을 취득하기 위해 공부하는 등 끊임없는 자기계발을 수행하고 있다.

② B팀장은 팀원들의 업무 성과를 평가함에 있어 능력과 자질을 기준으로 삼으며, 팀원들의 의견을 존중하여 서로 신뢰할 수 있는 관계를 유지하고자 한다.

③ C사원은 협력업체와 상호 대등한 관계를 유지하며 함께 발전하고자 공평한 기회를 제공하고, 최대한 공정하게 업무를 처리하고 있다.

④ D팀장은 담당하는 해외 프로젝트에서 해당 국가의 문화를 이해하고자 노력하고 있으며, 프로젝트를 통해 회사의 발전뿐만 아니라 해당 국가의 경제 발전에 기여하고자 한다.

⑤ E사원은 자유경쟁의 원칙에 따라 회사의 이익을 최대한 창출하고자, 경쟁사에 대해 수단과 방법을 가리지 않는 공격적인 마케팅을 기획하고 있다.

16 다음 글의 빈칸에 들어갈 내용으로 가장 적절한 것은?

> 큐레이션(Curation)은 미술관이나 박물관에 근무하는 큐레이터(Curator)에서 파생된 단어로 유물과 작품을 수집·분류·관리하고 전시를 기획하는 큐레이터처럼 고객에게 꼭 맞는 제품이나 고객들의 정보를 수집해 취향을 분석하고 추천하는 서비스를 말한다. IT 기술의 발달과 함께 엄청난 속도로 발전해 온 큐레이션 기술은 이미 우리 일상 곳곳에 자리하고 있다.
> 큐레이션 서비스가 활발하게 사용되는 가장 대표적인 분야는 유튜브(Youtube), 넷플릭스(Netflix) 등 콘텐츠 플랫폼이다. 유튜브 애플리케이션을 이용해 본 사람이라면 '맞춤 동영상'이라는 카테고리를 본 적 있을 것이다. 이용자가 그동안 보았던 영상들을 토대로 유사하거나 흥미를 느낄 만한 영상을 추천하는 방식이다. 영화와 드라마 등 동영상 콘텐츠를 유료로 감상할 수 있는 스트리밍 플랫폼 넷플릭스는 더욱 정교하게 빅데이터를 활용한 '시네매치(Cinematch)' 알고리즘으로 회원이 가장 선호할 만한 영상 콘텐츠를 추천한다. 회원이 그동안 감상했던 영상 콘텐츠의 유형을 감독, 배우, 장르에 따라 분석하고, 그 결과에 따라 선호도를 가려낸다. 영상 재생 기기와 시청 시간 등도 취향에 맞는 콘텐츠를 추천하기 위한 중요한 참고 요인이다. 이에 그치지 않고 영상 감상 패턴을 분석하는 방법도 시네매치 알고리즘에 사용된다. 예를 들면 지나치게 폭력적인 장면에서 시청을 자주 중단하는 회원에게는 폭력적인 콘텐츠를 추천하지 않는 방식이다.
> 국내에서도 영화와 음원 등 다양한 콘텐츠 플랫폼에서 큐레이션 서비스를 개발하고 있다. 영화 평점 서비스로 유명한 왓챠(Watcha)는 넷플릭스와 유사한 영화 스트리밍 서비스를 통해 큐레이션을 제공하고 있다. 지니뮤직도 위메프와 함께 음원 큐레이션 '원더뮤직'을 개발해 서비스하고 있다. 이러한 콘텐츠 큐레이션은 영화와 음악 등에 대한 콘텐츠 감상이 많아질수록 이용자의 패턴이 정교하게 분석되어 _____

① 이용자의 수가 계속해서 늘어날 것이다.

② 이용자에게 더욱 다양한 콘텐츠를 제공할 것이다.

③ 취향에 맞는 콘텐츠를 추천하기가 더욱 어려워진다.

④ 갈수록 더욱 이용자의 취향에 맞는 콘텐츠를 추천한다.

⑤ 빠른 속도로 발전하고, 이용자에게 보다 많은 서비스를 제공한다.

17 다음 글의 빈칸에 들어갈 내용으로 가장 적절한 것은?

태양은 지구의 생명체가 살아가는 데 필요한 빛과 열을 공급해 준다. 이런 막대한 에너지를 태양은 어떻게 계속 내놓을 수 있을까?

16세기 이전까지는 태양을 포함한 별들이 지구상의 물질을 이루는 네 가지 원소와 다른, 불변의 '제5원소'로 이루어졌다고 생각했다. 하지만 밝기가 변하는 신성(新星)이 별 가운데 하나라는 사실이 알려지면서 별이 불변이라는 통념은 무너지게 되었다. 또한 태양의 흑점 활동이 관측되면서 태양 역시 불덩어리일지도 모른다고 생각하기 시작했다. 그 후 5,500℃로 가열된 물체에서 노랗게 보이는 빛이 나오는 것을 알게 되면서 유사한 빛을 내는 태양의 온도도 비슷할 것이라고 추측하게 되었다.

19세기에는 에너지 보존 법칙이 확립되면서 새로운 에너지 공급이 없다면 태양의 온도가 점차 낮아져야 한다는 결론을 내렸다. 그렇다면 과거에는 태양의 온도가 훨씬 높았으며 지구의 바다는 펄펄 끓어야 했을 것이다. 하지만 실제로는 그렇지 않았고 사람들은 태양의 온도를 일정하게 유지해 주는 에너지원이 무엇인지에 대해 생각하게 되었다.

20세기 초 방사능이 발견되면서 방사능 물질의 붕괴에서 나오는 핵분열 에너지를 태양의 에너지원으로 생각하였다. 그러나 태양빛의 스펙트럼을 분석한 결과 태양에는 우라늄 등의 방사능 물질 대신 수소와 헬륨이 있다는 것을 알게 되었다. 즉, 방사능 물질의 붕괴에서 나오는 핵분열 에너지가 태양의 에너지원은 아니었던 것이다.

현재 태양의 에너지원은 수소 원자핵 네 개가 헬륨 원자핵 하나로 융합하는 과정의 질량 결손으로 인해 생기는 핵융합 에너지로 알려져 있다. 태양은 엄청난 양의 수소 기체가 중력에 의해 뭉쳐진 것으로, 그 중심으로 갈수록 밀도와 압력, 온도가 증가한다. 태양에서의 핵융합은 1,000만℃ 이상의 온도를 유지하는 중심부에서만 일어난다. 높은 온도에서만 원자핵들이 높은 운동 에너지를 가지게 되며, 그 결과로 원자핵들 사이의 반발력을 극복하고 융합되기에 충분히 가까운 거리로 근접할 수 있기 때문이다. 태양빛이 핵융합을 통해 나온다는 사실은 태양으로부터 온 중성미자가 관측됨으로써 더 확실해졌다.

중심부의 온도가 올라가 핵융합 에너지가 늘어나면 그 에너지로 인한 압력이 수소를 밖으로 밀어내어 중심부의 밀도와 온도를 낮추게 된다. 이렇게 온도가 낮아지면 방출되는 핵융합 에너지가 줄어들며, 그 결과 압력이 낮아져서 수소가 중심부로 들어오게 되어 중심부의 밀도와 온도를 다시 높인다. 이렇듯 태양 내부에서 중력과 핵융합 반응의 평형 상태가 유지되기 때문에 _____ 태양은 이미 50억 년간 빛을 냈고, 앞으로도 50억 년 이상 더 빛날 것이다.

① 태양의 핵융합 에너지가 폭발적으로 증가할 수 있게 된다.
② 태양 외부의 밝기가 내부 상태에 따라 변할 수 있게 된다.
③ 태양이 오랫동안 안정적으로 빛을 낼 수 있게 된다.
④ 태양이 일정한 크기를 유지할 수 있었다.
⑤ 과거와 달리 태양이 일정한 온도를 유지할 수 있게 된다.

18 다음 기사에 대한 제목으로 적절하지 않은 것은?

대·중소기업 간 동반성장을 위한 '상생'이 산업계의 화두로 조명받고 있다. 4차 산업혁명 시대 도래 등 글로벌 시장에서의 경쟁이 날로 치열해지는 상황에서 대기업과 중소기업이 힘을 합쳐야 살아남을 수 있다는 위기감이 상생의 중요성을 부각하고 있다고 분석한다. 재계 관계자는 "그동안 반도체, 자동차 등 제조업에서 세계적인 경쟁력을 갖출 수 있었던 배경에는 대기업과 협력업체 간 상생의 역할이 컸다."며 "고속 성장기를 지나 지속 가능한 구조로 한 단계 더 도약하기 위해 상생경영이 중요하다."고 강조했다.

우리 기업들은 협력사의 경쟁력 향상이 곧 기업의 성장으로 이어질 것으로 보고 2·3차 중소 협력업체들과의 상생경영에 힘쓰고 있다. 단순히 갑을 관계에서 대기업을 서포트해야 하는 존재가 아니라 상호 발전을 위한 동반자라는 인식이 자리 잡고 있다는 분석이다. 이에 따라 협력사들에 대한 지원도 거래대금 현금 지급 등 1차원적인 지원 방식에서 벗어나 경영 노하우 전수, 기술 이전 등을 통한 '상생 생태계' 구축에 도움을 주는 방향으로 초점이 맞춰지는 추세이다.

특히 최근에는 상생 협력이 대기업이 중소기업에 주는 일시적인 시혜 차원의 문제가 아니라 경쟁에서 살아남기 위한 생존 문제와 직결된다는 인식이 강하다. 협약을 통해 협력업체를 지원해준 대기업이 업체의 기술력 향상으로 더 큰 이득으로 보상받고 이를 통해 우리 산업의 경쟁력이 강화될 것이란 설명이다.

경제 전문가는 '대·중소기업 간의 상생 협력이 강제 수단이 아니라 문화적으로 자리 잡아야 할 시기'라며 "대기업, 특히 오너 중심의 대기업들도 단기적인 수익이 아닌 장기적인 시각에서 질적 평가를 통해 협력업체의 경쟁력을 키울 방안을 고민해야 한다."고 강조했다.

이와 관련해 국내 주요 기업들은 대기업보다 연구개발(R&D) 인력과 관련 노하우가 부족한 협력사들을 위해 각종 노하우를 전수하는 프로그램을 운영 중이다. S전자는 협력사들에 기술 노하우를 전수하기 위해 경영관리 제조 개발 품질 등 해당 전문 분야에서 20년 이상 노하우를 가진 S전자 임원과 부장급 100여 명으로 '상생컨설팅팀'을 구성했다. 지난해부터는 해외에 진출한 국내 협력사에도 노하우를 전수하고 있다.

① 지속 가능한 구조를 위한 상생 협력의 중요성
② 상생경영, 함께 가야 멀리 간다.
③ 대기업과 중소기업, 상호 발전을 위한 동반자로
④ 시혜적 차원에서의 대기업 지원의 중요성
⑤ 동반성장을 위한 상생의 중요성

19 다음 발표 내용을 읽고 이해한 것으로 적절하지 않은 것은?

> 여러분 안녕하세요. 오늘은 미래의 에너지 기술로 불리는 스마트 그리드, ESS, 마이크로 그리드 3가지에 관해 설명하려 합니다. 우선 스마트 그리드란 전력망을 의미하는 영어 단어 '그리드(Grid)'와 '스마트(Smart)'를 조합한 것으로 지능형 전력망을 의미합니다. 기존 전력망에 IT 기술을 접목하여 전력공급자와 소비자가 양방향으로 실시간 정보를 교환해 에너지 효율을 최적화하는 차세대 전력망을 의미하죠. 이러한 스마트 그리드는 미래 에너지 기술의 특징인 '아껴 쓰고, 오래 쓰고, 나눠 쓰는' 역할을 톡톡히 해내고 있다고 보아도 될 것 같습니다.
>
> 아직 스마트 그리드에 대한 개념이 어렵다면 현재 시범적으로 제주도에서 시행하고 있는 스마트 그리드의 사례를 살펴보도록 합시다. 제주도 주민 중 스마트 그리드를 체험한 가정은 한 달 전기료가 확 줄었다고 하는데요. 이것은 집 옥상에 시간당 최대 발전용량 3kW의 태양광 발전기가 설치되어 자가 에너지 발전으로 전기를 사용했기 때문이죠. 그리고 태양광 발전기와 연계해 스마트 그리드는 집안 곳곳 가전제품에 전력 소비효율의 최적화를 위한 스마트 기기들을 부착시켜 놨는데요. 이 기기들은 불필요하게 돌아가고 있는 가전제품의 에너지 사용을 조절하면서 에너지를 아끼는 기능을 수행합니다. 또한 스마트 그리드를 통해 집에서 직접 생산한 전력이 남아있다면 이를 한국전력공사에 되팔 수 있어서 전기요금을 획기적으로 낮출 수도 있다고 해요. 이처럼 IT기술과 에너지 활용이 결합한 스마트 그리드는 가장 주목받는 미래 에너지 기술로 떠오르고 있습니다.
>
> 다음으로 스마트 그리드와 함께 주목받고 있는 것은 ESS입니다. 스마트 그리드의 핵심은 정보통신 기술을 이용해 전력 사용을 효과적으로 관리하는 것인데, 그러기 위해서는 에너지를 잘 비축해 두었다가 소비자가 필요로 할 때 잘 활용할 수 있도록 해야 하죠. 에너지 장치를 의미하는 이 ESS가 바로 에너지를 관리하고 조절하는 역할을 합니다. 즉, ESS는 'Energy Storage System'의 약자로 남아도는 전력을 모아 저장해 두었다가 나중에 사용하도록 하는 에너지 저금통으로 볼 수 있습니다. 이러한 ESS가 주목받는 이유는 태양광, 풍력에너지 등과 같은 기존 신재생에너지의 불안정한 시스템을 극복할 수 있기 때문입니다. 기후에 따라 에너지양이 변하는 신재생에너지는 활용 측면에서 효율성이 떨어지지만, ESS의 경우 잉여 전력을 저장할 수 있기 때문에 전체적인 전력량을 걱정할 필요가 없다는 것입니다.
>
> 마지막으로 스마트 그리드 시스템의 일종인 마이크로 그리드는 소규모 지역에서 전기 에너지를 자급자족할 수 있는 작은 전력체계를 의미합니다. 스마트 그리드가 실시간 전력량을 감지하여 에너지의 낭비를 막고 효율적인 에너지 생산과 공급을 목적으로 했다면, 마이크로 그리드는 '자급자족'에 훨씬 초점을 맞추고 있는 기술입니다. 마이크로 그리드는 앞서 설명해 드린 ESS와 결합해 전력회사의 전력 공급에 의존하지 않고 자체 전력망 내에서 전기수요를 모두 충당합니다. 기존의 전력시스템은 발전소에서 생산한 전기를 각 가정에서 보내는 한 방향 구성이었지만, 마이크로 그리드의 경우는 소규모 발전 시스템을 이용해 에너지를 생산하고 남은 경우는 다른 가정이 사용할 수 있게 하여 에너지 효율을 끌어올렸다고 할 수 있죠. 이를 통해 현재 마이크로 그리드는 오지, 사막, 도서 지역 등 전력망 시설을 갖추기 어려운 지역에 설치되어 있습니다. 우리나라는 '에너지 자립 섬'이라는 이름으로 울릉도와 같은 섬에 마이크로 그리드를 설치하여 디젤 발전기 대신 풍력, 태양광, ESS 등과 연계하여 에너지 자립 실현 가능성을 높이고 있습니다.

① 마이크로 그리드는 전력망 시설을 갖추기 어려운 지역에 효과적이다.

② 스마트 그리드는 마이크로 그리드와 달리 자급자족에 초점이 맞춰진 기술이다.

③ ESS는 전력을 저장하여 신재생에너지의 불안정한 시스템을 보완할 수 있다.

④ 스마트 그리드를 통해 생산한 전력이 남았을 경우 전력을 한국전력공사에 되팔 수 있다.

⑤ 스마트 그리드는 가전제품의 에너지 사용을 조절하여 에너지를 아낀다.

20 다음 글을 읽고 제시할 수 있는 수정방안으로 적절하지 않은 것은?

> (가) 이란은 석유수출국기구(OPEC) 내에서 사우디아라비아와 이라크에 이어 3번째 규모의 산유국이다. 4월 이란의 원유 수출량은 일 262만 배럴을 기록하면서 2016년 1월 핵 합의 이행 이후 최대 규모를 기록했다. 현재 많은 국가가 이란산 원유 수입에 열을 올리고 있는 이유는 사우디아라비아와 카타르 등 이웃한 중동국가들보다 가격이 저렴하면서 석유화학기초 원료인 나프타를 더 많이 추출할 수 있기 때문이다. (A) 그러나 이란의 정부 재정은 여전히 부족한 상황이다.
>
> (나) 최근 미국은 이러한 이란의 원유에 대하여 유럽 및 아시아 동맹국들에 11월 4일까지 수입을 중단하라고 요구하면서 협조하지 않을 경우 (B) 감독을 가할 것이라고 압박했다. 이는 이란이 핵협정(JCPOA)을 탈퇴하면서 미국이 이란의 최대 자금줄인 원유 수입을 차단해 이란으로부터 핵 문제에서 양보를 받아내려고 하는 것이다. 미국은 현재 원유 수입 중단은 국가 안보 정책의 우선순위 중 하나로 이와 관련해 면제는 없다는 입장이다.
>
> (다) (C) 그러나 대(對)이란 강경책은 미국과 다른 국가 간의 긴장을 더욱 고조시킬 것으로 예상된다. 미국은 폭탄 관세 등 보호무역 공세로 중국을 비롯한 주요 교역국들과 갈등을 겪고 있으며, 이번 이란 정책으로 유럽 동맹국들과도 마찰을 빚고 있다. 최대 수입국 중 하나인 중국은 이미 원유 수입 중단에 대해 거부 자세를 보였다. 중국 정부는 중국과 이란은 우호 국가 사이로 각자 국제법상 의무 틀 안에서 정상적인 왕래와 협력을 하고 있기 때문에 논란이 될 여지가 없다며 원유 수입 중단을 수용하지 않을 방침을 내보인 것이다. (D) 한국의 지난해 원유 수입량 중 13.2%가 이란산이며, 지난해 한국의 이란산 원유 수입은 1억 4,787만 배럴로 2016년 대비 32.1% 늘었다. 이는 사우디아라비아(28.5%)와 쿠웨이트(14.3%) 다음으로 많은 양의 원유를 수입하는 것으로 이란의 원유 수입 중단은 한국의 원유시장에도 많은 영향을 미칠 것으로 보인다.

① 밑줄 친 (A)는 글의 전개상 불필요한 내용이므로 삭제한다.
② 의미를 분명히 하기 위해 (B)의 '감독을'을 '제재를'로 고친다.
③ (다) 문단은 (가) 문단의 내용을 뒷받침하는 내용이므로 (가) 문단과 합친다.
④ 자연스러운 연결을 위해 (C)의 '그러나'를 '이와 같은'으로 고친다.
⑤ 밑줄 친 (D) 부분은 새로운 내용이므로 문단을 구분한다.

※ 다음은 스마트시티 프로젝트에 대한 기사이다. 기사를 읽고 이어지는 질문에 답하시오. [21~22]

미래 성장동력이자 4차 산업혁명의 신산업 플랫폼인 '스마트시티' 분야에 대해 국가 차원의 체계적인 기술개발 투자가 이뤄진다. 국토교통부는 대통령 주재 제2차 과학기술 전략회의에서 9대 국가전략 프로젝트 중 하나로 '세계 선도형 스마트시티 구축사업'이 최종 선정됐다고 밝혔다. 이를 통해 우리의 강점인 도시개발 경험과 우수한 ICT를 연계한 핵심기술을 개발하고 맞춤형 실증모델을 구축하게 된다면 글로벌 기술 우위를 확보하는 한편, 전 세계적으로 크게 확대되고 있는 스마트시티 시장을 선점할 수 있는 계기가 될 것으로 보인다.

이번 스마트시티 프로젝트의 핵심 과제는 개별 인프라 연계를 통한 요소기술 고도화, 도시 빅데이터 통합관리 · 공개를 통한 서비스 질 향상, R&D(연구개발) 국내 실증 및 해외 진출 기반 강화 등이다. 주요 연구과제(안)로는 현행 개별 빌딩 위주의 에너지 관리시스템을 주변 시설물로 확대 · 연계하는 시스템 개발로 에너지 관리 효율을 향상하고, 교통사고 · 범죄 · 응급의료 등 도시 내 각종 위험에 대한 위기대응 통합 솔루션을 개발하며, 물 · 에너지의 효율적 사용을 위한 실시간 양방향 계측(AMI) 통합관리 시스템 등을 개발하는 것이다. 또한 현행 텍스트 중심의 행정서비스를 공간정보를 연계한 클라우드 기반의 입체적 행정서비스로 전환 등이 추진될 것으로 보인다.

그리고 현재 개별 분야별로 단절된 도시 관리 데이터를 상호 연계해 빅데이터로 통합 · 관리하는 시스템을 구축하고 이를 공공부문 도시 관리 의사 결정 과정에 활용하는 한편, 일반 시민, 기업 등에도 원활히 공개하는 기술을 개발한다.

공공 분야에서는 교통정체, 사고 등 도시 내 각종 상황을 실시간으로 감지 · 분석하고 도시 빅데이터에 기반해 의사결정 전 과정을 지원하는 '지능형 통합 의사결정 시스템'을 개발해 공공서비스 질을 향상시킬 방침이다. 민간 차원에서는 일반 시민, 기업 등이 도시 관리 데이터를 쉽게 활용할 수 있도록 개방형 운영체계 기술을 개발하고 정보 공개를 통해 민간의 다양한 수요자 맞춤형 생활편의 서비스 개발을 유도하여 스마트시티 관련 신산업 생태계를 조성한다.

아울러 R&D 성과물이 시민들의 도시 생활에 실제 활용될 수 있도록 실증 연구도 더욱 내실화한다. 도시 유형별로 인프라 연계 등 R&D 결과를 풀 패키지로 실증하는 신도시형과 서비스 솔루션 중심의 기존도시형으로 각각 차별화하고 이를 실증에 적합한 인프라 등이 구축된 지자체에 적용해 국내 스마트시티를 더욱 고도화할 계획이다.

이와 함께 R&D를 통해 개발된 기술과 기존 기술을 결합해 해외국가 수준별 맞춤형 '해외 진출 표준 모델'을 마련하고 이를 바탕으로 대상국과의 R&D 공동투자, 도시개발 사업 공동참여 등 다각적인 해외 진출 방안도 모색할 예정이다.

이번 스마트시티 프로젝트가 차질 없이 수행되면 우선 도시 개별 인프라 간 연계 · 통합 등으로 상호 시너지가 발생해 각종 도시 관리 효율성이 15% 이상 향상될 것으로 전망된다. 분야별로는 전기료 · 수도료 및 에너지 사용 최대 20% 절감, 교통정체 최대 15% 해소, 이산화탄소 최대 15% 감축이 예상한다.

또한 글로벌 요소기술 우위 확보, 민간 참여 활성화를 통해 스마트시티 관련 고부가가치 신산업 생태계가 조성될 것으로 전망된다. 개방형 운영체계 구축 등으로 오픈 스트리트 맵, 스마트 로지스틱스 등 민간의 다양한 스마트 솔루션이 개발되고 이를 통해 일자리 창출 및 국내 경제 활성화에 기여할 수 있을 것으로 예상된다.

아울러 R&D를 통한 스마트시티 기술력 제고 및 해외 진출 확대로 전체 해외건설 수주에서 차지하는 도시개발 분야의 비중이 현재 약 10%에서 2025년 30% 수준까지 높아져 스마트시티가 우리나라의 새로운 성장 동력으로 대두될 것으로 전망된다.

21 다음 중 기사의 제목으로 가장 적절한 것은?

① 스마트시티 프로젝트의 필요성과 한계
② 과거의 사례를 통해 그려보는 스마트시티 프로젝트의 미래
③ 스마트시티 프로젝트의 과제와 기대효과
④ 해외 사례 연구를 통해 살펴본 스마트시티 프로젝트
⑤ 스마트시티 프로젝트의 실태와 개선 방안

22 윗글을 읽고, 스마트시티 프로젝트를 이해한 것으로 적절하지 않은 것은?

① 도시 내의 여러 가지 위험에 대한 위기대응에 효과적일 것이다.
② 공공 분야에서는 도시 빅데이터에 기반해 의사결정과정을 지원하는 시스템을 개발할 계획이다.
③ 도시 관리 효율성이 15% 이상 향상될 것이다.
④ 국내 경제 활성화를 위한 다양한 스마트 솔루션 개발로 일자리는 줄어들 전망이다.
⑤ 에너지 절감뿐만 아니라 교통정체 해소, 이산화탄소 감축 효과를 가져올 것이다.

23 다음 기사를 읽고 추론한 것으로 적절하지 않은 것은?

> 최초의 전기자동차는 1884년 영국에서 토머스 파커에 의해 개발됐다. 전기자동차는 내연기관을 장착한 자동차와 다르게 전기만 사용해 구동하는 차를 의미한다. 1913년에는 에디슨이 10년 동안 5만 번의 시험 끝에 개발한 배터리를 내장한 전기자동차를 만들기도 했다. 하지만 전기자동차는 편리성에서 뒤처져 역사 속으로 사라졌다. 소비자로부터 외면받은 것이다.
>
> 그러나 시장에서 도태된 전기자동차가 거의 100년이 지나 다시 돌아왔다. 사람들이 자동차를 구매할 때 고려하는 요소는 다양한데, 보통 라이프스타일에 맞는 기능과 디자인을 고려하고 가격대를 살펴 자동차를 선택한다. 이때 가격은 자동차 구매에 결정적인 요인으로 작용한다. 오늘날 전기자동차는 이러한 소비자들의 욕구를 훌륭하게 만족시키고 있다.
>
> 이처럼 전기자동차는 환경친화적이라는 이미지에 더구나 고급스러움까지 갖춰지고 있어 소비자는 가격만 적당하면 구매할 의향을 가지고 있다. 하지만 전기자동차 제조비용은 여전히 비싸며, 제조원가를 반영한 그 가격 그대로일 경우 전기자동차는 팔리지 못한다. 그렇다면 지금 전기자동차가 팔리고 있는 이유는 무엇일까? 바로 정부의 보조금 덕분이다. 정부가 전기자동차를 구매하는 소비자에게 보조금을 주어 싸게 살 수 있도록 하는 것이다. 예를 들면 우리나라에서는 4,000만 원이 넘는 전기자동차 가격이 정부와 지자체 보조금까지 받으면 2,000만 원 초반대로 낮아진다고 한다. 올해 승용차 기준으로 전기자동차 국고보조금이 최소치로는 기아자동차의 레이 EV가 706만 원, 최대치로는 테슬라가 1,200만 원이다. 게다가 지자체 보조금은 최대 1,100만 원이다. 여기에 취·등록세 감면 등 자동차세 할인이 더해진다. 이처럼 세계 최고 수준의 보조금을 정부가 구매자 대신 지급하고 있는 것이다.
>
> 이처럼 현재 전기자동차 시장은 규제와 보조금 한도만큼 팔릴 수 있는 구조다. 전기자동차 판매 비중이 1% 수준으로 미약한 것은 규제의 강도와 보조금의 한도를 무한정 높일 수 없기 때문이다. 사실 비싼 차를 다른 사람의 부담을 통해 구매하도록 하는 것은 지속가능한 비즈니스가 아니다. 전기자동차는 팔수록 기업에도 손해이며 정부와 국민의 부담도 늘어나기 때문이다.
>
> 전기자동차는 운영과정에서도 숨겨진 비용이 크다. 전기 생산에는 정부 보조금이 들어가지만, 휘발유와 경유 소비에는 세금을 부과할 수 있다. 전기자동차 사용 비중이 늘수록 정부의 보조금 증가와 세수 감소도 커지는 구조인 것이다.
>
> 이처럼 전기자동차로의 패러다임 전환이 일어날지는 아직 알 수 없다. 분명한 것은 친환경이라는 이미지와 기대감만으로는 그런 변화를 기대할 수 없다는 점이다. 정부의 규제와 보조금 없이 내연기관 자동차와 경쟁할 수 있을 만큼의 경쟁력을 갖춘 전기자동차가 나올 수 있어야 한다. 그런 혁신을 끌어내는 기업가 정신이 요구되는 상황이다. 그렇지 못하면 전기자동차는 또다시 역사 속으로 사라질 것이다. 규제와 보조금에 기대온 분야에서는 그런 혁신이 좀처럼 나오지 않았다는 것이 역사의 교훈이다.

① 전기자동차가 팔릴수록 정부와 국민에 손해인 이유는 전기자동차 운영과정의 비용 구조가 비경제적이기 때문이다.
② 전기자동차의 사용 비중이 늘어나면 국민의 세금도 늘어나게 된다.
③ 전기자동차 구매의 결정적 요인은 자동차 가격이다.
④ 정부의 보조금이 없다면 전기자동차의 판매 비중은 더 줄어들 것이다.
⑤ 전기자동차는 내연기관을 장착한 자동차를 이길 수 있는 경쟁력을 갖춘 상황이다.

24 다음 기사를 읽고 이해한 것으로 적절하지 않은 것은?

PART 1

PART 2

환경부가 최근 공개한 '2030 국가 온실가스 감축 기본 로드맵 수정안'에 따르면, 2030년 감축 목표치 3억 1,500만 톤 중 해외 감축량(9,600만 톤)을 1,600만 톤으로 줄이는 대신 국내 감축량을 2억 1,880만 톤에서 2억 9,860만 톤으로 늘릴 계획이다. 환경부 입장은 비용 부담 등 때문에 9,600만 톤에 대한 이행 방안이 불확실하다는 것이다. 반면, 온실가스 배출량이 많은 정유·화학 및 철강업계 등에서는 강대국의 슈퍼 보호무역주의와 국제유가 상승으로 인한 대내외 경영 환경이 악화하는 가운데 온실가스 감축량 증가는 큰 부담이 되고 있다.

우리 정부는 물론 기업도 2015년 12월 맺은 파리기후협정에 따른 국제사회와의 약속을 존중하고 이를 실행하기 위해 온실가스 감축을 이행해야 한다. 그러나 이를 이행하는 과정에서 정부로서도 어려움이 있겠지만, 각국 정부의 우려처럼 기업의 글로벌 경쟁력 관점도 충분히 고려해야 한다. 2016년에 국가 온실가스 감축량에 대한 역할 분담 때에도 기업은 버거운 수준의 감축량이 할당됐다고 어려움을 토로했다. 그런데 이번 수정안을 보면 추가 감축량의 절반 이상이 산업부문에 추가 부담돼 설상가상으로 불확실한 경영 환경에서 우리 기업이 향후 글로벌 경쟁력을 잃게 될 수도 있는 것이다.

최근 우리 경제의 고용·소비·투자 부문에서도 적신호가 켜지고 있다. 그나마 반도체를 비롯한 정유·화학 및 철강 산업은 아직 괜찮아 보이지만, 중국 기업들이 무섭게 추격하고 있고 이 같은 산업에 대한 중국 정부의 지원은 엄청나다. 이제부터 우리 정유·화학 및 철강 기업은 신성장을 위한 투자를 해야만 공급 과잉으로 치닫고 있는 글로벌 시장에서 중국 기업과의 경쟁에 살아남을 수 있다. 따라서 그동안 산업 효율성 제고를 위한 지속적인 투자를 해 온 기업에 또다시 온실가스 감축을 위한 추가 부담을 주게 된다면 예상치 못한 성장통을 겪을 수 있다.

이처럼 온실가스 감축에 대한 기업의 추가 부담은 기업의 글로벌 경쟁력 저하는 물론 원가 부담이 가격 인상으로 이어질 수 있다. 특히, 발전 산업의 경우 온실가스 감축 목표를 달성하기 위해 탄소배출권을 추가 구입하게 되고, 이는 전기 요금 상승 요인으로 작용해 기업과 국민이 이를 부담해야 한다. 더구나 탈원전 정책으로 인한 전기 요금의 인상이 예견되는 상황에서 온실가스 감축으로 인한 전기 요금의 추가 인상은 우리 사회에 더 큰 부담이 될 것이다.

결국, 온실가스 감축은 더 나은 사회를 만들기 위해 우리 모두가 안고 가야 할 문제다. 따라서 정부는 정부대로, 기업은 기업 자체적으로 가장 효과적인 온실가스 부담에 대한 최적의 조합을 다시 고민해 봐야 한다. 정부는 국가경쟁력 제고의 큰 틀 속에서 정부가 끌고 나가야 할 최대 역할을, 그리고 기업은 산업경쟁력 창출을 위한 산업별 역할을 고려해 2030년까지 기간별로 구체적인 시나리오를 작성할 필요가 있다.

2030년에 전개될 글로벌 아시아 시대를 대비해 중국 및 인도 기업과 같은 후발 기업으로부터 우리 기업이 글로벌 경쟁력을 발휘할 수 있도록 기업 우선 정책을 우리 정부가 펼치지 못하면 우리 경제는 점점 더 어려워질 수밖에 없다. 따라서 온실가스 감축 문제도 이런 관점에서 우리 정부가 접근해야 할 것이며, 기업 역시 자체 경쟁력 제고를 위한 노력을 병행해야 할 것이다.

① 온실가스 감축은 글로벌 경쟁력을 잃게 되는 원인으로 작용할 수 있다.
② 우리의 정유·화학·철강 산업은 중국 기업과 경쟁 상태이다.
③ 정부는 경제를 위해 기업 우선 정책을 펼쳐야 한다.
④ 탄소배출권의 구매는 전기 요금 상승으로 이어지게 된다.
⑤ 온실가스 감축으로 인한 경쟁력 저하는 제품의 가격 인하로 이어질 수 있다.

1880년대 후반, 미국에서는 '전류 전쟁(War of Current)'으로 불리는 격렬한 논쟁이 불붙었습니다. 송전과 배전 기술 역사상 가장 뜨거웠던 이 논쟁에서는 직류(DC)와 교류(AC) 중 어느 쪽을 표준 송배전 시스템으로 채택할 것인지를 두고 이해당사자 간 치열한 주도권 싸움이 펼쳐졌습니다.

결과는 교류 진영의 승리였습니다. 당시만 해도 전력을 멀리 보내는 데 필요한 변압기가 테슬라 교류 방식으로 먼저 개발됐기 때문입니다. 발전소에서 생산한 전력을 각 지역으로 보내려면 변압 기술이 필수적이므로 교류 진영의 승리는 어찌 보면 당연한 결과였습니다.

전류 전쟁 이후 100여 년이 흐른 지금까지도 전 세계는 교류 전력을 주로 사용 중입니다. 그렇다고 해서 직류 방식이 완전히 자취를 감춘 것은 아닙니다. 오히려 최근 들어 전 세계적으로 직류 송배전 시스템에 주목하는 추세입니다. 전력 기술의 발전으로 직류의 승압과 감압이 교류만큼 용이해졌기 때문입니다. 전류 전쟁 당시 교류 진영이 주도권을 쥘 수 있었던 장점이 퇴색된 셈입니다.

직류의 장점은 송전 시 전력 손실이 교류보다 적다는 점입니다. 교류는 장거리 송전 시 직류보다 전력 손실이 40%쯤 더 많이 발생합니다. 직류를 쓰면 전력 계통의 안정성도 높일 수 있습니다. 전력 제어가 쉽고 전력 망끼리 연계해 정전 사고가 발생하더라도 피해를 줄일 수 있습니다. 또 직류는 전류 이동량 및 이동 방향이 시간에 따라 주기적으로 변하는 교류와 달리 전류 이동량과 이동 방향이 항상 일정해 주파수가 없습니다. 주파수가 없다는 것은 곧 인체에 유해한 영향을 미칠 수 있는 전자파가 발생하지 않음을 의미합니다.

현재 시중에서 판매 중인 모든 가전제품은 교류 방식에 최적화돼 있습니다. 하지만 가전제품 내부에서 동작하는 핵심 부품의 경우 여전히 직류로 동작하는 경우가 많습니다. 에어컨, 냉장고, 세탁기, 진공청소기 등에 탑재되는 인버터 모터와 컴프레서의 경우 직류를 사용하는 대표적인 부품 중 하나입니다. 이 때문에 가전제품 내부에서는 교류로 들어온 전류를 직류로 다시 변환하는 과정을 수행합니다. 이 과정에서 5 ~ 15%쯤 전력 손실이 발생합니다.

최근 급격히 늘고 있는 태양광, 연료전지, 에너지 저장 시스템(ESS) 등 친환경 발전 시스템도 직류 방식을 씁니다. 태양광 발전으로 만든 전기를 일반 교류 방식 가전제품에서 쓰려면 전력 손실을 감수하고 변환 과정을 거쳐야 합니다. 직류를 변환 없이 그대로 쓸 수 있다면 좋겠지만, 이를 위해서는 직류 방식의 가전제품이 대중화되길 기다릴 수밖에 없습니다.

세계 각국에서는 기존 교류 방식의 발전·송전·배전 시스템을 모두 직류 방식으로 구축하려는 시도를 펼치고 있습니다. 차세대 송전 기술로 불리는 고압 직류(HVDC)는 물론이고, 중·저압 직류 시장의 잠재력도 높은 평가를 받습니다. 한국전력공사도 2010년부터 직류 배전 기술 개발에 착수해 2020년부터 국내에서 직류 전력 공급을 시작한다는 계획입니다.

일상생활에서 필수적인 가전제품을 비롯해 스마트폰, 향후 빠르게 보급될 전기자동차에 이르기까지 전기의 중요성은 날로 높아지고 있습니다. 130년 넘게 당연하게 써온 전력 시스템이 단숨에 바뀌지는 않겠지만, 더 효율적인 전력 사용을 위한 노력은 미래 전력 분야에 많은 변화와 새로운 트렌드를 이끌어낼 것으로 기대됩니다.

25 다음 중 기사에 대한 내용으로 옳지 않은 것은?

① 교류 전력은 직류 전력보다 전력 손실이 크다.

② 직류 배전 기술 개발은 더 효율적인 전력 사용을 위한 노력의 일환이다.

③ 가전제품은 교류 방식에 최적화돼 있지만 핵심 부품의 경우 직류로 동작하는 경우가 많다.

④ 한국전력공사는 직류 방식으로 전력을 공급하기 위해 준비하고 있다.

⑤ 발전·송전·배전 시스템의 직류 방식은 세계 각국에서 본격적으로 사용되고 있다.

26 다음 중 송배전에서 직류 방식과 교류 방식에 대한 설명으로 옳은 것은?

① 교류 방식은 직류 방식보다 경제적이기 때문에 송배전 시스템으로 채택되었다.

② 장거리에는 교류 방식이 더 적합하다.

③ 직류 방식을 사용했을 때 인체에 유해한 전자파가 미치는 영향을 고려해야 한다.

④ 교류 방식이 더 안정성이 높아 사고발생률이 적다.

⑤ 친환경 발전 시스템에서 생산한 전기를 손실 없이 사용하기 위해선 일반 가전제품에 완전한 직류 방식 도입이 필요하다.

27 다음은 한전KPS와 베트남의 MOU에 관련된 기사이다. 기사의 내용과 일치하는 것은 〈보기〉에서 모두 몇 개인가?

〈한전KPS – 베트남 EVNEPS사, 사업협력 MOU 체결〉

발전설비 정비전문기업인 한전KPS(맹동열 사장직무대행)와 베트남 정비전문회사 EVNGENCO3의 자회사인 EVNEPS사는 3월 22일 베트남 하노이에서 한전KPS 맹동열 사장직무대행과 EVNEPS사 카오민 쭝 사장이 참석한 가운데 사업협력 양해각서(MOU)를 체결했다.

이날 양해각서 체결식에는 우리나라 백운규 산업통상자원부 장관과 쩐 뚜언 아잉 베트남 산업무역부 장관이 자리를 함께했다. 또한 이날 양해각서는 발전소 운전 및 정비, 그리고 기술인력 교육 등 양사 간 사업협력과 인적교류를 주요 내용으로 하고 있다.

한전KPS 맹동열 사장직무대행은 양해각서 체결에 앞서 EVNGENCO3사 딘 쿠옥 람 사장과 EVNEPS사 카오민 쭝 사장과의 사전면담을 통해 "한전KPS는 발전플랜트 설비 진단 및 성능개선, 국내외 발전설비 및 산업설비 정비, 그리고 송변전설비 정비 등에 대한 토털 서비스를 제공하는 대한민국의 공기업으로, 특히 지난 30여 년의 축적된 기술을 활용한 발전소 성능개선 및 성능복구사업 개척을 위해서도 많은 노력을 기울이고 있다."고 말했다.

한전KPS와 EVNEPS사는 발전설비 정비서비스 전문회사로서 양국의 국가 경제 성장에 필요한 전력의 안정적 공급을 책임지고 있다는 점에서 공감대를 가지고 있으며, 이번 사업협력 양해각서 체결을 통해 앞으로 양사가 긴밀한 협력에 나설 가능성이 높은 것으로 기대하고 있다.

한전KPS 맹동열 사장직무대행은 '한전KPS의 체계화된 교육 훈련 시스템 등을 통해 보유기술과 노하우를 공유하여 EVNEPS사와의 지속적 사업영역 확대에 최선의 노력을 다할 것'이라며 "이번 양해각서 체결을 계기로 한전KPS가 베트남 전력산업 발전에 기여함은 물론 양사의 지속적인 성장과 발전을 위한 초석이 되기를 바란다."고 말했다.

특히 이날, 한 – 베트남 사업협력 촉진을 위하여 한국 산업통상자원부와 베트남 산업무역부 간의 양해각서 체결 서명식이 이루어지는 가운데 전력산업분야 협력의 일환으로 양국 관련기관이 다수 참석했다.

한편, 베트남 EVNEPS사는 2016년 설립되었으며, 베트남전력공사 산하기관인 EVNGENCO3사의 자회사로서 EVNGENCO3사 소유의 발전소 유지보수를 수행하고 있다.

〈MOU의 특징〉

본 조약이나 정식계약의 체결에 앞서 국가 사이에 이루어지는 문서로 된 합의를 가리키지만 지금은 좀 더 포괄적인 의미로 쓰인다. 포괄적 의미의 양해각서 역시 법적 구속력이나 효력은 좁은 의미의 양해각서와 크게 다르지 않다. 다만 양해각서가 국가 대 국가뿐 아니라 국가기관 사이, 일반기관 사이, 일반기업 사이 등에서도 다양한 문서의 형태로 이루어질 수 있다. 기업 사이에 합의해 작성하는 양해각서는 주로 정식계약을 체결하기에 앞서, 쌍방의 의견을 미리 조율하고 확인하는 상징적 차원에서 이루어지는 것이 보통이다. 역시 법적 구속력은 없다.

㉠ 체결한 사업협력 양해각서는 법적 구속력을 가진다.

㉡ 한국과 베트남 두 국가 간의 협약이다.

㉢ 베트남 EVNEPS사는 베트남 전 지역 발전설비를 담당하는 베트남전력공사 산하기관이다.

㉣ 양해각서는 양사 간 사업협력만을 다룬다.

① 0개   ② 1개

③ 2개   ④ 3개

⑤ 4개

28 사회공헌활동에 대한 다음 설명을 읽고, 기업 활동의 사례 중 사회공헌활동으로 판단할 수 없는 것은?

> 사회공헌활동은 기업의 사회적 책임을 일컫는 말로, 미국 조지아대학교의 아치 캐럴 교수는 기업의 사회적 책임을 이윤 창출, 법률준수, 윤리적 책임, 자선적 책임 4가지로 구분하고 있다. 이중 이윤 창출의 경우 기업은 사회의 기본 경제단위로서 재화와 서비스를 생산할 책임을 지고 있다는 것을 의미하며, 법률준수는 기업이 법을 지키며 경제활동을 하는 것을, 윤리적 책임은 법으로는 규정하지 못하지만 기업이 사회의 기대치에 맞는 윤리적 행동과 활동을 할 것을, 마지막으로 자선적 책임은 사회적 기부행위, 약물 남용 방지 프로그램, 보육시설 운영, 사회복지시설 운영 등 사회의 공익을 위한 자선활동을 할 책임을 말한다.

① A사는 최저임금법이 개정될 때마다 최저임금을 개선하며 최저임금법을 꾸준히 지켜오고 있다.

② B사는 독거노인, 소년소녀가장, 다문화가정 등을 방문하여 기부금과 생필품을 전달하고 있다.

③ C사는 꾸준한 연구개발로 소비자들에게 질 좋은 서비스를 제공하기 위해 최선을 다하고 있다.

④ D사는 환경보호를 위한 에코경영을 2018년 경영목표로 정했다.

⑤ E사는 타사와의 경쟁에서 승리하기 위해 외국기업의 사례를 벤치마킹하고 있다.

29   다음 기사를 읽고 이해한 것으로 적절하지 않은 것은?

정부가 탈(脫)원전 이후 태양광·풍력을 중심으로 신재생에너지 발전을 20%까지 늘리겠다는 방침을 밝히자 에너지업계와 학계에선 "현실화하기 쉽지 않다."는 반응이 나오고 있다. 우리나라는 태양광 발전을 늘리기엔 국토 면적이나 일사량, 발전단가 등에서 상대적으로 조건이 열등하기 때문이다. 한 전문가는 '우리는 신재생에너지 발전 환경이 좋지 않기 때문에 태양광·풍력 등 순수 신재생에너지가 차지할 수 있는 비중은 10%가 최대치'라면서 "그 이상 끌어올리려 하면 자연 훼손과 전기요금 상승 등 부작용이 따를 수밖에 없다."고 말했다.

이처럼 일사량이 부족하니 태양광발전소 이용률도 낮다. 평균 설비 이용률(24시간 가동했을 때 최대 설계 전력량 대비 실제 전력량)은 15%로 미국(21%)과 중국(17%)에 미치지 못한다. 그나마 2008년에 10% 밑으로 떨어졌다가 2011년엔 15%를 웃도는 등 수치를 가늠할 수 없어 안심할 수도 없다. 영월발전소는 그나마 태양 위치에 따라 태양광 패널이 움직이는 최신 '추적식' 시스템을 적용하여 효율이 국내 최고지만 17%를 넘지 못한다. 영월발전소 관계자는 "보통 7월은 하루 평균 4.6시간 발전하는데, 올해는 장마 등의 영향으로 3.2시간밖에 돌리지 못했다."고 말했다. 또한 "일사량을 바꿀 수 없으니 효율을 높여야 하는데 기술적으로 상당한 어려움이 있다."고 말했다.

좁은 땅덩이도 걸림돌이다. 태양광은 통상 원전 1기 정도 발전량인 1GW 전력을 만드는 데 축구장 1,300개 넓이인 $10km^2$에 태양광 패널을 깔아야 한다. 정부 구상대로 태양광 설비를 29GW로 늘리려면 서울 면적 절반가량인 $290km^2$가 필요한 것이다. 국토의 70%가 산인 우리나라에선 만만치 않다. 영월 태양광 발전소를 만들 때도 야산 3개를 깎아야 했다. 에너지 전공 교수는 원전이 '자본 집약적' 발전이라면, 태양광 등 신재생에너지는 '토지 집약적'이라며 '기술 발전으로 효율을 높이더라도 국토 여건상 빠르게 확대하긴 무리'라고 말했다.

사정이 이렇다 보니 발전 단가도 비싸다. 땅값과 일사량 등을 고려한 태양광 발전 단가는 한국이 MWh당 101.86달러로 미국(53.5달러)이나 중국(54.84달러)의 2배이며, 스페인(87.33달러)·독일(92.02달러)보다도 비싸다.

땅이 좁다 보니 건설 과정에서 지역 주민과의 마찰도 통과 의례다. 인근에 태양광 발전소 건설이 추진 중인 충북 음성군 소이면 비산리의 이장은 "태양광 발전 시설로 주변 온도가 2~3도 올라간다는데 복숭아 농사에 치명적이다."라고 말했다. 일부 유휴지나 도로, 건물 옥상, 농지 등을 활용하는 방안도 나왔지만 도시 미관 등 다양한 문제가 발생한다. 건물 옥상 같은 경우 발전 단가가 평지일 때보다 20~50% 비싸다는 것도 문제이다.

태양광 발전은 설비만 확충했다고 끝나는 게 아니다. 발전 단가가 비싸다 보니 시장에서 외면받을 수밖에 없기 때문에 태양광 발전 비율을 높이기 위해서는 정부가 보조금 지원이나 세액 공제 등 혜택을 줘야 한다. 태양광 발전 사업자에게 보조금을 주는 발전 차액 보조금(FIT)이 대표적인데, 하지만 이 FIT는 정부 재정에 부담으로 작용한다는 게 문제다. 과거 우리도 FIT를 운영하다 매년 3,000억 원 이상씩 지출이 불어나자 2011년 이를 폐지했다. 독일과 일본, 중국 등도 FIT 제도를 도입하며 태양광 설비를 늘렸지만, 나중에 재정 압박과 전기 요금 인상으로 이어지면서 이를 축소하거나 폐지하고 있다. 국내 태양광 관련 업계에서는 여전히 "FIT를 부활해야 한다."고 주장한다. 그러나 에너지경제연구원 선임 연구위원은 "정부가 태양광을 키우기 위해 사업자에 대해 보조금 등 혜택을 너무 많이 주게 되면 결국 '모럴 해저드'를 유발할 수 있다."며 "자칫 국민 세금으로 자생력 없는 신재생에너지 사업자들에게 돈만 쥐여 주는 꼴이 될 수 있다."고 말했다.

① 발전 차액 보조금 FIT는 국민 세금 낭비로 이어질 수 있다.

② 태양광 발전의 단가가 싸다 보니 시장에서 주목받고 있다.

③ 우리나라는 태양광발전소를 운영하기에 일사량이 부족한 상황이다.

④ 태양광 발전은 토지 집약적이기 때문에 우리나라의 국토 특성상 빠르게 확대되기에는 무리가 있다.

⑤ 태양광 발전은 발전 시설 주변 지역의 온도를 높여 다양한 문제를 발생시킬 수 있다.

┃ 의사소통능력(상반기)

30 다음 기사를 보고 할 수 있는 행동으로 올바르지 않은 것은?

〈한전, 실명위기 환자에 '세상의 빛' 선물…'Eye Love 천사 Project' 기금 3억 원 기부〉

한국전력은 3월 16일 서울 마포구에 위치한 더나은세상 회의실에서 실명예방사업인 'Eye Love 천사 Project' 사업 기금 3억 원을 사단법인 더나은세상에 전달하였다.

'Eye Love 천사 Project' 사업은 경제적으로 어려운 국내외 실명위기 환자들이 안과 수술을 통해 실명을 예방하고 일상생활을 할 수 있도록 수술비를 지원하는 한전의 대표적인 사회공헌활동이다. 지원 대상은 국내외 저소득층 실명위기 환자로서 국내에서는 기초생활수급자와 차상위계층 위주로, 해외는 실명예방사업 수행기관이 현지 병원과 협의하여 추천하는 실명위기 환자들에게 수술비를 지원한다. 신청 방법은 읍·면·동 주민센터의 추천을 통해 더나은세상(www.1.or.kr)에서 신청 가능하며, 심사를 통해 대상 환자로 선정되면 수술비 지원을 받을 수 있다.

한전은 'Eye Love 천사 Project' 사업을 2011년부터 8년째 지속적으로 시행하고 있으며, 현재까지 국내외 1,533명의 환자에게 개안수술 비용을 지원했다.

한편, 한전은 2004년 공기업 최초로 사회봉사단을 창단하여 도움이 필요한 이웃들에게 삶의 질 향상을 위한 노력을 지속해 오고 있으며, 앞으로도 국내외 소외된 이웃들에게 '세상의 빛'을 선물하는 에너지 공기업으로서의 역할을 지속할 것이다.

① 기초생활수급자와 차상위계층의 조건에 대해서 알아본다.

② 읍·면·동 주민센터에 환자 선정 조건을 문의한다.

③ 해외에서 지원하고자 하는 사람은 가장 가까운 실명예방사업 수행기관과 제휴하는 현지 병원을 알아본다.

④ 신청 홈페이지에 접속해 신청 시 어떤 내용을 기재해야 하는지 살펴본다.

⑤ 실명한 환자들에 대해서 지급하는 지원금에 대해 문의한다.

31 K공사는 역량평가를 통해 등급을 구분하여 성과급을 지급하려고 한다. K공사의 성과급 등급 기준이 다음과 같을 때, 〈보기〉의 A~E 중 S등급에 해당하는 사람은 누구인가?

〈성과급 점수별 등급〉

S	A	B	C
90점 이상	80점 이상	70점 이상	70점 미만

〈역량평가 반영 비율〉

구분	기본역량	리더역량	직무역량
부장	20%	30%	50%
차장	30%	10%	60%
과장	20%	50%	30%
대리	50%	–	50%
사원	60%	–	40%

※ 성과급 점수는 역량점수(기본역량, 리더역량, 직무역량)를 직급별 해당 역량평가 반영 비율에 적용한 합산 점수이다.

보기

구분	직급	기본역량 점수	리더역량 점수	직무역량 점수
A	대리	85점	–	90점
B	과장	90점	80점	90점
C	사원	95점	–	85점
D	부장	80점	90점	85점
E	차장	100점	85점	80점

① A
② B
③ C
④ D
⑤ E

32 D항공사는 현재 신입사원 대졸공채를 진행하고 있으며, 신입사원 지원 자격은 다음과 같다. 〈보기〉의 지원자 A ~ E 중 D항공사의 지원 자격에 맞지 않는 사람은 총 몇 명인가?

PART 1
PART 2

〈D항공사 대졸공채 신입사원 채용공고〉

■ **지원자격**
- 4년제 정규대학 모집대상 전공 중 학사학위 이상 소지한 자(졸업예정자 지원 불가)
- TOEIC 750점 이상인 자(국내 응시 시험에 한함)
- 병역필 또는 면제자로 학업성적이 우수하고, 해외여행에 결격사유가 없는 자
  ※ 공인회계사, 외국어 능통자, 통계 전문가, 전공 관련 자격 보유자 및 장교 출신 지원자 우대

모집분야		대상 전공
일반직	일반관리	• 상경, 법정 계열 • 통계 / 수학, 산업공학, 신문방송, 식품공학(식품 관련 학과) • 중국어, 러시아어, 영어, 일어, 불어, 독어, 서반아어, 포르투갈어, 아랍어
	운항관리	• 항공교통, 천문기상 등 기상 관련 학과 　– 운항관리사, 항공교통관제사 등 관련 자격증 소지자 우대
전산직		• 컴퓨터공학, 전산학 등 IT 관련 학과
시설직		• 전기부문 : 전기공학 등 관련 전공 　– 전기기사, 전기공사기사, 소방설비기사(전기) 관련 자격증 소지자 우대 • 기계부문 : 기계학과, 건축설비학과 등 관련 전공 　– 소방설비기사(기계), 전산응용기계제도기사, 건축설비기사, 공조냉동기사, 　건설기계기사, 일반기계기사 등 관련 자격증 소지자 우대 • 건축부문 : 건축공학 관련 전공(현장 경력자 우대)

보기

지원자	지원분야	학력	전공	병역사항	TOEIC 점수	참고사항
A	전산직	대졸	컴퓨터공학	병역필	820점	• 중국어, 일본어 능통자이다. • 일본 유학 당시 당국에서 토익을 취득했다.
B	시설직 (건축부문)	대졸	건축공학	면제 (여성)	930점	• 건축현장 경력이 있다. • 전기기사 자격증을 소지하고 있다.
C	일반직 (운항관리)	졸업예정	항공교통물류	병역필	810점	• 항공교통관제사 자격증을 소지하고 있다. • 학업 성적이 우수하다.
D	시설직 (기계부문)	대졸	기계학	병역필	745점	• 건축설비기사 자격증을 소지하고 있다. • 장교 출신 지원자이다.
E	일반직 (일반관리)	대졸	신문방송학	면제 (여성)	830점	• MOS 자격증을 소지하고 있다. • 포르투갈어 능통자이다.

① 1명　　　　　　　　　② 2명
③ 3명　　　　　　　　　④ 4명
⑤ 5명

33 한국전력공사는 사원들에게 사택을 제공하고 있다. 현재 2명이 사택을 제공받을 수 있으며, 사택 신청자는 A ~ E 5명이다. 사택을 제공받을 2명을 선발하기 위해 다음 기준표를 적용할 때, 〈보기〉 중 사택을 제공받을 수 있는 사람은?

〈사택 입주자 선정 기준표〉

항목	산정 기준
직급	차장 5점, 과장 4점, 대리 3점, 주임 2점, 사원 1점
직종	연구직·기술직 10점, 사무직 5점
호봉	1호봉마다 0.5점
근속연수	실 근무연수 10년까지 매1년 1점
동반가족	가족 1인당 7점 (최대 50점)

※ 근속연수에 휴직기간은 포함하지 않는다. 해고 또는 퇴직 후 일정기간을 경과하여 다시 재고용된 경우에는 이전에 고용되었던 기간(개월)을 통산하여 근속연수에 포함한다. 근속연수 산정은 2018.1.1.을 기준으로 한다.
※ 6개월 이상 1년 미만 근무 시 해당 연도를 1점으로 처리한다.
※ 무주택자는 10점을 가산한다.
※ 동반가족 : 배우자 및 직계존비속(배우자 포함) 중 실제 동거 가족
※ 동점일 경우 가족부양 수가 많은 사람이 우선순위로 선발된다.

보기

구분	직종	호봉	입사일	동반가족(실제 동거)	주택유무	비고
A대리	사무직	3	2014.08.20.	아내	무주택	−
B사원	기술직	1	2017.05.17.	아내, 아들 1명	무주택	−
C과장	연구직	6	2010.02.13.	어머니, 아내, 딸 1명	유주택	• 2014.12.17. 퇴사 • 2016.03.15. 재입사
D주임	사무직	2	2016.03.03.	아내, 아들 1명, 딸 2명	무주택	−
E차장	기술직	4	2011.05.06.	아버지, 어머니, 아내, 아들 2명	유주택	−

① A, C
② D, E
③ A, D
④ B, C
⑤ B, E

34 다음 요금표를 기준으로 한 달에 400kWh를 사용했을 때의 전기요금은?

<주택용 전력(저압) 전기요금표>

기본요금(원/가구)		전력량요금(원/kWh)	
200kWh 이하 사용	910	처음 200kWh까지	93.3
201 ~ 400kWh 사용	1,600	다음 200kWh까지	187.9

※ 부가가치세는 총요금의 10%이다.

※ 국고금단수법에 의해 총합에서 10원 미만은 절사한다.

※ (총요금)=(기본요금)+(전력량요금)

① 39,830원
③ 57,660원
⑤ 77,310원

② 56,970원
④ 63,620원

┃ 의사소통능력(하반기)

01 다음 기사의 내용과 일치하지 않는 것은?

> 에너지저장장치(ESS) 보급이 빠르게 확산되고 있다. 올 상반기 ESS 보급용량은 89MWh로 지난해 같은 기간의 55MWh보다 60%가량 증가했다. 연말까지는 431MWh가 보급돼 연초 계획했던 목표 270MWh를 훨씬 넘어설 것으로 전망된다.
>
> 투자 주체별로 보면 민간의 투자가 급격히 늘어났다. 지난해 상반기 1MWh 수준에 그쳤던 민간투자는 올 상반기 40MWh로 급증했다. ESS 전용 금융상품 집행 효과 등으로 연말까지 192MWh로 확대될 전망이다. 상반기 공공투자는 한전의 주파수 조정용 사업 감소로 전년 대비 9% 감소한 49MWh에 그쳤다. 하지만 하반기에는 신재생연계형 투자수요 증가로 연말까지 전년 대비 61% 증가한 239MWh를 기록할 것으로 예상된다.
>
> 용도별로 보면, 지난해 상반기 실적이 없었던 신재생연계형 보급이 42MWh로 크게 늘었다. 하반기에도 영흥, 삼천포 등 석탄화력발전소 내에 태양광 연계 ESS가 구축될 예정이어서 전년 대비 2배 증가한 220MWh에 달할 전망이다.
>
> 비상 전원용 ESS도 지난해 상반기 0에서 올 상반기에는 7MWh로 증가했다. 연말까지 S백화점, H 의료원 등의 대형 건물에 추가 구축돼 총 16MWh에 이를 전망이다.
>
> 피크 저감용 ESS는 올 상반기 5MWh로 전년 동기의 9MWh에 비해 감소했다. 하지만 하반기에 H사(조선), S사(반도체) 등 주요 기업이 구축을 계획하고 있어 연말까지는 전년 대비 3배 이상 증가한 160MWh에 달할 것으로 보인다.
>
> 이 밖에 송·배전망용 ESS는 한전의 주파수 조정용 사업 계획에 따라 올해도 35MWh가 추가 구축될 예정이다.

① 연초 계획한 ESS 보급용량은 270MWh이다.

② 지난해 상반기에 비해 올 상반기의 민간투자는 39MWh 증가했다.

③ 지난해 상반기 공공투자는 약 54MWh이다.

④ 하반기에 영흥, 삼천포 등 열병합발전소 내에 태양광 연계 ESS가 구축될 예정이다.

⑤ 피크 저감용 ESS는 연말에 전년 대비 3배 이상 증가할 것이다.

02 한국전력공사 기술혁신본부에 근무하는 임직원은 7월 19일부터 7월 21일까지 2박 3일간 워크숍을 가려고 한다. 워크숍 장소 예약을 담당하게 된 K대리는 〈조건〉에 따라 호텔을 예약하려고 한다. 다음 중 K대리가 예약할 호텔로 적합한 곳은?

〈워크숍 장소 현황〉

(단위 : 실, 명, 개)

구분	총 객실 수	객실 예약완료 현황			세미나룸 현황			
		7월 19일	7월 20일	7월 21일	최대수용 인원	빔프로젝터	4인용 테이블	의자
A호텔	88	20	26	38	70	○	26	74
B호텔	70	11	27	32	70	×	22	92
C호텔	76	10	18	49	100	○	30	86
D호텔	68	12	21	22	90	×	18	100
E호텔	84	18	23	19	90	○	15	70

※ 4인용 테이블 2개를 사용하면 8명이 앉을 수 있다.

〈기술혁신본부 임직원 현황〉

(단위 : 명)

구분	에너지신사업처	디지털변환처	기술기획처	ICT기획처
부장	1	1	1	1
차장	3	4	2	3
과장	5	6	4	3
대리	6	6	5	4
주임	2	2	3	6
사원	3	4	3	2

조건

- 워크숍은 한 호텔에서 실시하며, 워크숍에 참여하는 모든 직원은 해당 호텔에서 숙박한다.
- 차장급 이상은 1인 1실을 이용하며, 나머지 임직원은 2인 1실을 이용한다.
- 워크숍에서는 빔프로젝터가 있어야 하며, 8인용 테이블과 의자는 참여하는 인원수만큼 필요하다.

① A호텔
② B호텔
③ C호텔
④ D호텔
⑤ E호텔

03 다음은 경쟁사의 매출이 나날이 오르는 것에 경각심을 느낀 H회사의 신제품 개발 회의의 일부이다. 효과적인 회의의 5가지 원칙에 기반하여 〈보기〉에서 가장 효과적으로 회의에 임한 사람은?

〈효과적인 회의의 5가지 원칙〉

1. 긍정적인 어법으로 말하라.
2. 창의적인 사고를 할 수 있게 분위기를 조성하라.
3. 목표를 공유하라.
4. 적극적으로 참여하라.
5. 주제를 벗어나지 마라.

보기

팀장 : 매운맛하면 역시 우리 회사 라면이 가장 잘 팔렸는데 최근 너도나도 매운맛을 만들다 보니 우리 회사 제품의 매출이 상대적으로 줄어든 것 같아서 신제품 개발을 위해 오늘 회의를 진행하게 되었습니다. 아주 중요한 회의이니만큼 각자 좋은 의견을 내주시기 바랍니다.

A : 저는 사실 저희 라면이 그렇게 매출이 좋았던 것도 아닌데 괜한 걱정을 하는 것이라고 생각해요. 그냥 전이랑 비슷한 라면에 이름만 바꿔서 출시하면 안 됩니까?

B : 하지만 그렇게 했다간 입소문이 안 좋아져서 회사가 문을 닫게 될지도 모릅니다.

C : 그나저나 이번에 타사에서 출시된 까불면이 아주 맛있던데요?

E : 까불면도 물론 맛있긴 하지만, 팀장님 말씀대로 매운맛하면 저희 회사 제품이 가장 잘 팔린 것으로 알고 있습니다. 더 다양한 소비자층을 끌기 위해 조금 더 매운맛과 덜 매운맛까지 3가지 맛을 출시하면 매출성장에 도움이 될 것 같습니다.

C : D씨는 어때요? 의견이 없으신가요?

D : 어…그…저는…그, 글쎄요…매, 매운 음식을 잘…못 먹어서….

① A   ② B

③ C   ④ D

⑤ E

04 한국전력공사의 하청업체인 R사 인사팀 직원인 K씨는 입사한 지 2년이 채 안 되었다. 그런데 최근 퇴사하는 사람이 늘고 있어서 고민이다. 다음 R사 임직원들의 근무여건에 관한 자료를 참고하여 설문조사 결과를 반영해 인사제도를 합리적으로 변경한 것은?

〈임직원 근무여건〉

구분	주당 근무일수(평균)	주당 근무시간(평균)	직무교육여부	퇴사율
정규직	6일	52시간 이상	○	17%
비정규직1	5일	40시간 이상	○	12%
비정규직2	5일	20시간 이상	×	25%

① 정규직의 연봉을 7% 인상한다.
② 정규직을 비정규직으로 전환한다.
③ 비정규직1의 직무교육을 비정규직2와 같이 조정한다.
④ 정규직의 주당 근무일수와 근무시간을 비정규직1과 같이 조정하고 비정규직2의 직무교육을 시행한다.
⑤ 비정규직2의 근무일수를 정규직과 같이 조정한다.

05 한국전력공사의 인재개발원에 근무하고 있는 H씨는 신입사원 교육을 위한 스크린을 구매하려고 한다. 다음 〈조건〉에 따라 스크린을 구매할 때, 가장 적절한 것은?

> **조건**
> • 조명도는 5,000lx 이상이어야 한다.
> • 예산은 150만 원이다.
> • 제품에 이상이 생겼을 때 A/S가 신속해야 한다.
> • 위 조건을 모두 충족할 시, 가격이 저렴한 제품을 가장 우선으로 선정한다.
> ※ lux(럭스) : 조명이 밝은 정도를 말하는 조명도에 대한 실용단위로 기호는 lx이다.

	가격(만 원)	조명도(lx)	특이사항
①	180	8,000	2년 무상 A/S 가능
②	120	6,000	해외직구(해외 A/S)
③	100	3,500	미사용 전시 제품
④	150	5,000	미사용 전시 제품
⑤	130	7,000	2년 무상 A/S 가능

P과장 : H대리, 이번 주 수요일에 각 지역본부에서 정기회의가 잡혀 있어요. 이번에는 중요한 업무가 있어
직접 가기 어려우니 대신 참여해주길 바랍니다. 아직 지역본부별 회의시간이 정해지지 않았다고
하는데, 본사에서 제안하는 시간에 맞춰 정한다고 하더군요. 구체적인 일정은 H대리가 공유해주세
요. 참! 이번에 새로 들어온 K사원도 함께 다녀와요. 본사 앞에 있는 버스 정류장에서 버스를 타면,
서울역까지는 15분이면 도착해요. 우선 본사에 들러서 준비한 다음, 근무시작 시간인 오전 09:00
에 출발하면 됩니다. 그리고 서울에 도착하면 회사에 올 필요 없이 바로 퇴근하세요. 시간외 근무
수당은 서울역에 도착하는 시간까지 계산됩니다. 영수증은 반드시 챙겨야 해요.

⟨KTX 소요시간⟩

구분	서울역 ↔ 대전역	대전역 ↔ 울산역	울산역 ↔ 부산역
소요시간	1시간	1시간 20분	30분

※ KTX는 각 역에서 매시 정각부터 20분 간격으로 출발한다(정각, 20분, 40분 출발).
※ 여러 역을 거칠 경우 총 소요시간은 해당 구간별 소요시간을 합산한 시간으로 한다.

⟨직급별 시간외 근무수당⟩

구분	사원	주임	대리	과장
수당	15,000원/시간	20,000원/시간	30,000원/시간

※ 시간외 근무수당 : 정규 근무시간을 초과하여 근로한 사람에게 지급하는 수당(정규 근무시간 : 주 40시간, 일 8시간,
점심시간 제외)
※ 수당은 시간기준으로 정산하고, 잔여 근로시간이 30분을 초과할 경우 근무수당의 50%를 지급한다.

❘ 자원관리능력(하반기)

06 H대리는 P과장의 업무 지시에 따라 각 지역본부에 회의 일정을 공유하려고 한다. 다음 ⟨조건⟩에
따라 시간외 근무수당이 가장 적게 드는 방법으로 다녀오고자 할 때, 그 금액으로 가장 적절한
것은?

조건

• 지역본부는 대전본부, 울산본부, 부산본부가 있으며, 회의는 모든 지역본부에서 진행된다.
• 각 역에서 지역본부와의 거리는 모두 10분이 걸린다.
• 회의는 매시 정각이나 30분에 시작하며, 회의에 걸리는 시간은 90분이다.
• 지역별 회의는 정규 근무시간 내에 이뤄진다.
• 점심 및 저녁에 대한 시간은 고려하지 않는다.

① 105,000원   ② 120,000원
③ 145,000원   ④ 150,000원
⑤ 215,000원

07 H대리는 **06**번 문제에서 도출한 회의일정을 지역본부에 모두 공유하였다. 또한 지역별로 출장을 가는 김에 거래처도 함께 방문하고자 한다. 다음 〈조건〉에 따라 최대한 많은 거래처를 다녀오려고 한다면 몇 곳을 다녀올 수 있는가?

> **조건**
> • 거래처는 지역별(대전·울산·부산)로 3곳이 있으며, 지역별로 거래처 1곳 이상은 반드시 방문해야 한다.
> • 역과 지역본부 및 거래처 간의 거리는 모두 10분이 걸린다.
> • 거래처에 방문하여 업무를 보는 시간은 고려하지 않는다.
> • 시간외 근무수당은 앞 문제에서 도출한 금액으로 고정한다.
> • 기타 조건은 앞에서 제시된 것과 동일하다.

① 2곳   ② 3곳
③ 4곳   ④ 5곳
⑤ 6곳

08 모스크바 지사에서 일하고 있는 A대리는 밴쿠버 지사에 업무협조 메일을 보내려고 한다. 모스크바에서 4월 22일 오전 10시 15분에 밴쿠버 지사로 업무협조 메일을 보냈을 때, 〈조건〉에 따라 밴쿠버 지사에서 가장 빨리 메일을 확인할 수 있는 시각은?

> **조건**
> • 밴쿠버는 모스크바보다 10시간이 늦다.
> • 밴쿠버 지사의 업무시간은 오전 10시부터 오후 6시까지이다.
> • 밴쿠버 지사에서는 4월 22일 오전 10시부터 15분간 전력점검행사를 진행했다.

① 4월 22일 오전 10시
② 4월 22일 오전 10시 15분
③ 4월 22일 오후 05시 15분
④ 4월 23일 오전 10시 35분
⑤ 4월 23일 오후 12시 20분

※ 다음은 한국전력공사 핵심성과지표(KPI)를 토대로 직원들의 인사점수를 산정한 자료이다. 이어지는 질문에 답하시오. [9~10]

<개별 인사점수>

내용	리더십	조직기여도	성과	교육이수여부	부서
L과장	88점	86점	83점	×	영업부
M차장	92점	90점	88점	○	고객만족부
N주임	90점	82점	85점	×	IT부
O사원	90점	90점	85점	×	총무부
P대리	83점	90점	88점	○	영업부

※ 교육을 이수하였으면 20점을 가산한다.
※ 사원 ~ 주임은 50점, 대리는 80점, 과장 이상의 직급은 100점을 가산한다.

<부서 평가>

구분	영업부	총무부	IT부	고객만족부	기획부
등급	A	C	B	A	B

※ 부서 평가 등급이 A등급인 부서는 조직기여도 점수에 1.5배, B등급은 1배, C등급은 0.8배로 계산한다.

09 총 점수가 400점 이상 410점 이하인 직원은 모두 몇 명인가?

① 1명　　　　　　　　　　② 2명
③ 3명　　　　　　　　　　④ 4명
⑤ 5명

10 다음 중 가장 높은 점수를 받은 직원은 누구인가?

① L과장　　　　　　　　　② M차장
③ N사원　　　　　　　　　④ O사원
⑤ P대리

11 K사는 2018년 1월에 정년퇴임식을 할 예정이다. A사원은 퇴직자 명단을 엑셀로 정리하고 〈조건〉에 따라 행사물품을 준비하려고 한다. 〈보기〉 중 옳은 것을 모두 고르면?

◢	A	B	C	D	E
1	퇴직자	소속부서	팀원 수	팀장	입사연도
2	A씨	회계	8	1	2001년
3	B씨	기획	12	2	1993년
4	C씨	인사	11	1	1999년
5	D씨	사무	15	2	2003년
6	E씨	영업	30	5	2001년
7	F씨	관리	21	4	1997년
8	G씨	생산	54	7	2004년
9	H씨	품질관리	6	1	2011년
10	I씨	연구	5	1	1996년
11	J씨	제조	34	6	2004년

조건
- 행사에는 퇴직자가 속한 부서의 팀원들만 참석한다.
- 퇴직하는 직원이 소속된 부서당 화분 1개가 필요하다.
- 퇴직자를 포함하여 근속연수 20년 이상인 직원에게 감사패를 준다.
- 볼펜은 행사에 참석한 직원 1인당 1개씩 지급한다.
- 팀원에는 팀장도 포함되어 있다.

보기
- ㉠ 화분은 총 9개가 필요하다.
- ㉡ 감사패는 4개 필요하다.
- ㉢ 볼펜은 [C2:C11]의 합계만큼 필요하다.

① ㉠
② ㉡
③ ㉢
④ ㉠, ㉢
⑤ ㉡, ㉢

12 다음은 한국전력공사의 전화응대 매뉴얼이다. 매뉴얼을 참고했을 때, 가장 적절한 답변은?

〈전화응대 매뉴얼〉

1. 전화를 받을 땐 먼저 본인의 소속과 이름을 밝힌다.
2. 동료가 자리를 비울 땐 전화를 당겨 받는다.
3. 전화 당겨 받기 후 상대방에게 당겨 받은 이유를 설명한다.
4. 친절하게 응대한다.
5. 통화내용을 메모로 남긴다.
6. 전화 끊기 전 메모 내용을 다시 한번 확인한다.
7. 시간 지체가 없도록 펜과 메모지를 항상 준비해 둔다.

A사원 : 네, 전화받았습니다. … ①
B사원 : 안녕하세요. 송전부 C대리님 자리에 안계신가요?
A사원 : 네, C대리님이 오늘부터 이틀간 지방 출장이셔서 제가 대신 받았습니다. … ②
B사원 : 네, 그렇군요. 여기는 서비스부서입니다.
A사원 : 무슨 일이신데요? … ③
B사원 : 다름이 아니라 고객 문의 사항 회신관련 답변이 없어 전화했습니다.
A사원 : 죄송합니다만, 제 담당이 아니라 잘 알지 못합니다.
B사원 : 그러면, 담당자분께 고객이 직접 전화 달라는 내용 좀 전해주시겠습니까?
A사원 : 네, 잠시만요. 메모지 좀 찾을게요…. … ④
　　　　 담당자가 오시면 메모 전해드리겠습니다. … ⑤
B사원 : 네, 감사합니다.

13 다음은 OECD 32개국의 고용률과 인구증가율을 4분면으로 나타낸 것이다. 주어진 데이터 표를 보고 기호와 국가가 바르게 짝지어진 것은?

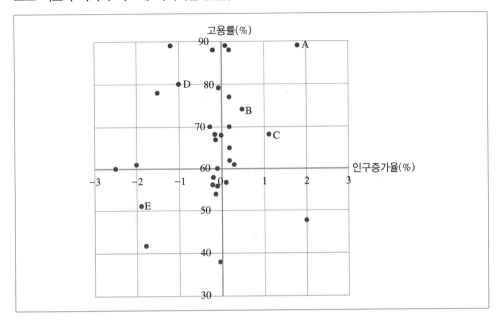

구분	호주	벨기에	헝가리	멕시코	일본	캐나다	독일	덴마크	한국	프랑스
고용률(%)	89	62	80	68	51	74	88	79	42	68
인구증가율(%)	1.8	0.2	−1.0	−0.03	−1.9	0.5	0.18	−0.05	−1.8	1.1

① A – 캐나다
③ C – 멕시코
⑤ E – 한국

② B – 독일
④ D – 헝가리

14 다음 주어진 자료를 보고 A, B고객이 결제할 총액을 바르게 연결한 것은?

구분	금액(원)	비고
전복(1kg)	50,000	–
블루베리(100g)	1,200	–
고구마(100g)	5,000	–
사과(5개)	10,000	–
오렌지(8개)	12,000	–
우유(1L)	3,000	S우유 구매 시 200원 할인
소갈비(600g)	20,000	LA갈비 18,000원
생닭(1마리)	9,000	손질 요청 시 1,000원 추가
배송	3,000	12만 원 이상 구매 시 무료
신선포장	1,500	–
봉투	100	배송 시 무료 제공

※ S카드로 결제 시 총결제금액의 5% 할인

고객	품목	비고
A	전복(1kg), 블루베리(600g), 고구마(200g), 사과(10개), 오렌지(8개), 우유(1L)	배송, 신선포장, 봉투 1개 필요, 현금결제
B	블루베리(200g), 오렌지(8개), S우유(1L), 소갈비(600g), 생닭(1마리)	생닭 손질, 봉투 2개 필요, S카드결제

	A	B
①	106,500원	45,030원
②	105,600원	44,080원
③	105,600원	45,030원
④	106,700원	45,030원
⑤	106,700원	44,080원

15 다음 지문을 보고 직장생활에 올바르게 적용한 사람은?

> 정의는 선행이나 호의를 베푸는 것과 아주 밀접한 관련이 있다. 그러나 선행이나 호의에도 몇 가지
> 주의할 점이 있다. 첫째, 받는 자에게 피해가 되지 않도록 주의하고 둘째, 베푸는 자는 자신이 감당
> 할 수 있는 능력 내에서 베풀어야 하며 셋째, 각자 받을 만한 가치에 따라서 베풀어야 한다.
> – 키케로 『의무론』
>
> 공자께서 말씀하시기를 "윗사람으로서 아랫사람을 너그럽게 관용할 줄 모르고, 예도를 행함에 있어
> 공경심이 없으며, 사람이 죽어 장례를 치르는 문상자리에서도 애도할 줄 모른다면 그런 인간을 어찌
> 더 이상 볼 가치가 있다 하겠느냐?"라고 하였다.
> – 『논어』 팔일 3-26

① A사원 : 며칠 후에 우리 부장님 생신이라 비상금을 털어서 고급 손목시계 하나 해 드리려고.
② B과장 : 출근해서 사원들과 즐겁게 아침인사를 나누었어. 내가 먼저 반갑게 아침인사를 건네면
　　　　　기분이 좋아져 좋은 하루를 보낼 수 있거든.
③ C사원 : 내가 준 김밥을 먹고 배탈이 났다고? 냉장보관을 안하긴 했는데….
④ D부장 : G사원이 어제 회식자리에서 내 옷에 김칫국물을 흘렸으니 세탁비를 받아야겠어.
⑤ E사원 : 지난주에 장례식장에 갔는데 육개장이 그렇게 맛있더라고.

16 직원 A ~ P 16명이 야유회에 가서 4명씩 4개의 조로 행사를 한다. 첫 번째 이벤트에서 같은 조였던
사람은 두 번째 이벤트에서 같은 조가 될 수 없다. 두 번째 이벤트에서 1, 4조가 〈보기〉처럼 주어졌
을 때, 나머지 두 개 조의 조합은 몇 가지인가?

> **보기**
> • 1조 : I, J, K, L
> • 4조 : M, N, O, P

① 8가지　　　　　　　　　　　② 10가지
③ 12가지　　　　　　　　　　④ 14가지
⑤ 16가지

17 한국전력공사 인사처에서 근무하는 W대리는 2박 3일간 실시하는 신입사원 연수에 관한 기획안과 예산안을 작성해 제출해야 한다. 그중 식사에 관한 예산을 측정하기 위해 연수원에서 다음과 같이 메뉴별 가격 및 안내문을 받았다. 연수를 가는 신입사원은 총 50명이지만 이 중 15명은 둘째 날 오전 7시에 후발대로 도착할 예정이고, 예산은 최대 금액으로 편성하려 할 때 W대리가 식사비 예산으로 측정할 금액은?

〈메뉴〉

정식 ·· 9,000원
일품 ·· 8,000원
스파게티 ······································ 7,000원
비빔밥 ·· 5,000원
낙지덮밥 ······································ 6,000원

〈안내문〉

• 식사시간 : (조식) 08:00 ~ 09:00 / (중식) 12:00 ~ 13:00 / (석식) 18:00 ~ 19:00
• 편의를 위하여 도착 후 첫 식사인 중식은 정식, 셋째 날 마지막 식사인 조식은 일품으로 통일한다.
• 나머지 식사는 정식과 일품을 제외한 메뉴에서 자유롭게 선택한다.

① 1,820,000원
② 1,970,000원
③ 2,010,000원
④ 2,025,000원
⑤ 2,070,000원

18 다음 자료를 참고할 때, 총예산 안에서 하루 동안 고용할 수 있는 최대 인원은?

총예산	본예산	500,000원
	예비비	100,000원
고용비	1인당 수당	50,000원
	산재보험료	(수당)×0.504%
	고용보험료	(수당)×1.3%

※ 고용비는 1일 1인 기준이다.

① 10명
② 11명
③ 12명
④ 13명
⑤ 14명

19 〈조건〉을 참고하여 기안문을 수정하려고 한다. 다음 중 필요 없는 단축키는?

	A	B	C	D	E	F	G	H	I
1				기안문					
2	문서번호		185791		결 재	담당	과장	부장	사장
3	기안일자		2017.05.04			최신식			
4	시행일자		2017.07.25						
5	보존기한		2018.05.25						
6	장소		강남		참석대상		만 8세 미만 아이를 둔 부모		
7	목적		판매촉진		예상인원		150 ～ 200명		
8	제목 : 베이비아토 홍보를 위한 무료 배포 행사								
9									
10									
11	1. 베이비아토는 민감성 피부를 가진 영유아를 대상으로 만들어진 기능성 화장품으로써 만 8세								
12	미만의 아이를 둔 부모의 관심이 높습니다.								
13	2. 특히 미세먼지로 인해 아이들의 피부 트러블이 심해지고 있어 베이비아토처럼 순한 화장품에								
14	대한 관심이 더욱 높아질 것으로 판단됩니다.								
15	3. 무료 배포를 통해 브랜드 홍보효과를 볼 수 있을 것으로 기대되므로 재가하여 주시기 바랍니다.								
16									
17	– 다음 –								
18									
19	(1) 소요예산 : 870,000원 (2) 기대효과 : 브랜드 홍보와 베이비아토 제품 판매촉진								
20									
21									

> **조건**
> - [A1] 셀의 글자를 굵게 하고 크기를 13p로 바꾼다.
> - [A2:I21] 셀의 테두리를 굵은 바깥쪽 테두리로 설정한다.
> - 기안문의 내용 부분에 기대효과의 내용을 줄바꿈하여 소요예산과 좌측정렬로 배치한다.

① 〈Ctrl〉+〈Shift〉+〈P〉
② 〈Alt〉+〈Enter〉
③ 〈Ctrl〉+〈1〉
④ 〈Ctrl〉+〈B〉
⑤ 〈Ctrl〉+〈I〉

※ P회사의 컴퓨터기기 유지 및 보수 업무를 담당하는 Y사원은 세 개의 부서에서 받은 컴퓨터 점검 및 수리 요청 내역과 수리요금표를 다음과 같이 정리하였다. 자료를 보고 이어지는 질문에 답하시오. **[20~22]**

〈점검 및 수리 요청 내역〉

구분	수리 요청 내역	요청인원(명)	비고
A부서	RAM 8GB 교체	12	요청인원 중 3명은 교체+추가설치 희망
	SSD 250GB 추가 설치	5	–
	프로그램 설치	20	• 문서작성 프로그램 : 10명 • 3D그래픽 프로그램 : 10명
B부서	HDD 1TB 교체	4	요청인원 모두 교체 시 HDD 백업 희망
	HDD 포맷·배드섹터 수리	15	–
	바이러스 치료 및 백신 설치	6	–
C부서	외장 VGA 설치	1	
	HDD 데이터 복구	1	• 원인 : 하드웨어적 증상 • 복구용량 : 270GB
	운영체제 설치	4	회사에 미사용 정품 설치 USB 보유

※ HDD 데이터 복구의 경우 서비스센터로 PC를 가져가 진행한다.

〈수리요금표〉

구분	수리 내역		서비스비용(원)	비고
H/W	교체 및 설치	RAM(8GB)	8,000	부품비용 : 96,000원
		HDD(1TB)	8,000	부품비용 : 50,000원
		SSD(250GB)	9,000	부품비용 : 110,000원
		VGA(포스 1060i)	10,000	부품비용 : 300,000원
	HDD 포맷·배드섹터 수리		10,000	–
	HDD 백업		100,000	–
S/W	프로그램 설치		6,000	그래픽 관련 프로그램 설치 시 개당 추가 1,000원의 비용 발생
	바이러스 치료 및 백신 설치		10,000	–
	운영체제 설치		15,000	정품 미보유 시 정품 설치 USB 개당 100,000원의 비용 발생
	드라이버 설치		7,000	–
데이터 복구	하드웨어적 원인(~160GB)		160,000	초과용량의 경우 1GB당 5,000원의 비용 발생
	소프트웨어적 원인		180,000	–

※ 프로그램·드라이버 설치 서비스비용은 개당 비용이다.
※ H/W를 교체·설치하는 경우 수리요금은 서비스비용과 부품비용을 합산하여 청구한다.
※ 하나의 PC에 같은 부품을 여러 개 교체·설치하는 경우 부품의 개수만큼 서비스비용이 발생한다.

20 다음 중 A부서의 수리 요청 내역과 수리요금이 바르게 짝지어진 것은?

	수리 요청 내역	수리요금
①	RAM 8GB 교체	1,248,000원
②	RAM 8GB 교체	1,560,000원
③	SSD 250GB 추가 설치	550,000원
④	프로그램 설치	100,000원
⑤	프로그램 설치	120,000원

21 다음 중 B부서에 청구되어야 할 수리비용은?

① 742,000원   ② 778,000원
③ 806,000원   ④ 842,000원
⑤ 876,000원

22 HDD 데이터 복구를 요청한 C부서의 U과장이 Y사원에게 며칠 후에 PC를 다시 받을 수 있는지 물어왔다. 다음의 데이터 복구 관련 안내문을 참고했을 때, Y사원이 U과장에게 안내할 기간은?

〈데이터 복구 관련 안내문〉

• 복구 전 진단을 시행하며, 이때 소요되는 시간은 2시간입니다.
• 시간당 데이터 복구량은 7.5GB입니다.
• 수리를 마친 다음 날 직접 배송해 드립니다.

① 3일   ② 4일
③ 5일   ④ 6일
⑤ 7일

※ 다음은 스케줄 조정을 위한 마케팅부의 대화 내용이다. C차장 입장에서 본 메신저일 때 이어지는 질문에 답하시오. [23~24]

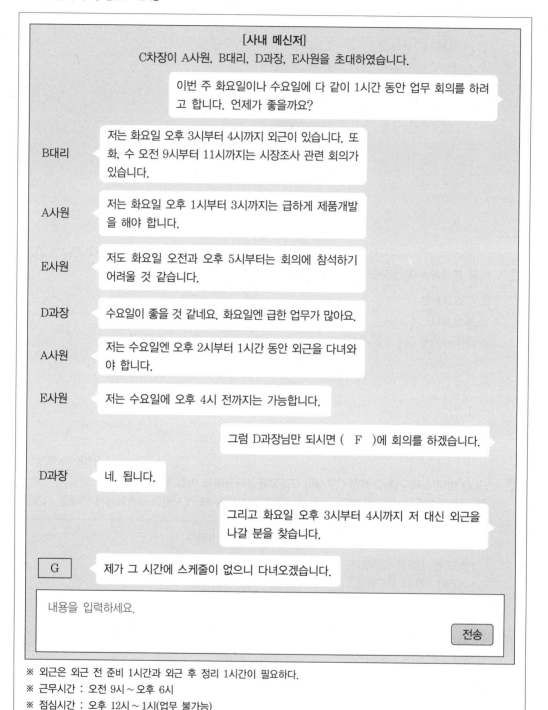

[사내 메신저]
C차장이 A사원, B대리, D과장, E사원을 초대하였습니다.

이번 주 화요일이나 수요일에 다 같이 1시간 동안 업무 회의를 하려고 합니다. 언제가 좋을까요?

B대리
저는 화요일 오후 3시부터 4시까지 외근이 있습니다. 또 화, 수 오전 9시부터 11시까지는 시장조사 관련 회의가 있습니다.

A사원
저는 화요일 오후 1시부터 3시까지는 급하게 제품개발을 해야 합니다.

E사원
저도 화요일 오전과 오후 5시부터는 회의에 참석하기 어려울 것 같습니다.

D과장
수요일이 좋을 것 같네요. 화요일엔 급한 업무가 많아요.

A사원
저는 수요일엔 오후 2시부터 1시간 동안 외근을 다녀와야 합니다.

E사원
저는 수요일에 오후 4시 전까지는 가능합니다.

그럼 D과장님만 되시면 (F)에 회의를 하겠습니다.

D과장
네. 됩니다.

그리고 화요일 오후 3시부터 4시까지 저 대신 외근을 나갈 분을 찾습니다.

G
제가 그 시간에 스케줄이 없으니 다녀오겠습니다.

내용을 입력하세요.

전송

※ 외근은 외근 전 준비 1시간과 외근 후 정리 1시간이 필요하다.
※ 근무시간 : 오전 9시 ~ 오후 6시
※ 점심시간 : 오후 12시 ~ 1시(업무 불가능)

23 다음 중 빈칸 F에 들어갈 회의시간은?

① 수요일 오전 10시
② 수요일 오전 11시
③ 수요일 오후 1시
④ 수요일 오후 3시
⑤ 수요일 오후 4시

24 다음 중 빈칸 G에 들어갈 직원은?

① A사원
② B대리
③ D과장
④ E사원
⑤ 없음

25 S사는 제품 a, b에 대한 상품성을 조사하기 위해 임의로 400명을 선정하여 선호도 조사를 하였다. 응답률은 25%였고 복수응답이 가능했다. 제품 a를 선호하는 사람은 41명, 제품 b를 선호하는 사람은 57명으로 집계되었다. 제품 a, b 둘 다 선호하지 않는 사람의 수는 제품 a, b 둘 다 선호하는 사람 수의 두 배보다 3명이 적을 때 제품 a, b 둘 다 선호하지 않는 사람은 몇 명인가?

① 5명
② 6명
③ 7명
④ 8명
⑤ 9명

26 다음 설명을 참고하여 기사를 읽고 한국자동차가 취할 수 있는 전략으로 옳은 것은?

'SWOT'는 Strength(강점), Weakness(약점), Opportunity(기회), Threat(위협)의 머리글자를 따서 만든 단어로 경영 전략을 세우는 방법론이다. SWOT로 도출된 조직의 내·외부 환경을 분석하고, 이 결과를 통해 대응전략을 구상할 수 있다. 'SO(강점 – 기회)전략'은 기회를 활용하기 위해 강점을 사용하는 전략이고, 'WO(약점 – 기회)전략'은 약점을 보완 또는 극복하여 시장의 기회를 활용하는 전략이다. 'ST(강점 – 위협)전략'은 위협을 피하기 위해 강점을 활용하는 방법이며 'WT(약점 – 위협)전략'은 위협요인을 피하기 위해 약점을 보완하는 전략이다.

- 새로운 정권의 탄생으로 자동차 업계 내 새로운 바람이 불 것으로 예상된다. H당선인이 이번 선거에서 친환경차 보급 확대를 주요 공약으로 내세웠고, 공약에 따라 전기자동차에 대한 지원과 함께 친환경차 보급 확대에 적극 나설 것으로 보이기 때문이다. H당선인은 공공기관용 친환경차 비율을 70%로 상향시키기로 하고, 친환경차 보조금 확대 등을 통해 친환경차 보급률을 높이겠다는 계획을 세웠다. 또한 최근, 환경을 생각하는 국민 의식의 향상과 친환경차의 연비 절감 부분이 친환경차 구매욕구 상승에 기여하고 있다.
- 한국자동차는 기존에 전기자동차 모델들을 꾸준히 출시하여 성장세가 두드러지고 있는데다 고객들의 다양한 구매 욕구를 충족시킬만한 전기자동차 상품의 다양성을 확보하였다. 또한 한국자동차의 전기자동차 미국 수출이 증가하고 있는 만큼 전망도 밝을 것으로 예상된다.

① SO전략
② WO전략
③ ST전략
④ WT전략
⑤ 없음

27 한국전력공사 기획처에 근무하는 A ~ E 중 2명은 L카드를 사용하고 3명은 K카드를 사용한다. L카드 이용자의 연령대는 모두 30대이고, K카드를 사용하는 사람 모두 자동차가 있다. 다음 중 네 사람만 참을 말하고 있을 때, 거짓을 말하고 있는 사람은?

① A : "C의 나이는 30대야."
② B : "나는 자동차를 가지고 있어."
③ C : "A는 L카드를 사용하고 있어."
④ D : "E는 L카드를 사용하지 않아."
⑤ E : "C와 D는 서로 다른 카드를 사용하고 있어."

28 K공사의 사원인 귀하는 상사로부터 다음과 같은 내용의 사내메일을 받았다. 다음 중 가장 적절한 조사 방법은?

> 수신 : ○○○
> 발신 : □□□
> 제목 : 설문조사를 실시하세요.
> 내용 : ○○○씨, 다음 달인 7월부터 8월까지 두 달간 전국 1급 국립박물관의 관장을 대상으로 설문조사를 실시하세요. 설문문항은 설문시간이 60분이 되도록 맞춰야 하며 조사결과는 모두 회수해야 합니다. 주의사항은 질문이 유출되어서는 안 된다는 것입니다. 조사 시 각각의 조사대상자별로 공통 설문문항 외에 우리 회사에 대한 인식이나 사용하고 있는 제품이 있으면 상품평을 간단하게 물어봤으면 합니다.

구분	장점	단점
면접조사	• 응답률이 높음 • 응답자의 오해를 최소화할 수 있음 • 본인에게서 응답을 얻을 수 있음 • 구체적으로 질문할 수 있음	• 조사원의 개인차에 의한 편견과 부정의 소지가 있음 • 시간이 오래 걸림
전자조사	• 비용이 적음 • 발송 / 회신이 빠름	• 회신율 보장 못함 • 특정 계층에 집중될 수 있음 • 보안이 약함
우편조사	• 비용이 비교적 적음 • 넓은 지역에 유리	• 회신율이 낮음 • 응답자가 설문을 잘 이해하지 못할 수 있음
전화조사	• 응답률이 높음 • 신속하고 쉽게 할 수 있음 • 응답자의 오해를 최소화할 수 있음 • 응답자의 얼굴이 보이지 않으므로 자유롭게 생각을 말할 가능성이 높음	• 보안 유지가 어려움 • 물건판매로 오해하여 응답에 비협조적일 수 있음 • 번호가 정확하지 않을 수 있음 • 시간제한이 있음
집합조사	• 응답률 높음 • 조사의 설명이나 조건 등이 모든 응답자에게 평등함 • 비용이 적음 • 조사원의 수가 적음	• 응답자를 동일 장소에 모으기 어려움

① 면접조사　　　　　　　　　　② 전자조사
③ 우편조사　　　　　　　　　　④ 전화조사
⑤ 집합조사

정답 및 해설 p.055

※ 다음 제시된 9개의 단어 중 3개의 단어와 공통 연상되는 단어를 고르시오. [1~3]

│ 의사소통능력(하반기)

01

희다	탄산	육면체
플라스틱	장조림	얼음
짜다	바다	안경

① 눈
③ 큐브
⑤ 소금

② 간장
④ 콜라

│ 의사소통능력(하반기)

02

편지	밥	야구공
그물	약속	일기
빈대떡	키보드	비밀

① 치다
③ 쓰다
⑤ 부치다

② 먹다
④ 지키다

│ 의사소통능력(하반기)

03

지도	장미	GPS
카드	선인장	오아시스
별자리	바퀴	이름

① 위치
③ 사막
⑤ 자동차

② 명함
④ 가시

※ 제시된 낱말과 동일한 관계가 성립하도록 괄호 안에 들어갈 적절한 단어를 고르시오. [4~6]

04

오페라 : 서곡 = 연극 : (   )

① 에필로그　　　　　　　　② 프롤로그
③ 플롯　　　　　　　　　　④ 피날레
⑤ 리브레토

05

이불 : 보온 = (   ) : (   )

① 시계 – 무브먼트　　　　② 컴퓨터 – 키보드
③ 안경 – 패션　　　　　　④ 항아리 – 저장
⑤ 카메라 – 렌즈

06

(   ) : (   ) = 제주도 : 하와이

① 커피 – 녹차　　　　　　② 야구 – 투수
③ 테니스 – 라켓　　　　　④ 전화 – 다이얼
⑤ 피라미드 – 미라

07 어느 건물의 엘리베이터의 속력은 0.7m/s이고, 한 층의 높이는 2.8m이다. A는 엘리베이터를 타고, B는 계단을 이용하여 1층에서 동시에 출발하였다. 4층에 도착했을 때 B가 A보다 3초 더 빨리 도착했다면 B의 이동거리는 몇 m인가?(단, B의 속도는 am/s라고 가정한다)

① $8a$

② $9a$

③ $10a$

④ $11a$

⑤ $12a$

08 A회사에서는 직원들에게 다양한 혜택이 있는 복지카드를 제공한다. 복지카드의 혜택 사항과 B사원의 하루 일과가 다음과 같을 때, ⓐ ~ ⓔ 중에서 복지카드로 혜택을 볼 수 없는 행동은?

〈복지카드 혜택사항〉

구분	세부내용
교통	대중교통(지하철, 버스) 3 ~ 7% 할인
의료	병원 5% 할인(동물병원 포함, 약국 제외)
쇼핑	의류, 가구, 도서 구입 시 5% 할인
영화	영화관 최대 6천 원 할인

〈B사원의 하루 일과〉

B는 오늘 친구와 백화점에서 만나 쇼핑을 하기로 약속을 했다. 집에서 ⓐ 지하철을 타고 약 20분이 걸려 백화점에 도착한 B는 어머니 생신 선물로 ⓑ 화장품과 가방을 산 후, 동생의 이사 선물로 줄 ⓒ 침구류도 구매하였다. 쇼핑이 끝난 후 B는 ⓓ 버스를 타고 집에 돌아와 자신이 키우는 애완견의 예방접종을 위해 ⓔ 병원에 가서 진료를 받았다.

① ⓐ, ⓑ, ⓓ

② ⓑ, ⓒ

③ ⓐ, ⓑ, ⓒ

④ ⓒ, ⓔ

⑤ ⓒ, ⓓ, ⓔ

09 A기업에서는 2월 셋째 주에 연속 이틀에 걸쳐 본사에 있는 B강당에서 인문학 특강을 진행하려고 한다. 강당을 이용할 수 있는 날과 강사의 스케줄을 고려할 때 섭외 가능한 강사는?

〈B강당 이용 가능 날짜〉

구분	월요일	화요일	수요일	목요일	금요일
오전(9시~12시)	×	○	×	○	○
오후(13시~14시)	×	×	○	○	×

※ 가능 : ○, 불가 : ×

〈섭외 강사 후보 스케줄〉

A강사	매주 수~목요일 10~14시 문화센터 강의
B강사	첫째 주, 셋째 주 화요일, 목요일 10시~14시 대학교 강의
C강사	매월 첫째 주~셋째 주 월요일, 수요일 오후 12시~14시 면접 강의
D강사	매주 수요일 오후 14시~16시, 금요일 오전 9시~12시 도서관 강좌
E강사	매월 첫째, 셋째 주 화~목 오전 9시~11시 강의

※ A기업 본사까지의 이동거리와 시간은 고려하지 않음
※ 강의는 연속 이틀로 진행되며 강사는 동일해야 한다.

① A, B강사
② B, C강사
③ C, D강사
④ C, E강사
⑤ D, E강사

10 한국전력공사에서는 약 2개월 동안 근무할 인턴사원을 선발하고자 다음과 같은 공고를 게시하였다. 이에 지원한 A ~ E 중에서 한국전력공사의 인턴사원으로 가장 적합한 지원자는?

〈인턴 모집 공고〉

• 근무기간 : 약 2개월(6월 ~ 8월)
• 자격 요건
  - 1개월 이상 경력자
  - 포토샵 가능자
  - 근무 시간(9시 ~ 18시) 이후에도 근무가 가능한 자
• 기타사항
  - 경우에 따라서 인턴 기간이 연장될 수 있음

지원자	내용
A지원자	• 경력사항 : 출판사 3개월 근무 • 포토샵, 워드프로세서 자격증 취득 • 대학 휴학 중(9월 복학 예정)
B지원자	• 경력 사항 : 없음 • 포토샵 능력 우수 • 전문대학 졸업
C지원자	• 경력 사항 : 마케팅 회사 1개월 근무 • 컴퓨터 활용 능력 上(포토샵, 워드프로세서, 파워포인트) • 4년제 대학 졸업
D지원자	• 경력 사항 : 제약 회사 3개월 근무 • 포토샵 가능 • 저녁 근무 불가
E지원자	• 경력 사항 : 마케팅 회사 1개월 근무 • 컴퓨터 활용 능력 中(워드프로세서, 파워포인트) • 대학 졸업

① A지원자   ② B지원자
③ C지원자   ④ D지원자
⑤ E지원자

※ K공사는 1년에 15일의 연차를 제공하고, 매달 3일까지 연차를 쓸 수 있다. 제시된 연차 사용 내역을 보고 이어지는 질문에 답하시오. [11~12]

<table>
<tr><th colspan="4">〈A ~ E사원의 연차 사용 내역(1 ~ 9월)〉</th></tr>
<tr><th>1 ~ 2월</th><th>3 ~ 4월</th><th>5 ~ 6월</th><th>7 ~ 9월</th></tr>
<tr>
<td>• 1월 9일 : D, E사원
• 1월 18일 : C사원
• 1월 20 ~ 22일 : B사원
• 1월 25일 : D사원</td>
<td>• 3월 3 ~ 4일 : A사원
• 3월 10 ~ 12일 : B, D사원
• 3월 23일 : C사원
• 3월 25 ~ 26일 : E사원</td>
<td>• 5월 6 ~ 8일 : E사원
• 5월 12 ~ 14일 : B, C사원
• 5월 18 ~ 20일 : A사원</td>
<td>• 7월 7일 : A사원
• 7월 18 ~ 20일 : C, D사원
• 7월 25 ~ 26일 : E사원
• 9월 9일 : A, B사원
• 9월 28일 : D사원</td>
</tr>
</table>

11 다음 중 연차를 가장 적게 쓴 사원은?

① A사원
② B사원
③ C사원
④ D사원
⑤ E사원

12 K회사에서는 11월을 집중 근무 기간으로 정하여 연차를 포함한 휴가를 전면 금지할 것이라고 9월 30일에 발표하였다. 이런 상황에서 휴가에 관한 손해를 보지 않는 사원은?

① A, C사원
② B, C사원
③ B, D사원
④ C, D사원
⑤ D, E사원

13 A회사는 7월 중에 신입사원 면접을 계획하고 있다. 면접에는 마케팅팀과 인사팀 차장, 인사팀 부장과 과장, 총무팀 주임이 한 명씩 참여한다. A회사에서는 6 ~ 7월에 계획된 여름 휴가를 팀별로 나누어 간다고 할 때, 다음 중 면접이 가능한 날짜는?

<table>
<tr><th>휴가 규정</th><th>팀별 휴가 일정</th></tr>
<tr>
<td>• 차장급 이상 : 4박 5일
• 대리 ~ 과장 : 3박 4일
• 사원 ~ 주임 : 2박 3일</td>
<td>• 마케팅팀 : 6월 29일부터
• 인사팀 : 7월 6일부터
• 총무팀 : 7월 1일부터</td>
</tr>
</table>

① 7월 1일
② 7월 3일
③ 7월 5일
④ 7월 7일
⑤ 7월 9일

※ 제시된 9개의 단어 중 3개의 단어와 공통 연상되는 단어를 고르시오. [14~16]

14

금메달	바나나	리우
동물	고속버스	손오공
기차표	코코넛	지우개

① 올림픽　　　　　　　② 열대지방
③ 원숭이　　　　　　　④ 과일
⑤ 탈것

15

선풍기	의사	물회
박명	1등	부채
맛집	성형	대회

① 수술　　　　　　　　② 바람
③ 수상　　　　　　　　④ 직업
⑤ 미인

16

산악회	문제	절단
곡예사	이	연
충치	시험	나무

① 줄　　　　　　　　　② 톱
③ 치과　　　　　　　　④ 등산
⑤ 문제집

※ 제시된 낱말과 동일한 관계가 성립하도록 괄호 안에 들어갈 적절한 단어를 고르시오. [17~18]

┃ 의사소통능력(상반기)

17

산삼 : ( ) = 약 : ( )

① 제조 – 제약
② 산 – 병원
③ 한약 – 병원
④ 심마니 – 약사
⑤ 흙 – 풀

┃ 의사소통능력(상반기)

18

얼굴 : 용안 = 입술 : ( )

① 용루(龍淚)
② 액상(額象)
③ 구순(口脣)
④ 어수(御手)
⑤ 옥음(玉音)

┃ 수리능력(상반기)

19 옷이 3가지, 신발이 2가지, 모자가 4가지 있을 때 각각 한 가지씩 고르는 경우의 수는?

① 14가지
② 18가지
③ 24가지
④ 26가지
⑤ 28가지

┃ 수리능력(상반기)

20 A주머니에는 흰색 공 3개, 검은색 공 2개, B주머니에는 흰색 공 2개, 검은색 공 2개가 있다. 각 주머니에서 한 개씩 꺼냈을 때 같은 색의 공이 나올 확률은?

① $\frac{1}{2}$
② $\frac{1}{3}$
③ $\frac{1}{4}$
④ $\frac{1}{5}$
⑤ $\frac{3}{10}$

21 B는 정원이 12명이고 개인 회비가 1인당 20,000원인 모임의 총무이다. 정기 모임을 카페에서 열기로 했는데 음료를 1잔씩 주문하고 음료와 곁들일 음식도 2인에 한 개씩 시킬 예정이다. 다음 〈조건〉을 만족하여 가장 저렴하게 먹을 수 있는 방법으로 메뉴를 주문한 후 남는 돈은?(단, 2명은 커피를 마시지 못한다)

(단위 : 원)

COFFEE		NON-COFFEE		FOOD	
아메리카노	3,500원	그린티라테	4,500원	베이글	3,500원
카페라테	4,100원	밀크티라테	4,800원	치즈케이크	4,500원
카푸치노	4,300원	초코라테	5,300원	초코케이크	4,700원
카페모카	4,300원	곡물라테	5,500원	티라미수	5,500원

> **조건**
> • 10잔 이상의 음료 또는 음식을 구입하면 2잔은 무료로 제공된다(단, 4,500원 이하).
> • 세트 메뉴로 음료와 음식을 구입하면 해당 메뉴 금액의 10%가 할인된다.

① 175,000원
② 178,500원
③ 180,500원
④ 187,500원
⑤ 188,200원

22 A가 350m를 갈 때 B는 500m를 간다. 이때 둘레의 길이가 3,400m인 운동장을 각자 반대 방향으로 돌아서 20분 만에 만났다면 A의 속력은?

① 60m/분
② 70m/분
③ 80m/분
④ 90m/분
⑤ 100m/분

※ 다음은 L문구의 비품 가격표이다. 이어지는 질문에 답하시오. [23~24]

〈비품 가격표〉

품명	수량	단가(원)
라벨지 50mm(세트)	1	18,000
받침대	1	24,000
블루투스 마우스	1	27,000
★특가★ 문서수동세단기(탁상용)	1	36,000
AAA건전지(세트)	1	4,000

※ 3단 받침대는 2,000원 추가
※ 라벨지 91mm 사이즈 변경 구매 시 세트당 5% 금액 추가
※ 블루투스 마우스 3개 이상 구매 시 건전지 3세트 무료 증정

| 자원관리능력(상반기)

23 A회사에서는 2/4분기 비품 구매를 하려고 한다. 다음 주문서대로 주문 시 총 주문 금액은?

주문서			
라벨지 50mm	2세트	받침대	1개
블루투스 마우스	5개	AAA건전지	5세트

① 148,000원
② 183,000원
③ 200,000원
④ 203,000원
⑤ 205,000원

| 자원관리능력(상반기)

24 비품 구매를 담당하는 K사원은 주문 수량을 잘못 기입해서 주문 내역을 수정하였다. 수정 내역대로 비품을 주문했을 때 총 주문 금액은?

주문서			
라벨지 91mm	4세트	3단 받침대	2개
블루투스 마우스	3개	AAA건전지	3세트
문서수동세단기	1개		

① 151,000원
② 244,600원
③ 252,600원
④ 256,600원
⑤ 262,600원

※ 다음은 패시브 하우스(Passive House)와 액티브 하우스(Active House)에 대한 설명이다. 이어지는 질문에 답하시오. [25~26]

패시브 하우스(Passive House)

수동적(Passive)인 집이라는 뜻으로, 능동적으로 에너지를 끌어 쓰는 액티브 하우스에 대응하는 개념이다. 액티브 하우스는 태양열 흡수 장치 등을 이용하여 외부로부터 에너지를 끌어 쓰는 데 비하여 패시브 하우스는 집안의 열이 밖으로 새나가지 않도록 최대한 차단함으로써 화석연료를 사용하지 않고도 실내온도를 따뜻하게 유지한다.

구체적으로는 냉방 및 난방을 위한 최대 부하가 $1m^2$당 10W 이하인 에너지 절약형 건축물을 가리킨다. 이를 석유로 환산하면 연간 냉방 및 난방 에너지 사용량이 $1m^2$당 1.5ℓ 이하에 해당하는데, 한국 주택의 평균 사용량은 16ℓ이므로 80% 이상의 에너지를 절약하는 셈이고 그만큼 탄소배출량을 줄일 수 있다는 의미이기도 하다.

패시브 하우스는 기본적으로 남향(南向)으로 지어 남쪽에 크고 작은 창을 많이 내며, 실내의 열을 보존하기 위하여 3중 유리창을 설치하고, 단열재도 일반 주택에서 사용하는 두께의 3배인 30cm 이상을 설치하는 등 첨단 단열공법으로 시공한다. 단열재는 난방 에너지 사용을 줄이는 것이 주목적이지만, 여름에는 외부의 열을 차단하는 구실도 한다.

또, 폐열회수형 환기장치를 이용하여 신선한 바깥 공기를 내부 공기와 교차시켜 온도차를 최소화한 뒤 환기함으로써 열손실을 막는다. 이렇게 함으로써 난방시설을 사용하지 않고도 한겨울에 실내온도를 약 20℃로 유지하고, 한여름에 냉방시설을 사용하지 않고도 약 26℃를 유지할 수 있다. 건축비는 단열공사로 인하여 일반 주택에 비하여 $1m^2$당 50만 원 정도 더 소요된다.

액티브 하우스(Active House)

태양에너지를 비롯한 각종 에너지를 차단하는 데 목적을 둔 패시브 하우스와 반대로 자연 에너지를 적극 활용한다. 주로 태양열을 적극 활용하기 때문에 액티브 솔라하우스로 불리며 지붕에 태양전지나 반사경을 설치하고 축열조를 설계하여 태양열과 지열을 저장한 후 난방이나 온수시스템에 활용한다. 에너지를 자급자족하는 형태이며 화석연료처럼 사용 후 환경오염을 일으키지 않아 패시브 하우스처럼 친환경적인 건축물로서 의의가 있으며, 최근에는 태양열뿐 아니라 풍력·바이오매스 등 신재생에너지를 활용한 액티브 하우스가 개발되고 있다.

25 다음 중 패시브 하우스(Passive House) 건축 형식이 아닌 것은?

① 폐열회수형 환기장치를 이용해 설치한다.

② 30cm 이상의 단열재를 설치한다.

③ 실내의 열을 보존하는 것이 중요하므로 창문의 개수를 최소화한다.

④ 최대 부하가 $1m^2$당 10W 이하인 에너지 절약형 건축물이다.

⑤ 기본적으로 남향(南向)으로 짓는다.

26 다음 자료를 읽고 알 수 있는 것으로 옳지 않은 것은?

패시브(Passive) 기술	액티브(Active) 기술

• 남향, 남동향 배치, 단열성능 강화
  – 고성능 단열재 벽재, 지붕, 바닥 단열
  – 블록형 단열재, 열반사 단열재, 진공단열재, 흡음단
    열재, 고무발포단열재 등
  – 고기밀성 단열창호
  – 로이유리
  – 단열현관문
  – 열차단 필름
• 외부차양(처마, 전동블라인더)
• LED · 고효율 조명
• 옥상녹화(단열＋친환경)
• 자연채광, 자연환기
• 패시브(Passive) 기술의 예
  – 고성능 단열재, 고기밀성 단열창호, 열차단 필름,
    LED조명
	• 기존의 화석연료를 변환시켜 이용하거나 햇빛, 물, 지
	열, 강수, 생물유기체 등을 포함하여 재생 가능한 에너
	지를 변환시켜 이용하는 에너지
	  – 재생에너지 : 태양광, 태양열, 바이오, 풍력, 수력,
	    해양, 폐기물, 지열
	  – 신에너지 : 연료전지, 석탄액화가스화 및 중질잔사
	    유가스화, 수소에너지
	• 2030년까지 총 에너지의 11%를 신재생에너지로 보급
	• 액티브(Active) 기술의 예
	  – 태양광 발전, 태양열 급탕, 지열 냉난방, 수소연료
	    전지, 풍력발전시스템, 목재 펠릿보일러

① 패시브 기술을 사용할 때 남향, 남동향으로 배치하는 것은 일조량 때문이다.

② 패시브 기술의 핵심은 단열이다.

③ 태양열 급탕은 액티브 기술의 대표적인 예 중 하나다.

④ 액티브 기술은 화석연료를 제외하고 재생 가능한 에너지를 변환시켜 이용한다.

⑤ 액티브 기술은 2030년까지 총 에너지의 11%를 신재생에너지로 보급하는 것이 목표이다.

27 다음은 사내 동호회 활동 현황을 엑셀로 정리한 것이다. 사원번호 중에서 오른쪽 숫자 네 자리만 추출하려고 할 때 [F13] 셀에 입력해야 할 수식으로 올바른 것은?

	A	B	C	D	E	F
1	사내 동호회 활동 현황					
2	사원번호	사원명	부서	구내번호	직책	
3	AC1234	고상현	영업부	1457	부장	
4	AS4251	정지훈	기획부	2356	사원	
5	DE2341	김수호	홍보부	9546	사원	
6	TE2316	박보영	기획부	2358	대리	
7	PP0293	김지원	홍보부	9823	사원	
8	BE0192	이성경	총무부	3545	과장	
9	GS1423	이민아	영업부	1458	대리	
10	HS9201	장준하	총무부	3645	부장	
11						
12						사원번호
13						1234
14						4251
15						2341
16						2316
17						0293
18						0192
19						1423
20						9201

① $=CHOOSE(2, A3, A4, A5, A6)$

② $=LEFT(A3, 3)$

③ $=RIGHT(A3, 4)$

④ $=MID(A3, 1, 2)$

⑤ $=LEFT(A3, 3, 4)$

28 B대리는 A사원에게 보고서를 작성할 것을 지시했다. 〈보기〉에 있는 작성 내용과 작성 방법이 옳은 것을 모두 고르면?

A씨, 이번 보고서에 고객 데이터 수치가 들어가야 해요. 데이터 수치는 시트 제목을 '상반기 고객 데이터 수치'라고 해서 작성하고 함수를 사용해 평균을 내주세요. 또 실제 구매율이 있는 고객은 ○, 아닌 고객은 ✕ 표시가 나올 수 있게 다른 열에 구분표를 만들어 주세요. 또 간단하게 작업할 것이 있는데 A4 용지 한 장 분량의 고객 마케팅 관련 줄글로 된 설명문을 넣어주어야 합니다. 자간은 160%로 띄워 주시고 본문 서체는 바탕, 10pt로 부탁할게요. 마지막으로 마케팅 사례에 사진 자료를 덧붙여 전달력 있는 발표를 하기 위해서 다양한 효과를 사용하면 좋을 것 같네요.

> **보기**
>
> ㄱ. 스프레드 시트를 사용하여 상반기 고객 데이터 수치를 정리하였다.
> ㄴ. 고객 마케팅 관련 설명문을 스프레드 시트2에 작성하였다.
> ㄷ. PPT의 레이아웃을 이용해 고객 마케팅 설명문과 마케팅 사례를 작성하였다.
> ㄹ. 고객 마케팅 관련 설명문을 워드를 사용해 작성하였다.
> ㅁ. 마케팅 사례를 PPT를 이용해 다양한 효과를 넣어 작성하였다.

① ㄱ
② ㄱ, ㅁ
③ ㄷ, ㄹ
④ ㄱ, ㄹ, ㅁ
⑤ ㄱ, ㄴ, ㅁ

29 B사원은 업무파일을 공유하기 위해 Windows7에서 공유폴더 설정을 하였다. 이때 파일을 확인하려던 C부장이 B사원에게 공유폴더를 열자 '네트워크 암호 입력창'이 뜬다고 하며 암호를 삭제하라고 한다. 모든 사람이 암호 없이 접속할 수 있게 하려면 다음 중 어떤 옵션을 변경해야 하는가?

다른 네트워크 프로필에 대한 공유 옵션 변경

Windows는 사용하는 각 네트워크마다 서로 다른 네트워크 프로필을 만듭니다. 사용자는 각 프로필에 대한 특정 옵션을 선택할 수 있습니다.

홈 또는 회사 ⌄

공용(현재 프로필) ⌃

네트워크 검색 ⋯ ①

네트워크 검색이 켜져 있으면 이 컴퓨터에서 다른 네트워크 컴퓨터와 장치를 볼 수 있고 이 컴퓨터가 다른 네트워크 컴퓨터에 표시될 수도 있습니다. <u>네트워크 검색이란?</u>

◉ 네트워크 검색 켜기
◯ 네트워크 검색 끄기

파일 및 프린터 공유 ⋯ ②

파일 및 프린터 공유가 켜져 있으면 이 컴퓨터에서 공유한 파일과 프린터를 네트워크의 모든 사용자가 액세스할 수 있습니다.

◉ 파일 및 프린터 공유 켜기
◯ 파일 및 프린터 공유 끄기

공용 폴더 공유 ⋯ ③

공용 폴더 공유가 설정되어 있으면 홈 그룹 구성원을 비롯한 네트워크 사용자가 공용 폴더에 있는 파일에 액세스할 수 있습니다. <u>공용 폴더 정보</u>

◯ 네트워크 액세스 권한이 있는 모든 사용자가 공용 폴더의 파일을 읽고 쓸 수 있도록 공유 켜기
◉ 공용 폴더 공유 끄기(이 컴퓨터에 로그온한 사용자는 이 폴더에 계속 액세스할 수 있음)

미디어 스트리밍

미디어 스트리밍이 켜져 있으면 네트워크에 있는 사용자 및 장치가 이 컴퓨터에 있는 사진, 음악 및 비디오에 액세스할 수 있습니다. 또한 이 컴퓨터에서도 네트워크에서 미디어에 액세스할 수 있습니다.

미디어 스트리밍 옵션 선택...

파일 공유 연결 ⋯ ④

Windows 7에서는 파일 공유 연결의 보안을 위해 128비트 암호화를 사용합니다. 128비트 암호화를 지원하지 않는 일부 장치는 40비트 또는 56비트 암호화를 사용해야 합니다.

◉ 파일 공유 연결의 보안을 위해 128비트 암호화 사용(권장)
◯ 40비트 또는 56비트 암호화를 사용하는 장치에 대해 파일 공유 사용

암호로 보호된 공유 ⋯ ⑤

암호 보호 공유가 켜져 있으면 이 컴퓨터에 대한 사용자 계정과 암호가 있는 사용자만 공유 파일, 이 컴퓨터에 연결된 프린터 및 공용 폴더에 액세스할 수 있습니다. 다른 사용자가 액세스할 수 있게 하려면 암호 보호 공유를 꺼야 합니다.

◉ 암호 보호 공유 켜기
◯ 암호 보호 공유 끄기

※ 다음 제시된 낱말과 동일한 관계가 성립하도록 괄호 안에 들어갈 적절한 단어를 고르시오. [30~31]

| 의사소통능력(상반기)

30

> 강아지 : 비실비실 = 보리 : (   )

① 나풀나풀   ② 시들시들
③ 파릇파릇   ④ 팔랑팔랑
⑤ 흔들흔들

| 의사소통능력(상반기)

31

> 웃음 : 대소 = 놀람 : (   )

① 함소   ② 대경
③ 낙심   ④ 비루
⑤ 조소

| 의사소통능력(상반기)

32 다음 글을 읽고 스마트 그리드에 대한 설명으로 옳지 않은 것은?

> 스마트 그리드란 기존의 전력망에 정보통신기술(IT)을 접목해 에너지 네트워크와 통신 네트워크가 합쳐진 지능형 전력망으로, 전력공급자와 소비자가 실시간으로 전기사용 관련 정보를 주고받음으로써 에너지 사용을 최적화할 수 있는 차세대 전력망 사업이다. 전력망을 디지털화함으로써 소비자는 스마트미터라는 개별 전력관리장치를 통해 전력의 수요·공급 상황에 따라 변동하는 가격 등의 관련 정보를 확인하고 실시간으로 에너지원을 선택할 수 있게 된다. 현재의 전력시스템은 최대 수요량에 맞춰 예비율을 두고 일반적으로 예상수요보다 15% 정도 많이 생산하도록 설계돼 있다. 전기를 생산하기 위해 연료를 확보하고 각종 발전설비가 추가적으로 필요하게 되며 버리는 전기량이 많아 에너지 효율도 떨어진다. 또한 석탄, JRDB 가스 등을 태우는 과정에서 이산화탄소 배출도 늘어난다. 스마트 그리드는 에너지 효율 향상에 의해 에너지 낭비를 절감하고, 신재생에너지에 바탕을 둔 분산전원의 활성화를 통해 에너지 해외 의존도를 감소시키며 기존의 발전설비에 들어가는 화석연료 사용절감을 통한 온실가스 감소효과로 지구 온난화도 막을 수 있다.

① 화석연료의 사용이 늘 것이다.
② 추가 자본이 줄 것이다.
③ 에너지 효율이 높아질 것이다.
④ 전기 예비율을 미리 알 수 있을 것이다.
⑤ 온실가스 감소 효과로 지구 온난화를 막을 수 있다.

※ 다음 자료를 보고 이어지는 질문에 답하시오. [33~34]

	A	B	C	D	E	F	G
1							
2		구분	미입처수	매수	공급가액(원)	세액(원)	합계
3		전자세금계산서	12	8	11,096,174	1,109,617	12,205,791
4		수기종이계산서	1	0	69,180		76,098
5		합계	13	8	11,165,354	1,116,535	

33 귀하는 VAT(부가가치세) 신고를 준비하기 위해 엑셀 파일을 정리를 하고 있다. 세액은 공급가액의 10%이고 수기종이계산서의 '세액(원)'인 [F4] 셀을 채우려 할 때, 필요한 수식은?

① =E3*0.1

② =E3*0.001

③ =E4+0.1

④ =E3*10%

⑤ =E4*0.1

34 다음 중 총 합계인 [G5] 셀을 채울 때 필요한 함수식과 결괏값은?

	함수식	결괏값
①	=AVERAGE(G3:G4)	12,281,890
②	=SUM(G3:G4)	12,281,889
③	=AVERAGE(E5:F5)	12,281,890
④	=SUM(E3:F5)	12,281,889
⑤	=SUM(E5:F5)	12,281,888

35 글로벌 기업인 C회사는 외국 지사와 화상 회의를 진행하기로 하였다. 모든 국가는 오전 8시부터 오후 6시까지가 업무 시간이고 한국 시간으로 오후 4시부터 5시까지 회의를 진행한다고 할 때, 다음 중 회의에 참석할 수 없는 국가는?(단, 서머타임을 시행하는 국가는 +1:00을 반영한다)

국가	시차	국가	시차
파키스탄	−4:00	불가리아	−6:00
오스트레일리아	+1:00	영국	−9:00
싱가포르	−1:00		

※ 오후 12시부터 1시까지는 점심시간이므로 회의를 진행하지 않는다.
※ 서머타임 시행 국가 : 영국

① 파키스탄   ② 오스트레일리아
③ 싱가포르   ④ 불가리아
⑤ 영국

36 해외영업부 A대리는 B부장과 함께 샌프란시스코에 출장을 가게 되었다. 샌프란시스코는 한국보다 16시간 느리고, 비행시간은 10시간 25분일 때 샌프란시스코 현지 시간으로 11월 17일 오전 10시 35분에 도착하는 비행기를 타려면 인천공항에 몇 시까지 도착해야 하는가?

구분	날짜	출발 시간	비행 시간	날짜	도착 시간
인천 → 샌프란시스코	11월 17일		10시간 25분	11월 17일	10:35
샌프란시스코 → 인천	11월 21일	17:30	12시간 55분	11월 22일	22:25

※ 단, 비행기 출발 한 시간 전에 공항에 도착해 티케팅을 해야 한다.

① 12:10   ② 13:10
③ 14:10   ④ 15:10
⑤ 16:10

37 A대리는 비밀번호 자동저장으로 인한 사내 정보 유출을 막기 위해 관련 공문을 보내려고 한다.
다음 중 공문에 첨부할 스크린샷 화면으로 올바른 것은?

①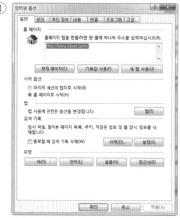

②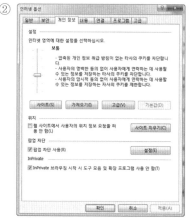

③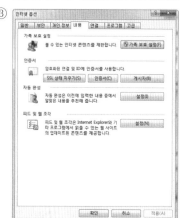

④

⑤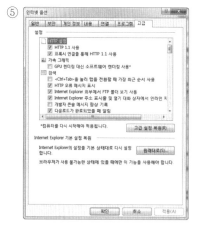

PART 2

주요 공기업
기출복원문제

정답 및 해설 p.060

| 코레일 한국철도공사 / 의사소통능력

01 다음 글을 읽고 보인 반응으로 적절하지 않은 것은?

> 열차 내에서의 범죄가 급격하게 증가함에 따라 한국철도공사는 열차 내에서의 범죄 예방과 안전 확보를 위해 2023년까지 현재 운행하고 있는 열차의 모든 객실에 CCTV를 설치하고, 모든 열차 승무원에게 바디 캠을 지급하겠다고 밝혔다.
>
> CCTV는 열차 종류에 따라 운전실에서 비상시 실시간으로 상황을 파악할 수 있는 '네트워크 방식'과 각 객실에서의 영상을 저장하는 '개별 독립 방식'의 2가지 방식으로 사용 및 설치가 진행될 예정이며, 객실에는 사각지대를 없애기 위해 4대 가량의 CCTV가 설치된다. 이 중 2대는 휴대 물품 도난 방지 등을 위해 휴대 물품 보관대 주변에 위치하게 된다.
>
> 이에 따라 한국철도공사는 CCTV 제품 품평회를 가져 제품의 형태와 색상, 재질 등에 대한 의견을 나누고 각 제품이 실제로 열차 운행 시 진동과 충격 등에 적합한지 시험을 거친 후 도입할 예정이다.

① 현재는 모든 열차에 CCTV가 설치되어 있진 않겠군.
② 과거에 비해 승무원에 대한 승객의 범죄행위 증거 취득이 유리해지겠군.
③ CCTV의 설치를 통해 인적 피해와 물적 피해 모두 예방할 수 있겠군.
④ CCTV의 설치를 통해 실시간으로 모든 객실을 모니터링할 수 있겠군.
⑤ CCTV의 내구성뿐만 아니라 외적인 디자인도 제품 선택에 영향을 줄 수 있겠군.

02 다음 중 (가) ~ (다)에 들어갈 접속사를 순서대로 바르게 나열한 것은?

무더운 여름 기차나 지하철을 타면 "실내가 춥다는 민원이 있어 냉방을 줄인다."라는 안내방송을 손쉽게 들을 수 있을 정도로 우리는 쾌적한 기차와 지하철을 이용할 수 있는 시대에 살고 있다. ___(가)___ 이러한 쾌적한 환경을 누리기 시작하게 된 것은 그리 오래되지 않은 일이다. 1825년 세계 최초로 영국의 증기기관차가 시속 16km로 첫 주행을 시작하였고, 이 당시까지만 해도 열차 내의 유일한 냉방 수단은 창문뿐이었다. 열차에 에어컨이 설치되기 시작된 것은 100년이 더 지난 1930년대 초반 미국에서였고, 우리나라는 이보다 훨씬 후인 1969년 지금의 새마을호라 불리는 '관광호'에서였다. 이는 국내에 최초로 철도가 개통된 1899년 이후 70년 만으로, '관광호' 이후 국내에 도입된 특급열차들은 대부분 전기 냉난방시설을 갖추게 되었다.

___(나)___ 지하철의 에어컨 도입은 열차보다 훨씬 늦었는데, 이는 우리나라뿐만 아니라 해외도 마찬가지였으며, 실제로 영국의 경우 아직도 지하철에 에어컨이 없다.

우리나라는 1974년 서울 지하철이 개통되었는데, 이 당시 객실에는 천장에 달린 선풍기가 전부였기 때문에 한여름에는 땀 냄새가 가득한 찜통 지하철이 되었다. ___(다)___ 1983년이 되어서야 에어컨이 설치된 지하철이 등장하기 시작하였고, 기존에 에어컨이 설치되지 않았던 지하철들은 1989년이 되어서야 선풍기를 떼어내고 에어컨으로 교체하기 시작하였다.

	(가)	(나)	(다)
①	따라서	그래서	마침내
②	하지만	반면	마침내
③	하지만	왜냐하면	그래서
④	왜냐하면	반면	마침내
⑤	반면	왜냐하면	그래서

03 다음 글의 내용으로 가장 적절한 것은?

> 한국철도공사는 철도시설물 점검 자동화에 '스마트글라스'를 활용하겠다고 밝혔다. 스마트글라스란 안경처럼 착용하는 스마트 기기로 검사와 판독, 데이터 송수신과 보고서 작성까지 모든 동작이 음성인식을 바탕으로 작동한다. 이를 활용하여 작업자는 스마트글라스 액정에 표시된 내용에 따라 철도시설물을 점검하고, 이를 음성 명령을 통해 사진 촬영 후 해당 정보와 검사 결과를 전송해 보고서로 작성한다.
>
> 작업자들은 스마트글라스의 사용으로 직접 자료를 조사하고 측정한 내용을 바탕으로 시스템 속 여러 단계에 거쳐 수기 입력하던 기존 방식에서 벗어나 이 일련의 과정들을 중앙 서버를 통해 한 번에 처리할 수 있게 되었다.
>
> 이와 같은 스마트 기기의 도입은 중앙 서버의 효율적 종합 관리를 가능하게 할 뿐만 아니라 작업자의 안전도 향상에도 크게 기여하였다. 이는 작업자들이 음성인식이 가능한 스마트글라스를 사용함으로써 두 손이 자유로워져 추락 사고를 방지할 수 있게 되었고, 또 스마트글라스 내부 센서가 충격과 기울기를 감지할 수 있어 작업자에게 위험한 상황이 발생하면 지정된 컴퓨터로 바로 통보되는 시스템을 갖추었기 때문이다.
>
> 한국철도공사는 주요 거점 현장을 시작으로 스마트글라스를 보급하여 성과 분석을 거치고 내년부터는 보급 현장을 확대하겠다고 밝혔으며, 국내 철도 환경에 맞춰 스마트글라스 시스템을 개선하기 위해 현장 검증을 진행하고 스마트글라스를 통해 측정된 데이터를 총괄 제어할 수 있도록 안전점검 플랫폼 망도 마련할 예정이다.
>
> 더불어 스마트글라스를 통해 기존의 인력 중심 시설점검을 간소화시켜 효율성과 안전성을 향상시키고 나아가 철도에 맞춤형 스마트 기술을 도입시켜 시설물 점검뿐만 아니라 유지보수 작업도 가능하도록 철도기술 고도화에 힘쓰겠다고 전했다.

① 작업자의 음성인식을 통해 철도시설물의 점검 및 보수 작업이 가능해졌다.
② 스마트글라스의 도입으로 철도시설물 점검의 무인작업이 가능해졌다.
③ 스마트글라스의 도입으로 철도시설물 점검 작업 시 안전사고 발생 횟수가 감소하였다.
④ 스마트글라스의 도입으로 철도시설물 작업 시간 및 인력이 감소하고 있다.
⑤ 스마트글라스의 도입으로 작업자의 안전사고 발생을 바로 파악할 수 있게 되었다.

04 다음 글에 대한 설명으로 적절하지 않은 것은?

> 2016년 4월 27일 오전 7시 20분경 임실역에서 익산으로 향하던 열차가 전기 공급 중단으로 멈추는 사고가 발생해 약 50여 분간 열차 운행이 중단되었다. 원인은 바로 전차선에 지은 까치집 때문이었는데, 까치가 집을 지을 때 사용하는 젖은 나뭇가지나 철사 등이 전선과 닿거나 차로에 떨어져 합선과 단전을 일으키게 된 것이다.
>
> 비록 이번 사고는 단전에서 끝났지만, 고압 전류가 흐르는 전차선인 만큼 철사와 젖은 나뭇가지만으로도 자칫하면 폭발사고로 이어질 우려가 있다. 지난 5년간 까치집으로 인한 단전사고는 한 해 평균 3 ~ 4건이 발생하고 있으며, 한국철도공사는 사고방지를 위해 까치집 방지 설비를 설치하고 설비가 없는 구간은 작업자가 육안으로 까치집 생성 여부를 확인해 제거하고 있는데, 이렇게 제거해 온 까치집 수가 연평균 8,000개에 달하고 있다. 하지만 까치집은 빠르면 불과 4시간 만에 완성되어 작업자들에 큰 곤욕을 주고 있다.
>
> 이에 한국철도공사는 전차선로 주변 까치집 제거의 효율성과 신속성을 높이기 위해 인공지능(AI)과 사물인터넷(IoT) 등 첨단 기술을 활용하기에 이르렀다. 열차 운전실에 영상 장비를 설치해 달리는 열차에서 전차선을 촬영한 화상 정보를 인공지능으로 분석해 까치집 등의 위험 요인을 찾아 해당 위치와 현장 이미지를 작업자에게 실시간으로 전송하는 '실시간 까치집 자동 검출 시스템'을 개발한 것이다. 하지만 시속 150km로 빠르게 달리는 열차에서 까치집 등의 위험 요인을 실시간으로 판단해 전송하는 것이다 보니 그 정확도는 65%에 불과했다.
>
> 이에 한국철도공사는 전차선과 까치집을 정확하게 식별하기 위해 인공지능이 스스로 학습하는 '딥러닝' 방식을 도입했고, 전차선을 구성하는 복잡한 구조 및 까치집과 유사한 형태를 빅데이터로 분석해 이미지를 구분하는 학습을 실시한 결과 까치집 검출 정확도는 95%까지 상승했다. 또한 해당 이미지를 실시간 문자메시지로 작업자에게 전송해 위험 요소와 위치를 인지시켜 현장에 적용할 수 있다는 사실도 확인했다. 현재는 이와 더불어 정기열차가 운행하지 않거나 작업자가 접근하기 쉽지 않은 차량 정비 시설 등에 드론을 띄워 전차선의 까치집을 발견 및 제거하는 기술도 시범 운영하고 있다.

① 인공지능도 학습을 통해 그 정확도를 향상시킬 수 있다.
② 빠른 속도에서 인공지능의 사물 식별 정확도는 낮아진다.
③ 사람의 접근이 불가능한 곳에 위치한 까치집의 제거도 가능해졌다.
④ 까치집 자동 검출 시스템을 통해 실시간으로 까치집 제거가 가능해졌다.
⑤ 인공지능 등의 스마트 기술 도입으로 까치집 생성의 감소를 기대할 수 있다.

05 K인터넷카페의 4월 회원 수는 260명 미만이었고, 남녀의 비는 2 : 3이었다. 5월에는 남자보다 여자가 2배 더 가입하여 남녀의 비는 5 : 8이 되었고, 전체 회원 수는 320명을 넘었다. 5월 전체 회원의 수는?

① 322명   ② 323명

③ 324명   ④ 325명

⑤ 326명

06 다음은 철도운임의 공공할인 제도에 대한 내용이다. 심하지 않은 장애를 가진 A씨가 보호자 1명과 함께 열차를 이용하여 주말여행을 다녀왔다. 두 사람은 왕복 운임의 몇 %를 할인받았는가?(단, 열차의 종류와 노선 길이가 동일한 경우 요일에 따른 요금 차이는 없다고 가정한다)

> • A씨와 보호자의 여행 일정
>   - 2023년 3월 11일(토) 서울 → 부산 : KTX
>   - 2023년 3월 13일(월) 부산 → 서울 : KTX
> • 장애인 공공할인 제도(장애의 정도가 심한 장애인은 보호자 포함)

구분	KTX	새마을호	무궁화호 이하
장애의 정도가 심한 장애인	50%	50%	50%
장애의 정도가 심하지 않은 장애인	30% (토·일·공휴일 제외)	30% (토·일·공휴일 제외)	

① 7.5%   ② 12.5%

③ 15%   ④ 25%

⑤ 30%

07 다음 자료에 대한 설명으로 가장 적절한 것은?

- **KTX 마일리지 적립**
  - KTX 이용 시 결제금액의 5%가 기본 마일리지로 적립됩니다.
  - 더블적립(×2) 열차로 지정된 열차는 추가로 5%가 적립(결제금액의 총 10%)됩니다.
    ※ 더블적립 열차는 홈페이지 및 코레일톡 애플리케이션에서만 승차권 구매 가능
  - 선불형 교통카드 Rail+(레일플러스)로 승차권을 결제하는 경우 1% 보너스 적립도 제공되어 최대 11% 적립이 가능합니다.
  - 마일리지를 적립받고자 하는 회원은 승차권을 발급받기 전에 코레일 멤버십카드 제시 또는 회원번호 및 비밀번호 등을 입력해야 합니다.
  - 해당 열차 출발 후에는 마일리지를 적립받을 수 없습니다.
- **회원 등급 구분**

구분	등급 조건	제공 혜택
VVIP	• 반기별 승차권 구입 시 적립하는 마일리지가 8만 점 이상인 고객 또는 기준일부터 1년간 16만 점 이상 고객 중 매년 반기 익월 선정	• 비즈니스 회원 혜택 기본 제공 • KTX 특실 무료 업그레이드 쿠폰 6매 제공 • 승차권 나중에 결제하기 서비스 (열차 출발 3시간 전까지)
VIP	• 반기별 승차권 구입 시 적립하는 마일리지가 4만 점 이상인 고객 또는 기준일부터 1년간 8만 점 이상 고객 중 매년 반기 익월 선정	• 비즈니스 회원 혜택 기본 제공 • KTX 특실 무료 업그레이드 쿠폰 2매 제공
비즈니스	• 철도 회원으로 가입한 고객 중 최근 1년간 온라인에서 로그인한 기록이 있거나, 회원으로 구매실적이 있는 고객	• 마일리지 적립 및 사용 가능 • 회원 전용 프로모션 참가 가능 • 열차 할인상품 이용 등 기본서비스와 멤버십 제휴서비스 등 부가서비스 이용
패밀리	• 철도 회원으로 가입한 고객 중 최근 1년간 온라인에서 로그인한 기록이 없거나, 회원으로 구매실적이 없는 고객	• 멤버십 제휴서비스 및 코레일 멤버십 라운지 이용 등의 부가서비스 이용 제한 • 휴면 회원으로 분류 시 별도 관리하며, 본인 인증 절차로 비즈니스 회원으로 전환 가능

  - 마일리지는 열차 승차 다음날 적립되며, 지연료를 마일리지로 적립하신 실적은 등급 산정에 포함되지 않습니다.
  - KTX 특실 무료 업그레이드 쿠폰 유효기간은 6개월이며, 반기별 익월 10일 이내에 지급됩니다.
  - 실적의 연간 적립 기준일은 7월 지급의 경우 전년도 7월 1일부터 당해 연도 6월 30일까지 실적이며, 1월 지급은 전년도 1월 1일부터 전년도 12월 31일까지의 실적입니다.
  - 코레일에서 지정한 추석 및 설 명절 특별수송기간의 승차권은 실적 적립 대상에서 제외됩니다.
  - 회원 등급 기준 및 혜택은 사전 공지 없이 변경될 수 있습니다.
  - 승차권 나중에 결제하기 서비스는 총 편도 2건 이내에서 제공되며, 3회 자동 취소 발생(열차 출발 전 3시간 내 미결재) 시 서비스가 중지됩니다. 리무진+승차권 결합 발권은 2건으로 간주되며, 정기권, 특가상품 등은 나중에 결제하기 서비스 대상에서 제외됩니다.

① 코레일에서 운행하는 모든 열차는 이용할 때마다 결제금액의 최소 5%가 KTX 마일리지로 적립된다.
② 회원 등급이 높아져도 열차 탑승 시 적립되는 마일리지는 동일하다.
③ 비즈니스 등급은 기업회원을 구분하는 명칭이다.
④ 6개월간 마일리지 4만 점을 적립하더라도 VIP 등급을 부여받지 못할 수 있다.
⑤ 회원 등급이 높아도 승차권을 정가보다 저렴하게 구매할 수 있는 방법은 없다.

〈2023 한국의 국립공원 기념주화 예약 접수〉

• 우리나라 자연환경의 아름다움과 생태 보전의 중요성을 널리 알리기 위해 K은행은 한국의 국립공원 기념 주화 3종(설악산, 치악산, 월출산)을 발행할 예정임
• 예약 접수일 : 3월 2일(목) ~ 3월 17일(금)
• 배부 시기 : 2023년 4월 28일(금)부터 예약자가 신청한 방법으로 배부
• 기념주화 상세

화종	앞면	뒷면
은화Ⅰ－설악산		
은화Ⅱ－치악산		
은화Ⅲ－월출산		

• 발행량 : 화종별 10,000장씩 총 30,000장
• 신청 수량 : 단품 및 3종 세트로 구분되며 단품과 세트에 중복신청 가능
  － 단품 : 1인당 화종별 최대 3장
  － 3종 세트 : 1인당 최대 3세트
• 판매 가격 : 액면금액에 판매 부대비용(케이스, 포장비, 위탁판매수수료 등)을 부가한 가격
  － 단품 : 각 63,000원(액면가 50,000원＋케이스 등 부대비용 13,000원)
  － 3종 세트 : 186,000원(액면가 150,000원＋케이스 등 부대비용 36,000원)
• 접수 기관 : 우리은행, 농협은행, 한국조폐공사
• 예약 방법 : 창구 및 인터넷 접수
  － 창구 접수
    신분증[주민등록증, 운전면허증, 여권(내국인), 외국인등록증(외국인)]을 지참하고 우리·농협은행 영업점을 방문하여 신청
  － 인터넷 접수
    ① 우리·농협은행의 계좌를 보유한 고객은 개시일 9시부터 마감일 23시까지 홈페이지에서 신청
    ② 한국조폐공사 온라인 쇼핑몰에서는 가상계좌 방식으로 개시일 9시부터 마감일 23시까지 신청
• 구입 시 유의사항
  － 수령자 및 수령지 등 접수 정보가 중복될 경우 단품별 10장, 3종 세트 10세트만 추첨 명단에 등록
  － 비정상적인 경로나 방법으로 접수할 경우 당첨을 취소하거나 배송을 제한

08 다음 중 한국의 국립공원 기념주화 발행 사업의 내용으로 옳은 것은?

① 국민들을 대상으로 예약 판매를 실시하며, 외국인에게는 판매하지 않는다.

② 1인당 구매 가능한 최대 주화 수는 10장이다.

③ 기념주화를 구입하기 위해서는 우리 · 농협은행 계좌를 사전에 개설해 두어야 한다.

④ 사전예약을 받은 뒤, 예약 주문량에 맞추어 제한된 수량만 생산한다.

⑤ 한국조폐공사를 통한 예약 접수는 온라인에서만 가능하다.

09 외국인 A씨는 이번에 발행되는 기념주화를 예약 주문하려고 한다. 다음 상황을 참고하여 A씨가 기념주화 구매 예약을 할 수 있는 방법으로 옳은 것은?

〈외국인 A씨의 상황〉

• A씨는 국내에 거주 중으로 거주 외국인으로 등록된 사람이다.
• A씨의 명의로 국내은행에 개설된 계좌는 총 2개로, 신한은행, 한국씨티은행에 각 1개씩이다.
• A씨는 우리은행이나 농협은행과는 거래이력이 없다.

① 여권을 지참하고 우리은행이나 농협은행 지점을 방문한다.

② 한국조폐공사 온라인 쇼핑몰에서 신용카드를 사용한다.

③ 계좌를 보유한 신한은행이나 한국씨티은행의 홈페이지를 통해 신청한다.

④ 외국인등록증을 지참하고 우리은행이나 농협은행 지점을 방문한다.

⑤ 우리은행이나 농협은행의 홈페이지에서 신청한다.

10 다음은 기념주화를 예약한 5명의 신청내역이다. 이 중 가장 많은 금액을 지불한 사람의 구매 금액은?

(단위 : 세트, 장)

구매자	3종 세트	단품		
		은화Ⅰ - 설악산	은화Ⅱ - 치악산	은화Ⅲ - 월출산
A	2	1	-	-
B	-	2	3	3
C	2	1	1	-
D	3	-	-	-
E	1	-	2	2

① 558,000원

② 561,000원

③ 563,000원

④ 564,000원

⑤ 567,000원

※ 다음은 노인맞춤돌봄서비스 홍보를 위한 안내문이다. 이를 읽고 이어지는 질문에 답하시오. **[11~12]**

〈노인맞춤돌봄서비스 지금 신청하세요!〉

- 노인맞춤돌봄서비스 소개

  일상생활 영위가 어려운 취약노인에게 적절한 돌봄서비스를 제공하여 안정적인 노후생활 보장 및 노인의 기능, 건강 유지를 통해 기능 약화를 예방하는 서비스

- 서비스 내용
  - 안전지원서비스 : 이용자의 전반적인 삶의 안전 여부를 전화, ICT 기기를 통해 확인하는 서비스
  - 사회참여서비스 : 집단프로그램 등을 통해 사회적 참여의 기회를 지원하는 서비스
  - 생활교육서비스 : 다양한 프로그램으로 신체적, 정신적 기능을 유지·강화하는 서비스
  - 일상생활지원서비스 : 이동 동행, 식사준비, 청소 등 일상생활을 지원하는 서비스
  - 연계서비스 : 민간 후원, 자원봉사 등을 이용자에게 연계하는 서비스
  - 특화서비스 : 은둔형·우울형 집단을 분리하여 상담 및 진료를 지원하는 서비스

- 선정 기준

  만 65세 이상 국민기초생활수급자, 차상위계층, 또는 기초연금수급자로서 유사 중복사업 자격에 해당하지 않는 자

  ※ 유사 중복사업
    1. 노인장기요양보험 등급자
    2. 가사 간병방문 지원 사업 대상자
    3. 국가보훈처 보훈재가복지서비스 이용자
    4. 장애인 활동지원 사업 이용자
    5. 기타 지방자치단체에서 시행하는 서비스 중 노인맞춤돌봄서비스와 유사한 재가서비스

- 특화서비스 선정 기준
  - 은둔형 집단 : 가족, 이웃 등과 관계가 단절된 노인으로서 민·관의 복지지원 및 사회안전망과 연결되지 않은 노인
  - 우울형 집단 : 정신건강 문제로 인해 일상생활 수행의 어려움을 겪거나 가족·이웃 등과의 관계 축소 등으로 자살, 고독사 위험이 높은 노인

    ※ 고독사 및 자살 위험이 높다고 판단되는 경우 만 60세 이상으로 하향 조정 가능

❚ 국민건강보험공단 / 문제해결능력

11 다음 중 윗글에 대한 설명으로 적절하지 않은 것은?

① 노인맞춤돌봄서비스를 받기 위해서는 만 65세 이상의 노인이어야 한다.
② 노인맞춤돌봄서비스는 노인의 정신적 기능 계발을 위한 서비스를 제공한다.
③ 은둔형 집단, 우울형 집단의 노인은 특화서비스를 통해 상담 및 진료를 받을 수 있다.
④ 노인맞춤돌봄서비스를 통해 노인의 현재 안전상황을 모니터링할 수 있다.

12 다음은 K동 독거노인의 방문조사 결과이다. 조사한 인원 중 노인맞춤돌봄서비스 신청이 불가능한 사람은 모두 몇 명인가?

〈K동 독거노인 방문조사 결과〉

이름	성별	나이	소득수준	행정서비스 현황	특이사항
A	여	만 62세	차상위계층	–	우울형 집단
B	남	만 78세	기초생활수급자	국가유공자	–
C	남	만 81세	차상위계층	–	–
D	여	만 76세	기초연금수급자	–	–
E	여	만 68세	기초연금수급자	장애인 활동지원	–
F	여	만 69세	–	–	–
G	남	만 75세	기초연금수급자	가사 간병방문	–
H	여	만 84세	–	–	–
I	여	만 63세	차상위계층	–	우울형 집단
J	남	만 64세	차상위계층	–	–
K	여	만 84세	기초연금수급자	보훈재가복지	–

① 4명
② 5명
③ 6명
④ 7명

13 지난 5년간 소득액수가 동일한 A씨의 2023년 장기요양보험료가 2만 원일 때, 2021년의 장기요양 보험료는?(단, 모든 계산은 소수점 첫째 자리에서 반올림한다)

〈2023년도 장기요양보험료율 결정〉

2023년도 소득 대비 장기요양보험료율은 2022년 0.86% 대비 0.05%p 인상된 0.91%로 결정되었다. 장기요양보험료는 건강보험료에 장기요양보험료율을 곱하여 산정되는데, 건강보험료 대비 장기요양보험료율은 2023년 12.81%로 2022년 12.27% 대비 4.40%가 인상된다.

이번 장기요양보험료율은 초고령사회를 대비하여 장기요양보험의 수입과 지출의 균형 원칙을 지키면서 국민들의 부담 최소화와 제도의 안정적 운영 측면을 함께 고려하여 논의·결정하였다.

특히, 빠른 고령화에 따라 장기요양 인정자 수의 증가로 지출 소요가 늘어나는 상황이나, 어려운 경제여건을 고려하여 2018년도 이후 최저 수준으로 보험료율이 결정되었다.

* 장기요양보험료율(소득 대비) 추이 : ('18) 0.46% → ('19) 0.55% → ('20) 0.68% → ('21) 0.79% → ('22) 0.86% → ('23) 0.91%

① 16,972원
② 17,121원
③ 17,363원
④ 18,112원

14 다음은 국민건강보험법의 일부이다. 이에 대한 설명으로 적절하지 않은 것은?

> **급여의 제한(제53조)**
> ① 공단은 보험급여를 받을 수 있는 사람이 다음 각 호의 어느 하나에 해당하면 보험급여를 하지
> 아니한다.
>   1. 고의 또는 중대한 과실로 인한 범죄행위에 그 원인이 있거나 고의로 사고를 일으킨 경우
>   2. 고의 또는 중대한 과실로 공단이나 요양기관의 요양에 관한 지시에 따르지 아니한 경우
>   3. 고의 또는 중대한 과실로 제55조에 따른 문서와 그 밖의 물건의 제출을 거부하거나 질문 또는
>   진단을 기피한 경우
>   4. 업무 또는 공무로 생긴 질병·부상·재해로 다른 법령에 따른 보험급여나 보상(報償) 또는
>   보상(補償)을 받게 되는 경우
> ② 공단은 보험급여를 받을 수 있는 사람이 다른 법령에 따라 국가나 지방자치단체로부터 보험급여
> 에 상당하는 급여를 받거나 보험급여에 상당하는 비용을 지급받게 되는 경우에는 그 한도에서
> 보험급여를 하지 아니한다.
> ③ 공단은 가입자가 대통령령으로 정하는 기간 이상 다음 각 호의 보험료를 체납한 경우 그 체납한
> 보험료를 완납할 때까지 그 가입자 및 피부양자에 대하여 보험급여를 실시하지 아니할 수 있다.
> 다만, 월별 보험료의 총체납횟수(이미 납부된 체납보험료는 총체납횟수에서 제외하며, 보험료의
> 체납기간은 고려하지 아니한다)가 대통령령으로 정하는 횟수 미만이거나 가입자 및 피부양자의
> 소득·재산 등이 대통령령으로 정하는 기준 미만인 경우에는 그러하지 아니하다.
>   1. 제69조 제4항 제2호에 따른 소득월액보험료
>   2. 제69조 제5항에 따른 세대단위의 보험료
> ④ 공단은 제77조 제1항 제1호에 따라 납부의무를 부담하는 사용자가 제69조 제4항 제1호에 따른
> 보수월액보험료를 체납한 경우에는 그 체납에 대하여 직장가입자 본인에게 귀책사유가 있는 경
> 우에 한하여 제3항의 규정을 적용한다. 이 경우 해당 직장가입자의 피부양자에게도 제3항의 규
> 정을 적용한다.
> ⑤ 제3항 및 제4항에도 불구하고 제82조에 따라 공단으로부터 분할납부 승인을 받고 그 승인된 보
> 험료를 1회 이상 낸 경우에는 보험급여를 할 수 있다. 다만, 제82조에 따른 분할납부 승인을
> 받은 사람이 정당한 사유 없이 5회(같은 조 제1항에 따라 승인받은 분할납부 횟수가 5회 미만인
> 경우에는 해당 분할납부 횟수를 말한다) 이상 그 승인된 보험료를 내지 아니한 경우에는 그러하
> 지 아니하다.

① 공단의 요양에 관한 지시를 고의로 따르지 아니할 경우 보험급여가 제한된다.
② 지방자치단체로부터 보험급여에 해당하는 급여를 받으면 그 한도에서 보험급여를 하지 않는다.
③ 관련 법조항에 따라 분할납부가 승인되면 분할납부가 완료될 때까지 보험급여가 제한될 수 있다.
④ 승인받은 분할납부 횟수가 4회일 경우 정당한 사유 없이 4회 이상 보험료를 내지 않으면 보험급여
　가 제한된다.

15 다음은 2022년 시도별 공공의료기관 인력 현황에 대한 자료이다. 전문의 의료 인력 대비 간호사 인력 비율이 가장 높은 지역은?

〈시도별 공공의료기관 인력 현황〉

(단위 : 명)

시 · 도	일반의	전문의	레지던트	간호사
서울	35	1,905	872	8,286
부산	5	508	208	2,755
대구	7	546	229	2,602
인천	4	112	0	679
광주	4	371	182	2,007
대전	3	399	163	2,052
울산	0	2	0	8
세종	0	118	0	594
경기	14	1,516	275	6,706
강원	4	424	67	1,779
충북	5	308	89	1,496
충남	2	151	8	955
전북	2	358	137	1,963
전남	9	296	80	1,460
경북	7	235	0	1,158
경남	9	783	224	4,004
제주	0	229	51	1,212

① 서울
② 울산
③ 경기
④ 충남

16 다음은 지역별 지역사회 정신건강 예산에 대한 자료이다. 2021년 대비 2022년 정신건강 예산의 증가액이 가장 큰 지역부터 순서대로 바르게 나열한 것은?

<시도별 1인당 지역사회 정신건강 예산>

시·도	2022년		2021년	
	정신건강 예산(천 원)	인구 1인당 지역사회 정신건강 예산(원)	정신건강 예산(천 원)	인구 1인당 지역사회 정신건강 예산(원)
서울	58,981,416	6,208	53,647,039	5,587
부산	24,205,167	7,275	21,308,849	6,373
대구	12,256,595	5,133	10,602,255	4,382
인천	17,599,138	5,984	12,662,483	4,291
광주	13,479,092	9,397	12,369,203	8,314
대전	14,142,584	9,563	12,740,140	8,492
울산	6,497,177	5,782	5,321,968	4,669
세종	1,515,042	4,129	1,237,124	3,546
제주	5,600,120	8,319	4,062,551	6,062

① 서울 – 세종 – 인천 – 대구 – 제주 – 대전 – 울산 – 광주 – 부산
② 서울 – 인천 – 부산 – 대구 – 제주 – 대전 – 울산 – 광주 – 세종
③ 서울 – 대구 – 인천 – 대전 – 부산 – 세종 – 울산 – 광주 – 제주
④ 서울 – 인천 – 부산 – 세종 – 제주 – 대전 – 울산 – 광주 – 대구

17 어느 날 민수가 사탕 바구니에 있는 사탕의 $\frac{1}{3}$을 먹었다. 그다음 날 남은 사탕의 $\frac{1}{2}$을 먹고 또 그다음 날 남은 사탕의 $\frac{1}{4}$을 먹었다. 남은 사탕의 개수가 18개일 때, 처음 사탕 바구니에 들어있던 사탕의 개수는?

① 48개
② 60개
③ 72개
④ 84개
⑤ 96개

18 다음은 K중학교 재학생의 2013년과 2023년의 평균 신장 변화에 대한 자료이다. 2013년 대비 2023년 신장 증가율이 큰 순서대로 바르게 나열한 것은?(단, 소수점 셋째 자리에서 반올림한다)

〈K중학교 재학생 평균 신장 변화〉

(단위 : cm)

구분	2013년	2023년
1학년	160.2	162.5
2학년	163.5	168.7
3학년	168.7	171.5

① 1학년 – 2학년 – 3학년
② 1학년 – 3학년 – 2학년
③ 2학년 – 1학년 – 3학년
④ 2학년 – 3학년 – 1학년
⑤ 3학년 – 2학년 – 1학년

19 A는 K공사 사내 여행 동아리의 회원으로 이번 주말에 가는 여행에 반드시 참가할 계획이다. 다음 〈조건〉에 따라 여행에 참가한다고 할 때, 여행에 참석하는 사람을 모두 고르면?

조건
• C가 여행에 참가하지 않으면, A도 여행에 참가하지 않는다.
• E가 여행에 참가하지 않으면, B는 여행에 참가한다.
• D가 여행에 참가하지 않으면, B도 여행에 참가하지 않는다.
• E가 여행에 참가하면, C는 여행에 참가하지 않는다.

① A, B
② A, B, C
③ A, B, D
④ A, B, C, D
⑤ A, C, D, E

20 K유통사는 창고 내 자재의 보안 강화와 원활한 관리를 위해 국가별, 제품별로 분류하여 9자리 상품코드 및 바코드를 제작하였다. 바코드 및 바코드 규칙이 다음과 같을 때 8자리 상품코드와 수입 국가, 전체 9자리 코드에 대한 바코드가 바르게 연결된 것은?

〈K유통사 상품코드 및 바코드 규칙〉

1. 상품코드의 첫 세 자릿수는 수입한 국가를 나타낸다.

첫 세 자리	000~099	100~249	250~399	400~549	550~699	700~849	850~899	900~999
국가	한국	독일	일본	미국	캐나다	호주	중국	기타 국가

2. 상품코드의 아홉 번째 수는 바코드의 진위 여부를 판단하는 수로, 앞선 여덟 자릿수를 다음 규칙에 따라 계산하여 생성한다.
   ① 홀수 번째 수에는 2를, 짝수 번째 수에는 5를 곱한 다음 여덟 자릿수를 모두 합한다.
   ② 모두 합한 값을 10으로 나누었을 때, 그 나머지 수가 아홉 번째 수가 된다.

3. 바코드는 각 자리의 숫자에 대응시켜 생성한다.

구분	코드	구분	코드
0		5	
1		6	
2		7	
3		8	
4		9	

	8자리 상품코드	수입 국가	9자리 바코드
①	07538627	한국	
②	23978527	일본	
③	51227532	미국	
④	73524612	호주	
⑤	93754161	기타 국가	

PART 1

PART 2

21 다음은 K중학교 2학년 1반 국어, 수학, 영어, 사회, 과학에 대한 학생 9명의 성적표이다. 학생들의 평균 점수를 가장 높은 순서대로 구하고자 할 때, [H2] 셀에 들어갈 함수로 옳은 것은?(단, G열의 평균 점수는 구한 것으로 가정한다)

〈2학년 1반 성적표〉

	A	B	C	D	E	F	G	H
1		국어	수학	영어	사회	과학	평균 점수	평균 점수 순위
2	강○○	80	77	92	81	75		
3	권○○	70	80	87	65	88		
4	김○○	90	88	76	86	87		
5	김△△	60	38	66	40	44		
6	신○○	88	66	70	58	60		
7	장○○	95	98	77	70	90		
8	전○○	76	75	73	72	80		
9	현○○	30	60	50	44	27		
10	황○○	76	85	88	87	92		

① =RANK(G2,G\$2:G\$10,0)

② =RANK(G2,\$G2\$:G10,0)

③ =RANK(G2,\$B2\$:G10,0)

④ =RANK(G2,\$B\$2:\$G\$10,0)

⑤ =RANK(G2,\$B\$2\$:\$F\$F10,0)

22 다음 중 $1^2 - 2^2 + 3^2 - 4^2 + \cdots + 199^2$의 값은?

① 17,500

② 19,900

③ 21,300

④ 23,400

⑤ 25,700

23 어떤 학급에서 이어달리기 대회 대표로 A ~ E학생 5명 중 3명을 순서와 상관없이 뽑을 수 있는 경우의 수는?

① 5가지
② 10가지
③ 20가지
④ 60가지
⑤ 120가지

24 커피 X 300g은 A원두와 B원두의 양을 1 : 2 비율로 배합하여 만들고, 커피 Y 300g은 A원두와 B원두의 양을 2 : 1 비율로 배합하여 만든다. 커피 X, Y 300g의 판매 가격이 각각 3,000원, 2,850 원일 때, B원두의 100g당 원가는?(단, 판매가격은 원가의 합의 1.5배이다)

① 500원
② 600원
③ 700원
④ 800원
⑤ 1,000원

25 다음 〈보기〉의 단어들의 관계를 토대로 빈칸 ㉠에 들어갈 단어로 옳은 것은?

보기

• 치르다 – 지불하다
• 연약 – 나약
• 가쁘다 – 벅차다
• 가뭄 – ____㉠____

① 갈근
② 해수
③ 한발
④ 안건

※ 다음 글을 읽고 이어지는 질문에 답하시오. [26~27]

(가) 경영학 측면에서도 메기 효과는 한국, 중국 등 고도 경쟁사회인 동아시아 지역에서만 제한적으로 사용되며 영미권에서는 거의 사용되지 않는다. 기획재정부의 조사에 따르면 메기에 해당하는 해외 대형 가구업체인 이케아(IKEA)가 국내에 들어오면서 청어에 해당하는 중소 가구업체의 입지가 더욱 좁아졌다고 한다. 이처럼 경영학 측면에서도 메기 효과는 과학적으로 검증되지 않은 가설이다.

(나) 결국 메기 효과는 과학적으로 증명되진 않았지만 '경쟁'의 양면성을 보여주는 가설이다. 기업의 경영에서 위협이 발생하였을 때, 위기감에 의한 성장 동력을 발현시킬 수는 있을 것이다. 그러나 무한 경쟁사회에서 규제 등의 방법으로 적정 수준을 유지하지 못한다면 거미의 등장으로 인해 폐사한 메뚜기와 토양처럼 거대한 위험이 기업과 사회를 항상 좋은 방향으로 이끌어나가지는 않을 것이다.

(다) 그러나 메기 효과가 전혀 시사점이 없는 것은 아니다. 이케아가 국내에 들어오면서 도산할 것으로 예상되었던 일부 국내 가구 업체들이 오히려 성장하는 현상 또한 관찰되고 있다. 강자의 등장으로 약자의 성장 동력이 어느 정도는 발현되었다는 것을 보여주는 사례라고 할 수 있다.

(라) 그러나 최근에는 메기 효과가 검증되지 않고 과장되어 사용되거나 심지어 거짓이라고 주장하는 사람들이 있다. 먼저 메기 효과의 기원부터 의문점이 있다. 메기는 민물고기로 바닷물고기인 청어는 메기와 연관점이 없으며, 실제로 북유럽의 어부들이 수조에 메기를 넣어 효과가 있었는지 검증되지 않았다. 실제로 2012년 『사이언스』에서 제한된 공간에 메뚜기와 거미를 두었을 때 메뚜기들은 포식자인 거미로 인해 스트레스의 수치가 증가하고 체내 질소 함량이 줄어들었고, 죽은 메뚜기에 포함된 질소 함량이 줄어들면서 토양 미생물이 줄어들고 황폐화되었다.

(마) 우리나라에서 '경쟁'과 관련된 이론 중 가장 유명한 것은 영국의 역사가 아널드 토인비가 주장했다고 하는 '메기 효과(Catfish Effect)'이다. 메기 효과란 냉장시설이 없었던 과거에 북유럽의 어부들이 잡은 청어를 싱싱하게 운반하기 위하여 수조 속에 천적인 메기를 넣어 끊임없이 움직이게 했다는 것이다. 이 가설은 경영학계에서 비유적으로 사용되며, 기업의 경쟁력을 키우기 위해서는 적절한 위협과 자극이 필요하다고 주장하고 있다.

❙ K-water 한국수자원공사 / 의사소통능력

26 윗글의 문단을 논리적 순서대로 바르게 나열한 것은?

① (가) - (라) - (나) - (다) - (마)　　② (다) - (마) - (가) - (나) - (라)
③ (마) - (가) - (라) - (다) - (나)　　④ (마) - (라) - (가) - (다) - (나)

❙ K-water 한국수자원공사 / 의사소통능력

27 다음 중 윗글을 이해한 내용으로 적절하지 않은 것은?

① 거대기업의 출현은 해당 시장의 생태계를 파괴할 수도 있다.
② 메기 효과는 과학적으로 검증되지 않았으므로 낭설에 불과하다.
③ 발전을 위해서는 기업 간 경쟁을 적정 수준으로 유지해야 한다.
④ 메기 효과는 경쟁을 장려하는 사회에서 널리 사용되고 있다.

28 어느 회사에 입사하는 사원수를 조사하니 올해 남자 사원수는 작년에 비하여 8% 증가하고 여자 사원수는 10% 감소했다. 작년의 전체 사원은 820명이고, 올해는 작년에 비하여 10명이 감소하였다고 할 때, 올해의 여자 사원수는?

① 378명   ② 379명

③ 380명   ④ 381명

29 철호는 50만 원으로 K가구점에서 식탁 1개와 의자 2개를 사고, 남은 돈은 모두 장미꽃을 모두 구매하는 데 쓰려고 한다. 판매하는 가구의 가격이 다음과 같을 때, 구매할 수 있는 장미꽃의 수는?(단, 장미꽃은 한 송이당 6,500원이다)

〈K가구점 가격표〉

종류	책상	식탁	침대	의자	옷장
가격	25만 원	20만 원	30만 원	10만 원	40만 원

※ 30만 원 이상 구매 시 10% 할인

① 20송이   ② 21송이

③ 22송이   ④ 23송이

30 다음 〈보기〉의 전제 1에서 항상 참인 결론을 이끌어 내기 위한 전제 2로 옳은 것은?

> **보기**
>
> • 전제 1 : 흰색 공을 가지고 있는 사람은 모두 검은색 공을 가지고 있지 않다.
> • 전제 2 : ＿＿＿＿＿＿＿＿＿＿＿＿＿＿＿＿＿＿＿＿＿＿＿＿
> • 결론 : 흰색 공을 가지고 있는 사람은 모두 파란색 공을 가지고 있다.

① 검은색 공을 가지고 있는 사람은 모두 파란색 공을 가지고 있다.

② 파란색 공을 가지고 있지 않은 사람은 모두 검은색 공도 가지고 있지 않다.

③ 파란색 공을 가지고 있지 않은 사람은 모두 검은색 공을 가지고 있다.

④ 파란색 공을 가지고 있는 사람은 모두 검은색 공을 가지고 있다.

※ 다음은 보조배터리를 생산하는 K사의 시리얼 넘버에 대한 자료이다. 이어지는 질문에 답하시오. [31~32]

〈시리얼 넘버 부여 방식〉

시리얼 넘버는 [제품 분류] – [배터리 형태][배터리 용량][최대 출력] – [고속충전 규격] – [생산날짜] 순서로 부여한다.

〈시리얼 넘버 세부사항〉

제품 분류	배터리 형태	배터리 용량	최대 출력
NBP : 일반형 보조배터리 CBP : 케이스 보조배터리 PBP : 설치형 보조배터리	LC : 유선 분리형 LO : 유선 일체형 DK : 도킹형 WL : 무선형 LW : 유선+무선	4 : 40,000mAH 이상 3 : 30,000mAH 이상 2 : 20,000mAH 이상 1 : 10,000mAH 이상	A : 100W 이상 B : 60W 이상 C : 30W 이상 D : 20W 이상 E : 10W 이상

고속충전 규격	생산날짜		
P31 : USB–PD3.1 P30 : USB–PD3.0 P20 : USB–PD2.0	B3 : 2023년 B2 : 2022년 … A1 : 2011년	1 : 1월 2 : 2월 … 0 : 10월 A : 11월 B : 12월	01 : 1일 02 : 2일 … 30 : 30일 31 : 31일

31 다음 〈보기〉 중 시리얼 넘버가 잘못 부여된 제품은 모두 몇 개인가?

> **보기**
>
> • NBP – LC4A – P20 – B2102   • CBP – LO3E – P30 – A9002
> • CBP – WK4A – P31 – B0803   • PBP – DK1E – P21 – A8B12
> • NBP – LC3B – P31 – B3230   • PBP – DK2D – P30 – B0331
> • CNP – LW4E – P20 – A7A29   • NBP – LO3B – P31 – B2203
> • PBP – WL3D – P31 – B0515   • CBP – LC4A – P31 – B3104

① 2개   ② 3개
③ 4개   ④ 5개

32 K사 고객지원팀에 재직 중인 S주임은 보조배터리를 구매한 고객으로부터 다음과 같은 전화를 받았다. 해당 제품을 회사 데이터베이스에서 검색하기 위해 시리얼 넘버를 입력할 때, 고객이 보유 중인 제품의 시리얼 넘버로 가장 적절한 것은?

S주임 : 안녕하세요. K사 고객지원팀 S입니다. 무엇을 도와드릴까요?

고객 : 안녕하세요. 지난번에 구매한 보조배터리가 작동을 하지 않아서요.

S주임 : 네, 고객님. 해당 제품 확인을 위해 시리얼 넘버를 알려주시기 바랍니다.

고객 : 제품을 들고 다니면서 시리얼 넘버가 적혀 있는 부분이 지워졌네요. 어떻게 하면 되죠?

S주임 : 고객님 혹시 구매하셨을때 동봉된 제품설명서를 가지고 계실까요?

고객 : 네, 가지고 있어요.

S주임 : 제품설명서 맨 뒤에 제품 정보가 적혀 있는데요. 순서대로 불러주시기 바랍니다.

고객 : 설치형 보조배터리에 70W, 24,000mAH의 도킹형 배터리이고, 규격은 USB−PD3.0이고, 생산날짜는 2022년 10월 12일이네요.

S주임 : 확인 감사합니다. 고객님 잠시만 기다려 주세요.

---

① PBP − DK2B − P30 − B1012
② PBP − DK2B − P30 − B2012
③ PBP − DK3B − P30 − B1012
④ PBP − DK3B − P30 − B2012

33 K하수처리장은 오수 1탱크를 정수로 정화하는 데 A ~ E 5가지 공정을 거친다고 한다. 공정당 소요시간이 다음과 같을 때 30탱크 분량의 오수를 정화하는 데 걸린 최소 시간은?(단, 공정별 걸린 시간에는 정비시간이 포함되어 있다)

〈K하수처리장 공정별 소요시간〉					
공정	A	B	C	D	E
걸린 시간	4시간	6시간	5시간	4시간	6시간

① 181시간
② 187시간
③ 193시간
④ 199시간

34 다음은 S헬스 클럽의 회원들이 하루 동안 운동하는 시간을 조사하여 나타낸 도수분포표이다. 하루 동안 운동하는 시간이 80분 미만인 회원이 전체의 80%일 때, $A - B$의 값은?

〈S헬스 클럽 회원 운동시간 도수분포표〉

시간(분)	회원 수(명)
0 이상 20 미만	1
20 이상 40 미만	3
40 이상 60 미만	8
60 이상 80 미만	A
80 이상 100 미만	B
합계	30

① 2   ② 4

③ 6   ④ 8

⑤ 10

35 A가게와 B가게에서의 연필 1자루당 가격과 배송비가 다음과 같을 때 연필을 몇 자루 이상 구매해야 B가게에서 주문하는 것이 유리한가?

〈구매정보〉

구분	연필 가격	배송비
A가게	500원/자루	무료
B가게	420원/자루	2,500원/건

① 30자루   ② 32자루

③ 34자루   ④ 36자루

⑤ 38자루

36 S마스크 회사에서는 지난 달에 제품 A, B를 합하여 총 6,000개를 생산하였다. 이번 달에 생산한 양은 지난 달에 비하여 제품 A는 6% 증가하고, 제품 B는 4% 감소하여 전체 생산량은 2% 증가하였다고 한다. 이번 달 두 제품 A, B의 생산량의 차는 얼마인가?

① 1,500개   ② 1,512개

③ 1,524개   ④ 1,536개

⑤ 1,548개

37 다음 중 기계적 조직의 특징으로 적절한 것을 〈보기〉에서 모두 고르면?

> **보기**
>
> ㉠ 변화에 맞춰 쉽게 변할 수 있다.
> ㉡ 상하 간 의사소통이 공식적인 경로를 통해 이루어진다.
> ㉢ 대표적으로 사내벤처팀, 프로젝트팀이 있다.
> ㉣ 구성원의 업무가 분명하게 규정되어 있다.
> ㉤ 다양한 규칙과 규제가 있다.

① ㉠, ㉡, ㉢   ② ㉠, ㉣, ㉤
③ ㉡, ㉢, ㉣   ④ ㉡, ㉣, ㉤
⑤ ㉢, ㉣, ㉤

38 다음 중 글로벌화에 대한 설명으로 적절하지 않은 것은?

① 범지구적 시스템과 네트워크 안에서 기업 활동이 이루어지는 국제경영이 중요시된다.
② 글로벌화가 이루어지면 시장이 확대되어 상대적으로 기업 경쟁이 완화된다.
③ 경제나 산업에서 벗어나 문화, 정치 등 다른 영역까지 확대되고 있다.
④ 활동 범위가 세계로 확대되는 것을 의미한다.
⑤ 다국적 기업의 증가에 따라 국가 간 경제통합이 강화되었다.

39 다음은 협상과정 단계별 세부 수행 내용이다. 협상과정의 단계를 순서대로 바르게 나열한 것은?

> ㉠ 겉으로 주장하는 것과 실제로 원하는 것을 구분하여 실제로 원하는 것을 찾아낸다.
> ㉡ 합의문을 작성하고 서명한다.
> ㉢ 갈등문제의 진행상황과 현재의 상황을 점검한다.
> ㉣ 상대방의 협상의지를 확인한다.
> ㉤ 대안 이행을 위한 실행계획을 수립한다.

① ㉠ － ㉢ － ㉤ － ㉣ － ㉡   ② ㉠ － ㉤ － ㉢ － ㉣ － ㉡
③ ㉢ － ㉠ － ㉤ － ㉣ － ㉡   ④ ㉣ － ㉠ － ㉢ － ㉤ － ㉡
⑤ ㉣ － ㉢ － ㉠ － ㉤ － ㉡

40 다음 중 Win – Win 전략에 의거한 갈등 해결 단계에 포함되지 않는 것은?

① 비판적인 패러다임을 전환하는 등 사전 준비를 충실히 한다.

② 갈등 당사자의 입장을 명확히 한다.

③ 서로가 받아들일 수 있도록 중간지점에서 타협적으로 주고받아 해결점을 찾는다.

④ 서로의 입장을 명확히 한다.

⑤ 상호 간에 중요한 기준을 명확히 말한다.

41 다음 중 직업이 갖추어야 할 속성과 그 의미가 옳지 않은 것은?

① 계속성 : 주기적으로 일을 하거나 계절 또는 명확한 주기가 없어도 계속 행해지며, 현재 하고 있는 일을 계속할 의지와 가능성이 있어야 한다.

② 경제성 : 직업은 경제적 거래 관계가 성립되는 활동이어야 한다.

③ 윤리성 : 노력이 전제되지 않는 자연적인 이득 활동은 직업으로 볼 수 없다.

④ 사회성 : 모든 직업 활동이 사회 공동체적 맥락에서 의미 있는 활동이어야 한다.

⑤ 자발성 : 속박된 상태에서의 제반 활동은 직업으로 볼 수 없다.

42 다음 중 근로윤리의 판단 기준으로 적절한 것을 〈보기〉에서 모두 고르면?

보기	
㉠ 예절	㉡ 준법
㉢ 정직한 행동	㉣ 봉사와 책임
㉤ 근면한 자세	㉥ 성실한 태도

① ㉠, ㉡, ㉢

② ㉠, ㉡, ㉣

③ ㉡, ㉢, ㉤

④ ㉢, ㉤, ㉥

⑤ ㉣, ㉤, ㉥

43 다음 중 스마트 팩토리(Smart Factory)에 대한 설명으로 옳지 않은 것은?

① 공장 내 설비에 사물인터넷(IoT)을 적용한다.

② 기획 및 설계는 사람이 하고, 이를 바탕으로 인공지능(AI)이 전반적인 공정을 진행한다.

③ 정부에서는 4차 산업혁명의 시대에 맞추어 제조업 전반의 혁신 및 발전을 위해 꾸준히 지원하고 있다.

④ 국가별 제조업 특성 및 강점, 산업 구조 등에 따라 구체적인 전략은 다양한 형태를 갖춘다.

44 다음 중 그래핀과 탄소 나노 튜브를 비교한 내용으로 옳은 것은?

① 그래핀과 탄소 나노 튜브 모두 2차원 평면 구조를 가지고 있다.

② 그래핀과 탄소 나노 튜브 모두 탄소로 이루어져 있으므로 인장강도는 약하다.

③ 그래핀과 탄소 나노 튜브 모두 격자 형태로 불규칙적이다.

④ 그래핀과 탄소 나노 튜브 모두 그 두께가 $1\mu\mathrm{m}$보다 얇다.

45 K빌딩 시설관리팀에서 건물 화단 보수를 위해 두 팀으로 나누었다. 한 팀은 작업 하나를 마치는 데 15분이 걸리지만 작업을 마치면 도구 교체를 위해 5분이 걸리고, 다른 한 팀은 작업 하나를 마치는 데 30분이 걸리지만 한 작업을 마치면 도구 교체 없이 바로 다른 작업을 시작한다고 한다. 오후 1시부터 두 팀이 쉬지 않고 작업한다고 할 때, 두 팀이 세 번째로 동시에 작업을 시작하는 시각은?

① 오후 3시 30분 ② 오후 4시

③ 오후 4시 30분 ④ 오후 5시

※ 다음은 2019년부터 2022년까지의 K농장의 귤 매출액의 증감률에 대한 자료이다. 이를 읽고 이어지는 질문에 답하시오. [46~47]

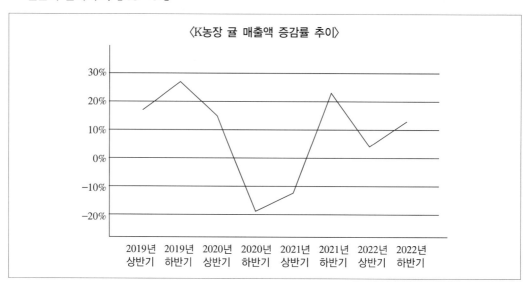

〈K농장 귤 매출액 증감률 추이〉

┃ 한국관광공사 / 수리능력

46 다음 중 자료에 대한 설명으로 옳지 않은 것은?

① 매출액은 2021년 하반기부터 꾸준히 증가하였다.
② 2019년 하반기의 매출 성장 폭이 가장 크다.
③ 2020년 하반기 매출액은 2018년 하반기 매출액보다 적다.
④ 2019년 상반기부터 2022년 하반기까지 매출액이 가장 적은 때는 2021년 상반기이다.

47 다음은 신문에 실린 어떤 기사의 일부이다. 이 기사의 작성 시기로 가장 적절한 것은?

> … (중략) …
>
> 이 병해충에 감염되면 식물의 엽록소가 파괴되어 잎에 반점이 생기고 광합성 능력이 저하되며 결국 고사(枯死)하게 된다. 피해 지역 농민들은 감염된 농작물을 전량 땅에 묻으며 생계에 대한 걱정에 눈물을 보이고 있다. 실제로 병충해로 인해 피해 농가의 매출액이 감염 전에 비해 큰 폭으로 떨어지고 있다.
>
> 현재 피해 지역이 전국적으로 확산되고 있으며 수확을 앞둔 다른 농가에서도 이 병해충에 대한 걱정에 잠을 못 이루고 있다.
>
> … (후략) …

① 2019년 상반기 ~ 2019년 하반기
② 2020년 하반기 ~ 2021년 상반기
③ 2021년 하반기 ~ 2022년 상반기
④ 2022년 상반기 ~ 2022년 하반기

48 연도별 1분기 K국립공원 방문객 수가 다음과 같을 때, 2022년 1분기 K국립공원 방문객 수와 방문객 수의 비율을 바르게 나열한 것은?(단, 방문객 수는 천의 자리에서 반올림하고, 방문객 수의 비율은 소수점 아래는 버리며, 증감률은 소수점 둘째 자리에서 반올림한다)

<연도별 1분기 K국립공원 방문객 수>

구분	방문객 수(명)	방문객 수 비율	증감률
2018년	1,580,000	90	-
2019년	1,680,000	96	6.3%
2020년	1,750,000	100	4.2%
2021년	1,810,000	103	3.4%
2022년			-2.8%

※ 방문객 수 비율은 2020년을 100으로 한다.

　　방문객 수　　방문객 수 비율
① 1,760,000　　103
② 1,760,000　　100
③ 1,780,000　　101
④ 1,780,000　　100

※ 다음은 M공사 정보보안팀에서 배포한 사내 메신저 계정의 비밀번호 설정 규칙이다. 이를 읽고 이어지는 질문에 답하시오. **[49~50]**

〈비밀번호 설정 규칙〉

- 오름차순 또는 내림차순으로 3회 이상 연이은 숫자, 알파벳은 사용할 수 없다.
  (예 123, 876, abc, jih, …)
- 쿼터 키보드에서 자판이 3개 이상 나열된 문자는 사용할 수 없다.
- 특수문자를 반드시 포함하되 같은 특수문자를 연속하여 2회 이상 사용할 수 없다.
- 숫자, 특수문자, 알파벳 소문자와 대문자를 구별하여 8자 이상으로 설정한다.
  (단, 대문자는 반드시 1개 이상 넣는다)
- 3자 이상 알파벳을 연이어 사용할 경우 단어가 만들어지면 안 된다.
  (단, 이니셜 및 약어까지는 허용한다)

〈불가능한 비밀번호 예시〉

- 3756#DefG99
- xcv@cL779
- UnfkCKdR$$7576
- eXtra2@CL377
- ksn3567#38cA
  ⋮

| 한국마사회 / 정보능력

49 M공사에 근무하는 B사원은 비밀번호 설정 규칙에 따라 사내 메신저 계정 비밀번호를 새로 설정하였으나 규칙에 어긋난다고 하였다. 재설정한 비밀번호가 다음과 같을 때, 어떤 규칙에 위배되었는가?

qdfk#9685@21ck

① 숫자가 내림차순으로 3회 연달아 배치되어서는 안 된다.
② 같은 특수문자가 2회 이상 연속되어서는 안 된다.
③ 영어 대문자가 1개 이상 들어가야 한다.
④ 특정 영단어가 형성되어서는 안 된다.

| 한국마사회 / 정보능력

50 B사원이 비밀번호 설정 규칙에 따라 사내 메신저 계정 비밀번호를 다시 설정할 때, 가장 적절한 것은?

① Im#S367
② asDf#3689!
③ C8&hOUse100%ck
④ 735%#Kmpkd2R6

정답 및 해설 p.072

01 다음 중 단상 유도 전동기에서 기동토크가 가장 큰 것과 작은 것을 순서대로 바르게 나열한 것은?

① 반발 기동형, 콘덴서 기동형
② 반발 유도형, 셰이딩 코일형
③ 셰이딩 코일형, 콘덴서 기동형
④ 분상 기동형, 반발 기동형
⑤ 콘덴서 기동형, 셰이딩 코일형

02 역률이 0.8, 출력이 300kW인 3상 평형유도부하가 3상 배전선로에 접속되어 있다. 부하단의 수전전압이 6,000V, 배전선 1조의 저항 및 리엑턴스가 각각 5Ω, 4Ω 이라고 하면 송전단 전압은 몇 V인가?

① 6,100V
② 6,200V
③ 6,300V
④ 6,400V
⑤ 6,500V

03 1,000회의 코일을 감은 환상 철심 솔레노이드의 단면적이 4cm^2, 평균 길이가 $4\pi\text{cm}$, 철심의 비투자율이 600일 때, 자기 인덕턴스의 크기는?

① 12H
② 1.2H
③ 0.24H
④ 2.4H
⑤ 24H

04 다음 중 비정현파의 구성으로 옳은 것은?

① 기본파, 왜형파, 고조파
② 직류분, 기본파, 고조파
③ 직류분, 기본파, 왜형파
④ 기본파, 왜형파
⑤ 직류분, 고조파

05 어떤 변압기의 단락시험에서 %저항강하 3.8%와 %리액턴스강하 4.9%를 얻었다. 부하역률이 80%일 때, 뒤진 경우의 전압변동률은?

① 5.98%
② 6.12%
③ 7.09%
④ -5.98%
⑤ -6.12%

06 가공전선로의 경간이 200m, 전선의 자체무게가 20N/m, 인장하중이 50,000N, 안전율이 2.5인 경우, 전선의 이도는 얼마인가?

① 5m

② 6m

③ 7m

④ 8m

⑤ 9m

07 자기회로의 자기저항이 일정할 때 코일의 권수를 4배 하면 자기인덕턴스는 원래의 몇 배가 되는가?

① 4배

② 8배

③ 16배

④ $\frac{1}{4}$ 배

⑤ $\frac{1}{16}$ 배

08 다음은 연가에 대한 설명이다. 빈칸에 들어갈 말을 바르게 나열한 것은?

> 연가란 전선로 각 상의 ___㉠___ 이/가 되도록 선로 전체의 길이를 ___㉡___ 등분하여 각 상의 위치를 개폐소나 연가철탑을 통하여 바꾸어주는 것이다. 3상 3선식 송전선을 연가할 경우 일반적으로 ___㉡___ 배수의 구간으로 등분하여 연가한다.

① ㉠ : 선로정수를 평형, ㉡ : 3

② ㉠ : 선로정수를 평형, ㉡ : 4

③ ㉠ : 선로정수를 평형, ㉡ : 6

④ ㉠ : 대지정전용량이 감소, ㉡ : 3

⑤ ㉠ : 대지정전용량이 감소, ㉡ : 6

09 3Ω 저항과 4Ω 유도 리액턴스가 직렬로 연결된 회로에 50V인 전압을 가했을 때 전류의 세기는?

① 8A

② 10A

③ 11A

④ 13A

⑤ 15A

10 다음 중 가공지선의 설치 목적으로 옳은 것을 〈보기〉에서 모두 고르면?

> **보기**
> ㄱ. 직격뢰로부터의 차폐
> ㄴ. 선로정수의 평형
> ㄷ. 유도뢰로부터의 차폐
> ㄹ. 통신선유도장애 경감

① ㄴ, ㄹ

② ㄱ, ㄴ, ㄹ

③ ㄱ, ㄷ, ㄹ

④ ㄴ, ㄷ, ㄹ

⑤ ㄱ, ㄴ, ㄷ, ㄹ

11 설비용량이 500kW, 부등률이 1.2, 수용율이 60%일 때, 변전시설 용량은 최소 약 몇 kVA 이상이어야 하는가?(단, 역률은 80% 이상 유지되어야 한다)

① 약 254kVA

② 약 278kVA

③ 약 289kVA

④ 약 312kVA

⑤ 약 324kVA

12 다음 중 전압을 가했을 때 축적되는 전하량의 비율은?

① 어드미턴스

② 인덕턴스

③ 임피던스

④ 서셉턴스

⑤ 커패시턴스

13 길이가 30cm, 단면적의 반지름이 10cm인 원통이 길이 방향으로 균일하게 자화되어 자화의 세기가 300Wb/m^2인 경우 원통 양단에서의 전자극의 세기는 몇 Wb인가?

① $\pi\,\text{Wb}$

② $2\pi\,\text{Wb}$

③ $3\pi\,\text{Wb}$

④ $4\pi\,\text{Wb}$

⑤ $5\pi\,\text{Wb}$

14 다음 중 직류 직권 전동기에 대한 설명으로 옳은 것을 〈보기〉에서 모두 고르면?

> **보기**
>
> ㄱ. 부하에 따라 속도가 심하게 변한다.
> ㄴ. 전동차, 기중기 크레인 등 기동토크가 큰 곳에 사용된다.
> ㄷ. 무여자로 운전할 시 위험속도에 달한다.
> ㄹ. 공급전원 방향을 반대로 해도 회전방향이 바뀌지 않는다.

① ㄱ, ㄴ, ㄷ

② ㄱ, ㄴ, ㄹ

③ ㄴ, ㄷ, ㄹ

④ ㄷ, ㄹ

⑤ ㄱ, ㄴ, ㄷ, ㄹ

15 다음 중 애자가 갖춰야 할 조건으로 옳지 않은 것은?

① 상규 송전전압에서 코로나 방전이 발생하지 않을 것

② 외력에 대비하여 기계적 강도를 충분히 확보할 것

③ 이상전압 발생 시 즉시 파괴될 것

④ 경제적일 것

16 다음 중 이상적인 연산증폭기 모델에 대한 설명으로 옳지 않은 것은?

① 개루프 전압이득은 무한대(∞)이다.

② 입력 임피던스는 0이다.

③ 출력 전압 범위는 무한대(∞)이다.

④ 주파수 범위 폭의 제한이 없다.

17 다음 그림과 같은 회로에서 저항 R_a에 흐르는 전류의 세기가 0일 때, 저항 R_x의 크기는?

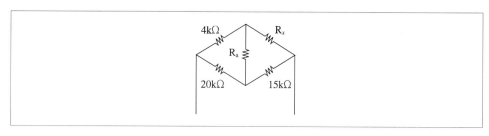

① $3\text{k}\Omega$

② $5\text{k}\Omega$

③ $6\text{k}\Omega$

④ $10\text{k}\Omega$

18 다음 중 엔진 내부를 진공상태로 만들어 공기의 유입을 통해 터빈을 작동시켜 전기를 생산하는 발전기는?

① 공기식 발전기

② 풍력 발전기

③ 조력 발전기

④ 수소 발전기

19 다음 중 발전기의 형식 중 하나인 회전계자형에 대한 설명으로 옳지 않은 것은?

① 자석이 회전하여 전기에너지를 생산하는 방식이다.

② 회전전기자형에 비해 절연에 유리하다.

③ 브러시 사용량이 감소한다.

④ 권선의 배열 및 결선이 불리하다.

20 다음 중 발전기에서 생산된 교류 전원을 직류 전원으로 바꿔주는 것은?

① 슬립링   ② 브러시

③ 전기자   ④ 정류자

21 자극당 유효자속이 0.8Wb인 4극 중권 직류 전동기가 1,800rpm의 속도로 회전할 때, 전기자 도체 1개에 유도되는 기전력의 크기는?

① 24V   ② 48V

③ 240V   ④ 480V

22 다음 그림과 같은 블록선도에서의 전달함수는?

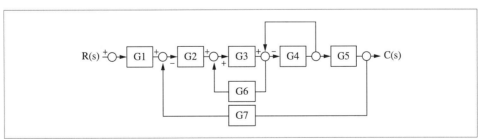

① $\dfrac{G_1 G_2 G_3 G_4 G_5}{1 - G_2 G_3 G_4 G_5 G_7 + G_3 G_6 - G_4}$

② $\dfrac{G_1 G_2 G_3 G_4 G_5}{1 + G_2 G_3 G_4 G_5 G_7 - G_3 G_6 + G_4}$

③ $\dfrac{G_2 G_3 G_4 G_5}{1 - G_2 G_3 G_4 G_5 G_7 + G_3 G_{6_4}}$

④ $\dfrac{G_2 G_3 G_4 G_5}{1 + G_2 G_3 G_4 G_5 G_7 - G_3 G_6}$

23 다음 그림과 같은 회로의 전달함수는?

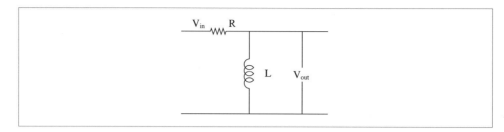

① $\dfrac{1}{R+sL}$

② $\dfrac{sL}{R+sL}$

③ $\dfrac{1}{sLR+1}$

④ $\dfrac{R}{sLR+1}$

24 다음 중 농형 유도 전동기와 권선형 유도 전동기의 특징에 대한 설명으로 옳은 것은?

① 권선형 유도 전동기는 농형 유도 전동기보다 구조가 복잡하다.

② 권선형 유도 전동기는 농형 유도 전동기보다 용량이 크다.

③ 권선형 유도 전동기는 농형 유도 전동기보다 구동토크가 크다.

④ 권선형 유도 전동기는 농형 유도 전동기보다 기동 전류가 크다.

25 다음 중 함수 $f(t)$와 라플라스 변환한 $\mathcal{L}(f)$의 값이 바르게 짝지어지지 않은 것은?

$f(t)$ $\mathcal{L}(f)$

① $4\cos wt - 3\sin wt$ $\dfrac{4s-3w}{s^2+w^2}$

② $3t^2 - 4t + 1$ $\dfrac{18}{s^3} - \dfrac{8}{s^2} + \dfrac{1}{s}$

③ $e^{2t} + 5e^t - 6$ $\dfrac{1}{s-2} + \dfrac{5}{s-1} - \dfrac{6}{s}$

④ $\cosh 5t$ $\dfrac{s}{s^2-25}$

앞선 정보 제공! 도서 업데이트

언제, 왜 업데이트될까?

도서의 학습 효율을 높이기 위해 자료를 추가로 제공할 때!
공기업 · 대기업 필기시험에 변동사항 발생 시 정보 공유를 위해!
공기업 · 대기업 채용 및 시험 관련 중요 이슈가 생겼을 때!

01 SD에듀 도서
www.sdedu.co.kr/book
홈페이지 접속

02 상단 카테고리
「도서업데이트」
클릭

03 해당
기업명으로
검색

참고자료, 시험 개정사항 등 정보 제공으로 학습효율을 높여 드립니다.

2023 하반기

기출이 답이다

한국 전력공사

NCS & 전공 7개년 기출복원문제 + 무료한전특강

정답 및 해설

SD에듀
㈜시대고시기획

PART 1

한국전력공사
기출복원문제

정답 및 해설

01	02	03	04	05	06	07	08	09	10	11	12	13	14	15	16	17	18	19	20
④	③	④	④	①	①	①	③	④	③	④	①	④	③	③	③	⑤	④	③	④
21	22	23	24	25	26	27	28	29	30	31	32	33	34	35	36	37	38	39	40
②	③	⑤	②	④	④	②	①	①	②	③	④	③	⑤	①	④	③	⑤	④	③
41	42	43	44	45	46	47	48	49	50	51	52	53	54	55	56	57			
③	①	②	①	④	①	②	⑤	⑤	③	④	③	③	④	③	③	④			

01 NCS

01

정답 ④

두 번째 문단에서 단기간 내 사업 추진이 용이한 '폐기물 및 바이오매스 혼소 발전' 등의 에너지원에 대한 편중성이 나타나고 있다고 하였으므로 ④는 옳지 않다.

오답분석

① 공급의무자는 신·재생에너지 공급인증서(REC)를 구매하는 방법으로 할당받은 공급의무량을 충당할 수 있다.
② 공급의무자에게 할당되는 공급의무량이 단계적으로 증가하여 최종 전력소비자인 국민들에게 전가되는 비용 부담이 지속적으로 증가할 가능성이 있다.
③ 세 번째 개선방안으로 민간 기업들이 직접 REC 구매를 가능하게 하는 등의 제도 보완이 필요하다고 하였으므로 옳은 설명이다.
⑤ RPS 제도로 인해 신·재생에너지를 이용한 발전량과 발전설비 용량이 지속적으로 증가하였다.

02

정답 ③

(나) 보빙사절단에 전등 주문과 고종의 허가 → (라) 1887년 3월 경복궁 내 건천궁에 100촉 전구 두 개가 점등 → (가) 전등 설치에 대한 반대와 우여곡절 → (다) 궁궐의 항시적 조명 설비가 된 전등

03

정답 ④

제시문의 두 번째 문단에서 인공지능 기술, 블록체인 기술, 빅데이터 기술, 가상현실 기술 등 부동산 산업과 융합한 다양한 기술들을 예시를 통해 소개하고 있다.

04

정답 ④

전체 일의 양을 1이라고 하면, 하루에 할 수 있는 일의 양은 A는 7일이 걸리므로 $\frac{1}{7}$, B는 10일이 걸리므로 $\frac{1}{10}$ 이다. 그러므로 A와 B가 같이 일을 할 때, x일이 걸린다면 다음 식과 같이 나타낼 수 있다.

$\frac{1}{7}+\frac{1}{10}=\frac{1}{x}$ → $\frac{17}{70}=\frac{1}{x}$

$\therefore x \fallingdotseq 4.1$

따라서 A와 B가 같이 준비한다면 최소 5일이 걸린다.

05

정답 ①

4,000원의 물건을 1,000개 팔았으므로 한 달 매출액은 4,000,000원이다. 그러므로 인상한 가격과 변동된 판매량에 대한 식을 세우면 다음과 같다.

$(4,000+x) \times (1,000-0.2x) = 4,000,000$

$4,000,000 - 800x + 1,000x - 0.2x^2 = 4,000,000$

$200x - 0.2x^2 = 0 \rightarrow x(200-0.2x) = 0 \rightarrow x(x-1,000) = 0$

$\therefore x = 1,000 \ (\because x \neq 0)$

따라서 인상한 가격은 1,000원이다.

06

정답 ①

원가를 x원이라고 하면, 원가에 50%의 이익을 붙일 경우는 $1.5x$이다. 여기에 다시 20%를 할인한 최종 판매 가격은 $1.5x \times 0.8 = 1.2x$이다. 물건 1개당 1,000원의 이익을 얻었으므로 다음의 식이 성립한다.

$1.2x - x = 1,000 \rightarrow 0.2x = 1,000$

$\therefore x = 5,000$

따라서 물건의 원가는 5,000원이다.

07

정답 ①

D대리는 B과장보다 근속연수가 높지만 기본급은 더 적음으로 옳지 않다.

오답분석

② S팀의 자녀는 모두 7명으로 총 자녀수당은 70만 원이다. 반면 근속수당은 30만+10만+30만+20만+10만=100만 원이므로 자녀수당의 합보다 근속수당의 합이 더 높다.

③ A부장의 월급은 4,260,000+(100,000×2)+300,000+100,000+1,00,000=4,960,000원이므로 E사원의 기본급인 2,420,000 원의 2배 이상이다.

④ 제시된 사원 정보를 통해 가장 많은 기본급 외 임금수당을 받는 직원은 전기기사 자격증을 보유하고 있어 총 500,000+100,000 +100,000+100,000+100,000=900,000원을 받는 B과장인데, C과장이 전기기능사에 합격하여 자격증수당 15만 원이 추가 되면 총 150,000+100,000+100,000+300,000+300,000=950,000원이 되어 S팀 직원 중 가장 많은 기본급 외 임금수당 을 받게 된다.

⑤ 자녀의 수가 가장 많은 직원은 C과장으로 총 80만 원의 기본급 외 임금수당을 받고, 근속연수가 가장 높은 직원은 A부장으로 총 70만 원의 기본급 외 임금수당을 받고 있음으로 옳은 설명이다.

08

정답 ③

K공사의 월급은 (기본급)+(기본급 외 임금 수당)이므로 각 직원별 총 지급액은 다음과 같다.

- A부장 : 4,260,000+100,000+100,000+300,000+200,000+0=4,960,000원
- B과장 : 3,280,000+100,000+100,000+100,000+100,000+500,000=4,180,000원
- C과장 : 3,520,000+100,000+100,000+300,000+300,000+0=4,320,000원
- D대리 : 2,910,000+100,000+100,000+200,000+100,000+150,000=3,560,000원
- E사원 : 2,420,000+100,000+100,000+100,000+0+250,000=2,970,000원

따라서 월급이 높은 순서대로 나열하면 A부장 → C과장 → B과장 → D대리 → E사원이다.

09

하나의 셀에서 〈Ctrl〉키를 누른 채로 채우기 핸들 기능을 사용하면 데이터는 다음과 같이 입력된다.
- 숫자 : 1씩 증가한 값이 입력된다.
- 날짜 : 원본과 똑같은 데이터가 입력된다.
- 숫자+문자 : 원본과 똑같은 데이터가 입력된다.
- 문자 : 원본과 똑같은 데이터가 입력된다.
- 통화 : 1씩 증가한 값이 입력된다.

따라서 제시된 스프레드시트에서 순서와 금액의 값이 1씩 증가하고 나머지 데이터는 원본과 똑같이 입력된다.

10

- 개인별 합산 기록을 구하려면 주어진 값을 모두 더하는 SUM 함수를 사용해야 한다. [B7] 셀은 A의 5일간의 기록을 더해야 하므로 「=SUM(B2:B6)」을 입력해야 한다.
- 개인별 최대 기록을 구하려면 주어진 값에서 가장 큰 수를 찾는 MAX 함수를 사용해야 한다. [B8] 셀은 A의 기록 중 가장 큰 수를 찾아야 하므로 「=MAX(B2:B6)」을 입력해야 한다.

오답분석
- LARGE 함수는 지정된 범위 내에서 n번째로 큰 값을 찾는 함수이다.
- COUNT 함수는 지정된 범위 내에서 숫자가 들어있는 셀의 개수를 구하는 함수이다.

11

도서 분류번호 순으로 제시된 내용을 정리하면 다음과 같다.
- 프랑스 소설 : F04F
- 2022년 출판 : e
- 시리즈 있음 : 1
- 오프라인 단독판매 결정 : 10

따라서 해당 도서의 K도서관 분류번호는 F04Fe110이다.

12

도서 분류번호 구성 순으로 갑의 대여 도서정보를 정리하면 다음과 같다.
- 도서 구분 : 국내도서(N)
- 작가 국적 : 한국(01)
- 도서 분류 : 육아(H)
- 출판연도 : 2010년대(d)
- 시리즈 유무 : 없음(0)
- 판매처 : 온・오프라인(11)

따라서 갑이 대여한 도서의 분류번호는 'N01Hd011'이다.

13

세 번째 문단에서 '에너지효율화, 특화사업, 지능형 전력그리드 등 3개 분과로 운영된다. 또한 ㈜한국항공조명, ㈜유진테크노, ㈜미래이앤아이가 분과 리더 기업으로 각각 지정돼 커뮤니티 활성화를 이끌 예정이다.'라고 하였으므로 분과별 2개의 리더 그룹이라는 내용은 지문의 내용과 일치하지 않는다.

오답분석
① '나주시와 한국전력공사는 협약을 통해 기업 판로 확보와 에너지산업 수요・공급・연계 지원 등 특구기업과의 동반성장 플랫폼 구축에 힘쓸 계획이다.'라고 하였으므로 지문의 내용과 일치한다.
② '나주시는 혁신산업단지에 소재한 에너지신기술연구원에서'라고 하였으므로 지문의 내용과 일치한다.

③ '한국전력공사, 강소특구 44개 기업과 전남 나주 강소연구개발특구 기업 커뮤니티 협약을 체결했다.'라고 하였으므로 지문의 내용과 일치한다.
⑤ '협약 주체들은 강소특구 중장기 성장모델과 전략수립 시 공동으로 노력을 기울이고, 적극적인 연구개발(R&D) 참여를 통해'라고 하였으므로 지문의 내용과 일치한다.

14
정답 ③

섭씨 510도라는 환경에서 zT가 3.1이라고 하였으므로 '어떤 환경에서든'이라는 조건은 옳지 않다.

오답분석

① 화성 탐사 로버 '퍼시비어런스'는 '열을 전기로 바꾸는 변환 효율이 4 ~ 5%에 머물고 있다.'라고 하였으므로 옳은 내용이다.
② '국내 연구팀이 오랫동안 한계로 지적된 열전 발전의 효율을 20% 이상으로 끌어올린 소재를 개발했다. 지금까지 개발된 열전 소재 가운데 세계에서 가장 효율이 높다는 평가다.'라고 하였으므로 옳은 내용이다.
④ 열이 '전도성 물질인 산화물을 따라 흐르면서 열전효율이 떨어진 것이다.'라는 언급이 있으므로 옳은 내용이다.
⑤ 발전의 효율을 20% 이상으로 끌어올려 기존의 4 ~ 5%보다 4배 이상 높다.

15
정답 ③

넛지효과란 직접적인 규제, 처벌 등을 제외하고 부드러운 개입으로 사람들의 변화를 유도하는 것을 말한다. 그렇기 때문에 ③과 같이 직접적인 문구를 통해 사람들의 행동을 바꾸려는 것은 넛지효과의 예시로 적절하지 않다.

16
정답 ③

220V 이용 시 가정에서 전기에 노출될 경우 위험성은 더 높을 수 있다고 언급하였다.

오답분석

① '한국도 처음 전기가 보급될 때는 11자 모양 콘센트의 110V를 표준전압으로 사용했다.'라고 하였으므로 옳은 내용이다.
② 일본과 미국이 220V로 전환하지 못하는 이유 중 하나가 다수의 민영 전력회사로 운영되기 때문이라고 하였기 때문에 옳은 내용이다.
④ '전압이 높을수록 저항으로 인한 손실도 줄어들고 발전소에서 가정으로 보급하는 데까지의 전기 전달 효율이 높아진다.'라고 하였으므로 옳은 내용이다.
⑤ 전압이 다른 콘센트와 제품을 연결해 사용하면 제품이 망가지고 화재나 폭발이 일어나거나, 정상적으로 작동하지 않는 문제가 있을 수 있다고 언급하였다.

17
정답 ⑤

(다)에서 '부산 국제원자력산업전'에 대한 전반적인 설명과 함께 처음 언급한 후, (나)에서 한전이 국제원자력산업전에 무엇을 출품했는지를 서술하고, (가)에서 플랫폼과 구체적인 내용에 대해 상세히 서술하는 것으로 글을 마무리하는 것이 가장 적절하다.

18
정답 ④

• 재석 : '이러한 원일점, 근일점, 원지점, 근지점의 위치는 태양, 행성 등 다른 천체들의 인력에 의해 영향을 받아 미세하게 변한다.'라고 하였으므로 바르게 설명하고 있다.
• 하하 : '관측되는 천체까지의 거리가 가까워지면 각지름이 커진다.'라고 하였으므로 바르게 설명하고 있다.
• 준하 : 같은 일식이라도 달이 근지점이나 그 근처에 위치하면 개기일식, 원지점이나 그 근처에 위치하면 금환일식이 일어난다고 하였으므로 바르게 설명하고 있다.

오답분석

• 명수 : 현재 달의 공전 궤도 이심률은 0.055이고, 현재 지구의 공전 궤도 이심률은 0.017이다. 이심률이 작을수록 궤도가 원에 가까운 것이므로 옳지 않은 설명이다.

19

정답 ③

메기 효과의 기원은 유럽 어부들이 청어를 더 싱싱하게 운반하기 위해 청어 수조에 천적인 메기를 집어넣던 것으로 추정하고 있으나, 검증된 주장이 아니라는 문제가 제기되고 있으므로 확실히 밝혀졌다고 추론할 수 없다.

오답분석

① '정체된 생태계에 메기 같은 강력한 포식자(경쟁자)가 나타나면 개체들이 생존을 위해 활력을 띄게 되는 현상'이라고 언급하였으므로 올바른 추론이다.
② '중국, 한국 등 아시아권에서 더 많이 사용되며 서구권에서는 제한적으로 사용되고 있다. 개인간 경쟁을 장려하는 동아시아 특유의 문화가 반영된 것'이라고 하였으므로 올바른 추론이다.
④ '기업의 경쟁력을 키우기 위해 적절한 위협요인과 자극이 필요하다.'라고 하였으므로 올바른 추론이다.
⑤ 메기 효과란 경쟁자가 등장하여 더 활력 있고, 생산성 있게 경쟁에 참여하게 되는 것을 말하므로 경쟁자로 인해 마라토너의 기록이 더 좋아진 경우는 메기 효과의 예시라고 추론할 수 있다.

20

정답 ④

밀그램의 예상과 달리 65%의 사람들이 인체에 치명적인 450V까지 전압을 올렸고, 일부 실험자만이 '불복종'하였다.

21

정답 ②

(나)에서 브라질 정부가 아마존 내 환경보호구역 축소를 추진한다는 내용으로 시작하여 (가)에서 환경보호를 위해 많은 기부금을 낸 노르웨이가 그에 대해 반대하고 있음을 서술하고, (다) 독일 또한 마찬가지로 반대하고 있다는 입장을 전하면서, 아마존 열대우림 파괴의 실상을 보여주는 것으로 글을 마무리 하는 흐름이 가장 자연스럽다고 할 수 있다.

22

정답 ③

7월 말 기준 서울에서 운영되고 있는 킥보드의 대수는 4,700대이며, 8월 중 추가되는 대수는 3,000대이다. 따라서 8월 말 기준 13개 업체가 서울에서 7,700대의 킥보드를 운영할 것이며, 한 업체당 약 592대의 킥보드를 운영할 것이다.

23

정답 ⑤

A씨는 수요고객이므로 주어진 [별표 1]의 2번 표만을 참고하면 된다. 직전 12개월(2021.05 ~ 2022.04)과 당월(2022.05) 기간 중 최대이용전력은 4,790kWh이다. 최대이용전력이 계약전력의 30%를 초과하므로 최대이용전력을 기준으로 기본요금이 책정된다. 따라서 기본요금은 4,790kWh÷450시간×667.61원≒7,100원이다. 또한 경기도 광주시는 수도권지역에 해당하므로 사용요금은 3,500kWh×2.44원/kWh=8,540원이므로 기본요금과 사용요금의 합산은 15,640원이다.

24

정답 ②

기존 매출액 조사표에서 현재 학생식당의 식대가 4,000원임을 알 수 있다. 따라서 1,000원을 인상할 경우 식대는 5,000원이다. 식대 인상이 요일별로 차별적인 효과를 발생시키지는 않으므로 요일별 이용자 수가 아닌 주간 이용자 수를 활용하여 매출을 예측할 수 있다. 식대 인상 전, 주간 학생식당 이용자 수는 학생 6,930명, 교직원 283명, 외부인 104명으로 총 7,317명이며, 이에 따른 매출액은 29,268,000원이다. 가격을 1,000원 인상할 경우 학생의 수요는 10%가 감소하여 6,237명, 외부인의 수요는 50%가 감소하여 52명이 된다. 따라서 주간 이용자 수는 6,572명으로 예상되며, 이를 기초로 예측한 매출액은 32,860,000원이다.

25

정답 ④

각 직원의 항목별 평가점수의 합과 그에 따른 급여대비 성과급 비율은 다음과 같다.

직원	평가점수	비율	성과급
A	82	200%	320만 원×200%=640만 원
B	74	100%	330만 원×100%=330만 원
C	67	100%	340만 원×100%=340만 원
D	66	100%	360만 원×100%=360만 원
E	79	150%	380만 원×150%=570만 원
F	84	200%	370만 원×200%=740만 원

따라서 수령하는 성과급의 차이가 A와 가장 적은 직원은 E이다.

26

정답 ④

평가기준에 따라 각 사람이 받는 점수는 다음과 같다.
- A : 20(석사)+5(스페인어 구사 가능)+20(변호사 자격 보유)+10(장애인)=55점
- B : 10(대졸)+20(일본어 구사 가능)=30점
- C : 10(대졸)+20(경력 3년)+10(국가유공자)=40점
- D : 60(경력 7년)+5(아랍어 구사 가능)=65점
- E : 30(박사)+10(이학 석사 이상)+20(독일어 구사 가능)=60점

따라서 서류전형 점수가 가장 높은 사람은 D지원자이다.

27

정답 ②

연보라색을 만들기 위해서는 흰색과 보라색이 필요하다. 흰색은 주어진 5가지 물감 중 하나이며, 보라색은 빨간색과 파란색 물감의 혼합으로 만들 수 있는데, 빨간색은 주어진 물감이지만 파란색은 주어지지 않았으며, 다른 물감의 조합으로도 만들어 낼 수 없는 색상이다. 따라서 연보라색은 만들 수 없다.

오답분석

① 고동색은 주어진 5가지 물감 중 빨간색, 검은색의 두 가지 물감을 섞어서 만들 수 있다.
③ 살구색은 흰색과 주황색을 섞어서 만들 수 있는데 흰색은 주어진 5가지 물감 중 하나이며, 주황색은 빨간색과 노란색을 섞어서 만들 수 있다.
④ 카키색은 주어진 물감 중 초록색과 검은색을 섞어서 만들 수 있다.
⑤ 옥색은 주어진 물감 중 초록색과 흰색을 섞어서 만들 수 있다.

28

정답 ①

모든 직원들이 각기 다른 부서를 희망하였으므로 희망부서가 밝혀지지 않은 직원들의 희망부서는 다음과 같다.

구분	기존부서	희망부서	배치부서
A	회계팀	인사팀	?
B	국내영업팀	해외영업팀	?
C	해외영업팀	국내영업팀, 회계팀, 홍보팀 중 1	?
D	홍보팀	국내영업팀, 회계팀 중 1	홍보팀
E	인사팀	국내영업팀, 회계팀, 홍보팀 중 1	해외영업팀

인사이동 후 각 부서에 1명의 직원이 근무하게 되었으므로, A, B, C는 각각 인사팀, 국내영업팀, 회계팀에 1명씩 배치되었다. B는 다른 1명과 근무부서를 맞바꾸었는데, E가 인사팀에서 해외영업팀으로 이동하였고, D는 홍보팀에 그대로 근무하기 때문에 C, D, E는 그 상대가 될 수 없다. 따라서 B는 A가 근무하던 회계팀으로 이동하였고, A는 B가 근무하던 국내영업팀으로 이동하였으며, C는 남은 인사팀에 배치된다. 이를 정리하면 다음의 표와 같다.

구분	기존부서	희망부서	배치부서
A	회계팀	인사팀	국내영업팀
B	국내영업팀	해외영업팀	회계팀
C	해외영업팀	국내영업팀, 회계팀, 홍보팀 중 1	인사팀
D	홍보팀	국내영업팀, 회계팀 중 1	홍보팀
E	인사팀	국내영업팀, 회계팀, 홍보팀 중 1	해외영업팀

따라서 본인이 희망한 부서에 배치된 사람은 없다.

29

정답 ①

차장 직급에 지급되는 기본 교통비는 26,000원이며, 출장지까지의 거리가 204km이므로 추가 여비 20,000원이 책정된다. 출장지인 세종특별자치시는 구체적인 기준이 명시되지 않은 지역으로 기본 교통비와 추가여비의 합산 금액에 5%를 가산한 금액이 국내출장여비 기준금액이므로 다음과 같은 식이 성립한다.

$(26,000+20,000) \times 1.05 = 48,300$원

지급액을 백 원 단위에서 올림하면 김차장이 받을 수 있는 국내출장 여비는 49,000원이다.

02 전기

30

정답 ②

유도형 발전기는 동기 발전기와 달리 여자기가 없어 단독 발전이 불가능하다.

> **유도형 발전기의 특징**
> • 유도형 발전기는 외부로부터 상용전원을 공급받아야 하는 특성 때문에 독립전원으로 사용하기에는 부적합하며 상용전원과 연계 운전하는 풍력발전설비에 적합하다.
> • 유도형 발전기는 회전자의 구조에 따라서 권선형 유도발전기와 농형 유도발전기 2종류가 있다.
> • 유도형 발전기는 고정자에 상용전원이 공급된 상태에서 회전자의 회전속도가 동기속도 이상이 되어야 발전이 가능하다.

31

정답 ③

상선(L3)의 경우 선색은 회색이다.

> **전선의 식별**
> • 상선(L1) : 갈색
> • 상선(L2) : 흑색
> • 상선(L3) : 회색
> • 중성선(N) : 청색
> • 보호도체(PE) : 녹색 – 노란색

32

（정답） ④

KEC 112(용어 정의)

접근상태란 제1차 접근상태 및 제2차 접근상태를 말한다.

1. 제1차 접근상태란 가공 전선이 다른 시설물과 접근(병행하는 경우를 포함하며 교차하는 경우 및 동일 지지물에 시설하는 경우를 제외한다. 이하 같다)하는 경우에 가공 전선이 다른 시설물의 위쪽 또는 옆쪽에서 수평거리로 가공 전선로의 지지물의 지표상의 높이에 상당하는 거리 안에 시설(수평 거리로 3m 미만인 곳에 시설되는 것을 제외한다)됨으로써 가공 전선로의 전선의 절단, 지지물의 도괴 등의 경우에 그 전선이 다른 시설물에 접촉할 우려가 있는 상태를 말한다.

2. 제2차 접근상태란 가공 전선이 다른 시설물과 접근하는 경우에 그 가공 전선이 다른 시설물의 위쪽 또는 옆쪽에서 수평 거리로 3m 미만인 곳에 시설되는 상태를 말한다.

33

（정답） ③

나트륨의 원자량은 23이다.

> **나트륨의 물성**
> * 나트륨은 물에 넣으면 격렬하게 반응한다.
> * 나트륨의 불꽃 색상은 노란색이다.
> * 나트륨의 원자량은 23이다.
> * 나트륨의 원자번호는 11번이다.
> * 나트륨의 밀도는 0.968g/cm^3 이다.
> * 나트륨의 전기음성도는 0.93이다.

34

（정답） ⑤

제시된 기호는 단선도용 영상 변류기(ZCT)이다.

구분	단선도용	복선도용
영상 변류기		

35

（정답） ①

단락비가 크면 계자 기자력이 크고 전기자 반작용이 작다.

> **단락비가 큰 기계(철기계)의 특징**
> 단락비란 동기 발전기의 용량을 나타내는 데 중요한 정수이며 무부하 포화특성곡선과 단락곡선의 특성을 이용하여 산정한다.
> * 안정도가 높다.
> * 선로의 충전용량이 크다
> * 공극이 크고 극수가 많다.
> * 돌극형 철기계이다(수차 발전기).
> * 철손이 커져서 효율이 떨어진다.
> * 기계중량이 무겁고 가격이 비싸다.
> * 계자 기자력이 크고 전기자 반작용이 작다.
> * 단락비가 커서 동기 임피던스가 작고 전압 변동률이 작다.

36

T형 회로에서 4단자 정수값 B와 D는 각각 $Z\left(1+\dfrac{ZY}{4}\right)$, $1+\dfrac{ZY}{2}$ 이다.

• 4단자 정수

$$\begin{bmatrix} E_s \\ I_s \end{bmatrix} = \begin{bmatrix} A & B \\ C & D \end{bmatrix} \begin{bmatrix} E_r \\ I_r \end{bmatrix} = \begin{matrix} AE_r + BI_r \\ CE_r + DI_r \end{matrix}$$

• T형 회로와 π형 회로의 4단자 정수값

구분	T형	π형
A	$1+\dfrac{ZY}{2}$	$1+\dfrac{ZY}{2}$
B	$Z\left(1+\dfrac{ZY}{4}\right)$	Z
C	Y	$Y\left(1+\dfrac{ZY}{4}\right)$
D	$1+\dfrac{ZY}{2}$	$1+\dfrac{ZY}{2}$

37

자화의 세기 $J=\dfrac{M[\text{Wb}\cdot\text{m}]}{v[\text{m}^3]}=B-\mu_0 H=\mu_0(\mu_s-1)H=B\left(1-\dfrac{1}{\mu_s}\right)=xH[\text{Wb/m}^2]$ 이므로

$J=\mu_0(\mu_s-1)H=4\pi\times10^{-7}\times(400-1)\times2,000=1.0\text{Wb/m}^2$ 이다.

38

EMS는 초기 설치비용이 크다.

> **에너지관리시스템(EMS; Energy Management System)**
> 에너지관리시스템(EMS)은 정보통신(ICT) 기술과 제어 기술을 활용하여 상업용 빌딩, 공장, 주택, 사회 인프라(전력망, 교통망 등) 등을 대상으로 에너지 흐름과 사용의 시각화 및 최적화를 위한 통합 에너지관리 솔루션으로 정의된다.
> EMS를 통해 전력 등 에너지 사용량과 생산량을 모니터링하고, 에너지의 합리적 사용을 위해 설비 및 기기의 제어, 태양광발전 등 신재생에너지나 에너지저장시스템(ESS)을 제어할 수 있다. 에너지관리시스템(EMS)은 적용 대상에 따라 빌딩 전용 BEMS(Building EMS), 공장 전용 FEMS(Factory EMS), 주택 전용 HEMS(Home EMS) 등으로 구분된다. 각각 적용 대상은 다르지만, 전력 등 에너지의 흐름에 대한 모니터링 기능과 설비 · 기기 등에 대한 제어 기능을 가지고 있다는 점은 모든 시스템의 공통사항이며, 에너지관리시스템(EMS)은 일반적으로 에너지정보시스템, 에너지제어시스템, 에너지관리 공통기반 시스템 등 3종류의 서브시스템으로 구성된다.

39

$\text{grad V}=\left(\dfrac{\sigma}{\sigma x}i+\dfrac{\sigma}{\sigma y}j+\dfrac{\sigma}{\sigma z}k\right)V=-\dfrac{20}{(2^2+1^2)^2}\times(2i+j)=-\dfrac{4}{5}(2i+j)[\text{V/m}]$

40

정답 ③

$\operatorname{div} E = \dfrac{\rho}{\epsilon_0}$ 에서 $\rho = \epsilon_0 \cdot \operatorname{div} E = \epsilon_0 \left(\dfrac{\sigma E_x}{\sigma x} + \dfrac{\sigma E_y}{\sigma y} + \dfrac{\sigma E_z}{\sigma z} \right) = \epsilon_0 \left(\dfrac{\sigma}{\sigma x} \sin x \cdot e^{-y} + \dfrac{\sigma}{\sigma y} \cos x \cdot e^{-y} \right) = 0$

41

정답 ③

반지름이 r 이고, 표면적이 r^2 인 구의 입체각은 $1 sr$ 이다. 구의 표면적 $S = 4\pi r^2$ 이므로, 구 전체의 입체각은 4π 이다. 따라서 반원구의 입체각은 2π 이다.

42

정답 ①

얇은 판면에 무수한 자기쌍극자의 집합을 이루고 있는 판상의 자석을 판자석(자기 2중층)이라 한다.

43

정답 ②

워드 레너드 제어방식은 MGM 제어방식으로서 정부하 시 사용하며 광범위한 속도 제어가 가능하다.

직류전동기의 속도 제어법
- 전압 제어법 : 전동기의 외부단자에서 공급전압을 조절하여 속도를 제어하기 때문에 효율이 좋고 광범위한 속도 제어가 가능하다.
  - 워드 레너드 제어방식 : MGM 제어방식으로서 정부하 시 사용하며 광범위한 속도제어가 가능한 방식이다.
  - 일그너 제어방식 : MGM 제어방식으로서 부하변동이 심할 경우 사용하며 플라이휠을 설치하여 속도를 제어하는 방식이다.
  - 직·병렬 제어방식 : 직·병렬 시 전압강하로 속도를 제어하며 직권전동기에만 사용하는 방식이다.
- 저항 제어법 : 전기자 회로에 삽입한 기동저항으로 속도를 제어하는 방법이며 부하전류에 의한 전압강하를 이용한 방법이다. 손실이 크기 때문에 거의 사용하지 않는다.
- 계자 제어법 : 계자저항 조절로 계자자속을 변화시켜 속도를 제어하는 방법이며 계자저항에 흐르는 전류가 적기 때문에 전력손실이 적고 간단하지만 속도 제어범위가 좁다. 출력을 변화시키지 않고도 속도 제어를 할 수 있기 때문에 정출력 제어법이라 부른다.

44

정답 ①

변전소의 위치는 변전소 앞 절연구간에서 전기철도차량의 타행운행이 가능한 곳이어야 한다.

KEC 421.2(변전소 등의 계획)
- 전기철도 노선, 전기철도차량의 특성, 차량운행계획 및 철도망건설계획 등 부하특성과 연장급전 등을 고려하여 변전소 등의 용량을 결정하고, 급전계통을 구성하여야 한다.
- 변전소의 위치는 가급적 수전선로의 길이가 최소화 되도록 하며, 전력수급이 용이하고, 변전소 앞 절연구간에서 전기철도차량의 타행운행이 가능한 곳을 선정하여야 한다. 또한 기기와 시설자재의 운반이 용이하고, 공해, 염해, 각종 재해의 영향이 적거나 없는 곳을 선정하여야 한다.
- 변전설비는 설비운영과 안전성 확보를 위하여 원격 감시 및 제어방법과 유지보수 등을 고려하여야 한다.

45

④

소호리엑터 접지 방식의 공칭전압은 66kV이다. 송전선로인 154, 345, 765kV 선로는 중성점 직접 접지 방식을, 배전선로인 22.9kV은 중성점 다중 접지 방식을 채택하여 사용하고 있으며, 소호리엑터 접지 방식은 66kV의 선로에서 사용된다.

46

정답 ①

언측법은 직접유량 측정 방식 중 하나로, 유량이 적은 하천에서 차단벽과 수위를 이용하여 측정하는 방법이다.

직접유량을 측정하는 방법
유량의 측정에는 유속과 단면적의 양자를 측정하는 것이 일반적이지만, 직접유량을 측정할 수 있는 특수한 경우가 있다.
- 염분법 : 식염수를 이용해 염분량을 측정하는 방법
- 언측법 : 차단벽과 수위를 이용해 측정하는 방법
- 수위 관측법 : 수위유량도와 양수표를 이용해 측정하는 방법

47

정답 ②

$$N = \frac{AE}{FUM} = \frac{10 \times 30 \times 300}{3,800 \times 0.5 \times 0.8} = 59.2$$

∴ 60개

48

정답 ⑤

$\mathcal{L}[af_1(t) \pm bf_2(t)] = aF_1(s) \pm bF_2(s)$에 의해서 $\mathcal{L}[\sin\omega t] = \dfrac{\omega}{s^2 + \omega^2}$, $\mathcal{L}[\cos\omega t] = \dfrac{s}{s^2 + \omega^2}$ 이므로

$$F(s) = \mathcal{L}[f(t)] = \mathcal{L}[\sin t] + \mathcal{L}[2\cos t] = \frac{1}{s^2 + 1^2} + 2 \times \frac{s}{s^2 + 1^2} = \frac{2s + 1}{s^2 + 1}$$

49

정답 ⑤

저항이 증가하기 전 슬립 $s = \dfrac{N_s - N}{N_S} = \dfrac{1,000 - 950}{1,000} = 0.05$

회전자속도 $N = 950$rpm

동기속도 $N_s = \dfrac{120f}{p} = \dfrac{120 \times 50}{6} = 1,000$rpm

$s_2 \propto r_2$ 이므로 2차 저항을 3배로 하면 슬립도 3배로 증가한다.

변화된 회전속도 $N = (1 - 3s)N_s = (1 - 3 \times 0.05) \times 1,000 = 850$rpm

50

정답 ③

KEC 332.7(고압 가공전선로의 지지물의 강도)
고압 가공전선로의 지지물로서 사용하는 목주는 다음에 따라 시설하여야 한다.
- 풍압하중에 대한 안전율은 1.3 이상일 것
- 굵기는 말구(末口) 지름 0.12m 이상일 것

51

정답 ④

KEC 231.4(나전선의 사용 제한)

옥내에 시설하는 저압전선에는 나전선을 사용하여서는 안 되지만, 다음의 경우에는 예외로 둔다.

• 애자사용공사에 의하여 전개된 곳에 다음의 전선을 시설하는 경우
  − 전기로용 전선
  − 전선의 피복 절연물이 부식하는 장소에 시설하는 전선
  − 취급자 이외의 자가 출입할 수 없도록 설비한 장소에 시설하는 전선
• 버스덕트공사에 의하여 시설하는 경우
• 라이팅덕트공사에 의하여 시설하는 경우
• 접촉 전선을 시설하는 경우

52

정답 ③

알칼리축전지의 공칭전압은 1.2V이다.

연축전지와 알칼리축전지의 비교

구분	연축전지	알칼리축전지
공칭전압	2.0V	1.2V
방전종지전압	1.6V	0.96V
기전력	2.05V ~ 2.08V	1.32V
공칭용량	10Ah	5Ah
기계적 강도	약함	약함
충전시간	길다	짧다
수명	5 ~ 15년	15 ~ 20년

53

정답 ③

임피던스가 작아 단락전류가 크다.

단권변압기의 장점 및 단점
• 장점
  − 전압강하, 전압변동률이 작다.
  − 임피던스가 작기 때문에 철손, 동손이 작아 효율이 좋다.
  − 누설자속이 작고 기계기구를 소형화 할 수 있다.
  − 권수비가 1에 접근할수록 부하용량이 증대되고 경제적이다.
• 단점
  − 임피던스가 적어 단락전류가 크다.
  − 1차와 2차 회로가 전기적으로 절연이 어렵다.
  − 충격전압이 거의 직렬권선에 가해져 적절한 절연 설계가 필요하다.

54

정답 ④

$AD-BC=1$에서 어드미턴스를 계산한다.

$$C = \frac{AD-1}{B} = \frac{0.9 \times 0.7 - 1}{j190} ≒ j1.95 \times 10^{-3}$$

55

(전파의 주파수)=(전파의 속도)÷(파장)이므로, 먼저 단위를 미터(m)로 통일하면 $3 \times 10^8 \div 1 \times 10^{-1}$ 이므로 주파수는 $3 \times 10^9 =$ 3GHz이다.

56

802.11ac 규격의 경우 점유 주파수 대역폭이 최대 160MHz에 이른다.

57

유선 네트워크는 프레임 충돌 검출을 전송매체 상의 전위 변화로 쉽게 알아 낼 수 있으나 무선 네트워크는 공기 중 전송매체이어서 충돌 감지가 거의 불가능하다는 단점을 가지고 있다. 따라서 단점을 보완하기 위해 다른 호스트가 데이터 송신 유·무를 판단한 후 단말기가 사용 중이라면 사용이 종료될 때까지 무작위 시간으로 대기하여 충돌을 회피하는 CSMA / CA 방식을 사용한다.

01	02	03	04	05	06	07	08	09	10	11	12	13	14	15	16	17	18	19	20
⑤	⑤	⑤	④	①	③	②	⑤	②	②	⑤	①	①	①	⑤	⑤	③	②	②	③
21	22	23	24	25	26	27	28	29	30	31	32	33	34	35	36	37	38	39	40
④	③	③	③	⑤	④	①	③	⑤	④	③	④	④	①	②	④	①	⑤	②	④
41	42																		
③	③																		

01 NCS

01

정답 ⑤

제3조 제6항에 따르면 당직 근무자는 근무 전 당직 근무 시작을 기록하는 것이 아니라 당직 근무가 끝난 후 총무부에 있는 당직 근무일지에 당직 근무 종료를 기록한 후 퇴근한다.

오답분석

① 제6조 제1항, ② 제4조 제1항, ③ 제3조 제5장, ④ 제3조 제3항

02

정답 ⑤

A씨가 근무한 날은 토요일이고 당직 근무를 하면 다음 날인 일요일에 근무를 마치게 된다. 제3조 제7항에 따르면 일요일은 공휴일이기 때문에 물품을 총무부에 반납하는 것이 아니라 다음 당직자에게 직접 전해주어야 한다.

오답분석

① 제3조 제9항, ② 제3조 제7항, ③ 제3조 제2항, ④ 제3조 제4항

03

정답 ⑤

- A는 위치 점수가 하인 지역 5와 인지도 점수가 35점 미만인 지역 2를 제외한 지역 1, 3, 4 중 코인 세탁소 입지를 고를 것이다.
- B는 접근성 점수가 40점 미만인 지역 1, 3, 4를 제외한 지역 2, 5 중 코인 세탁소 입지를 고를 것이다.
- 각 지역별로 점수를 계산해보면 다음과 같다.

구분	지역 1	지역 2	지역 3	지역 4	지역 5
접근성	★★★=30점	★★★★=40점	★★★=30점	★★★☆=35점	★★★★☆=45점
인지도	★★★★=40점	★★★=30점	★★★☆=35점	★★★★☆=45점	★★☆=25점
위치	상=95점	중=90점	중=90점	최상=100점	하=85점
유동인구(일)	4,000명=20점	5,200명=40점	6,200명=50점	5,500명=40점	4,500명=30점

- 지역 1 : 30+40+95+20=185점
- 지역 2 : 40+30+90+40=200점

- 지역 3 : 30+35+90+50=205점
- 지역 4 : 35+45+100+40=220점
- 지역 5 : 45+25+85+30=185점

따라서 A는 지역 1, 3, 4 중 가장 높은 점수인 지역 4를, B는 지역 2, 5 중 가장 높은 점수인 지역 2를 선택할 것이다.

04

점검 주기에 맞춰 30일까지 표시하면 다음과 같다.

항목	점검 일자									
	21	22	23	24	25	26	27	28	29	30
케이블 점검		■	■	■	■	■	■	■	■	
변압기 유량 상태	■	■		■	■	■	■		■	
변압기 동작 상태	■	■			■	■			■	■
고압기기 이상 유무	■		■		■		■		■	
발전기 기동 상태	■			■			■			■
비상용 발전장치 이상 유무	■	■		■	■		■	■		■
보호장치 변색 유무	■		■		■		■		■	
모션 접속부 이상 상태	■	■		■		■		■		■
개폐기 균열 상태	■	■	■		■	■	■		■	

따라서 케이블 점검, 변압기 유량 상태, 고압기기 이상 유무, 보호장치 변색 유무, 개폐기 균열 상태는 9월 30일에 점검하지 않는다.

05

1인당 1일 폐기물 배출량을 정리하면 다음과 같다.

구분	1일 폐기물 배출량(톤)	인구수(명)	1인당 폐기물 배출량
용산구	305.2	132,259	2.31kg/일
중구	413.7	394,679	1.05kg/일
종로구	339.9	240,665	1.41kg/일
서대문구	240.1	155,106	1.55kg/일
마포구	477.5	295,767	1.61kg/일

따라서 1인당 1일 폐기물 배출량이 가장 큰 구인 용산구(2.31kg/일)에 폐기물 처리장을 설치해야 한다.

06

폐기물 처리장이 설치되는 용산구에서 출발하여 1인당 1일 폐기물 배출량이 많은 지역을 순서대로 이동하면 용산구 → 마포구 → 서대문구 → 종로구 → 중구 → 용산구 순서이다. 따라서 폐기물 수집에 걸리는 최소시간은 100+80+50+60+50=340=5시간 40분이다.

07

- 예상 수입 : 40,000×50=2,000,000원
- 공연 준비비 : 500,000원
- 공연장 대여비 : 6×200,000×0.9=1,080,000원
- 소품 대여비 : 50,000×3×0.96=144,000원

16 • NCS 한국전력공사

- 보조진행요원 고용비 : 50,000×4×0.88=176,000원
- 총비용 : 500,000+1,080,000+144,000+176,000=1,900,000원

총비용이 150만 원 이상이므로 공연 준비비의 10%인 50,000원이 할인된다. 따라서 할인이 적용된 총비용은 1,900,000−50,000=1,850,000원이다.

08
⑤

구분	월요일	화요일	수요일	목요일	금요일	토요일	일요일
낮	가, 나, 마	나, 다	다, 마	아, 자	바, 자	라, 사, 차	바
야간	라	마, 바, 아, 자	가, 나, 라, 바, 사	가, 사, 차	나, 다, 아	마, 자	다, 차

일정표를 보면 일요일 낮에 한 명, 월요일 야간에 한 명이 필요하고, 수요일 야간에 한 명이 빠져야 한다. 따라서 '가, 나, 라, 바, 사' 중 한 명이 일정을 옮겨야 한다. 이때 세 번째 당직 근무 규칙에 따라 같은 날에 낮과 야간 당직 근무는 함께 설 수 없으므로 월요일에 근무하는 '가, 나, 라, 마'와 일요일에 근무하는 '다, 바, 차'는 제외된다. 따라서 '사'의 당직 근무 일정을 변경하여 일요일 낮과 월요일 야간에 당직 근무를 서게 해야 한다.

09
정답 ②

무지에 호소하는 오류는 어떤 주장에 대해 증명할 수 없거나 결코 알 수 없음을 들어 거짓이라고 반박하는 오류로 귀신이 없다는 것을 증명할 수 없으니 귀신이 있다는 주장은 무지에 호소하는 오류이다.

오답분석
① 성급한 일반화의 오류 : 제한된 정보, 부적합한 증거, 대표성을 결여한 사례를 근거로 일반화하는 오류이다.
③ 거짓 딜레마의 오류 : 어떠한 문제 상황에서 제3의 선택지가 있음에도 두 가지 선택지가 있는 것처럼 상대에게 둘 중 하나를 강요하는 오류이다.
④ 대중에 호소하는 오류 : 많은 사람이 그렇게 행동하거나 생각한다는 것을 내세워 군중심리를 자극하는 오류이다.
⑤ 인신공격의 오류 : 주장을 제시한 자의 비일관성이나 도덕성의 문제를 이유로 제시된 주장을 잘못이라고 판단하는 오류이다.

10
정답 ②

가대리와 마대리의 진술이 서로 모순이므로, 둘 중 한 사람은 거짓을 말하고 있다.
ⅰ) 가대리의 진술이 거짓인 경우
　가대리의 말이 거짓이라면 나사원의 말도 거짓이 되고, 라사원의 말도 거짓이 되므로 모순이 된다.
ⅱ) 가대리의 진술이 진실인 경우
　가대리, 나사원, 라사원의 말이 진실이 되고, 다사원과 마대리의 말이 거짓이 된다.
- 진실
　- 가대리 : 가대리, 마대리 출근, 결근 사유 모름
　- 나사원 : 다사원 출근, 가대리의 진술은 진실
　- 라사원 : 나사원의 진술은 진실
- 거짓
　- 다사원 : 라사원 결근 → 라사원 출근
　- 마대리 : 라사원 결근, 라사원이 가대리에게 결근 사유 전함 → 라사원 출근, 가대리는 결근 사유를 듣지 못함
따라서 나사원이 출근하지 않았다.

구분	A	B	C	D	E
가	○	○	×	?	?
나	?	?	○	○	?
다	○	○	?	?	×
라	×	○	?	×	?
마	○	×	?	○	×

먼저 '나'는 병이 치료되지 않았기 때문에 C와 D는 성공한 신약이 아니므로 제외하고 나머지를 확인한다.

• A가 성공한 신약인 경우

구분	A(성공)	B	C	D	E
가	○	○	×	?	?
나	×	?	○	○	×
다	○	○	?	?	×
라	×	○	?	×	?
마	○	×	?	○	×

세 명이 치료되므로 성공한 신약이 될 수 없다.

• B가 성공한 신약인 경우

구분	A	B(성공)	C	D	E
가	○	○	×	?	?
나	?	×	○	○	×
다	○	○	?	?	×
라	×	○	?	×	?
마	○	×	?	○	×

세 명이 치료되므로 성공한 신약이 될 수 없다.

• E가 성공한 신약인 경우

구분	A	B	C	D	E(성공)
가	○	○	×	?	?
나	?	?	○	○	×
다	○	○	?	?	×
라	×	○	?	×	?
마	○	×	?	○	×

'가'와 '라' 두 명만 병이 치료될 수 있으므로 E가 성공한 신약이다.

12 정답 ①

[E2:E7]은 평균점수를 소수점 둘째 자리에서 반올림한 값이다. 따라서 [E2]에 「=ROUND(D2,1)」을 넣고 채우기 핸들을 사용하면 그림과 같은 값을 구할 수 있다.

오답분석

② INT는 정수부분을 제외한 소수부분을 모두 버림하는 함수이다.
③ TRUNC는 원하는 자리 수에서 버림하는 함수이다.
④ COUNTIF는 조건에 맞는 셀의 개수를 구하는 함수이다.
⑤ ABS는 절댓값을 구하는 함수이다.

13

정답 ①

보기는 파이썬의 꼬꼬마 형태소 분석기를 사용하여 문장을 최소 의미 단위인 형태소로 분절한 것이다.

오답분석

② 구문 분석은 문장구조를 문법적으로 분석한 과정이다.
③ 의미 분석은 문법을 넘어 문장이 내포하는 의미를 해석하는 과정이다.
④ 특성 추출은 자연어처리 과정에 해당되지 않는다.
⑤ 단어 분석은 자연어처리 과정에 해당되지 않는다.

14

정답 ①

kks.insert(1,'다')는 리스트 kks의 첫 번째 요소 위치에 '다'를 삽입하라는 뜻이다.
['두', '다', '바', '퀴', '로', '가', '는', '자', '동', '차']
del kks[3]는 리스트 kks의 세 번째 요소를 제거하라는 뜻이다.
['두', '다', '바', '로', '가', '는', '자', '동', '차']
print(kks[4], kks[6]) 리스트 kks의 네 번째, 여섯 번째 요소를 출력하라는 뜻이다.
따라서 실행결과는 '가 자'이다.

15

정답 ⑤

⑤는 그리드 컴퓨팅에 대한 설명이다. 클라우드 컴퓨팅은 웹, 애플리케이션 등 범용적인 용도로 사용된다.

클라우드 컴퓨팅의 특징
• 인터넷을 통해서 IT 리소스를 임대하고 사용한 만큼 비용을 지불
• 가상화와 분산처리 기술 기반
• 컨테이너(Container) 방식으로 서버 가상화
• 서비스 유형에 따라 IaaS, PaaS, SaaS로 분류
• 공개 범위에 따라 퍼블릭 클라우드, 프라이빗 클라우드, 하이브리드 클라우드로 분류

16

정답 ⑤

C : 내연기관차는 무게가 무겁기 때문에 가벼운 경차보다 연비가 떨어지는 모습을 보인다.
E : 충·방전을 많이 하면 전지 용량이 감소하기 때문에 이를 개선하려는 연구가 이뤄지고 있다.

오답분석

A : 가볍다는 특성이 리튬의 장점은 맞지만 양이온 중에서 가장 이동속도가 빠른 물질은 리튬이 아닌 수소이다.
B : 리튬이온은 충전 과정을 통해 전지의 음극에 모이게 된다. 음극에서 양극으로 이동하는 것은 방전을 통해 발생한다.
D : 1kWh당 약 6.1km를 주행할 수 있으므로, 20을 곱하게 되면 약 122km를 주행할 수 있다.

17

정답 ③

리튬과 리튬이온전지를 예시와 함께 설명하고, 테슬라 모델3 스탠더드 버전을 통해 전기 에너지 개념을 설명하고 있다.

18

정답 ②

분류코드에서 알 수 있는 정보를 앞에서부터 순서대로 나열하면 다음과 같다.
- 발송코드 : c4(충청지역에서 발송)
- 배송코드 : 304(경북지역으로 배송)
- 보관코드 : HP(고가품)
- 운송코드 : 115(15톤 트럭으로 배송)
- 서비스코드 : 01(당일 배송 서비스 상품)

19

정답 ②

제품 A의 분류코드는 앞에서부터 순서대로, 수도권인 경기도에서 발송되었으므로 a1, 울산지역으로 배송되므로 062, 냉동보관이 필요하므로 FZ, 5톤 트럭으로 운송되므로 105, 배송일을 7월 7일로 지정하였으므로 02가 연속되는 a1062FZ10502이다.

20

정답 ③

ㄱ. 유통 중인 농·수·축산물도 수거검사 대상임을 알 수 있다.
ㄴ. 수산물의 경우에도 총수은, 납 등과 함께 항생물질을 검사하고 있다.
ㄹ. 식품수거검사 결과 적발한 위해정보는 식품의약안전청 홈페이지에서 확인할 수 있다.

오답분석

ㄷ. 월별 정기 검사와 수시 수거검사가 있다.

21

정답 ④

K대리의 이동경로는 다음과 같다.
'본사 - 나주역 - 대구역 - S호텔 - 대구 본부 - 대구역 - 광주역 - T호텔 - 광주 본부 - 광주역 - 나주역 - 본사'
이때 각 이동단계별 철도 요금 및 택시비를 계산하면 다음과 같다.
7,900+42,000+4,300+4,900+4,300+37,100+6,500+5,700+5,400+43,000+7,900=169,000원
숙박비를 계산하면 다음과 같다.
75,500+59,400=134,900원
따라서 교통비와 숙박비를 합산한 총 경비는 169,000+134,900=303,900원이다.

22

정답 ③

전력 데이터는 이미 수집되고 있다. 전력 데이터 외에도 수도나 가스 등 다양한 이종 데이터가 융합될 것으로 기대되고 있다.

오답분석

① '1인 가구 안부 살핌 서비스'는 전력 빅데이터와 통신데이터를 분석하여 고독사를 예방하는 인공지능 서비스이다.
② 서비스는 오토 인코더 모델을 기반으로 설계되었으며, 평소와 다른 비정상적인 사용패턴이 모델에 입력되면 돌봄 대상의 안부에 이상이 있다고 판단하고 지자체 담당 공무원에게 경보 SMS를 발송하는 알고리즘을 가지고 있다.
④ 서비스 실증사업이 광주광역시 광산구 우산동에서 실시되었기 때문에 그 지역 사람들이 처음으로 해당 서비스를 사용해봤음을 알 수 있다.
⑤ 우산동의 관리 지역은 나이가 많고 혼자 사는 분들이 많아 고독사가 발생할 가능성이 크다고 한 내용으로 보아 서비스의 주 대상은 독거노인층이다.

23

정답 ③

오로지 형식적 측면에서 보고 있으므로 미적 무관심성을 보이고 있다.

오답분석
①·④·⑤ 모두 대상 외의 가치가 들어간 예이다.
② '미적 무관심성'에서 나아간 '미적 무욕성'의 관점에서 사물을 바라보고 있다.

24

정답 ③

먼 바다에서 지진해일의 파고는 수십 cm 이하이지만 얕은 바다에서는 급격하게 높아진다.

오답분석
① 화산폭발로 인해 발생하는 건 맞지만 파장이 긴 파도를 지진해일이라 한다.
② 태평양에서 발생한 지진해일은 발생 하루 만에 발생지점에서 지구의 반대편까지 이동할 수 있다.
④ 지진해일이 해안가에 가까워질수록 파도가 강해지는 것은 맞지만, 속도는 시속 45 ~ 60km까지 느려진다.
⑤ 해안의 경사 역시 암초, 항만 등과 마찬가지로 지진해일을 변형시키는 요인이 된다.

25

정답 ⑤

얼렌 증후군 환자들은 사물이 흐릿해지면서 두세 개로 보이는 시각적 왜곡을 경험한다. 이들은 어두운 곳에서 책을 보고 싶어하는 경우가 많다고 한 내용을 보아 밝은 곳에서 난독증 증상이 더 심해진다는 것을 알아낼 수 있다.

오답분석
① 난독증은 지능에는 문제가 없으며, 단지 언어활동에만 문제가 있는 질환이기 때문에 지능에 문제가 있는 사람에게서 주로 나타난다고 보기 어렵다.
② 문자열을 전체로는 처리하지 못하고 하나씩 취급하여 전체 문맥을 이해하지 못하는 것 역시 난독증의 증상 중 하나이다.
③ 지능과 시각, 청각이 모두 정상임에도 난독증을 경험하는 경우가 있는 것으로 밝혀졌다.
④ 난독증의 원인 중 하나인 얼렌 증후군은 시신경 세포가 정상인보다 적은 경우에 발견되는데, 보통 유전의 영향을 많이 받는다.

26

정답 ④

태양광 도로는 노면 자체가 곧 태양광 발전소이며, 전기차를 충전하거나 겨울철 빙판길 방지에도 활용 가능하다.

오답분석
① 독일과 중국 모두 석탄이나 가스발전보다 태양광발전이 저렴하지만 우리나라는 아직 과도기에 머물러 있다.
② 광전효과는 태양광을 이용한 발전에 의해 발생한다.
③ 우리나라는 1995년부터 인공태양 연구를 시작했으며 KSTAR, ITER 등 세계적인 핵융합장치를 개발 중에 있다.
⑤ 선뱃을 태양전지에 활용하면 10%에서 20%가 아니라 현재 20% 수준인 발전 효율을 90%까지 끌어올릴 수 있다.

27

정답 ①

안정적인 전력망 운영을 위해서는 전력계통에서 전력의 공급량과 전력의 수요량이 같아야 한다.

오답분석
② 전력 데이터 확보 및 실증의 어려움으로 개발에 어려움이 있었던 건 맞으나, 한전의 전력데이터를 활용한 '배전계통 부하예측 관리시스템'을 개발해냈다.
③ '배전계통 부하예측 및 관리시스템'은 날씨에 따른 발전량의 급격한 변화에도 예측이 가능하게 설계됐다.
④ 연간 80억 원의 비용을 절감할 것으로 기대되며, 100억 원은 예상되는 직간접 이윤에 해당한다.
⑤ 개발시스템을 2021년 한국전력 내 전체 사업소에 보급할 계획이다.

28

정답 ③

시차를 고려하여, 각 회차별로 직원들의 접속시간을 정리하면 다음과 같다.

직원	위치	1회차 회의	2회차 회의	3회차 회의
A대리	서울지부	11:00	13:00	15:00
S대리	N지부	00:00	2:00	4:00
K주임	P지부	6:00	8:00	10:00

따라서 세 번째 화상회의에서 K주임이 접속해야 하는 시간은 10:00이다.

29

정답 ⑤

• 네 번째 요건에 따라 탄소배출량이 가장 많은 B발전기는 제외한다.
• 발전기를 설치할 대지는 $1,500\text{m}^2$이며, 2대를 설치하므로 개당 필요면적은 750m^2 이하여야 하므로 D는 제외된다.
• 개당 중량요건 상, 3톤을 초과하는 A도 제외된다.
• 발전단가가 1,000kWh당 97,500원을 초과하지 않으려면, 에너지 발전단가가 97.5원/kWh 미만이어야 하므로 C도 제외된다.
따라서 후보 발전기 중 모든 요건을 충족시키는 발전기인 E가 설치된다.

30

정답 ④

ㄱ. 탐색형 문제는 현재의 상황을 개선하거나 효율을 높이기 위한 문제이다. 눈에 보이지 않는 문제로, 이를 방치하면 뒤에 큰 손실이 따르거나 결국 해결할 수 없는 문제로 확대되기도 한다.
ㄴ. 발생형 문제는 우리 눈앞에 발생되어 당장 걱정하고 해결하기 위해 고민하는 문제이다. 눈에 보이는 이미 일어난 문제로, 어떤 기준을 일탈함으로써 생기는 일탈 문제와 기준에 미달하여 생기는 미달문제로 대변되며 원상복귀가 필요하다.
ㄷ. 설정형 문제는 미래상황에 대응하는 장래 경영전략의 문제로 '앞으로 어떻게 할 것인가'에 대한 문제이다. 지금까지 해오던 것과 전혀 관계없이 미래 지향적으로 새로운 과제 또는 목표를 설정함에 따라 일어나는 문제로서, 목표 지향적 문제이기도 하다.

02 전기

31

정답 ③

전압의 구분

구분	교류(AC)	직류(DC)
저압	1kV 이하	1.5kV 이하
고압	1kV 초과 ~ 7kV 이하	1.5kV 초과 ~ 7kV 이하
특고압	7kV 초과	

32

정답 ④

유도 전동기 회전수가 $N=(1-s)N_s=(1-0.03)\times N_s=1,164\text{rpm}$이면, 동기 회전수 $N_s=\dfrac{1,164}{0.97}=1,200\text{rpm}$이다.

따라서 동기 회전수 $N_s=\dfrac{120f}{P}=\dfrac{120\times90}{P}=1,200\text{rpm}$에서 극수를 구하면 $P=\dfrac{120\times90}{1,200}=9$극이다.

33

정답 ④

KEC 341.10(고압 및 특고압 전로 중의 과전류차단기의 시설)

과전류차단기로 시설하는 퓨즈
• 포장 퓨즈 : 정격전류의 1.3배의 전류에 견디고, 2배의 전류로 120분 안에 용단되는 것이어야 한다.
• 비포장 퓨즈 : 정격전류의 1.25배의 전류에 견디고, 2배의 전류로 2분 안에 용단되는 것이어야 한다.

34

정답 ①

3상 차단기의 정격차단용량(P_s)

$P_s = \sqrt{3} \times V \times I_s$[MVA] ($V$: 정격전압, I_s : 정격차단전류)

35

정답 ②

연가(Transposition)는 3상 3선식 선로에서 선로정수의 평형을 위해 길이를 3등분하여 각 도체의 배치를 변경하는 것으로 이렇게 하지 않으면 인덕턴스와 정전용량 등이 불평형상태가 된다.

연가의 효과
• 선로정수 평형
• 통신선 유도장해 감소
• 임피던스 평형
• 소호리액터 접지 시 직렬공진 방지

36

정답 ④

피뢰기는 선로, 전기기기 등을 이상전압으로부터 보호하기 위해 설치하는 것으로 제한전압 및 충격방전 개시전압이 낮아야 한다.

37

정답 ①

ACB(기중차단기; Air Circuit Breaker)는 대기 중에서 아크를 길게 해서 소호실에서 냉각 차단한다.

오답분석

② OCB(유입차단기; Oil Circuit Breaker) : 기름 속에 있는 차단기
③ VCB(진공차단기; Vacuum Circuit Breaker) : 진공 소호 방식의 차단기
④ MCB(자기차단기; Magnetic Blow Out Circuit Breaker) : 대기 중의 전자력을 이용하여 아크를 소호실 내로 유도하여 차단
⑤ GCB(가스차단기; Gas Circuit Breaker) : 특수가스를 흡수해서 차단

38

정답 ⑤

PT는 2차 정격(110V) 점검 시 2차측을 개방하고, CT는 2차 정격(5A) 점검 시 2차측을 단락한다.

오답분석

① 일반적으로 2차측 정격전류는 5A이다.
② 계기용 변압기는 PT이다. CT는 변류기이다.
③ 대전류의 교류회로에서 전류를 취급하기 쉬운 크기로 변환한다.
④ PT는 과전류를 방지하고, CT는 과전압을 방지한다.

39

정답 ②

인덕턴스(Inductance)는 회로에 흐르는 전류의 변화로 인해 전가기유도이 발생하게 되는데, 이로 인해 생기는 역기전력의 비율을 말하는 것으로 증가할수록 굵기는 감소하고, 간격은 증가하게 된다.

40

정답 ④

투자율이 증가하면 침투깊이는 감소한다.

41

정답 ③

인버터는 직류를 교류로 변화하는 장치로 역변환장치라고도 불린다.

오답분석

① 점등관(Glow Switch) : 점등을 하기 위해 스위치 역할을 하는 글로방전관
② 컨버터(Converter) : 교류를 직류로 바꾸는 장치
④ 정류기(Rectifier) : 교류전력에서 직류전력을 얻을 수 있는 정류작용을 하는 장치
⑤ 안정기(Ballast Stabilizer) : 전류의 증가를 방지하는 장치

42

정답 ③

KS규정에는 사람의 전기감전을 방지하기 위해 정격감도전류 30mA 이하에서 0.03초 이내에 동작하도록 되어있으며, 욕실 등 물에 젖기 쉬운 장소는 정격감도전류 15mA 이하에서 0.03초 이내에 동작하도록 되어 있다.

CHAPTER 03

2020년 시행

기출복원문제 정답 및 해설

01	02	03	04	05	06	07	08	09	10	11	12	13	14	15	16	17	18	19	20
③	②	⑤	①	⑤	④	⑤	④	③	⑤	③	⑤	①	③	②	①	④	①	②	⑤

21	22	23	24	25	26	27	28	29	30	31	32	33	34	35	36	37	38	39	
③	②	①	③	④	④	⑤	①	③	④	①	②	⑤	①	②	③	④	①	③	

01 NCS

01

정답 ③

'주차 공간에 차가 있는지 여부를 감지하는 센서를 설치한 스마트 주차'라고 했으므로 주차를 해 주는 것이 아니라 주차공간이 있는지의 여부를 확인해 주는 것이다.

오답분석

① '각국 경제 및 발전 수준, 도시 상황과 여건에 따라 매우 다양하게 정의 및 활용되고, 접근 전략에도 차이가 있다.'라고 하였으므로 적절하다.
② 두 번째 문단에서 '이 스마트 가로등은 … 인구 밀집도까지 파악할 수 있다.'라고 하였으므로 적절하다.
④ 세 번째 문단에서 항저우를 비롯한 중국의 여러 도시들은 알리바바의 알리페이를 통해 항저우 택시의 98%, 편의점의 95% 정도에서 모바일 결제가 가능하고, 정부 업무, 차량, 의료 등 60여 종에 달하는 서비스 이용이 가능하다고 하였으므로 지갑을 가지고 다니지 않아도 일부 서비스를 이용할 수 있다.
⑤ 마지막 문단에서 '세종에서는 … 개인 맞춤형 의료 서비스 등을 받을 수 있다.'라고 하였으므로 적절하다.

02

정답 ②

'전기사고를 방지하기 위한 안전장치가 필요한데 그중에 하나가 접지이다.'라는 내용에서 접지 이외에도 다른 방법이 있음을 알 수 있다.

오답분석

① '위험성이 높을수록 이러한 안전장치의 필요성이 높아진다.'라고 하였으므로 위험성이 낮다고 안전장치가 필요치 않다는 설명은 적절하지 않다.
③ '전류는 전위차가 있을 때에만 흐르므로'라고 하였으므로 전위차가 없으면 전류가 흐르지 않는다.
④ '정전기 발생을 사전에 예방하기 위해 접지를 해줘야 한다.'에서 알 수 있듯이 접지를 하게 되면 정전기 발생을 막을 순 있지만, 접지를 하지 않는다고 정전기가 무조건 발생하는 것은 아니다.
⑤ 저항 또는 임피던스의 크기가 작으면 통신선에 유도장애가 커지고, 크면 평상시 대지 전압이 높아지는 등의 결과가 나타나지만, 저항 크기와 임피던스의 크기에 대한 상관관계는 글에서 확인할 수 없다.

03

정답 ⑤

먼저 하나의 사례를 제시하면서 글의 서두가 전개되고 있으므로 이와 비슷한 사례를 제시하고 있는 (다)가 이어지는 것이 적절하다. 이어서 (다) 사례의 내용이 비현실적이라고 언급하고 있는 (나)가 오는 것이 적절하며, 다음으로 (나)에서 언급한 사물인터넷과 관련된 설명의 (라)가 이어지는 것이 적절하다. 마지막으로 (가)는 (라)에서 언급한 지능형 전력망을 활용함으로써 얻게 되는 효과를 설명하는 내용이므로, 문단의 순서는 (다) - (나) - (라) - (가)가 적절하다.

04

정답 ①

먼저 첫 번째 조건과 세 번째 조건에 따라 하경이의 바로 오른쪽 자리에는 성준, 민준, 민지가 앉을 수 없으므로 하경이의 오른쪽 자리에는 슬기 또는 경서만 앉을 수 있다. 하경이의 자리를 1번으로 가정하여 이를 기준으로 바로 오른쪽 6번 자리에 슬기가 앉은 경우와 경서가 앉은 경우를 나누어 보면 다음과 같다.

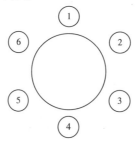

1) 6번 자리에 슬기가 앉은 경우

네 번째 조건에 따라 민준이는 4번 또는 2번에 앉을 수 있지만, 첫 번째 조건에 따라 하경이의 바로 옆 자리인 2번에는 앉을 수 없으므로 결국 4번에 앉은 것을 알 수 있다. 또한 두 번째 조건에 따라 5번 자리에는 경서 또는 성준이가 앉을 수 있지만, 세 번째 조건에 따라 경서는 반드시 민지의 왼쪽에 앉아야 하므로 5번 자리에는 성준이가 앉고 나머지 2번과 3번 자리에 민지와 경서가 나란히 앉은 것을 알 수 있다.

2) 6번 자리에 경서가 앉은 경우

세 번째 조건에 따라 5번 자리에는 민지가 앉으므로 첫 번째 조건에 따라 2번 자리에는 슬기만 앉을 수 있다. 이때, 두 번째 조건에 따라 슬기는 성준이 옆 자리에 앉아야 하므로 3번에는 성준이가 앉고, 나머지 4번에 민준이가 앉은 것을 알 수 있다.

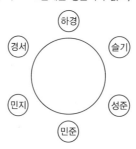

따라서 항상 참이 되는 것은 '하경이는 민준이와 서로 마주 보고 앉아 있다.'이다.

05

정답 ⑤

카드 결제 시스템에 특수 장치를 설치하여 불법으로 카드 정보를 복사하는 방식은 스키밍(Skimming)이다. 폼재킹이란 사용자의 결제 정보 양식을 중간에서 납치한다는 의미의 합성어로, 해커들이 온라인 쇼핑몰 등의 웹 사이트를 악성코드로 미리 감염시키고, 구매자가 물건을 구입할 때 신용카드 등의 금융정보를 입력하면 이를 탈취한다.

06

㉠ 제로 트러스트 모델이란 아무도 신뢰하지 않는다는 뜻으로 내·외부를 막론하고 적절한 인증 절차 없이는 그 누구도 신뢰하지 않는다.

㉢ 기업 내부에서 IT 인프라 시스템에 대한 접근 권한이 있는 내부인에 의해 보안 사고가 발생함에 따라 만들어진 IT 보안 모델이다.

㉣ MFA란 사용자 다중 인증을 말하며, 패스워드 강화 및 추가적인 인증 절차를 통해 접근 권한을 부여하는 것이다. IAM은 식별과 접근 관리를 말하며, ID와 패스워드를 종합적으로 관리해 주는 역할 기반의 사용자 계정 관리 솔루션이다.

오답분석

㉡ 네트워크 설계의 방향은 내부에서 외부로 설정한다.

07

pH 수치가 가장 높은 구역은 8.2인 D구역이며, BOD농도는 0.9mg/L, DO농도는 7.9mg/L이므로 수질 등급 기준표에서 D구역이 해당하는 등급은 '매우 좋음'인 1a등급이다.
상수도 구역별 각 농도 및 pH에 맞는 등급을 정리하면 다음 표와 같다.

구분	A구역	B구역	C구역	D구역	E구역	F구역
DO(mg/L)	4.2	5.2	1.1	7.9	3.3	2.4
BOD(mg/L)	8.0	4.8	12	0.9	6.5	9.2
pH	5.0	6.0	6.3	8.2	7.6	8.1
등급	pH 수치 부적합	약간 나쁨 / 4	매우 나쁨 / 6	매우 좋음 / 1a	약간 나쁨 / 4	나쁨 / 5

오답분석

① BOD 농도가 5mg/L 이하인 상수도 구역은 B구역과 D구역이며, 3등급은 없다.

③ 상수도 구역에서 등급이 '약간 나쁨(4등급)' 또는 '나쁨(5등급)'인 구역은 B, E, F구역으로 세 곳이다.

④ 수질 등급 기준을 보면 DO농도는 높을수록, BOD농도는 낮을수록 좋은 등급을 받는다.

⑤ 수소이온농도가 높을수록 pH 수치는 0에 가까워지고, '매우 좋음' 등급의 pH 수치 범위는 6.5~8.5이기 때문에 옳지 않은 내용이다.

08

전분작물인 보리, 옥수수 등은 당화와 알콜발효의 공정을 거쳐 에탄올(바이오알콜)로 변환된다. 메탄올 연료는 섬유소식물체(나무, 볏짚 등)에서 얻을 수 있다.

오답분석

① 바이오에너지는 에너지를 이용하여 자연환경을 깨끗하게 유지할 수 있다.

② 바이오에너지 원리 및 구조에서 과열증기(열에너지)로 터빈 발전기를 가동(운동에너지)시켜 전력을 생산(전기에너지)하는 과정을 확인할 수 있다.

③ 바이오에너지 변환 시스템에서 섬유소식물체인 나무, 볏짚 등을 이용하여 '바이오알콜(에탄올), 메탄올, 열, 전기'를 얻을 수 있다.

⑤ 바이오에너지 원리 및 구조의 '잔열의 재사용'을 보면 터빈과 발전기 가동 시 증기의 일부가 급수의 가열에 재사용함을 알 수 있다.

09

정답 ③

나무(섬유소식물체) – 가스화(8점) – 합성가스 – 보일러(2점) – 열 : $(8 \times 5) + (2 \times 3) = 46$만 원

오답분석

① 옥수수(전분작물) – 당화(9점) – 당분 – 알콜발효(3점) – 바이오알콜(에탄올) : $(9 \times 5) + (3 \times 3) = 54$만 원
② 유채(유지작물) – 추출(4점) – 채종유 – 에스테르화(5점) – 바이오디젤(에스테르) : $(4 \times 4) + (5 \times 4) = 36$만 원
④ 음식물쓰레기(유기성폐기물) – 혐기발효(6점) – 메탄가스 – 가스 : $6 \times 4 = 24$만 원
⑤ 볏짚(섬유소식물체) – 효소당화(7점) – 당분 – 알콜발효(3점) – 바이오알콜(에탄올) : $(7 \times 4) + (3 \times 3) = 37$만 원

10

정답 ⑤

살인 신고건수에서 여성피해자가 남성피해자의 2배일 때, 남성피해자의 살인 신고건수는 $1.32 \div 3 = 0.44$백 건이다. 따라서 남성피해자 전체 신고건수인 $132 \times 0.088 = 11.616$백 건에서 살인 신고건수가 차지하는 비율은 $\frac{0.44}{11.616} \times 100 = 3.8\%$로 3% 이상이다.

오답분석

① 2019년 데이트 폭력 신고건수는 피해유형별 신고건수를 모두 합하면 총 $81.84 + 22.44 + 1.32 + 6.6 + 19.8 = 132$백 건이다. 신고유형별 신고건수에서도 $5.28 + 14.52 + 10.56 + 101.64 = 132$백 건임을 알 수 있다.
② 112신고로 접수된 건수는 체포감금, 협박 피해자로 신고한 건수의 $\frac{101.64}{22.44} = 4.5$배이다.
③ 남성 피해자의 50%가 폭행, 상해 피해자로 신고건수는 $132 \times 0.088 \times 0.5 = 5.808$백 건이며, 폭행, 상해의 전체 신고건수 중 $\frac{5.808}{81.84} \times 100 = 7.1\%$이다.
④ 방문신고 건수의 25%($14.52 \times 0.25 = 3.63$백 건)가 성폭행 피해자일 때, 전체 신고건수에서 차지하는 비율은 $\frac{3.63}{132} \times 100 = 2.8\%$이다.

11

정답 ③

A는 2019년 매출원가의 전년 대비 증감률이고, B는 당기순이익 전년 대비 증감률로 각각을 구하면 다음과 같다.

- A : $\frac{4,959.4 - 5,108.1}{5,108.1} \times 100 = -2.9\%$
- B : $\frac{2,067.6 - 1,810.4}{1,810.4} \times 100 = 14.2\%$

따라서 A, B에 들어갈 알맞은 수치는 각각 '-2.9, 14.2'이다.

오답분석

① 매출액은 매출원가와 매출총이익의 합과 같다.
  - 2018년 : (매출원가)+(매출총이익)=(매출액) → $5,108.1 + 4,622.4 = 9,730.5$억 원
  - 2019년 : (매출원가)+(매출총이익)=(매출액) → $4,959.4 + 5,365.2 = 10,324.6$억 원
② 매출총이익에서 판매비와 관리비를 제외한 값은 영업이익이다.
  - 2018년 : (매출총이익)−(판매비와 관리비)=(영업이익) → $4,622.4 - 2,174.7 = 2,447.7$억 원
  - 2019년 : (매출총이익)−(판매비와 관리비)=(영업이익) → $5,365.2 - 2,891.6 = 2,473.6$억 원
④ 영업이익과 영업외수익 합에서 영업외비용을 뺀 값은 당기순이익과 법인세비용을 합이다.
  → (영업이익)+(영업외수익)−(영업외비용)=(당기순이익)+(법인세비용)
  - 2018년 : $2,447.7 + 482.6 - 542.3 = 1,810.4 + 577.6 = 2,388$억 원
  - 2019년 : $2,473.6 + 485.1 - 380.2 = 2,067.6 + 510.9 = 2,578.5$억 원

⑤ 2018 ~ 2019년 동안 각 연도별 매출액 대비 당기순이익 비율은 다음과 같고, 비율은 2018년도보다 2019년도가 더 높다.

- 2018년 : $\dfrac{1,810.4}{9,730.5} \times 100 ≒ 18.6\%$

- 2019년 : $\dfrac{2,067.6}{10,324.6} \times 100 ≒ 20\%$

손익계산서 구성항목의 관계식
- (매출총이익)=(매출액)−(매출원가)
- (영업이익)=(매출총이익)−(판매비와 관리비)
- (법인세비용 차감 전 순손익)=(영업이익)+(영업외수익)−(영업외비용)
- (당기순이익)=(법인세비용 차감 전 순손익)−(법인세비용)

12

정답 ⑤

홍보팀장의 요청에 따라 인지도가 높으면서도 자사와 연관될 수 있는 캐릭터를 활용하여 홍보 전략을 세워야 하므로 대중적으로 저금통의 이미지를 상징하는 돼지 캐릭터와 자사의 마스코트인 소를 캐릭터로 함께 사용하는 홍보 방안이 가장 적절하다.

13

정답 ①

ㄴ. 회색 티셔츠를 추가로 50벌을 서울 공장에서 2020년 1월 24일에 생산하였다. → OTGR − 200124 − 475ccc
따라서 의류 종류 코드에서 'OP'를 'OT'로 수정해야 한다.

오답분석

ㄷ. 흰색 청바지를 전주 공장에서 265벌을 납품일(2020년 7월 23일) 전날에 생산하였다. 납품일 전날에 생산하였으므로 생산날
짜는 2020년 7월 22일이다. → OJWH − 200722 − 935baa

ㄱ. 2019년 12월 4일에 붉은색 스커트를 창원 공장에서 120장 생산하였다. → OHRD − 191204 − 753aaa

ㄹ. 티셔츠와 스커트를 노란색으로 178벌씩 수원 공장에서 2020년 4월 30일에 생산했다. → 티셔츠 : OTYL − 200430 −
869aab, 스커트 : OHYL − 200430 − 869aab

ㅁ. 생산날짜가 2019년 7월 5일인 푸른색 원피스는 창원 공장에서 227벌 생산되었다. → OPBL − 190705 − 753aba

14

정답 ④

청구범위를 넓게 설정할 경우 선행기술들과 저촉되어 특허가 거절될 가능성이 높아지므로 특허 등록의 가능성이 줄어들게 되지만,
청구범위를 좁게 설정할 경우에는 특허등록 가능성이 높아지게 된다.

오답분석

① 변리사를 통해 특허출원 명세서를 기재할 수 있다.
② 특허출원은 주로 경쟁자로부터 자신의 제품을 지키기 위해 이루어지나, 기술적 우위를 표시하기 위해 이루어지기도 한다.
③ 특허출원서에는 출원인이나 발명자 정보 등을 기재한다. 발명의 명칭, 발명의 효과, 청구범위 등은 특허명세서에 작성한다.
⑤ 청구범위가 좁을 경우 보호 범위가 좁아져 제3자가 특허 범위를 회피할 가능성이 높아지게 된다.

15

정답 ②

제시문에 따르면 의료기관 외 생활치료센터에 입소한 환자에게서 발생하는 모든 폐기물 역시 격리의료폐기물로 처리한다. 따라서
코로나19 확진 판정을 받고 생활치료센터에서 생활 중인 B씨의 폐기물은 격리의료폐기물에 해당하므로 합성수지의 전용 용기에
담아 밀폐 처리해야 한다. 골판지 전용 용기는 일반의료폐기물에 사용한다.

16

정답 ①

보행 동선의 분기점에 설치하는 것은 점형 블록이며, 선형 블록은 보행 동선의 분기점에 설치된 점형 블록과 연계하여 목적 방향으로 설치한다.

17

정답 ④

a라는 변수에 0을 저장한다. range함수는 'range(start, stop, step)'로 표시되기 때문에 'range(1, 11, 2)'를 입력하면 1부터 10까지의 생성된 수를 2씩 증가시켜 합을 출력한다(range함수의 2번째 파라미터는 출력되지 않는 값이다).

따라서 누적된 a의 값인 25가 출력된다.

18

정답 ①

스틱형 커피는 최근 다양한 유형으로 출시되고 있으며, 인스턴트 커피는 로스팅 커피에 비해 저렴한 가격을 무기로 성장세를 이어가고 있다. 따라서 차별화된 프리미엄 상품을 스틱형으로 출시한다는 마케팅 전략은 적절하지 않다.

19

정답 ②

학생과 성인의 연령별 독서형태를 보면 종이책은 2018년에 비해 2019년의 독서량 비율이 전부 작아졌고, 전자책 사용비율은 모두 높아졌다.

오답분석

① 성인 중 오디오북을 본 사람은 $6,000 \times 0.035 = 210$명, 학생 중 오디오북을 본 사람은 $3,126 \times 0.187 ≒ 584$명으로 학생이 더 많다.
③ 오디오북 독서량은 중년기인 40대는 $1,158 \times 0.042 ≒ 48$명, 50대는 $1,192 \times 0.016 ≒ 19$명이며, 성년기에 속하는 20대는 $1,057 \times 0.065 ≒ 68$명, 30대는 $1,022 \times 0.062 ≒ 63$명이다.

따라서 중년기 오디오북 독서량은 $48 + 19 = 67$명이므로 성년기의 독서량 $68 + 63 = 131$명보다 적다.
④ 노년기(60세 이상)의 전자책 독서량은 1.3%에서 2.0%로 늘어났다.
⑤ 2018년 아동기(초등학생)의 종이책을 본 학생은 $1,005 \times 0.968 ≒ 972$명이고, 청소년기에 속하는 중학생은 $985 \times 0.925 ≒ 911$명, 고등학생은 $1,136 \times 0.872 ≒ 990$명이므로 청소년기 학생 수가 더 많다.

20

정답 ⑤

상품이 '하모니카'인 매출액의 평균을 구해야 하므로 AVERAGEIF 함수를 사용해야 한다. 「=AVERAGEIF(계산할 셀의 범위, 평균을 구할 셀의 정의, 평균을 구하는 셀)」로 표시되기 때문에 「=AVERAGEIF(B2:B9, "하모니카", E2:E9)」가 올바르다.

21

정답 ③

INDEX 함수는 「=INDEX(배열로 입력된 셀의 범위, 배열이나 참조의 행 번호, 배열이나 참조의 열 번호)」 MATCH 함수는 「=MATCH(찾으려고 하는 값, 연속된 셀 범위, 되돌릴 값을 표시하는 숫자)」로 표시되기 때문에 「=INDEX(E2:E9,MATCH(0,D2:D9,0))」을 입력하면 근무년수가 0인 사람의 근무월수가 셀에 표시된다. 따라서 2가 표시된다.

02 전기

22

정답 ②

수지식(가지식)은 전압 변동이 크고 정전 범위가 넓다.

오답분석

① 환상식(루프)은 전류 통로에 대한 융통성이 있어 전압 강하 및 전력 손실이 수지식보다 적다.
③ 뱅킹식은 전압 강하 및 전력 손실, 플리커 현상 등을 감소시킨다.
④ · ⑤ 망상식(네트워크)은 무정전 공급이 가능하나, 네트워크 변압기나 네트워크 프로텍터 설치에 따른 설비비가 비싸다. 대형 빌딩가와 같은 고밀도 부하 밀집 지역에 적합한 방식이다.

23

정답 ①

지선에 연선을 사용할 경우 3가닥 이상의 연선을 사용해야 한다.

오답분석

② 안전율은 2.5 이상이어야 하며 목주나 A종은 1.5 이상이어야 한다.
③ 인장 하중은 4.31kN 이상으로 해야 한다.
④ 철주 또는 철근콘트리트주는 지선을 사용하지 않는다.
⑤ 아연도금철봉은 지중 부분 및 지표상 30cm까지 사용한다.

24

정답 ③

침투 깊이는 주파수, 도전율, 투자율에 반비례하고, 침투 깊이가 작을수록 전류가 도선 표피에 많이 흐르고, 표피 효과가 커진다.

25

정답 ④

동기전동기는 원동기의 조속기 감도가 지나치게 예민하거나 원동기의 토크에 고조파 토크가 포함되는 경우 난조가 발생한다. 난조 발생에 대한 대책으로는 제동권선 설치, 플라이휠 부착 등이 있다.

동기전동기의 장단점

장점	단점
- 속도가 일정하다.	- 기동 시 토크를 얻기 어렵다.
- 역률이 좋다.	- 수조가 복잡하다.
- 효율이 좋다.	- 난조가 일어나기 쉽다.
- 출력이 크다.	- 가격이 고가이다.
- 공극이 크다.	- 직류전원 설비가 필요하다.

26

정답 ④

제1종 접지공사는 전극식 온천용 승온기, 피뢰기 등에 가능하다.

오답분석

① · ② 제3종 접지공사
③ · ⑤ 제2종 접지공사

27

정답 ③

오답분석

① 볼타 효과 : 상이한 두 종류의 금속을 접촉시킨 후 떼어놓으면 각각 정(+) 및 부(−)로 대전하는 현상이다.
② 제벡 효과 : 두 종류의 금속을 고리 모양으로 연결하고, 한쪽 접점을 고온, 다른 쪽을 저온으로 했을 때 그 회로에 전류가 생기는 현상이다.
④ 표피 효과 : 도체에 고주파 전류를 흐르게 할 때 전류가 도체의 표면 부근만을 흐르는 현상이다.
⑤ 펠티에 효과 : 금속을 접속해 전류가 흐를 때 접합부에서 열이 발생하거나 흡수가 일어나는 열전현상이다.

28

정답 ①

선택 지락 계전기는 비대지 계통의 배전선 지락 사고에서 계전기 설치 지점에 나타나는 영상 전압과 영상 지락 고장 전류를 검출하여, 사고 회선만을 선택적으로 차단하는 방향성 계전기이다.

오답분석

② 거리 계전기 : 전압과 전류의 비가 일정한 값 이하일 때 작동하는 계전기이다.
③ 차동 계전기 : 보호해야 할 구간에 유입하는 전류와 유출하는 전류의 벡터 차이를 통해 구간 내의 사고를 감지하여 동작하는 계전기이다.
④ 부족 전압 계전기 : 전원 전압이 설정된 한계값 이하로 떨어질 때 열리면서 전동기를 저전압으로부터 보호하는 조종 계전기이다.
⑤ 지락 계전기 : 계통의 지락 고장을 검출하여 응답할 수 있도록 설계되고, 이와 같은 목적으로 사용되는 계전기이다.

03 ICT

29

정답 ③

Session Layer(세션 계층)는 응용 계층 간의 대화를 제어하여 통신 시스템 사이의 상호작용을 설정·유지하고 동기화한다.

OSI 7 계층 모델의 구조
1. Physical Layer(물리 계층) : 물리적 매체를 통해 비트 흐름을 전송하기 위해 필요한 기능을 조정하고, 인터페이스의 기계적·전기적 규격과 전송매체를 다룬다.
2. Data Link Layer(데이터링크 계층) : 가공되지 않은 내용의 전송을 담당하는 물리 계층을 신뢰성 있는 링크로 변환시켜 주고, 노드-대-노드(Node-to-Node) 전달을 한다.
3. Network Layer(네트워크 계층) : 여러 네트워크(링크)를 통해 패킷을 발신지로부터 목적지까지 전달한다.
4. Transport Layer(전송 계층) : 전체 메시지의 프로세스-대-프로세스 전달을 한다.
5. Session Layer(세션 계층) : 네트워크의 대화 조정자로, 통신 시스템 사이의 상호작용을 설정·유지하고 동기화한다.
6. Presentation Layer(표현 계층) : 두 시스템 사이에서 교환되는 정보의 구문과 의미에 관련되어 변환, 압축 및 암호화를 담당한다.
7. Application Layer(응용 계층) : 사용자(사람 또는 소프트웨어)가 네트워크에 접근할 수 있도록 한다.

30
정답 ④

변조란 낮은 주파수 대역의 정보 신호를 먼 곳으로 전송하기 위하여 높은 주파수 대역으로 옮기는 조작을 말한다. 변조를 통해 얻게 되는 특징으로는 잡음 및 간섭의 감소를 통한 전송 품질의 향상, 다중화의 기능, 전송 효율의 향상, 안테나에서의 복사의 용이함, 송·수신용 안테나 길이의 축소 등이 있다.

> **무선 송신 시스템에서 변조를 하는 이유**
> • 복사를 용이하게 하기 위해서
> • 주파수 할당과 다중분할을 하기 위해서
> • 잡음과 간섭을 줄이기 위해서

31
정답 ①

LAN은 비교적 좁은 범위(100m ~ 1km)에서 네트워크를 구축할 때 사용된다.

> **LAN의 기술적 특징**
> • 물리적(또는 논리적)인 네트워크 토폴리지(배선 형태)로서는 버스형, 링형, 스타형이 있다.
> • 매체 액세스 제어(케이블에 언제 데이터를 송출하면 좋은지 등의 제어)로서 CSMA / CD, 토큰링, 토큰버스 방식이 표준화되어 있다.
> • 네트워크의 매체로는 동축 케이블, 트위스트 페어 케이블, 광섬유 케이블, 무선 등이 사용된다.
> • 전송 방식으로는 베이스 밴드 방식과 브로드 밴드 방식이 있다.
> • 전송 속도는 1Mbps 이상으로 한다.

32
정답 ②

DSU(Digital Service Unit)는 디지털 전송 회선에 설치되어 디지털 신호를 전송되기 적합한 형태로 바꾸어준다.

오답분석

① 리피터(Repeater) : 통신 시스템의 중간에서 약해진 신호를 받아 증폭하여 재송신하거나 찌그러진 신호의 파형을 정형하는 중계 장치
③ 통신 제어 장치 : 컴퓨터 시스템과 모뎀 사이에 설치되어 컴퓨터와 데이터 통신망 사이에 데이터를 전송할 수 있는 통로를 만드는 장치
④ 변복조기 : 데이터 통신을 위해 컴퓨터나 단말기 등의 통신 기기를 통신 회선에 접속시키는 장치
⑤ 라우터(Router) : 서로 다른 네트워크를 연결해주는 장치

33
정답 ⑤

블루투스는 블루투스를 켜 놓은 상태에서 해킹이 쉽다는 보안상의 문제점이 있다.

오답분석

① 주로 10m 안팎의 근거리 무선 통신 기술이다.
② ISM(Industrial Scientific and Medical) 주파수 대역인 2,400 ~ 2,483.5MHz를 사용한다.
③ 시스템 간 전파 간섭을 방지하기 위해 주파수 호핑(Frequency Hopping) 방식을 사용한다.
④ 마스터 기기가 생성하는 주파수 호핑에 슬레이브 기기를 동기화시키지 못하면 두 기기 간 통신이 이루어지지 않는다.

34

정답 ①

스피어 피싱은 특정한 개인이나 회사를 대상으로 한 피싱(Phishing) 공격으로, 공격 성공률을 높이기 위해 공격 대상에 대한 정보를 수집하고, 이를 분석하여 피싱 공격을 수행한다.

오답분석
② 스파이웨어(Spyware)
③ 키로거 공격(Key Logger Attack)
④ 스푸핑(Spoofing)
⑤ 스니핑(Sniffing)

35

정답 ②

패치는 프로그램의 일부를 빠르게 고치는 일로, 소프트웨어가 발매된 이후 버그 등이 나타났을 때 사용자에게 제공하는 해결책이다.

오답분석
① 크랙(Crack)
③ 치트(Cheat)
④ 디바이스(Device)
⑤ 업그레이드(Upgrade)

36

정답 ③

어떤 릴레이션 R이 2NF이고, 키가 아닌 모든 속성들이 비이행적으로 기본키에 종속되어 있을 때 릴레이션은 제3정규형에 속한다.

37

정답 ④

순수 관계 연산자
셀렉트(Select), 조인(Join), 프로젝트(Project), 디비전(Division)

38

정답 ①

개체 무결성(Entity Integrity)은 한 릴레이션의 기본 키를 구성하는 어떠한 속성 값도 널(Null) 값이나 중복 값을 가질 수 없다(정확성 유지). 또한, 하나의 릴레이션으로 삽입되거나 변경되는 튜플들에 대하여 정확한 값을 유지하는 성질로 하나의 릴레이션에 있는 튜플은 중복된 튜플이 있어서는 안 된다.

39

정답 ③

최근 트래픽 패턴이 동적으로 변화하면서 네트워크 규모 예측이 어려워지고 있다.

01	02	03	04	05	06	07	08	09	10	11	12	13	14	15	16	17	18	19	20
④	②	③	①	③	⑤	④	①	②	⑤	④	①	③	①	③	②	②	⑤	④	②

21	22	23																	
①	③	④																	

01

정답 ④

오답분석

① 필리핀의 높은 전기요금은 원료비가 적게 드는 신재생에너지를 통해 낮출 수 있다. 또한 열악한 전력 인프라는 분석 결과에 나타나 있지 않다.
② 자사는 현재 중국 시장에서 풍력과 태양광 발전소를 운영 중에 있으므로 중국 시장으로의 진출은 대안으로 적절하지 않다. 또한 중국 시장이 경쟁이 적은지 알 수 없다.
③ 체계화된 기술 개발 부족은 자사가 아닌 경쟁사에 대한 분석 결과이므로 적절하지 않다.
⑤ 자사는 필리핀 화력발전사업에 진출한 이력을 지니고 있으며, 현재 필리핀의 태양광 발전소 지분을 인수하였으므로 중국 등과 협력하기보다는 필리핀 정부와 협력하는 것이 바람직하다.

02

정답 ②

한국전력공사는 계속 증가하고 있는 재생에너지를 활용하여 수소를 생산하는 그린수소 사업을 통해 재생에너지 잉여전력 문제를 해결할 것으로 기대하고 있으며, 이러한 그린수소 사업에 필요한 기술을 개발하기 위해 노력하고 있다. 이를 한국전력공사의 SWOT 분석 결과에 적용하면, 한국전력공사는 현재 재생에너지의 잉여전력이 증가하고 있는 위협적 상황을 해결하기 위하여 장점인 적극적인 기술개발 의지를 활용하여 그린수소 사업을 추진한다. 따라서 한국전력공사의 그린수소 사업은 위협을 피하기 위하여 강점을 활용하는 방법인 'ST전략'에 해당한다.

03

정답 ③

핵융합발전은 원자력발전에 비해 같은 양의 원료로 3 ~ 4배의 전기를 생산할 수 있다고 하였으나, 핵융합발전은 수소의 동위원소를 원료로 사용하는 반면 원자력발전은 우라늄을 원료로 사용한다. 즉, 전력 생산에 서로 다른 원료를 사용하므로 생산된 전력량으로 연료비를 서로 비교할 수 없다.

오답분석

① 핵융합 에너지는 화력발전을 통해 생산되는 전력 공급량을 대체하기 어려운 태양광에 대한 대안이 될 수 있으므로 핵융합발전이 태양열발전보다 더 많은 양의 전기를 생산할 수 있음을 추론할 수 있다.
② 원자력발전은 원자핵이 분열하면서 방출되는 에너지를 이용하며, 핵융합발전은 수소 원자핵이 융합해 헬륨 원자핵으로 바뀌는 과정에서 방출되는 에너지를 이용해 전기를 생산한다. 따라서 원자의 핵을 다르게 이용한다는 것을 알 수 있다.
④ 미세먼지와 대기오염을 일으키는 오염물질은 전혀 나오지 않고 헬륨만 배출된다는 내용을 통해 헬륨은 대기오염을 일으키는 오염물질에 해당하지 않음을 알 수 있다.
⑤ 발전장치가 꺼지지 않도록 정밀하게 제어하는 것이 중요하다는 내용을 통해 알 수 있다.

04

W사원이 영국 출장 중에 받는 해외여비는 $50 \times 5 = 250$파운드이고, 스페인은 $60 \times 4 = 240$유로이다. 항공권은 편도 금액이므로 왕복으로 계산하면 영국은 $380 \times 2 = 760$파운드, 스페인은 $870 \times 2 = 1,740$유로이며, 영국과 스페인의 비행시간 추가비용은 각각 $20 \times (12-10) \times 2 = 80$파운드, $15 \times (14-10) \times 2 = 120$유로이다. 따라서 영국 출장 시 드는 비용은 $250 + 760 + 80 = 1,090$파운드, 스페인 출장은 $240 + 1,740 + 120 = 2,100$유로이다. 각 은행별 환율을 이용하여 출장비를 원화로 계산하면 다음과 같다.

구분	영국	스페인	총 비용
A은행	$1,090 \times 1,470 = 1,602,300$원	$2,100 \times 1,320 = 2,772,000$원	4,374,300원
B은행	$1,090 \times 1,450 = 1,580,500$원	$2,100 \times 1,330 = 2,793,000$원	4,373,500원
C은행	$1,090 \times 1,460 = 1,591,400$원	$2,100 \times 1,310 = 2,751,000$원	4,342,400원

따라서 A은행의 비용이 가장 많이 들고, C은행이 비용의 가장 적으므로 두 은행의 총 비용 차이는 $4,374,300 - 4,342,400 = 31,900$원이다.

05

오전 반차를 사용한 이후 14시부터 16시까지 미팅 업무가 있는 J대리는 택배 접수 마감 시간인 16시 이전에 행사 용품 오배송건 반품 업무를 진행할 수 없다.

오답분석

① K부장은 G과장에게 부서장 대리로서 회의에 참석해 달라고 하였다.
② ○○프로젝트 보고서 초안 작성 업무는 해당 프로젝트 회의에 참석할 G과장이 담당하는 것이 적절하다.
④ · ⑤ 사내 교육 프로그램 참여 이후 17시 전까지 주요 업무가 없는 L사원과 O사원은 우체국 방문 및 등기 발송 업무나 사무용품 주문서 작성 업무를 담당할 수 있다.

06

마지막 문단에서 '2018년부터 투자기업의 입주가 시작되면 에너지밸리 투자가 더욱 증가할 것으로 기대된다.'고 하였으므로 ⑤는 기사의 내용과 일치하지 않는다.

07

빈칸의 전 문단에서 '보손 입자는 페르미온과 달리 파울리의 배타원리를 따르지 않는다. 따라서 같은 에너지 상태를 지닌 입자라도 서로 겹쳐서 존재할 수 있다. 만져지지 않는 에너지 덩어리인 셈이다.'라고 하였고, 빈칸 다음 문장에서 '빛은 실험을 해 보면 입자의 특성을 보이지만, 질량이 없고 물질을 투과하며 만져지지 않는다.'라고 하였다. 또한 마지막 문장에서 '포논은 광자와 마찬가지로 스핀이 0인 보손 입자다.'라고 하였으므로 광자는 스핀이 0인 보손 입자라는 것을 알 수 있다. 따라서 빈칸에 들어갈 내용으로는 ④가 적절하다.

오답분석

① 광자가 파울리의 배타원리를 따른다면, 파울리의 배타원리에 따라 페르미온 입자로 이뤄진 물질은 우리가 손으로 만질 수 있어야 한다. 그러나 광자는 질량이 없고 물질을 투과하며 만져지지 않는다고 하였으므로 옳지 않은 내용이다.
② '포논은 광자와 마찬가지로 스핀이 0인 보손 입자다.'라는 문장에서 광자는 스핀 상태에 따라 분류할 수 있는 입자임을 알 수 있다.
③ 스핀이 1/2의 홀수배인 입자들은 페르미온이라고 하였고, 광자는 스핀이 0인 보손 입자이므로 옳지 않은 내용이다.
⑤ 광자는 만져지지 않는 에너지 덩어리이므로 파울리의 배타원리를 따르지 않는다. 따라서 페르미온이 아닌 보손의 대표적인 예다.

08

바코드 979152545813☐의 체크디지트는 다음과 같다.

• 바코드 홀수자리 수의 합 : 9+9+5+5+5+1=34
• 바코드 짝수자리 수의 합 : 7+1+2+4+8+3=25
• (바코드 홀수자리 수의 합)+3×(바코드 짝수자리 수의 합) : 34+3×25=109

따라서 109+☐의 값이 10의 배수여야 하므로 빈칸에 들어갈 체크디지트는 1이다.

09

정답 ②

ㄱ. 서울지역의 자립도는 1,384÷46,903×100≒3.0%이다.
ㄷ. 서울과 충남지역의 전력소비량의 합은 46,903+42,650=89,553GWh이므로 경기지역의 전력소비량(97,003GWh)보다 적다.

오답분석

ㄴ. 인천지역의 자립도는 68,953÷22,241×100≒310.0%이고, 부산지역의 자립도는 39,131÷20,562×100≒190.3%이다.
   따라서 인천과 부산지역의 자립도 차이는 310.0-190.3=119.7%p이므로 옳지 않은 설명이다.
ㄹ. 전력발전량이 가장 많은 지역은 충남지역이다. 충남지역의 전력소비량은 경기>서울>경북 다음이므로 네 번째로 많은 것을
   확인할 수 있다.
ㅁ. 호남권의 전력소비량은 8,047+21,168+27,137=56,352GWh이고, 수도권의 전력발전량은 1,384+68,953+23,791=
   94,128GWh이다.

   따라서 호남권의 전력소비량 대비 수도권의 전력발전량 비율은 $\frac{94,128}{56,352}×100≒167.0\%$이므로 170% 미만이다.

10

정답 ⑤

제시문은 타 지자체 소재의 신재생에너지 발전소 내 설치된 ESS 화재사고가 발생함에 따라 J경주시장이 경주 풍력발전소의 안전
점검을 실시하였고, 경주 풍력발전소는 ESS 설비의 화재 대비를 철저히 하고 있다는 내용의 기사이다. 따라서 두 번째 문단의
다음 내용으로는 경주 풍력발전소를 소개하는 (가)가 위치하고, 다음으로는 화재에 대비하여 설비를 구비하고, 화재에 대한 안정성
을 확보했다는 현장 관계자의 설명 (나)가 위치해야 한다. 마지막 문단은 J경주시장이 화재 예방에 철저하게 대비하고, 화재 예방과
안전에 관한 지원을 아끼지 않겠다는 (다)가 위치해야 적절하다.

11

정답 ④

㉠ 싱크 노드(Sink Node) : 베이스 노드(Base Node)라고도 하며, 싱크 노드는 센서 노드와 달리 하드웨어 제약을 받지 않는다.
㉡ 게이트웨이(Gateway) : 현재 사용자가 위치한 네트워크 혹은 세그먼트(Segment)에서 다른 네트워크(인터넷 등)로 이동하기
   위해 반드시 거쳐야 하는 거점을 의미한다.
㉢ 센서 노드(Sensor Node) : 물리적인 현상을 관측하기 위한 수집된 센싱과 통신 기능을 가지고 있는 일종의 작은 장치로 무선
   센서 네트워크를 구성하는 기본 요소이다.

12

정답 ①

하이퍼텍스트의 자료의 구조는 링크에 의해서 무작위로 이동가능하다. 즉, 비순차적인 구조형식을 갖는다.

13

정답 ③

데이터 레이블은 데이터 계열을 대상으로 전체 데이터나 하나의 데이터 또는 하나의 데이터 요소를 선택하여 계열 이름, 항목
이름, 값 등을 표시하는 것이다. 이러한 데이터 레이블은 차트에서는 입력이 가능하나, 스파크라인에서는 입력이 불가능하다.

14

오답분석

ㄱ. 2018년에 전력소비량이 가장 많은 지역은 경기지역이고, 두 번째로 많은 지역은 충남지역이다. 두 지역의 전력소비량 차이는 $122,696-52,013=70,683$GWh이므로 충남지역의 전력소비량 $52,013$GWh보다 크다.

ㄴ. 2017년에 전력소비량이 가장 적은 지역은 세종지역이고, 세종지역은 2018년에도 전력소비량이 가장 적다.

ㄷ. • 2018년 부산지역과 인천지역의 전력소비량 합: $21,217+24,922=46,139$GWh
    • 2017년 부산지역과 인천지역의 전력소비량 합: $21,007+24,514=45,521$GWh
    따라서 서울지역의 2017년 전력소비량은 $46,294$GWh이고, 2018년 전력소비량은 $47,810$GWh이므로 2017년과 2018년에 부산지역과 인천지역의 전력소비량 합은 서울지역의 전력소비량보다 적다.

ㄹ. 전년 대비 2018년 전남지역의 전력소비량 증가율은 $\frac{34,118-33,562}{33,562}\times100 ≒ 1.7\%$이므로 1.5% 이상이다.

15

정답 ③

• A씨 : 저압 285kWh 사용
  - 기본요금 : 1,600원
  - 전력량 요금 : $(200\times93.3)+(85\times187.9)=18,660+15,971.5≒34,630$원
  - 부가가치세 : $(1,600+34,630)\times0.1=36,230\times0.1≒3,620$원
  - 전력산업기반기금 : $(1,600+34,630)\times0.037=36,230\times0.037≒1,340$원
  - 전기요금 : $1,600+34,630+3,620+1,340=41,190$원
• B씨 : 고압 410kWh 사용
  - 기본요금 : 6,060원
  - 전력량 요금 : $(200\times78.3)+(200\times147.3)+(10\times215.6)=15,660+29,460+2,156≒47,270$원
  - 부가가치세 : $(6,060+47,270)\times0.1=53,330\times0.1≒5,330$원
  - 전력산업기반기금 : $(6,060+47,270)\times0.037=53,330\times0.037≒1,970$원
  - 전기요금 : $6,060+47,270+5,330+1,970=60,630$원
따라서 A씨와 B씨의 전기요금이 바르게 짝지어진 것은 ③이다.

16

정답 ②

A사원이 용산역에서 7시 30분 이후에 출발한다고 하였으므로 07:45에 출발하는 KTX 781 열차를 탑승하고, 여수에 11:19에 도착한다. 여수 지사방문 일정에는 40분이 소요되므로 일정을 마치는 시각은 11:59이고, 12:00부터는 점심식사 시간이므로 13:00까지 식사를 한다. 식사를 마친 뒤 여수에서 순천으로 가는 열차는 13:05에 출발하는 KTX 712 열차를 탑승하고, 순천에 13:22에 도착한다. 순천 지사방문 일정에는 2시간이 소요되므로 일정을 마치는 시각은 15:22이다. 따라서 용산역으로 돌아오는 열차는 16:57에 출발하는 KTX 718 열차를 탑승할 수 있고, 이때 용산역 도착 시각은 19:31이다. 또한, 각 열차의 요금은 KTX 781 - 46,000원, KTX 712 - 8,400원, KTX 718 - 44,000원이므로 총 요금은 $46,000+8,400+44,000=98,400$원이다.

17

정답 ②

C씨가 대여할 도서는 법학 관련 도서이므로 주류번호 300 '사회과학' → 강목번호 360 '법학'을 찾아야 한다. 따라서 ②가 옳은 번호이다.

18

정답 ⑤

오답분석

ㄱ. 심리학에 관한 자료를 찾고 싶다면, 분류번호 180번대의 도서를 찾아봐야 한다.
ㄴ. 인구통계에 관련된 통계학 도서의 분류번호는 310번대의 도서이다.

19

정답 ④

두 번째 문단에서 '태양열 발전기의 구조는 집열 방법에 따라 파라볼릭형, 타워형, 접시형, 프레넬형의 네 가지 형태로 구분된다.'는 것을 확인할 수 있으며, '일반적으로 접시형은 소규모 분산전원에 사용되며, 나머지는 대규모 발전소에 사용된다.'는 것을 확인할 수 있다. 따라서 제시된 네 가지의 태양열 발전기 구조의 형태 중 분산전원에 사용되지 않는 형태는 총 세 가지이다.

20

정답 ②

첫 번째 문단의 마지막 문장에서 확인할 수 있다.

오답분석

① 첫 번째 문단에서 '직진성을 가지는 입자의 성질로는 파동의 원형으로 퍼져나가는 회절 및 간섭현상을 설명할 수 없다.'고 하였다.
③ 두 번째 문단에서 '광자는 많은 에너지를 가진 감마선과 X선부터 가시광선을 거쳐 적은 에너지를 가진 적외선과 라디오파에 이르기까지 모든 에너지 상태에 걸쳐 존재한다.'고 하였다.
④ 두 번째 문단에서 광자의 개념은 1905년 알베르트 아인슈타인이 광전 효과를 설명하기 위해 도입했다는 것을 알 수 있다.
⑤ 마지막 문장에서 모든 광자는 광속으로 움직인다고 하였다.

21

정답 ①

태양광 전기 350kWh 사용 시 한 달 전기사용량에 따른 정상요금에서 실제요금의 비율은 전기사용량이 많아질수록 커진다.

- 350kWh : $\frac{1,130}{62,900} \times 100 ≒ 1.8\%$
- 400kWh : $\frac{3,910}{78,850} \times 100 ≒ 5.0\%$
- 450kWh : $\frac{7,350}{106,520} \times 100 ≒ 6.9\%$
- 500kWh : $\frac{15,090}{130,260} \times 100 ≒ 11.6\%$
- 600kWh : $\frac{33,710}{217,350} \times 100 ≒ 15.5\%$
- 700kWh : $\frac{62,900}{298,020} \times 100 ≒ 21.1\%$
- 800kWh : $\frac{106,520}{378,690} \times 100 ≒ 28.1\%$

오답분석

② 2015 ~ 2019년까지 태양광 발전기 대여 설치 가구의 전년 대비 증가량은 다음과 같다.

구분	전년 대비 증가량(가구)	구분	전년 대비 증가량(가구)
2014년	256-0=256	2017년	1,664-523=1,141
2015년	428-256=172	2018년	4,184-1,664=2,520
2016년	523-428=95	2019년	7,580-4,184=3,396

2015년과 2016년의 태양광 발전기 대여 설치 가구의 증가량은 전년 대비 감소하였다.
③ 2014년부터 전체 태양광 발전기 설치 가구 중 대여 설치 가구의 비율은 다음과 같고, 대여 설치하지 않은 가구의 비율이 점차 감소한다는 것은 대여 설치한 가구의 비율이 증가한다는 것과 같다.

구분	대여 설치 가구 수 비율(%)	구분	대여 설치 가구 수 비율(%)
2014년	$\frac{256}{18,767} \times 100 ≒ 1.4$	2017년	$\frac{1,664}{65,838} \times 100 ≒ 2.5$
2015년	$\frac{428}{26,988} \times 100 ≒ 1.6$	2018년	$\frac{4,184}{101,770} \times 100 ≒ 4.1$
2016년	$\frac{523}{40,766} \times 100 ≒ 1.3$	2019년	$\frac{7,580}{162,145} \times 100 ≒ 4.7$

따라서 2016년은 전체 설치 가구 중 대여 설치 가구의 비율이 전년보다 낮아졌으므로 대여 설치하지 않은 가구의 비율은 높아졌음을 알 수 있다.

④ 2014년 태양광 발전기를 대여 설치한 가구는 256가구이며, 한 달 전기사용량 350kWh를 태양광으로 사용할 경우 전기요금은 총 $256 \times 1,130 = 289,280$원으로 30만 원 미만이다.

⑤ 2017년과 2018년 태양광 발전기 대여 설치 가구의 전년 대비 증가율은 각각 $\frac{1,664 - 523}{523} \times 100 = 218.2\%$, $\frac{4,184 - 1,664}{1,664} \times 100 = 151.4\%$이다. 따라서 두 증가율의 차이는 $218.2 - 151.4 = 66.8\%$p이다.

22

정답 ③

시장점유율이 수출액에서 차지하는 비율과 동일할 때, 2019년 반도체 수출액은 99,712백만 달러이며 C회사의 수출액은 $99,712 \times 0.045 = 4,487.04$백만 달러이다. 따라서 수출액은 40억 달러 이상이다.

오답분석

① 2018년 수출액이 전년 대비 증가한 반도체인 '개별소자 반도체'의 2019년의 전년 대비 수출액 증가율은 9.6%이고, 2018년에는 10.5%이므로 2019년 전년 대비 증가율이 더 낮다.

② 2019년 환율이 1,100원/달러로 일정할 때, 실리콘 웨이퍼의 4분기 수출액은 1분기보다 $(185 - 153) \times 1,100 = 35,200$백만 원=352억 원 더 많다.

④ A~E회사의 2019년 시장점유율의 합은 $15.9 + 11.8 + 4.5 + 4.2 + 3.9 = 40.3\%$이며, I회사 점유율(2.7%)의 $\frac{40.3}{2.7} = 15$배이다.

⑤ 반도체 수출 현황에서 2018~2019년 동안 수출액이 많은 순서는 '집적회로 반도체>개별소자 반도체>실리콘 웨이퍼'로 매년 동일하다.

23

정답 ④

입학인원 대비 합격률이 가장 낮은 곳은 57.28%인 J대학이며, 응시 대비 불합격률은 26.25%이다. 따라서 입학인원 대비 합격률의 50%는 $57.28 \times 0.5 = 28.64\%$로 응시 대비 불합격률보다 크므로 옳지 않다.

오답분석

① B대학과 I대학의 입학인원 차이는 $110 - 70 = 40$명이고, 석사학위 취득자의 차이는 $85 - 60 = 25$명으로 입학인원 차이가 석사학위 취득자보다 $40 - 25 = 15$명 더 많다.

② A~J대학 중 응시 대비 합격률이 가장 높은 로스쿨 3곳은 응시 대비 불합격률이 가장 낮은 3곳으로 A, C, E대학이며, 응시 대비 합격률은 각각 $100 - 4.88 = 95.12\%$, $100 - 6.25 = 93.75\%$, $100 - 10.53 = 89.47\%$이다.

③ 입학자 중 석사학위 취득자 비율은 D대학$\left(\frac{104}{129} \times 100 = 80.6\% \right)$이 G대학$\left(\frac{95}{128} \times 100 = 74.2\% \right)$보다 $80.6 - 74.2 = 6.4\%$p 더 높다.

⑤ A~J대학 전체 입학인원은 $154 + 70 + 44 + 129 + 127 + 66 + 128 + 52 + 110 + 103 = 983$명이고, D, E, F대학의 총 입학인원은 $129 + 127 + 66 = 322$명이다. 따라서 전체 입학인원 대비 D, E, F대학의 총 입학인원 비율은 $\frac{322}{983} \times 100 = 32.8\%$이다.

01	02	03	04	05	06	07	08	09	10	11	12	13	14	15	16	17	18	19	20
②	③	④	②	③	②	③	①	④	①	③	②	⑤	③	⑤	④	③	④	②	③
21	22	23	24	25	26	27	28	29	30	31	32	33	34						
③	④	⑤	⑤	⑤	⑤	①	⑤	②	⑤	③	③	②	④						

01
정답 ②

한국전력공사의 홍보팀이 작성한 것으로, 한국전력공사가 실시한 '전력수급 비상훈련'에 대한 정보를 주요 내용으로 요약하여 다루고
있다. 즉, 제시된 자료는 한국전력공사의 홍보팀이 공사가 실시한 '전력수급 비상훈련'에 대한 정보를 기사로 보도되도록 요청하기
위해 기자들에게 보내는 보도 자료이다.

오답분석

① 기획서, ③ 공문서, ④ 체크리스트, ⑤ 협조요청서

02
정답 ③

신청대상에 따르면 전기자동차를 현재 보유하고 있지는 않으나, 사전 구매 예약을 신청하여 보유 예정인 단지는 설치 제외 대상이
아니다.

03
정답 ④

4D 프린팅은 기존 3D 프린팅에 '시간'을 추가한 개념으로 시간의 경과, 온도의 변화 등 특정 상황에 놓일 경우 출력물의 외형과
성질이 변한다. 따라서 물의 온도가 높을 때는 닫히고, 물의 온도가 낮아지면 열리는 것과 같이 물의 온도 변화에 따라 달라지는
수도 밸브는 4D 프린팅을 통해 구현할 수 있다.

오답분석

①·②·③·⑤는 시간의 경과나 온도의 변화 등과 관계없는 제품으로, 3D 프린팅을 통해 구현 가능하다.

04
정답 ②

마지막 문단에서 기존 라이프로그 관리 시스템들은 총체적인 라이프 이벤트 관리와 관계 데이터 모델 기반의 라이프로그 관리
시스템과 그 응용 기능은 제공하지 않지만, 라이프로그 그룹을 생성하고 브라우징하기 위한 간단한 기능은 제공한다고 이야기하고
있다. 따라서 기존의 라이프로그 관리 시스템이 라이프로그 그룹 생성 기능을 이미 갖추고 있는 것으로 추론할 수 있으므로 ②는
적절하지 않다.

오답분석

① 첫 번째 문단에서 센서 기술의 발달로 건강상태를 기록한 라이프로그가 생겨나고 있다는 내용을 통해 이러한 라이프로그는
헬스케어 분야에서 활용될 수 있을 것으로 추론할 수 있다.
③ 첫 번째 문단의 라이프로그 관리의 중요성에 대한 인식이 확산됨에 따라 효과적인 라이프로그 관리 시스템들이 제안되었다는
것을 보면 많은 사람들이 라이프로그 관리의 중요성을 인식하고 있음을 추론할 수 있다.

④ 마지막 문단의 기존 라이프로그 관리 시스템에서는 추가 정보를 간단히 태깅하는 기능만을 제공할 뿐 기존 태그 정보를 수정하는 방법을 제공하지 않는다는 내용을 통해 기존 라이프로그 관리 시스템은 태깅된 정보 수정에 한계가 있음을 추론할 수 있다.

⑤ 마지막 문단의 사람들이 더욱 관심을 가지는 것은 기억에 남는 다양한 사건들로 이러한 사람들의 요구사항을 충족시키기 위해 개별 라이프로그 관리에서 한발 더 나아가야 한다는 내용을 통해 점차 라이프로그 간의 관계에 대한 관리가 중요해지고 있음을 추론할 수 있다.

05

정답 ③

1) 수용 가능한 인원 파악
   10(운영 인원)+117(선발 인원)+6(아나운서)=133명의 전체 참여 인원을 수용할 수 있어야 하므로 최대수용인원이 124명인 세미나실 4는 제외된다.
2) 여유 공간 파악
   전체 참여 인원의 10%를 수용할 수 있는 여유 공간이 있어야 한다고 했으므로 133명의 10%인 13.3명을 추가로 수용할 수 있어야 한다. 따라서 146.3명 이상을 수용할 수 있어야 하므로 최대수용인원이 136명인 대회의실 2는 제외된다.
3) 부대시설 파악
   마이크와 프로젝터가 모두 있어야 하므로 한빛관과 세미나실 4는 제외된다.
4) 대여 가능 날짜 파악
   발대식 전날 정오인 8월 16일 12시부터 1박 2일의 발대식이 진행되는 18일까지 예약이 가능해야 하므로 대회의실 1과 세미나실 4가 적합하다.
따라서 모든 조건을 충족하는 대회의실 1을 예약하는 것이 적절하다.

06

정답 ②

(가)는 '전자기장'의 사전적 의미를 정의하고 있으며, (다)는 '전자파'의 개념을 정의하며 그 특징을 함께 설명하고 있다. 즉, (가)와 (다)는 어떤 대상의 본질이나 특성, 성격 등을 명확하게 규정하는 정의의 전개 방식을 사용하고 있으므로 한 유형으로 묶을 수 있다. 반면, (나)는 현상의 발생 원인에 대해 분석하는 전개 방식을 사용하고 있다.

07

정답 ③

필자는 현재 에너지 비용을 지원하는 단기적인 복지 정책은 효과가 지속되지 않고, 오히려 에너지 사용량이 늘어나 에너지 절감과 같은 환경 효과를 볼 수 없으므로 '효율형'과 '전환형'의 복합적인 에너지 복지 정책을 추진해야 한다고 주장한다. 따라서 에너지 비용을 지원하는 정책의 효과가 지속되지 않는다는 데에는 ⓒ, 일자리 창출 효과의 '효율형' 정책과 환경 보호 효과의 '전환형' 정책을 복합적으로 추진해야 한다는 데에는 ⓒ이 각각 필자의 논거로 사용될 수 있다.

08

정답 ①

한국전력공사의 인공지능 로봇 '파워봇'을 고객을 응대하는 창구 로봇과 직원의 업무를 보조하는 비서 로봇으로 나누고, 창구 로봇과 비서 로봇이 각각 담당하는 역할에 대해 설명하고 있다.

09

정답 ④

인천에서 독일 프랑크푸르트를 경유하여 베를린까지 걸린 시간은 11시간 25분+30분+1시간 30분=13시간 25분이다. 출발시각이 오전 7시이므로 도착시각은 한국시각으로 20시 25분이다. 베를린 현지시각은 인천보다 8시간 느리므로 11월 8일 목요일 오후 12시 25분이다.

10

정답 ①

외국어 능력 점수가 17점 이상이므로 2점을 가산하여 18+2=20점이 된다. 또한 전문성과 태도 점수는 각각 1.5배이므로 20×1.5=30점, 10×1.5=15점이다. 따라서 B과장의 올해 하반기 업무평가 점수는 15+20+30+15=80점이다.

11

정답 ③

세 번째 조건에서 205호, 208호의 인원수를 기준으로 네 번째 조건을 만족시키면, 206호는 5명이 있어서는 안 되며, 207호와 209호에는 6명이 되어서는 안 된다. 3개의 호실에 인원수는 총 19명이므로 206호와 207호가 같은 인원이 되지 않도록 각 면접실에 있는 면접자 인원을 정하면 다음과 같다.

구분	205호	206호	207호	208호	209호
면접자 인원	5명	7명	5명	6명	7명

또한 면접관 5명을 두 팀으로 나누는 방법은 2가지이다.

첫 번째 조건에서 A, E는 같은 팀이며 두 번째 조건에서 B, D는 같은 팀이 될 수 없으므로 팀은 A·B·E, C·D이거나 A·D·E, B·C의 경우가 나온다. 두 경우 모두 C면접관은 2명의 팀에 속하므로 면접자 인원이 5명인 205와 207호를 맡게 된다. 따라서 호실 숫자가 큰 면접실을 먼저 들어간다고 하였으므로 C면접관은 207에 들어감을 알 수 있다.

12

정답 ②

오답분석

① 세 번째 조건과 네 번째 조건에 따르면 숫자 0은 다른 숫자와 연속해서 나열할 수 없고, 영어 대문자는 다른 영어 대문자와 연속해서 나열할 수 없다.

③ 다섯 번째 조건에 따르면 특수기호를 첫 번째로 사용할 수 없다.

④ 두 번째 조건에 따르면 패스워드는 영어 대문자와 소문자, 숫자, 특수기호를 적어도 하나씩 포함해야 한다.

⑤ 첫 번째 조건에 따르면 패스워드는 7자리여야 하며, 두 번째 조건에 따르면 영어 대문자와 소문자, 숫자, 특수기호를 적어도 하나씩 포함해야 한다. 네 번째 조건에 따르면 영어 대문자는 다른 영어 대문자와 연속해서 나열할 수 없다.

13

정답 ⑤

품목별 할인 적용된 금액은 다음과 같다.

구분	할인된 금액	구분	할인된 금액	
코트	$250,000 \times 0.8 = 200,000$원	시계	$70,000 \times 0.7 = 49,000$원	
패딩	$330,000 \times 0.7 = 231,000$원	반지	$63,000 \times 0.9 = 56,700$원	
아이섀도	$8,000 \times 2 \times 0.8 = 12,800$원	팔찌	시계와 함께 살 경우	$50,000 \times 0.7 = 35,000$원
스킨·로션 세트	$90,000 \times 0.6 = 54,000$원		반지와 함께 살 경우	$50,000 \times 0.8 = 40,000$원

세 번째 조건에서 시계와 팔찌를 사는 것이 시계와 반지를 사는 것보다 $(56,700+40,000)-(49,000+35,000)=12,700$원 저렴하여 A학생은 시계와 팔찌를 택할 것이다. 코트와 패딩을 제외한 나머지 품목들의 금액은 $49,000+35,000+12,800+54,000=150,800$원이다. 이 금액에 코트 또는 패딩의 금액을 합하여 40만 원에 가까운 품목을 찾으면, 코트를 구입할 경우 $150,800+200,000=350,800$원, 패딩을 구입 할 경우, $150,800+231,000=381,800$원이다. 따라서 패딩을 구입하는 경우 40만 원에 가깝게 구매할 수 있으므로 A학생이 구입한 물품의 금액은 381,800원이다.

14

정답 ③

제8조 제4항 제1호에 따르면 임직원은 사업소 홍보에 있어 타부서를 직접 방문하여 홍보하는 행위도 금지된다.

오답분석

① 제7조 제2항

② 제7조 제1항 제4호

④ 제9조 제1항 제1호

⑤ 제9조 제2항

15

정답 ⑤

제3장 제2항에 따르면 자유경쟁의 원칙에 따라 시장경제질서를 존중하고, 경쟁사와는 상호 존중을 기반으로 선의의 경쟁을 추구하여야 한다. 따라서 회사의 이익을 좇기 위해 경쟁사에 대해 수단과 방법을 가리지 않는 공격적인 마케팅을 기획하는 E사원의 사례는 윤리헌장에 어긋난다.

오답분석

① 제2장 제1항
② 제5장 제1항, 제3항
③ 제3장 제3항
④ 제6장 제3항

16

정답 ④

콘텐츠 큐레이션은 이용자의 정보를 활용하여 이용자의 취향에 적합한 콘텐츠를 추천하는 서비스이므로 활용할 정보가 많아질수록 이용자의 취향을 정교하게 분석하고, 이를 통해 더욱 적합한 콘텐츠를 추천할 수 있을 것이다. 따라서 빈칸에 들어갈 내용으로는 더욱 이용자의 취향에 맞는 콘텐츠를 추천할 수 있다는 ④가 가장 적절하다.

17

정답 ③

제시문은 태양의 온도를 일정하게 유지해 주는 에너지원에 대한 설명이다. 태양의 온도가 일정하게 유지되는 이유는 태양 중심부의 온도가 올라가 핵융합 에너지가 늘어나면 에너지의 압력으로 수소를 밖으로 밀어내어 중심부의 밀도와 온도를 낮춰주기 때문이다. 즉, 태양 내부에서 중력과 핵융합 반응의 평형상태가 유지되기 때문에 태양은 50억 년간 빛을 낼 수 있었고, 앞으로도 50억 년 이상 더 빛날 수 있는 것이다. 따라서 빈칸에 들어갈 내용으로 '태양이 오랫동안 안정적으로 빛을 낼 수 있게 된다.'가 가장 적절하다.

18

정답 ④

기사에서는 대기업과 중소기업 간의 상생경영의 중요성을 강조하고 있다. 기존에 대기업이 시혜적 차원에서 중소기업에게 베푸는 느낌이 강했지만, 현재는 협력사의 경쟁력 향상이 곧 기업의 성장으로 이어질 것으로 보고, 상생경영의 중요성을 높이고 있다. 대기업이 지원해 준 업체의 기술력 향상으로 더 큰 이득을 보상받는 등 상생협력이 대기업과 중소기업 모두에게 효과적임을 알 수 있다. 따라서 '시혜적 차원에서의 대기업 지원의 중요성'은 기사에 대한 제목으로 적절하지 않다.

19

정답 ②

스마트 그리드가 실시간 전력량을 감지하여 에너지의 낭비를 막고 효율적인 에너지 생산과 공급을 목적으로 했다면, 마이크로 그리드는 '자급자족'에 초점을 맞추고 있는 기술이다.

오답분석

① 마이크로 그리드가 오지, 사막, 도서 지역 등 전력망 시설을 갖추기 어려운 지역에 설치되어 있음을 볼 때 알 수 있다.
③ 기후에 따라 에너지량이 변하는 신재생에너지는 활용 측면에서 효율성이 떨어지지만, ESS를 활용하면 잉여 전력을 저장하여 필요할 때 사용할 수 있기 때문에 전체적인 전력량을 걱정할 필요가 없다.
④ 집에서 직접 생산한 전력이 남아있다면 이를 한국전력공사에 되팔 수 있어서 전기요금을 획기적으로 낮출 수 있다.
⑤ 스마트 그리드의 스마트 기기들은 불필요하게 돌아가고 있는 가전제품의 에너지 사용을 조절하여 에너지를 아낀다.

20

정답 ③

(가) 문단은 이란의 원유에 대해 서술하고 있으며, (다) 문단은 미국의 이란 원유 수입 중단 정책에 대한 주변국의 반응을 서술하고 있다. 이를 볼 때, (다) 문단은 (가) 문단의 내용을 뒷받침한다고 보기 어려우며 앞서 원유 수입 중단을 야기한 (나)의 문단을 뒷받침한다. 따라서 ③은 수정방안으로 적절하지 않다.

① 이란의 원유에 대해 서술하는 상황에서 (A)는 내용상 불필요한 내용이므로 삭제한다.
② 규칙이나 규정의 위반에 대하여 제한하거나 금지함을 의미하는 '제재'가 더 적절한 표현이다.
④ 앞의 내용과 뒤의 내용이 상반되는 경우가 아니므로 '그러나'는 옳지 않다.
⑤ 미국과 다른 국가들의 긴장 상황을 서술하는 내용과 달리, 이란의 원유 수입 중단에 대한 한국의 입장을 서술하는 부분으로 문단을 새로 구분하여 전개하는 것이 적절하다.

21
정답 ③

기사의 내용을 보면 스마트시티 프로젝트의 핵심 과제와 주요 연구과제, 도시관리 데이터의 빅데이터 시스템 구축, 지능형 통합 의사결정 시스템 등의 과제를 설명하고 있다. 그리고 프로젝트가 차질없이 수행될 경우 발생하는 에너지 절감, 신산업 생태계 조성, 다양한 스마트 솔루션 개발 등의 효과를 설명함을 볼 때, ③이 기사의 제목으로 적절하다.

22
정답 ④

스마트시티 프로젝트로 다양한 스마트 솔루션이 개발되고 이를 통해 일자리 창출 및 국내 경제 활성화에 기여할 수 있을 것으로 예상된다.

① 스마트시티 프로젝트의 과제로 교통사고, 범죄, 응급의료 등 도시 내 각종 위험에 대한 위기대응 통합 솔루션 개발이 있다.
② 공공 분야에서는 교통정체, 사고 등 도시 내 각종 상황을 실시간으로 감지·분석하고 도시 빅데이터에 기반해 의사결정 전 과정을 지원하는 '지능형 통합 의사결정 시스템'을 개발해 공공서비스 질을 향상시킬 방침이다.
③ 이번 스마트시티 프로젝트가 차질 없이 수행되면 도시 개별 인프라 간 연계·통합 등으로 상호 시너지가 발생해 각종 도시 관리 효율성이 15% 이상 향상될 것으로 전망된다.
⑤ 전기료·수도료 및 에너지 사용 최대 20% 절감, 교통정체 최대 15% 해소, 이산화탄소 최대 15% 감축이 예상된다.

23
정답 ⑤

정부의 규제와 보조금 없이 내연기관 자동차와 경쟁할 수 있을 만큼의 경쟁력을 갖춘 전기자동차가 나올 수 있어야 한다고 서술했다. 따라서 전기자동차가 내연기관을 장착한 자동차를 이길 수 있는 경쟁력을 갖추었다고 보기 어려움을 유추할 수 있다.

24
정답 ⑤

온실가스 감축에 대한 기업의 추가 부담은 기업의 글로벌 경쟁력 저하는 물론 원가 부담이 가격 인상으로 이어질 수 있다.

25
정답 ⑤

세계 각국에서는 기존 교류 방식의 발전·송전·배전 시스템을 모두 직류 방식으로 구축하려는 시도를 펼치고 있다고 하였다.

26
정답 ⑤

태양광 발전으로 만든 전기를 일반 교류 방식 가전제품에서 쓰려면 전력 손실을 감수하고 변환 과정을 거쳐야 한다. 가전제품 중 일부 핵심부품은 직류 방식을 도입하고 있기에 내부에서는 교류로 들어온 전류를 직류로 다시 변환하는 과정을 수행한다. 이 과정에서 5 ~ 15% 가량 전력 손실이 발생한다. 친환경 발전 시스템에서는 직류 방식의 전기가 생산되기 때문에 일반 가전제품에서 손실 없이 전기를 사용하기 위해서는 완전한 직류 방식 도입이 필요하다.

27

오답분석

㉠ MOU는 어떠한 거래를 시작하기 전에 쌍방 당사자의 기본적인 이해를 담기 위해 진행되는 것으로 체결되는 내용에 법적 구속력을 갖지 않는 것이 일반적이다.

㉡ 본문에서 제시한 MOU는 국가가 아니라 기업 간 협약이다.

㉢ EVNEPS사는 2016년 설립되었으며, 베트남전력공사 산하기관인 EVNGENCO3사의 자회사로서 EVNGENCO3사 소유의 발전소 유지보수를 수행하고 있다.

㉣ 양해각서는 발전소 운전 및 정비, 그리고 기술인력 교육 등 양사 간 사업협력과 인적교류를 주요 내용으로 하고 있다.

28

정답 ⑤

외국기업의 사례를 벤치마킹하는 것은 본문의 기업의 사회공헌활동과 연관이 없다.

오답분석

① 법률준수의 사례에 해당한다.
② 자선적 책임의 사례에 해당한다.
③ 이윤 창출의 사례에 해당한다.
④ 윤리적 책임의 사례에 해당한다.

29

정답 ②

태양광 발전의 단가가 비싸다 보니 시장에서 외면받을 수밖에 없고, 이를 위해 정부가 보조금 지원이나 세액 공제 등 혜택을 줘야 하는 상황이다.

30

정답 ⑤

'Eye Love 천사 Project' 사업 기금은 국내외 실명위기 환자들이 안과 수술을 통해 실명을 예방하고 일상생활을 할 수 있도록 수술비를 지원하는 한전의 사회공헌활동이다. 따라서 이미 실명한 환자는 해당하지 않는다.

31

정답 ③

A ~ E의 기본역량 · 리더역량 · 직무역량 점수를 역량평가 비율에 적용하여 성과급 점수를 각각 구하면,
- A대리 : $(85 \times 0.5) + (90 \times 0.5) = 87.5$점
- B과장 : $(90 \times 0.2) + (80 \times 0.5) + (90 \times 0.3) = 85$점
- C사원 : $(95 \times 0.6) + (85 \times 0.4) = 91$점
- D부장 : $(80 \times 0.2) + (90 \times 0.3) + (85 \times 0.5) = 85.5$점
- E차장 : $(100 \times 0.3) + (85 \times 0.1) + (80 \times 0.6) = 86.5$점

따라서 성과급 점수가 90점 이상인 S등급에 해당하는 사람은 C사원이다.

32

정답 ③

- A : 토익 점수가 기준인 750점 이상이지만 일본에서 취득한 점수이기 때문에 인정되지 않는다.
- C : 졸업예정자이므로 지원이 불가능하다.
- D : TOEIC 점수가 750점 미만이므로 지원이 불가능하다.

따라서 A, C, D가 지원 자격에 맞지 않는다.

33

정답 ②

A~E의 조건별 점수를 구하면 아래와 같다.

구분	직급	직종	호봉	근속연수	동반가족 (실제동거)	주택유무	합계
A	3점 (대리)	5점 (사무)	1.5점 (3호봉)	3점 (3년)	7점 (1명)	10점	29.5점
B	1점 (사원)	10점 (기술)	0.5점 (1호봉)	1점 (1년)	14점 (2명)	10점	36.5점
C	4점 (과장)	10점 (연구)	3점 (6호봉)	7점 (7년)	21점 (3명)	0점	45점
D	2점 (주임)	5점 (사무)	1점 (2호봉)	2점 (2년)	28점 (4명)	10점	48점
E	5점 (차장)	10점 (기술)	2점 (4호봉)	7점 (7년)	35점 (5명)	0점	59점

따라서 D와 E가 사택을 제공받을 수 있다.

34

정답 ④

• 기본요금 : 1,600원
• 전력량요금
 − 처음 200kWh까지 : $200 \times 93.3 = 18,660$원
 − 다음 200kWh까지 : $200 \times 187.9 = 37,580$원
부가가치세는 총요금의 10%이므로 전기요금은 $(1,600 + 18,660 + 37,580) \times 1.1 = 63,620$원이다(10원 미만 절사).

01	02	03	04	05	06	07	08	09	10	11	12	13	14	15	16	17	18	19	20
④	③	⑤	④	⑤	①	④	②	②	②	③	②	④	④	②	⑤	③	②	⑤	②

21	22	23	24	25	26	27	28												
④	①	②	④	③	①	①	①												

01

정답 ④

하반기 영흥, 삼천포에 태양광 연계 ESS가 구축되는 것은 석탄화력발전소이다.

오답분석

① 첫 번째 문단에 연초 계획은 270MWh라고 제시되어 있다.
② 지난 상반기 민간 투자는 1MWh, 올 상반기 민간 투자는 40MWh이다.
③ 상반기 공공투자가 전년 대비 9% 감소하여 49MWh라고 하였다. 지난해 상반기 공공투자량을 xMWh라고 하면 $0.91x=$ 49MWh이므로 $x≒53.85$, 약 54MWh이다.
⑤ 다섯 번째 문단에 연말까지는 전년 대비 3배 이상 증가할 것이라고 제시되어 있다.

02

정답 ③

1) 예약가능 객실 수 파악

7월 19일부터 2박 3일간 워크숍을 진행한다고 했으므로 19일, 20일에 객실 예약이 가능한지를 확인하여야 한다. 호텔별 잔여객실 수를 파악하면 다음과 같다.

(단위 : 실)

구분	A호텔	B호텔	C호텔	D호텔	E호텔
7월 19일	88-20=68	70-11=59	76-10=66	68-12=56	84-18=66
7월 20일	88-26=62	70-27=43	76-18=58	68-21=47	84-23=61

2) 필요 객실 수 파악

기술혁신본부의 전체 임직원 수는 총 80명이다. 조건에 따르면 차장급 이상은 1인 1실을 이용하므로 4명(부장)+12명(차장)= 16명, 즉 16실이 필요하다. 나머지 직원 80-16=64명은 2인 1실을 사용하므로 총 64÷2=32실이 필요하다. 따라서 이틀간 각각 48실이 필요하다. B호텔은 7월 20일에 사용 가능한 객실이 43실이고, D호텔은 7월 20일에 사용 가능한 객실이 47실이기 때문에 예약 대상에서 제외된다.

따라서 A호텔, C호텔, E호텔이 워크숍 장소로 적합하다.

3) 세미나룸 현황 파악

총 임직원이 80명인 것을 고려할 때, A호텔의 세미나룸은 최대수용인원이 70명으로 제외된다. E호텔은 테이블(4인용)을 총 15개를 보유하고 있어 부족하므로 제외된다.

따라서 K대리는 모든 조건을 충족하는 C호텔을 예약한다.

03

정답 ⑤

효과적인 회의의 5가지 원칙 중 E는 매출성장이라는 목표를 공유하여 긍정적 어법으로 회의에 임하였다. 또한 주제를 벗어나지 않고 적극적으로 임하였으므로 가장 효과적으로 회의에 임한 사람은 E이다.

오답분석

① 부정적인 어법을 사용하고 있다.
② 적극적인 참여가 부족하다.
③ 주제와 벗어난 이야기를 하고, 좋지 못한 분위기를 조성한다.
④ 적극적인 참여를 하지 못하고, 회의 안건을 미리 준비하지 않았다.

04

정답 ④

정규직의 주당 근무일수와 근무시간을 비정규직1과 같이 줄여 근무여건을 개선하고, 퇴사율이 가장 높은 비정규직2의 직무교육을 시행하여 퇴사율을 줄이는 것이 가장 적절하다.

오답분석

① 설문조사를 통해 연봉보다는 일과 삶의 균형을 더 중요시한다는 결과를 도출하였으므로 연봉이 상승하는 것은 퇴사율에 영향을 미치지 않는다.
② 정규직을 비정규직으로 전환하는 것은 고용의 안정성을 낮추어 퇴사율을 더욱 높일 수 있다.
③ 사원교육을 안 하는 비정규직2보다 직무교육을 하는 정규직과 비정규직1의 퇴사율이 더 낮기 때문에 이는 적절하지 않다.
⑤ 비정규직2의 주당 근무일수를 정규직과 같이 조정하면 주 6일 20시간을 근무하게 되어 비효율적인 업무를 수행한다.

05

정답 ⑤

가격, 조명도, A/S 등의 요건이 주어진 조건에 모두 부합한다.

오답분석

① 예산이 150만 원이라고 했으므로 예산을 초과하였다.
② 신속한 A/S가 조건이므로 해외 A/S만 가능하여 적절하지 않다.
③ 조명도가 5,000lx 미만이므로 적절하지 않다.
④ 가격과 조명도도 적절하고 특이사항도 문제없지만 ⑤보다 가격이 더 비싸다.

06

정답 ①

우선 대전본부, 울산본부, 부산본부에 방문하기 위한 경우의 수는 여러 가지가 있지만, 시간외 근무수당을 가장 적게 하기 위해서는 열차이용 시간을 최소화하는 것이 중요하다. 따라서 〈경우 1〉 서울 – 대전 – 울산 – 부산 – 서울 또는 〈경우 2〉 서울 – 부산 – 울산 – 대전 – 서울을 먼저 고려해야 한다.

〈경우 1〉 서울 – 대전 – 울산 – 부산 – 서울

시간	일정	시간	일정	시간	일정
09:00 ~ 09:15	회사 → 서울역	12:20 ~ 13:40	대전역 → 울산역	16:20	부산본부 도착
09:20 ~ 10:20	서울역 → 대전역	13:50	울산본부 도착	16:30 ~ 18:00	회의
10:30	대전본부 도착	14:00 ~ 15:30	회의	18:10	부산역 도착
10:30 ~ 12:00	회의	15:40	울산역 도착	18:20 ~ 21:10	부산역 → 서울역
12:10	대전역 도착	15:40 ~ 16:10	울산역 → 부산역		

〈경우 2〉 서울 – 부산 – 울산 – 대전 – 서울

시간	일정	시간	일정	시간	일정
09:00 ~ 09:15	회사 → 서울역	14:20 ~ 14:50	부산역 → 울산역	18:10	대전본부 도착
09:20 ~ 12:10	서울역 → 부산역	15:00	울산본부 도착	18:30 ~ 20:00	회의
12:20	부산본부 도착	15:00 ~ 16:30	회의	20:10	대전역 도착
12:30 ~ 14:00	회의	16:40	울산역 도착	20:20 ~ 21:20	대전역 → 서울역
14:10	부산역 도착	16:40 ~ 18:00	울산역 → 대전역		

지역별 회의는 정규 근무시간 내에 이뤄져야 하므로 〈경우 2〉는 제외해야 한다. 따라서 〈경우 1〉에 의하면 09:00에 출발하여 21:10에 서울역에 도착한다. 정규 근무시간 외 초과 근무한 시간은 총 (21:10)−(18:00)=3시간 10분으로, 총 3시간에 대한 시간외 근무수당은 [(H대리 수당)+(K사원 수당)]×3=(20,000+15,000)×3=105,000원이다.

07

정답 ④

06번 문제에서 도출한 회의일정을 공유하였다고 했으므로, 회의시간을 지키되 나머지 시간을 고려하여 거래처에 방문하여야 한다. 시간외 근무수당은 앞에서 도출한 금액을 고정한다고 하였으므로, 해당 금액 선에서 최대한 근무할 수 있는 시간이 21:30까지임을 유의하여야 한다. 역이나 지역본부에서 거래처로 가는 시간은 각 10분씩 걸리고 그 반대의 경우도 동일하다. 또한 지역별로 1곳 이상은 반드시 방문하여야 한다. 모든 조건을 고려하여 시간표를 다시 정리하면 다음과 같다.

시간	일정	시간	일정	시간	일정
09:00 ~ 09:15	회사 → 서울역	13:50	울산 거래처 방문(2)	16:30 ~ 18:00	회의
09:20 ~ 10:20	서울역 → 대전역	14:00	울산본부 도착	18:10	부산 거래처 방문(4)
10:30	대전본부 도착	14:00 ~ 15:30	회의	18:20	부산 거래처 방문(5)
10:30 ~ 12:00	회의	15:40	울산역 도착	18:30	부산역 도착
12:10	대전 거래처 방문(1)	15:40 ~ 16:10	울산역 → 부산역	18:40 ~ 21:30	부산역 → 서울역
12:20	대전역 도착	16:20	부산 거래처 방문(3)		
12:20 ~ 13:40	대전역 → 울산역	16:30	부산본부 도착		

따라서 대전 1곳, 울산 1곳, 부산 3곳으로 총 5곳을 방문할 수 있다.

08

정답 ②

모스크바에서 4월 22일 오전 10시 15분에 메일을 보내면 밴쿠버는 모스크바보다 10시간이 늦으므로 밴쿠버 시각으로 4월 22일 오전 00시 15분에 도착한다. 하지만 4월 22일 오전 10시 전까지는 업무시간이 아니므로 메일을 확인할 수 없고, 오전 10시부터 15분간 전력점검행사를 진행했다고 하였으므로 4월 22일 오전 10시 15분에 메일을 확인할 수 있게 된다.

09

정답 ②

각 직원이 속한 부서의 평가 등급에 따른 배율을 조직기여도 점수에 곱한 후 총 점수를 구하면 다음과 같다.

구분	리더십 점수	조직기여도 점수	성과 점수	교육 점수	직급 점수	합계
L과장	88점	86×1.5=129점	83점	0점	100점	400점
M차장	92점	90×1.5=135점	88점	20점	100점	435점
N주임	90점	82×1.0=82점	85점	0점	50점	307점
O사원	90점	90×0.8=72점	85점	0점	50점	297점
P대리	83점	90×1.5=135점	88점	20점	80점	406점

따라서 400점 이상 410점 이하인 직원은 L과장(400점), P대리(406점) 2명이다.

10

정답 ②

가장 높은 점수를 받은 사람은 435점을 받은 M차장이다.

11

정답 ③

ⓒ '볼펜은 행사에 참석한 직원 1인당 1개씩 지급한다.'는 조건과 함께 퇴직자가 속한 부서의 팀원 수가 [C2:C11]에 나와 있으므로 옳은 설명이다.

오답분석

ⓐ '퇴직하는 직원이 소속된 부서당 화분 1개가 필요하다.'는 조건에 따라 각 퇴직자의 소속부서가 모두 다르기 때문에 화분은 총 10개가 필요하다.

ⓑ '근속연수 20년 이상인 직원에게 감사패를 준다.'는 조건에 따라 입사연도가 1997년 이전인 직원부터 해당된다. 퇴직자 중에서는 B씨, I씨 총 2명이지만 주어진 자료에는 퇴직자의 입사연도만 제시되고 모든 직원의 입사연도가 제시된 것은 아니므로 옳지 않다.

12

정답 ②

전화응대 매뉴얼 3번에 해당하며 전화 당겨 받기 후 상대에게 당겨 받은 이유를 설명하였기에 적절하다.

13

정답 ④

오답분석

① A - 호주
② B - 캐나다
③ C - 프랑스
⑤ E - 일본

14

정답 ④

• A고객의 상품값 : [전복(1kg)]+[블루베리(600g)]+[고구마(200g)]+[사과(10개)]+[오렌지(8개)]+[우유(1L)]
  $=50,000+(6\times1,200)+(2\times5,000)+(2\times10,000)+12,000+3,000=102,200$원
• B고객의 상품값 : [블루베리(200g)]+[오렌지(8개)]+[S우유(1L)]+[소갈비(600g)]+[생닭(1마리)]
  $=(2\times1,200)+12,000+(3,000-200)+20,000+9,000=46,200$원
• A고객의 총액 : (상품값)+(배송비)+(신선포장비)
  $=102,200+3,000+1,500=106,700$원(배송 시 봉투 무료 제공)
• B고객의 총액 : (상품값)+(생닭 손질비)+(봉투 2개)
  $=0.95\times(46,200+1,000+2\times100)=45,030$원(S카드 결제 시 5% 할인 적용)

15

정답 ②

B과장은 아랫사람에게 인사를 먼저 건네며 즐겁게 하루를 시작하는 공경심이 있는 예도를 행하였다.

오답분석

① 비상금을 털어 무리하게 고급 생일선물을 사는 것은 자신이 감당할 수 있는 능력을 벗어나므로 적절하지 않다.
③ 선행이나 호의를 베풀 때도 받는 자에게 피해가 되지 않도록 주의해야 하므로 적절하지 않다.
④ 아랫사람의 실수를 너그럽게 관용하는 태도에 부합하지 않으므로 적절하지 않다.
⑤ 장례를 치르는 문상자리에서 애도할 줄 모르는 것이므로 올바르지 않다.

16

정답 ⑤

첫 번째 이벤트에서 같은 조였던 사람은 두 번째 이벤트에서 같은 조가 될 수 없다고 하였으므로 보기에 주어진 각 조의 조원들은 첫 번째 이벤트에서 모두 다른 조일 수밖에 없다. 그러므로 첫 번째 이벤트의 각 조에서 두 조원씩은 이미 1, 4조에 배정되었고 나머지 두 조원씩 8명을 2, 3조에 배정해야 한다. 두 번째 이벤트의 2, 3조 역시 첫 번째 이벤트에서 같은 조였던 사람은 두 번째 이벤트에서 같은 조가 될 수 없으므로 각 조에서 한 명씩을 뽑아 배정해야 한다. 한 조를 정하고 나면 나머지 한 조는 자동으로 정해지므로 나머지 두 개 조의 조합은 $_2C_1 \times _2C_1 \times _2C_1 \times _2C_1 = 16$가지이다.

17

정답 ③

안내문의 두 번째 항목에 의하여 식사횟수는 6회이다(첫째 날 중식·석식, 둘째 날 조식·중식·석식, 셋째 날 조식).
첫째 날 출발하는 선발대 인원은 50-15=35명이고, 둘째 날 도착하는 후발대 인원 15명은 둘째 날 조식부터 가능하므로 첫째 날은 35명에 관한 예산을, 둘째 날부터 마지막 날까지는 50명에 관한 예산을 작성해야 한다.
• 첫째 날 중식(정식) 비용 : 9,000×35=315,000원
• 셋째 날 조식(일품) 비용 : 8,000×50=400,000원
이때 나머지 4번의 식사는 자유롭게 선택할 수 있으나 예산을 최대로 편성해야 하므로 정식과 일품을 제외한 나머지 중 가장 비싼 스파게티의 가격을 기준해 계산한다.
• 나머지 식사 비용 : 7,000×(35+50+50+50)=1,295,000원
따라서 작성해야 하는 예산금액은 315,000+400,000+1,295,000=2,010,000원이다.

18

정답 ②

• (고용비)=(1인당 수당)+(산재보험료)+(고용보험료)
        =50,000+50,000×0.00504+50,000×0.013=50,000+252+650=50,902원
• (1일 고용 가능 인원)=[(본예산)+(예비비)]÷(하루 1인당 고용비)=600,000÷50,902≒11.8
따라서 하루 동안 고용할 수 있는 최대 인원은 11명이다.

19

정답 ⑤

〈Ctrl〉+〈I〉는 글자 기울임꼴 단축키이다.

오답분석
① 글꼴 탭이 선택된 셀 서식
② 줄바꿈
③ 셀서식
④ 글자 굵게

20

정답 ②

A부서의 수리 요청 내역별 수리요금을 구하면 다음과 같다.
• RAM 8GB 교체
  - 수량 : 15개(교체 12개, 추가설치 3개)
  - 개당 교체·설치비용 : 8,000+96,000=104,000원
  ∴ A부서의 RAM 8GB 교체 및 설치비용 : 104,000×15=1,560,000원
• SSD 250GB 추가 설치
  - 수량 : 5개
  - 개당 설치비용 : 9,000+110,000=119,000원
  ∴ A부서의 SSD 250GB 추가 설치비용 : 119,000×5=595,000원

- 프로그램 설치
  - 수량 : 3D그래픽 프로그램 10개, 문서작성 프로그램 10개
  - 문서작성 프로그램 개당 설치비용 : 6,000원
  - 3D그래픽 프로그램 개당 설치비용 : 6,000＋1,000＝7,000원
  - ∴ A부서의 프로그램 설치비용 : (6,000×10)＋(7,000×10)＝130,000원

21 정답 ④

- HDD 1TB 교체
  - 개당 교체비용 : 8,000＋50,000＝58,000원
  - 개당 백업비용 : 100,000원
  - ∴ B부서의 HDD 1TB 교체비용 : (100,000＋58,000)×4＝632,000원
- HDD 포맷·배드섹터 수리
  - 개당 수리비용 : 10,000원
  - ∴ B부서의 HDD 포맷·배드섹터 수리비용 : 10,000×15＝150,000원
- 바이러스 치료 및 백신 설치
  - 개당 치료·설치비용 : 10,000원
  - ∴ B부서의 바이러스 치료 및 백신 설치비용 : 10,000×6＝60,000원

따라서 B부서에 청구되어야 할 수리비용은 632,000＋150,000＋60,000＝842,000원이다.

22 정답 ①

- 진단 시간 : 2시간
- 데이터 복구 소요 시간 : $\frac{270}{7.5}＝36$시간

즉, 데이터를 복구하는 데 걸리는 총시간은 2＋36＝38시간＝1일 14시간이다. 2일 차에 데이터 복구가 완료되고 다음 날 직접 배송하므로 Y사원이 U과장에게 안내할 기간은 3일이다.

23 정답 ②

중간에 D과장이 화요일에 급한 업무가 많다고 하였으므로 수요일에만 회의가 가능하다. 수요일만 살펴보면 오전 9시부터 11시까지는 B대리가 안 되고, 오후 12시부터 1시까지는 점심시간이며, 오후 1시부터 4시까지는 A사원의 외근으로 불가능하고, E사원이 오후 4시 전까지만 가능하다고 했으므로 수요일 오전 11시에 회의를 할 수 있다.

24 정답 ④

화요일 오후 3시부터 4시까지 외근을 하려면 오후 2시부터 5시까지 스케줄이 없어야 하므로 화요일에 급한 업무가 많은 D과장과 스케줄이 겹치는 B대리, A사원은 불가능하다. 따라서 오후 2시부터 5시까지 스케줄이 없는 E사원이 적절하다.

25 정답 ③

제품 a, b 둘 다 선호하는 사람의 수를 x명이라 하면, 제품 a, b 둘 다 선호하지 않는 사람의 수는 $(2x-3)$이고, 응답률은 400명 중 25%이므로 응답자는 100명이다. 주어진 정보에 따라 제품 a, b 둘 다 선호하지 않는 사람을 계산하면,
$2x-3＝100-(41＋57-x) \rightarrow 2x-3＝100-98＋x \rightarrow x＝5$
따라서 제품 a, b 둘 다 선호하지 않는 사람의 수는 $2×5-3＝7$명이다.

26

정답 ①

- Strength(강점) : 한국자동차는 전기자동차 모델들을 꾸준히 출시하여 성장세가 두드러지고 있는데다 고객들의 다양한 구매욕구를 충족시킬만한 전기자동차 상품의 다양성을 확보하였다.
- Opportunity(기회) : 새로운 정권에서 전기자동차에 대한 지원과 함께 친환경차 보급 확대에 적극 나설 것으로 보인다는 점과 환경을 생각하는 국민 의식이 증가되고, 친환경차의 연비 절감 부분이 친환경차 구매욕구 상승에 기여하고 있으며 한국자동차의 미국 수출이 증가하고 있다.

따라서 해당 기사를 분석하면 SO전략이 적절하다.

27

정답 ①

②・③・④ 중에 하나를 거짓으로 보면 ⑤에 의해 모순이 생긴다. 또 ⑤가 거짓이라고 하면 ②・③・④에 의해 모순이 생긴다. 따라서 ①이 거짓이어야 모순이 생기지 않고 A~E가 사용하는 카드가 정해진다.

28

정답 ①

조사결과는 모두 회수해야 한다고 했으므로 응답률이 낮거나 응답률을 보장 못하는 전자, 우편조사는 제외한다. 또한 질문이 유출되어서는 안 된다고 하였으므로 보안유지가 어려운 전화조사도 적절하지 않다. 개인별로 구체적인 질문을 할 수 있어야 하므로 집합조사보다는 면접조사가 적절하다.

CHAPTER 07

2016년 시행

기출복원문제 정답 및 해설

01	02	03	04	05	06	07	08	09	10
⑤	⑤	①	②	④	①	②	②	④	③
11	12	13	14	15	16	17	18	19	20
①	③	③	③	⑤	②	④	③	③	①
21	22	23	24	25	26	27	28	29	30
⑤	②	④	②	③	④	③	④	⑤	②
31	32	33	34	35	36	37			
②	①	⑤	②	①	④	③			

01   정답 ⑤

희다, 짜다, 바다를 통해 '소금'을 연상할 수 있다.

02   정답 ⑤

빈대떡, 비밀, 편지를 통해 '부치다'를 연상할 수 있다.

03   정답 ①

지도, 별자리, GPS는 현재 위치를 확인할 때 사용하므로 '위치'를 연상할 수 있다.

04   정답 ②

서곡은 오페라나 연극의 공연이 시작하기 전에 막이 내려진 채 오케스트라가 연주하는 곡이다. 연극에서 이와 같은 기능을 하는 것은 프롤로그이다.
- 에필로그 : 시, 소설, 연극 따위에서 끝나는 부분
- 프롤로그 : 연극을 시작하기 전 작품의 내용이나 작자의 의도 등에 관한 해설
- 플롯 : 문학 등에서 형상화를 위한 여러 요소들을 유기적으로 배열하거나 서술하는 일
- 피날레 : 연극의 마지막 막 또는 한 악곡의 마지막에 붙는 악장
- 리브레토 : 가극 따위의 대본이나 가사

05   정답 ④

제시된 낱말은 물질과 본질적 기능을 나타낸다. 이불은 보온의 기능을 한다. 또한 항아리 역시 저장의 기능을 한다.

06   정답 ①

제주도와 하와이의 관계는 섬이라는 유사개념 아래 각기 다른 이름을 가진 종차 관계이다. 따라서 음료수라는 유사개념 아래 서로 다른 종차를 가진 '커피 – 녹차'가 답이다.

07   정답 ②

엘리베이터가 1층에서 4층으로 이동할 때의 거리는 8.4m(= 2.8m×3)이다. 엘리베이터의 속력이 1초에 0.7m이므로 엘리베이터가 1층에서 4층으로 이동할 때 걸리는 시간은 12초 (=8.4m / 0.7m)이다. B는 A보다 3초 더 빨리 도착했으므로 총 9초가 걸렸다. B는 1초에 am를 움직이기 때문에 총 $9am$ (=9초×am)를 이동한 것이 된다.

08   정답 ②

ⓑ 화장품과 가방은 할인 혜택에 포함되지 않는다.
ⓒ 침구류는 가구가 아니므로 할인 혜택에 포함되지 않는다.

09   정답 ④

- C강사 : 셋째 주 화요일 오전, 목요일, 금요일 오전에 스케줄이 비어 있으므로 목요일과 금요일에 이틀에 걸쳐 강의가 가능하다.
- E강사 : 첫째, 셋째 주 화 ~ 목요일 오전에 스케줄이 있으므로 수요일과 목요일 오후에 강의가 가능하다.

오답분석
- A강사 : 매주 수 ~ 목요일에 스케줄이 있으므로 화요일과 금요일 오전에 강의가 가능하지만 강의가 연속 이틀에 걸쳐 진행되어야 한다는 조건에 부합하지 않는다.
- B강사 : 화요일과 목요일에 스케줄이 있으므로 수요일 오후와 금요일 오전에 강의가 가능하지만 강의가 연속 이틀에 걸쳐 진행되어야 한다는 조건에 부합하지 않는다.

- D강사 : 수요일 오후와 금요일 오전에 스케줄이 있으므로 화요일 오전과 목요일에 강의가 가능하지만 강의가 연속 이틀에 걸쳐 진행되어야 한다는 조건에 부합하지 않는다.

10 [정답] ③

오답분석
- A지원자 : 9월에 복학 예정이고, 인턴 기간이 연장될 경우 근무할 수 없으므로 부적합하다.
- B지원자 : 경력 사항이 없으므로 부적합하다.
- D지원자 : 근무 시간(9시 ~ 18시) 이후에 업무가 불가능하므로 부적합하다.
- E지원자 : 포토샵이 가능한지 알 수 없으므로 부적합하다.

11 [정답] ①

- A사원 : 7일(3월 2일, 5월 3일, 7월 1일, 9월 1일)
- B사원 : 10일(1월 3일, 3월 3일, 5월 3일, 9월 1일)
- C사원 : 8일(1월 1일, 3월 1일, 5월 3일, 7월 3일)
- D사원 : 9일(1월 2일, 3월 3일, 7월 3일, 9월 1일)
- E사원 : 8일(1월 1일, 3월 2일, 5월 3일, 7월 2일)
∴ A사원이 총 7일로 연차를 가장 적게 썼다.

12 [정답] ③

K회사에서는 연차를 한 달에 3일로 제한하고 있으므로, 11월에 휴가를 쓸 수 없다면 앞으로 총 6일(10월 3일, 12월 3일)의 연차를 쓸 수 있다. 휴가에 관해서 손해를 보지 않으려면 이미 9일 이상의 연차를 썼어야 한다. 이에 해당하는 사원은 B와 D사원이다.

13 [정답] ③

면접에 참여하는 직원들의 휴가 일정은 다음과 같다.
- 마케팅팀 차장 : 6월 29일 ~ 7월 3일
- 인사팀 차장 : 7월 6일 ~ 10일
- 인사팀 부장 : 7월 6일 ~ 10일
- 인사팀 과장 : 7월 6일 ~ 9일
- 총무팀 주임 : 7월 1일 ~ 3일
보기에 제시된 날짜 중에서 직원들의 휴가 일정이 잡히지 않은 유일한 날짜가 면접 가능 날짜가 되므로 정답은 7월 5일이다.

14 [정답] ③

동물, 바나나, 손오공을 통해 '원숭이'를 연상할 수 있다.

15 [정답] ⑤

박명, 성형, 대회를 통해 '미인'을 연상할 수 있다.

16 [정답] ②

이(니), 절단, 나무를 통해 '톱'을 연상할 수 있다.

17 [정답] ④

산삼은 심마니가 캐고, 약은 약사가 만든다.

18 [정답] ③

일반적인 신체 부위의 명칭과 왕의 신체 부위를 이르는 특수어 관계이다.
- 용루(龍淚) : 왕의 눈물
- 액상(額象) : 왕의 이마
- 구순(口脣) : 왕의 입술
- 어수(御手) : 왕의 손
- 옥음(玉音) : 왕의 음성

19 [정답] ③

- 옷 3가지 중 한 가지를 고르는 수 : $_3C_1 = 3$
- 신발 2가지 중 한 가지를 고르는 수 : $_2C_1 = 2$
- 모자 4가지 중 한 가지를 고르는 수 : $_4C_1 = 4$
∴ $3 \times 2 \times 4 = 24$가지

20 [정답] ①

- 흰색 공을 고를 경우 : $\frac{3}{5} \times \frac{2}{4} = \frac{6}{20}$
- 검은색 공을 고를 경우 : $\frac{2}{5} \times \frac{2}{4} = \frac{4}{20}$
∴ $\frac{6}{20} + \frac{4}{20} = \frac{10}{20} = \frac{1}{2}$

21 [정답] ⑤

10잔 이상의 음료 또는 음식을 구입하면 음료 2잔을 무료로 제공받을 수 있다. 커피를 못 마시는 두 사람을 위해 NON-COFFEE 종류 중 4,500원 이하의 가격인 그린티라테 두 잔을 무료로 제공받는다. 나머지 10명 중 4명이 가장 저렴한 아메리카노를 주문하면 $3,500 \times 4 = 14,000$원이다. 그리고 2인에 1개씩 음료에 곁들일 음식을 주문한다고 했으므로 나머지 6명은 베이글과 아메리카노 세트를 시키고 10% 할인을 받으면 $7,000 \times 0.9 \times 6 = 37,800$원이다. 총 금액은 $14,000 + 37,800 = 51,800$원이므로, 남는 돈은 $240,000 - 51,800 = 188,200$원이다.

22

정답 ②

A의 속력 : B의 속력＝350 : 500＝7 : 10
반대 방향으로 출발해서 20분 만에 만났으므로 (A속력)＋(B 속력)＝3,400÷20＝170이다. 따라서 A의 속력은 170을 17로 나누고 7을 곱한 70m/분이고, B의 속력은 170을 17로 나누고 10을 곱한 100m/분이다.

23

정답 ④

라벨지와 받침대, 블루투스 마우스를 차례대로 계산하면 18,000×2＋24,000＋27,000×5＝195,000원이다. 그리고 블루투스 마우스를 3개 이상 구매 시 건전지 3세트를 무료 증정하기 때문에 AAA건전지는 2세트만 더 구매하면 된다. 따라서 195,000＋(4,000×2)＝203,000원이다.

24

정답 ②

라벨지는 91mm로 변경 시 각 세트당 5%를 가산하기 때문에 (18,000×1.05)×4＝75,600원, 3단 받침대는 1단 받침대에 2,000원씩을 추가하므로 26,000×2＝52,000원이다. 그리고 블루투스 마우스는 27,000×3＝81,000원이고 블루투스 마우스 3개 이상 구매 시 AAA건전지 3세트가 사은품으로 오기 때문에 따로 주문하지 않는다. 마지막으로 문서수동세단기 36,000원을 더하면 총 주문 금액은 75,600＋52,000＋81,000＋36,000＝244,600원이다.

25

정답 ③

패시브 하우스는 남쪽으로 크고 작은 창을 많이 내며, 실내의 열을 보존하기 위하여 3중 유리창을 설치한다.

26

정답 ④

기존의 화석연료를 변환시켜 이용하는 것도 액티브 기술에 포함된다.

오답분석

① 패시브 기술은 능동적으로 에너지를 끌어다 쓰는 액티브 기술과 달리 수동적이다. 따라서 자연채광을 많이 받기 위해 남향, 남동향으로 배치하며 단열에 신경 쓴다.
② 패시브 기술은 다양한 단열 방식을 사용한다.
③ 액티브 기술을 사용한 예로는 태양광 발전, 태양열 급탕, 지열 냉난방, 수소연료전지, 풍력발전시스템, 목재 팰릿 보일러 등이 있다.
⑤ 제시된 자료를 통해 확인할 수 있다.

27

정답 ③

[F13:F20] 셀은 사원번호 중 오른쪽 4자리 숫자를 표시한 것이므로 오른쪽에서부터 문자를 추출하는 함수인 RIGHT 함수를 사용해야 하므로 「＝RIGHT(A3,4)」가 [F13] 셀에 입력해야 할 올바른 수식이다.

28

정답 ④

ㄱ. 고객 데이터 수치는 시트 제목을 '상반기 고객 데이터 수치'라고 적고 함수를 사용해 평균을 내야 하기 때문에 스프레드 시트가 적절하다.
ㄹ. 고객 마케팅 관련 설명문은 줄글로 자간과 본문 서체를 설정해 작성하라고 하였으니 워드가 적절하다.
ㅁ. 마케팅 사례를 다양한 효과를 사용해 발표해야 한다고 했으니 PPT가 적절하다.

29

정답 ⑤

폴더 [속성]에서 [공유] 탭을 선택하고 '암호 보호' 항목의 [네트워크 및 공유센터]에서 '암호 보호 공유 끄기'를 선택하면 공유폴더 접속 시 별도의 암호입력창이 뜨지 않는다.

30

정답 ②

서로 유의관계의 의태어를 찾아야 하므로 '시들시들'이 옳다.

31

정답 ②

낱말과 한자어의 관계이므로 '크게 놀람'이란 뜻의 한자어인 '대경(大驚)'이 옳다.

오답분석

① 함소(含笑) : 웃음을 머금음
③ 낙심(落心) : 바라던 일이 이루어지지 아니하여 마음이 상함
④ 비루(鄙陋) : '행동이나 성질이 너절하고 더럽다'는 뜻인 '비루하다'의 어근
⑤ 조소(嘲笑) : 비웃음. 흉을 보듯이 빈정거리거나 업신여기는 일

32

정답 ①

스마트 그리드를 사용하면 신재생에너지에 바탕을 둔 분산전원의 활성화를 통해 기존의 발전설비에 들어가는 화석연료의 사용절감 효과를 얻을 수 있다.

33

정답 ⑤

세액은 공급가액의 10%이므로, 수기종이계산서의 세액을 구하기 위해서 수기종이계산서의 공급가액인 [E4] 셀의 10%를 구하면 된다. 엑셀에서는 곱하기를 *로 표시하므로 [F4] 셀에 들어갈 수식은 「=E4*0.1」이다.

34

정답 ②

오답분석
①·③ AVERAGE는 평균을 구할 때 쓰는 함수식이다.
④·⑤ 함수의 범위가 'G3:G4'여야 한다.

35

정답 ①

화상 회의 시간인 한국의 오후 4 ~ 5시는 파키스탄의 오후 12시 ~ 1시이며 점심시간에는 회의를 진행하지 않으므로 파키스탄은 회의 참석이 불가능하다.

36

정답 ④

인천에서 샌프란시스코까지 비행 시간은 10시간 25분이므로, 샌프란시스코 도착 시간에서 거슬러 올라가면 샌프란시스코 시간으로 00시 10분에 출발한 것이 된다. 한국은 샌프란시스코보다 16시간 빠르기 때문에 한국 시간으로는 16시 10분에 출발한 것이다. 하지만 비행기 티케팅을 위해 출발 한 시간 전에 인천공항에 도착해야 하므로 15시 10분까지 가야 한다.

37

정답 ③

비밀번호 자동 저장에 관련된 공문이므로 자동 저장 기능을 삭제하기 위한 화면을 공문에 첨부해야 한다. 비밀번호 자동 저장 기능 삭제는 [인터넷 옵션] – [내용] 탭에 들어가 '자동 완성 설정'의 '양식에 사용할 사용자 이름과 암호'란의 체크를 해제하면 된다.

주요 공기업
기출복원문제

정답 및 해설

01	02	03	04	05	06	07	08	09	10	11	12	13	14	15	16	17	18	19	20
④	②	⑤	⑤	④	①	②	⑤	④	①	①	③	③	③	④	②	③	④	④	③
21	22	23	24	25	26	27	28	29	30	31	32	33	34	35	36	37	38	39	40
①	②	②	③	③	④	②	①	②	③	③	②	④	③	②	②	④	②	⑤	③
41	42	43	44	45	46	47	48	49	50										
③	④	②	④	②	③	②	②	③	④										

01
정답 ④

제시문의 두 번째 문단에 따르면 CCTV는 열차 종류에 따라 네트워크 방식과 개별 독립 방식으로 설치된다고 하였다. 따라서 개별 독립 방식으로 설치된 일부 열차에서는 각 객실의 상황을 실시간으로 파악하지 못할 수 있다.

오답분석

① 첫 번째 문단의 현재 운행하고 있는 열차의 모든 객실에 CCTV를 설치하겠다는 내용으로 보아, 현재 모든 열차의 모든 객실에 CCTV가 설치되지 않았음을 유추할 수 있다.
② 첫 번째 문단에 따르면 모든 열차 승무원에게 바디 캠을 지급하겠다고 하였다. 이에 따라 승객이 승무원을 폭행하는 등의 범죄 발생 시 해당 상황을 녹화한 바디 캠 영상이 있어 수사의 증거자료로 사용할 수 있게 되었다.
③ 두 번째 문단에 따르면 CCTV는 사각지대 없이 설치되며 일부는 휴대 물품 보관대 주변에도 설치된다고 하였다. 따라서 인적 피해와 물적 피해 모두 파악할 수 있게 되었다.
⑤ 세 번째 문단에 따르면 CCTV 품평회와 시험을 통해 제품의 형태와 색상, 재질, 진동과 충격 등에 대한 적합성을 고려한다고 하였다.

02
정답 ②

• (가)를 기준으로 앞의 문장과 뒤의 문장이 서로 일치하지 않는 상반되는 내용을 담고 있으므로, 가장 적절한 접속사는 '하지만'이다.
• (나)를 기준으로 앞의 문장은 기차의 냉난방시설을, 뒤의 문장은 지하철의 냉난방시설을 다루고 있으므로, 가장 적절한 접속사는 '반면'이다.
• (다)의 앞뒤 내용을 살펴보면, 앞선 내용의 과정들이 끝나고 이후의 내용이 이어지므로, 이를 이어주는 접속사인 '마침내'가 들어가는 것이 가장 적절하다.

03
정답 ⑤

제시문의 세 번째 문단에 따르면 스마트글라스 내부 센서를 통해 충격과 기울기를 감지할 수 있어 위험한 상황이 발생할 경우 통보 시스템을 통해 바로 파악할 수 있게 되었음을 알 수 있다.

오답분석

① 첫 번째 문단을 통해 스마트글라스를 통한 작업자의 음성인식만으로 철도시설물 점검이 가능해졌음을 알 수 있지만, 마지막 문단에 따르면 아직 철도시설물 보수 작업은 가능하지 않음을 알 수 있다.
② 첫 번째 문단에 따르면 스마트글라스의 도입 이후에도 사람의 작업이 필요함을 알 수 있다.

③ 세 번째 문단에 따르면 스마트글라스의 도입으로 추락 사고나 그 밖의 위험한 상황을 미리 예측할 수 있어 이를 방지할 수 있게 되었음을 알 수 있지만, 실제로 안전사고 발생 횟수가 감소하였는지는 알 수 없다.

④ 두 번째 문단에 따르면, 여러 단계를 거치던 기존 작업 방식에서 스마트글라스의 도입으로 작업을 한 번에 처리할 수 있게 된 것을 통해 작업 시간이 단축되었음을 알 수 있지만, 필요한 작업 인력의 감소 여부는 알 수 없다.

04 　　　　　　　　　　　　　　　　　　　　　　　　　　　　　[정답] ⑤

마지막 문단에 따르면 인공지능 등의 스마트 기술 도입으로 까치집 검출 정확도는 95%까지 상승하였으므로, 까치집 제거율 또한 상승할 것임을 예측할 수 있으나, 근본적인 까치집 생성의 감소를 기대할 수는 없다.

[오답분석]

① 두 번째와 세 번째 문단을 살펴보면, 정확도가 65%에 불과했던 인공지능의 까치집 식별 능력이 딥러닝 방식의 도입으로 95%까지 상승했음을 알 수 있다.

② 세 번째 문단에서 시속 150km로 빠르게 달리는 열차에서의 까치집 식별 정확도는 65%에 불과하다는 내용으로 보아, 빠른 속도에서 인공지능의 사물 식별 정확도는 낮음을 알 수 있다.

③ 마지막 문단에 따르면, 작업자의 접근이 어려운 곳에는 드론을 띄워 까치집을 발견 및 제거하는 기술도 시범 운영하고 있다고 하였다.

④ 실시간 까치집 자동 검출 시스템 개발로 실시간으로 위험 요인의 위치와 이미지를 작업자에게 전달할 수 있게 되었다.

05 　　　　　　　　　　　　　　　　　　　　　　　　　　　　　[정답] ④

4월 회원의 남녀의 비가 2:3이므로 각각 $2a$명, $3a$명이라 하고, 5월에 더 가입한 남녀 회원의 수를 각각 x명, $2x$명으로 놓으면

$$\begin{cases} 2a+3a<260 \\ (2a+x)a+(3a+2x)=5a+3x>320 \end{cases}$$

5월에 남녀의 비가 5 : 8이므로

$(2a+x):(3a+2x)=5:8 \rightarrow a=2x$

이를 연립방정식에 대입하여 정리하면

$$\begin{cases} 4x+6x<260 \\ 10x+3x>320 \end{cases} \rightarrow \begin{cases} 10x<260 \\ 13x>320 \end{cases}$$

공통 부분을 구하면 $24.6\cdots<x<26$이며

x는 자연수이므로 25이다.

따라서 5월 전체 회원 수는 $5a+3x=13x=325$명이다.

06 　　　　　　　　　　　　　　　　　　　　　　　　　　　　　[정답] ①

A씨는 장애의 정도가 심하지 않으므로 KTX 이용 시 평일 이용에 대해서만 30% 할인을 받으며, 동반 보호자에 대한 할인은 적용되지 않는다. 따라서 3월 11일(토) 서울 → 부산 구간의 이용에는 할인이 적용되지 않고, 3월 13일(월) 부산 → 서울 구간 이용 시 총운임의 15%만 할인받는다. 따라서 두 사람의 왕복 운임을 기준으로 7.5% 할인받았음을 알 수 있다.

07 　　　　　　　　　　　　　　　　　　　　　　　　　　　　　[정답] ②

마일리지 적립 규정에 회원 등급에 관련된 내용은 없으며, 마일리지 적립은 지불한 운임의 액수, 더블적립 열차 탑승 여부, 선불형 교통카드 Rail+ 사용 여부에 따라서만 결정된다.

[오답분석]

① KTX 마일리지는 KTX 열차 이용 시에만 적립된다.

③ 비즈니스 등급은 기업회원 여부와 관계없이 최근 1년간의 활동내역을 기준으로 부여된다.

④ 추석 및 설 명절 특별수송 기간 탑승 건을 제외하고 4만 점을 적립하면 VIP 등급을 부여받는다.

⑤ VVIP 등급과 VIP 등급 고객은 한정된 횟수 내에서 KTX 특실을 KTX 일반실 가격에 구매할 수 있다(무료 업그레이드).

08

정답 ⑤

한국조폐공사를 통한 예약 접수는 온라인 쇼핑몰 홈페이지를 통해 가능하며, 오프라인(방문) 접수는 우리·농협은행의 창구를 통해서만 이루어진다.

오답분석

① 구매자를 대한민국 국적자로 제한한다는 내용은 없다.
② 단품으로 구매 시 화종별 최대 3장으로 총 9장, 세트로 구매할 때도 최대 3세트로 총 9장까지 신청이 가능하고, 세트와 단품은 중복신청이 가능하므로, 구매 가능한 최대 개수는 18장이다.
③ 우리·농협은행의 계좌가 없다면, 한국조폐공사 온라인 쇼핑몰을 이용하거나, 우리·농협은행에 직접 방문하여 구입할 수 있다.
④ 총발행량은 예약 주문 이전부터 화종별 10,000장으로 미리 정해져 있다.

09

정답 ④

우리·농협은행 계좌 미보유자가 예약 신청을 할 수 있는 경로는 두 가지이다. 하나는 신분증을 지참하고 우리·농협은행의 지점을 방문하여 신청하는 것이고, 다른 하나는 한국조폐공사 온라인 쇼핑몰에서 가상계좌 방식으로 신청하는 것이다.

오답분석

① A씨는 외국인이므로 창구 접수 시 지참해야 하는 신분증은 외국인등록증이다.
② 한국조폐공사 온라인 쇼핑몰에서는 가상계좌 방식을 통해서만 예약 신청이 가능하다.
③ 홈페이지를 통한 신청이 가능한 은행은 우리은행과 농협은행뿐이다.
⑤ 우리·농협은행의 홈페이지를 통해 예약 접수를 하려면 해당 은행에 미리 계좌가 개설되어 있어야 한다.

10

정답 ①

3종 세트는 186,000원, 단품은 각각 63,000원이므로 5명의 구매 금액을 각각 계산하면 다음과 같다.
- A : $(186,000 \times 2) + 63,000 = 435,000$원
- B : $63,000 \times 8 = 504,000$원
- C : $(186,000 \times 2) + (63,000 \times 2) = 498,000$원
- D : $186,000 \times 3 = 558,000$원
- E : $186,000 + (63,000 \times 4) = 438,000$원

따라서 가장 많은 금액을 지불한 사람은 D이며, 구매 금액은 558,000원이다.

11

정답 ①

고독사 및 자살 위험이 크다고 판단되는 경우 만 60세 이상으로 하향 조정이 가능하다.

오답분석

② 노인맞춤돌봄서비스 중 생활교육서비스에 해당한다.
③ 특화서비스는 가족, 이웃과 단절되거나 정신건강 등의 문제로 자살, 고독사 위험이 높은 취약 노인을 대상으로 상담 및 진료서비스를 제공한다.
④ 안전지원서비스를 통해 노인의 안전 여부를 확인할 수 있다.

12

정답 ③

노인맞춤돌봄서비스는 만 65세 이상의 기초생활수급자, 차상위계층, 기초연금수급자의 경우 신청이 가능하다. F와 H는 소득수준이 기준에 해당하지 않으므로 제외되며, J는 만 64세이므로 제외된다. 또한 E, G, K는 유사 중복사업의 지원을 받고 있으므로 제외된다. 따라서 E, F, G, H, J, K 6명은 노인맞춤돌봄서비스 신청이 불가능하다.

오답분석

A와 I의 경우 만 65세 이하이지만 자살, 고독사 위험이 높은 우울형 집단에 속하고, 만 60세 이상이므로 신청이 가능하다.

13

정답 ③

A씨의 2021년 장기요양보험료를 구하기 위해서는 A씨의 소득을 구해야 한다. 2023년 A씨가 낸 장기요양보험료는 20,000원이고, 보험료율이 0.91%이므로 A씨의 소득은 $20,000 \div 0.0091 ≒ 2,197,802$원이다. 따라서 A씨의 지난 5년간 소득은 2,197,802원으로 동일하므로 2021년 장기요양보험료는 $2,197,802 \times 0.0079 ≒ 17,363$원이다.

14

정답 ③

제53조 제5항에서 공단으로부터 분할납부 승인을 받고 승인된 보험료를 1회 이상 낸 경우에는 보험급여를 할 수 있다고 하였으므로 분할납부가 완료될 때까지 보험급여가 제한되지 않는다.

오답분석

① 제53조 제1항 제2호에 따르면 고의 또는 중대한 과실로 공단 및 요양기관의 요양에 관한 지시를 따르지 아니한 경우 보험급여를 하지 않는다.
② 제53조 제2항에서 국가나 지방자치단체로부터 보험급여에 상당하는 급여를 받게 되는 경우에는 그 한도에서 보험급여를 하지 않는다고 하였다.
④ 승인받은 분할납부 횟수가 5회 미만인 경우이므로 해당 분할납부 횟수인 4회 이상 보험료를 내지 않으면 보험급여가 제한된다.

15

정답 ④

2022년 시도별 전문의 의료 인력 대비 간호사 인력 비율은 다음과 같다. 실제 시험에는 선택지에 제시된 지역만 구하여 시간을 절약하도록 한다.

- 서울 : $\frac{8,286}{1,905} \times 100 ≒ 435\%$

- 부산 : $\frac{2,755}{508} \times 100 ≒ 542.3\%$

- 대구 : $\frac{2,602}{546} \times 100 ≒ 476.6\%$

- 인천 : $\frac{679}{112} \times 100 ≒ 606.3\%$

- 광주 : $\frac{2,007}{371} \times 100 ≒ 541\%$

- 대전 : $\frac{2,052}{399} \times 100 ≒ 514.3\%$

- 울산 : $\frac{8}{2} \times 100 = 400\%$

- 세종 : $\frac{594}{118} \times 100 ≒ 503.4\%$

- 경기 : $\frac{6,706}{1,516} \times 100 ≒ 442.3\%$

- 강원 : $\frac{1,779}{424} \times 100 ≒ 419.6\%$

- 충북 : $\frac{1,496}{308} \times 100 ≒ 485.7\%$

- 충남 : $\frac{955}{151} \times 100 ≒ 632.5\%$

- 전북 : $\frac{1,963}{358} \times 100 ≒ 548.3\%$

- 전남 : $\frac{1,460}{296} \times 100 ≒ 493.2\%$

- 경북 : $\frac{1,158}{235} \times 100 ≒ 492.8\%$

- 경남 : $\dfrac{4{,}004}{783} \times 100 ≒ 511.4\%$

- 제주 : $\dfrac{1{,}212}{229} \times 100 ≒ 529.3\%$

따라서 전문의 의료 인력 대비 간호사 인력 비율이 가장 높은 지역은 충남이다.

16

정답 ②

지역별 2021년 대비 2022년 정신건강 예산의 증가폭은 다음과 같다.
- 서울 : $58{,}981{,}416 - 53{,}647{,}039 = 5{,}334{,}377$천 원
- 부산 : $24{,}205{,}167 - 21{,}308{,}849 = 2{,}896{,}318$천 원
- 대구 : $12{,}256{,}595 - 10{,}602{,}255 = 1{,}654{,}340$천 원
- 인천 : $17{,}599{,}138 - 12{,}662{,}483 = 4{,}936{,}655$천 원
- 광주 : $13{,}479{,}092 - 12{,}369{,}203 = 1{,}109{,}889$천 원
- 대전 : $14{,}142{,}584 - 12{,}740{,}140 = 1{,}402{,}444$천 원
- 울산 : $6{,}497{,}177 - 5{,}321{,}968 = 1{,}175{,}209$천 원
- 세종 : $1{,}515{,}042 - 1{,}237{,}124 = 277{,}918$천 원
- 제주 : $5{,}600{,}120 - 4{,}062{,}551 = 1{,}537{,}569$천 원

따라서 증가폭이 가장 큰 지역은 서울 – 인천 – 부산 – 대구 –제주 – 대전 – 울산 – 광주 – 세종 순서이다.

17

정답 ③

처음 사탕의 개수를 x개라 하면 처음으로 사탕을 먹고 남은 사탕의 개수는 $\left(1 - \dfrac{1}{3}\right)x = \dfrac{2}{3}x$개이다.

그다음 날 사탕을 먹고 남은 사탕의 개수는 $\dfrac{2}{3}x \times \left(1 - \dfrac{1}{2}\right) = \dfrac{1}{3}x$개이고, 또 그다음 날 사탕을 먹고 남은 사탕의 개수는

$\dfrac{1}{3}x \times \left(1 - \dfrac{1}{4}\right) = \dfrac{1}{4}x$개이다.

따라서 처음 사탕 바구니에 들어있던 사탕의 개수는 $\dfrac{1}{4}x = 18$이므로 $x = 72$이다.

18

정답 ④

2013년 대비 2023년 각 학년의 평균 신장 증가율은 다음과 같다.
- 1학년 : $\dfrac{162.5 - 160.2}{160.2} \times 100 ≒ 1.43\%$

- 2학년 : $\dfrac{168.7 - 163.5}{163.5} \times 100 ≒ 3.18\%$

- 3학년 : $\dfrac{171.5 - 168.7}{168.7} \times 100 ≒ 1.66\%$

따라서 평균 신장 증가율이 큰 순서는 2학년 – 3학년 – 1학년 순서이다.

19

정답 ④

제시된 조건을 식으로 표현하면 다음과 같다.
- 첫 번째 조건의 대우 : A → C
- 네 번째 조건의 대우 : C → ~E
- 두 번째 조건 : ~E → B
- 세 번째 조건의 대우 : B → D

위의 조건식을 정리하면 A → C → ~E → B → D이므로 주말 여행에 참가하는 사람은 A, B, C, D 4명이다.

20

오답분석

① 다섯 번째 수인 '8'과 일곱 번째 수인 '2'의 코드가 잘못되었다.

② 첫 세 자리 '239'는 독일에서 온 제품이다.

④ 두 번째 수인 '3'과 다섯 번째 수인 '4'의 코드가 잘못되었다.

⑤ 아홉 번째 수는 $(18+15+14+25+8+5+12+5) \div 10 = 10.2$로, 바코드를 수정해야 한다.

21

정답 ①

학생들의 평균 점수는 G열에 있고 가장 높은 순서대로 구해야 하므로 RANK 함수를 이용하여 오름차순으로 순위를 구하면 [H2]에 들어갈 식은 「=RANK(G2,\$G\$2:\$G\$10,0)」이다. 이때, 참조할 범위는 고정해야 하므로 행과 열 앞에 '\$'를 붙여야 하는데, G열은 항상 고정이므로 행만 고정시켜도 된다. 그러므로 「=RANK(G2,G\$2:G\$10,0)」를 사용하여도 같은 결과가 나온다.

22

정답 ②

$1^2 - 2^2$, $3^2 - 4^2$, $\cdots$, $(2n-1)^2 - (2n)^2$의 수열의 합으로 생각한다.

$1^2 - 2^2 + 3^2 - 4^2 + \cdots + 199^2$

$= 1^2 - 2^2 + 3^2 - 4^2 + \cdots + 199^2 - 200^2 + 200^2$

$= [\sum\limits_{n=1}^{100} \{(2n-1)^2 - (2n)^2\}] + 200^2$

$= [\sum\limits_{n=1}^{100} \{-4n+1\}] + 200^2$

$= [-4 \times \dfrac{100 \times 101}{2} + 100] + 40,000$

$= -20,200 + 100 + 40,000$

$= 19,900$

23

정답 ②

5명 중에서 3명을 순서와 상관없이 뽑을 수 있는 경우의 수는 $_5C_3 = \dfrac{5 \times 4 \times 3}{3 \times 2 \times 1} = 10$가지이다.

24

정답 ③

A원두의 100g당 원가를 a원, B커피의 100g당 원가를 b원이라고 하면

$$\begin{cases} 1.5(a+2b)=3,000 \cdots \text{㉠} \\ 1.5(2a+b)=2,850 \cdots \text{㉡} \end{cases}$$

$$\begin{cases} a+2b=2,000 \cdots \text{㉠}' \\ 2a+b=1,900 \cdots \text{㉡}' \end{cases}$$

$3a+3b=3,900 \rightarrow a+b=1,300$이므로 이를 ㉠과 연립하면 $b=700$이다.

25

정답 ③

제시된 보기의 단어들은 유의어 관계이다. 따라서 빈칸 ㉠에 들어갈 '가뭄'의 유의어는 심한 가뭄을 뜻하는 '한발(旱魃)'이 들어가야 한다.

오답분석

① 갈근(葛根) : 칡뿌리
② 해수(海水) : 바다에 괴어 있는 짠물
④ 안건(案件) : 토의하거나 조사하여야 할 사실

26

정답 ④

제시문은 메기 효과에 대한 글이므로 가장 먼저 메기 효과의 기원에 대해 설명한 (마) 문단으로 시작해야 하고, 메기 효과의 기원에 대한 과학적인 검증 및 논란에 대한 (라) 문단이 오는 것이 적절하다. 이어서 경영학 측면에서의 메기 효과에 대한 내용이 와야 하는데, (다) 문단의 경우 앞의 내용과 뒤의 내용이 상반될 때 쓰는 접속 부사인 '그러나'로 시작하므로 (가) 문단이 먼저, (다) 문단이 이어지는 것이 적절하다. 그리고 마지막으로 메기 효과에 대한 결론인 (나) 문단으로 끝내는 것이 가장 적절하다.

27

정답 ②

메기 효과는 과학적으로 검증 되지 않았지만 적정 수준의 경쟁이 발전을 이룬다는 시사점을 가지고 있다고 하였으므로 낭설에 불과하다고 하는 것은 적절하지 않다.

오답분석

① (라) 문단의 거미와 메뚜기 실험에서 죽은 메뚜기로 인해 토양까지 황폐화되었음을 볼 때, 거대기업의 출현은 해당 시장의 생태계 까지 파괴할 수 있음을 알 수 있다.
③ (나) 문단에서 성장 동력을 발현시키기 위해서는 규제 등의 방법으로 적정 수준의 경쟁을 유지해야 한다고 서술하고 있다.
④ (가) 문단에서 메기 효과는 한국, 중국 등 고도 경쟁사회에서 널리 사용되고 있다고 서술하고 있다.

28

정답 ①

작년 여자 사원의 수를 x명이라 하면 남자 사원의 수는 $(820-x)$명이므로

$$\frac{8}{100}(820-x)-\frac{10}{100}x=-10$$

$$x=420$$

따라서 올해 여자 사원수는 $\frac{90}{100} \times 420 = 378$명이다.

29

정답 ②

식탁과 의자 2개의 합은 $20+(10\times2)=40$만 원이고 30만 원 이상 구매 시 10% 할인이므로 $40\times0.9=36$만 원이다.

가구를 구매하고 남은 돈은 $50-36=14$만 원이고 장미 한 송이당 가격이 6,500원이다.

따라서 구매할 수 있는 장미는 $14\div0.65\fallingdotseq21.53$이므로 21송이를 살 수 있다.

30

정답 ③

흰색 공을 A, 검은색 공을 B, 파란색 공을 C로 치환하면 다음과 같다.

• 전제 1 : A → ~B

• 전제 2 : _____

• 결론 : A → C

따라서 필요한 전제 2는 '~B → C' 또는 대우인 '~C → B'이므로 '파란색 공을 가지고 있지 않은 사람은 모두 검은색 공을 가지고 있다.'가 전제 2로 필요하다.

오답분석

① B → C

② ~C → ~B

④ C → B

31

정답 ③

• CBP-WK4A-P31-B0803 : 배터리 형태 중 WK는 없는 형태이다.

• PBP-DK1E-P21-A8B12 : 고속충전 규격 중 P21은 없는 규격이다.

• NBP-LC3B-P31-B3230 : 생산날짜의 2월에는 30일이 없다.

• CNP-LW4E-P20-A7A29 : 제품 분류 중 CNP는 없는 분류이다.

따라서 보기에서 시리얼 넘버가 잘못 부여된 제품은 모두 4개이다.

32

정답 ②

고객이 설명한 제품 정보를 정리하면 다음과 같다.

• 설치형 : PBP

• 도킹형 : DK

• 20,000mAH 이상 : 2

• 60W 이상 : B

• USB-PD3.0 : P30

• 2022년 10월 12일 : B2012

따라서 S주임이 데이터베이스에 검색할 시리얼 넘버는 PBP - DK2B - P30 - B2012이다.

33

정답 ④

처음으로 오수 1탱크를 정화하는 데 걸린 시간은 $4+6+5+4+6=25$시간이다.

그 후에는 A ~ E공정 중 가장 긴 공정 시간이 6시간이므로 남은 탱크는 6시간마다 1탱크씩 처리할 수 있다.

따라서 30탱크를 처리하는 데 걸린 시간은 $25+6\times(30-1)=199$시간이다.

34

정답 ③

30명의 80%는 $30 \times \dfrac{80}{100} = 24$명이므로

$1+3+8+A=24 \rightarrow A=12$

$24+B=30 \rightarrow B=6$

따라서 $A-B=12-6=6$이다.

35

정답 ②

연필을 x자루 구매한다면 A가게에서 주문할 때 필요한 금액은 $500x$원이고, B가게에서 주문할 때 필요한 금액은 $(420x+2,500)$원이다.

$500x \geq 420x+2,500$

$80x \geq 2,500 \rightarrow x \geq \dfrac{125}{4}$ 이므로

32자루 이상 구매해야 B가게에서 주문하는 것이 유리하다.

36

정답 ②

지난 달 A, B의 생산량을 각각 x개, y개라 하면 지난 달에 두 제품 A, B를 합하여 6,000개를 생산하였으므로 총생산량은 $x+y=6,000$개이다.

이번 달에 생산한 제품 A의 양은 지난 달에 비하여 6% 증가하였으므로 증가한 생산량은 $0.06x$이고, 생산한 제품 B의 양은 지난 달에 비하여 4% 감소하였으므로 감소한 생산량은 $0.04y$이다.

전체 생산량은 2% 증가하였으므로 $6,000 \times 0.02 = 120$개가 증가했음을 알 수 있다.

이를 식으로 정리하면 다음과 같다.

$$\begin{cases} x+y=6,000 \\ 0.06x-0.04y=120 \end{cases}$$

x, y의 값을 구하면 $x=3,600$, $y=2,400$이다.

따라서 지난 달 A의 생산량은 3,600개이고 B의 생산량은 2,400개이므로, 이번 달 A의 생산량은 6% 증가한 $3,600 \times (1+1.06)=3,816$개이고 이번 달 B의 생산량은 4% 감소 $2,400 \times (1-0.04)=2,304$개이다. 그러므로 두 제품의 생산량의 차를 구하면 $3,816-2,304=1,512$개이다.

37

정답 ④

오답분석

㉠·㉢ 유기적 조직에 대한 설명이다.

기계적 조직과 유기적 조직
- 기계적 조직
  - 구성원의 업무가 분명하게 규정되어 있다.
  - 많은 규칙과 규제가 있다.
  - 상하 간 의사소통이 공식적인 경로를 통해 이루어진다.
  - 엄격한 위계질서가 존재한다.
  - 대표적으로 군대, 정부, 공공기관 등이 있다.
- 유기적 조직
  - 의사결정권한이 조직의 하부 구성원들에게 많이 위임되어 있다.
  - 업무가 고정되지 않아 업무 공유가 가능하다.

- 비공식적인 상호 의사소통이 원활하게 이루어진다.
- 규제나 통제의 정도가 낮아 변화에 맞춰 쉽게 변할 수 있다.
- 대표적으로 권한위임을 받아 독자적으로 활동하는 사내벤처팀, 특정한 과제 수행을 위해 조직된 프로젝트팀이 있다.

38 　　정답 ②

글로벌화가 이루어지면 조직은 해외에 직접 투자할 수 있고, 원자재를 보다 싼 가격에 수입할 수 있으며, 수송비가 절감되고, 무역장벽이 낮아져 시장이 확대되는 경제적 이익을 얻을 수 있다. 반면에 그만큼 경쟁이 세계적인 수준으로 치열해지기 때문에 국제적인 감각을 가지고 세계화 대응 전략을 마련해야 한다.

39 　　정답 ⑤

협상과정은 협상 시작 → 상호 이해 → 실질 이해 → 해결 대안 → 합의문서 5단계로 진행되며, 세부 수행 내용은 다음과 같다.

단계	세부 수행 내용
협상 시작	• 협상 당사자들 사이에 상호 친근감을 쌓는다. • 간접적인 방법으로 협상의사를 전달한다. • 상대방의 협상의지를 확인한다. • 협상진행을 위한 체제를 짠다.
상호 이해	• 갈등문제의 진행상황과 현재의 상황을 점검한다. • 적극적으로 경청하고 자기주장을 제시한다. • 협상을 위한 협상대상 안건을 결정한다.
실질 이해	• 겉으로 주장하는 것과 실제로 원하는 것을 구분하여 실제로 원하는 것을 찾아낸다. • 분할과 통합 기법을 활용하여 이해관계를 분석한다.
해결 대안	• 협상 안건마다 대안들을 평가한다. • 개발한 대안들을 평가한다. • 최선의 대안에 대해서 합의하고 선택한다. • 대안 이행을 위한 실행계획을 수립한다.
합의문서	• 합의문을 작성한다. • 합의문 상의 합의내용, 용어 등을 재점검한다. • 합의문에 서명한다.

40 　　정답 ③

서로가 받아들일 수 있는 결정을 하기 위하여 중간지점에서 타협하여 주고받는 것은 타협형 갈등 해결방법이다. Win - Win 전략은 통합형(협력형) 갈등 해결방안으로, 모두의 목표를 달성할 수 있는 해법을 찾는 것이다.

Win - Win 전략에 의거한 갈등 해결 단계
1. 충실한 사전 준비
   • 비판적인 패러다임 전환
   • 자신의 위치와 관심사 확인
   • 상대방의 입장과 드러내지 않은 관심사 연구
2. 긍정적인 접근 방식
   • 상대방이 필요로 하는 것에 대해 생각해 보았다는 점을 인정
   • 자신의 Win - Win 의도 명시
   • Win - Win 절차, 즉 협동적인 절차에 임할 자세가 되어 있는지 알아보기

41

정답 ③

윤리성은 비윤리적인 영리 행위나 반사회적인 활동을 통한 경제적 이윤추구는 직업 활동으로 인정되지 않음을 의미한다. 노력이 전제되지 않는 자연발생적인 이득의 수취나 우연하게 발생하는 경제적 과실에 전적으로 의존하는 활동을 직업으로 인정하지 않는 것은 경제성에 해당한다.

42

정답 ④

직업윤리는 근로윤리와 공동체윤리로 구분할 수 있으며, 근로윤리의 판단 기준으로는 정직한 행동, 근면한 자세, 성실한 태도 등이 있다.

오답분석

㉠ · ㉡ · ㉣ 공동체윤리의 판단 기준이다.

43

정답 ②

스마트 팩토리(Smart Factory)는 제품의 기획 및 설계단계부터 판매까지 이루어지는 모든 공정의 일부 또는 전체에 사물 인터넷(IoT), 인공지능(AI), 빅데이터 등과 같은 정보통신기술(ICT)을 적용하여 기업의 생산성과 제품의 품질 등을 높이는 지능형 공장을 의미한다.

44

정답 ④

그래핀의 두께는 10^{-10}m보다 얇고, 탄소 나노 튜브의 두께는 10^{-9}m 정도로 1μm보다 얇다.

오답분석

① 그래핀은 2차원 평면 구조를 띠고 있는 반면, 탄소 나노 튜브는 원기둥 모양의 나노 구조를 띠고 있다.
② 그래핀과 탄소 나노 튜브 모두 인장강도가 강철보다 수백 배 이상 강하다.
③ 그래핀과 탄소 나노 튜브 모두 육각형 격자의 규칙적인 배열로 이루어져 있다.

45

정답 ②

한 팀이 15분 작업 후 도구 교체에 걸리는 시간이 5분이므로 작업을 새로 시작하는 데 걸리는 시간은 20분이다. 다른 한 팀은 30분 작업 후 바로 다른 작업을 시작하므로 작업을 새로 시작하는 데 걸리는 시간은 30분이다. 따라서 두 팀은 60분마다 작업을 동시에 시작하므로, 오후 1시에 작업을 시작해서 세 번째로 동시에 작업을 시작하는 시각은 3시간 후인 오후 4시이다.

46

정답 ③

2018년 하반기 매출액을 100이라 하면 2019년 상반기 매출액은 10% 이상 20% 미만 증가하였고 2019년 하반기 매출액은 20% 이상 30% 미만 증가하였다. 또한 2020년 상반기 매출액은 10% 이상 20% 미만 증가하였고, 2020년 하반기 매출액은 10% 이상 20% 미만 감소하였다. 따라서 2020년 하반기 매출액은 분기별 매출 증가가 가장 적고 매출 감소가 큰 경우인 $100 \times 1.1 \times 1.2 \times 1.1 \times 0.8 = 116.16$보다는 클 것이다.

오답분석

① 2021년 하반기 이후 매출액의 증감률이 0보다 크므로 매출액은 꾸준히 증가하였다.
② 2019년 하반기 매출액의 증감률이 가장 크므로 이때의 성장 폭이 가장 크다.
④ 2020년 하반기와 2021년 상반기는 매출액이 연속해서 감소하였고 이후로는 꾸준히 증가하였으므로 2021년 상반기 매출액이 가장 적다.

47

정답 ②

기사에서 매출액이 크게 감소하였다 하였으므로 자료에서 매출액 증감률이 음수인 2020년 하반기에서 2021년 상반기 사이에 작성된 기사임을 유추할 수 있다.

48

정답 ②

2022년 1분기는 2021년 1분기 방문객 수 대비 2.8% 감소하였으므로 $1,810,000 \times (1-0.028) = 1,759,320 = 1,760,000$명이다.

2022년 방문객 수 비율은 2020년이 100이므로 $\frac{1,760,000}{1,750,000} \times 100 = 100$이다.

49

정답 ③

비밀번호 설정 규칙에 따르면 대문자 1개 이상을 반드시 넣어야 하는데 'qdfk#9685@21ck'에는 알파벳 대문자가 없다.

50

정답 ④

오답분석

① Im#S367 : 비밀번호가 7자로 8자 이상 설정하라는 규칙에 어긋난다.
② asDf#3689! : 'asDf'는 쿼터 키보드에서 연속된 배열로 규칙에 어긋난다.
③ C8&hOUse100%ck : 'hOUse'는 특정 단어가 성립되므로 규칙에 어긋난다.

01	02	03	04	05	06	07	08	09	10
②	④	④	②	①	①	③	①	②	③
11	12	13	14	15	16	17	18	19	20
②	⑤	③	⑤	③	②	①	①	④	④
21	22	23	24	25					
①	②	②	④	②					

01 　　　　　　　　　　　　　　　정답 ②

단상 유도 전동기를 기동토크가 큰 순서대로 나열하면 반발 기동형 – 반발 유도형 – 콘덴서 기동형 – 분상 기동형 – 셰이딩 코일형이다.

단상 유도 전동기의 특징
- 교번자계가 발생한다.
- 기동토크가 없으므로 기동 시 기동장치가 필요하다.
- 슬립이 0이 되기 전에 토크는 미리 0이 된다.
- 2차 저항값이 일정값 이상이 되면 토크는 부(−)가 된다.

02 　　　　　　　　　　　　　　　정답 ④

[3상 전압강하(e)]$= V_s - V_r = \sqrt{3}\,I(R\cos\theta + X\sin\theta)$

[송전단 전압(V_s)]$= V_r + \sqrt{3}\,I(R\cos\theta + X\sin\theta)$

$$= 6{,}000 + \sqrt{3} \times \frac{300 \times 10^3}{\sqrt{3} \times 6{,}000 \times 0.8}$$
$$\times (5 \times 0.8 + 4 \times 0.6)$$
$$= 6{,}400\text{V}$$

03 　　　　　　　　　　　　　　　정답 ④

$$L = \frac{N^2}{R_m} = \frac{N^2}{\dfrac{l}{\mu S}} = \frac{\mu_0 \mu_s S N^2}{l}$$

$$= \frac{4\pi \times 10^{-7} \times 600 \times 4 \times 10^{-4} \times 1{,}000^2}{4\pi \times 10^{-2}} = 2.4\text{H}$$

04 　　　　　　　　　　　　　　　정답 ②

비정현파는 파형이 상당이 일그러져 규칙적으로 반복하는 교류 파형이며 정현파가 아닌 파형을 통틀어 부른다. 비정현파는 직류분, 기본파, 고조파로 구성되어 있다.

05 　　　　　　　　　　　　　　　정답 ①

$\epsilon = p\cos\theta + q\sin\theta$
$= 3.8 \times 0.8 + 4.9 \times 0.6$
$= 5.98\%$

변압기의 전압변동률
- 지상
  $\epsilon = p\cos\theta + q\sin\theta$
- 진상
  $\epsilon = p\cos\theta - q\sin\theta$

06 　　　　　　　　　　　　　　　정답 ①

[전선의 수평장력(T)]$= \dfrac{(\text{인장하중})}{(\text{안전율})} = \dfrac{50{,}000}{2.5} = 20{,}000\text{N}$

[이도(D)]$= \dfrac{WS^2}{8T} = \dfrac{20 \times 200^2}{8 \times 20{,}000} = 5\text{m}$

07 　　　　　　　　　　　　　　　정답 ③

환상 솔레노이드의 자기인덕턴스는 권선수의 제곱에 비례하므로$(L \propto N^2)$ 권선수를 4배 하면 자기인덕턴스의 크기는 16배가 된다.

08

정답 ①

연가란 전선로 각 상의 선로정수를 평형이 되도록 선로 전체의 길이를 3등분하여 각 상의 위치를 개폐소나 연가철탑을 통하여 바꾸어주는 것이다. 3상 3선식 송전선을 연가할 경우 일반적으로 3배수의 구간으로 등분하여 연가한다.

09

정답 ②

$$Z = \sqrt{R^2 + X^2} = \sqrt{3^2 + 4^2} = 5\,\Omega$$

$$I = \frac{V}{Z} = \frac{50}{5} = 10\text{A}$$

10

정답 ③

오답분석

ㄴ. 선로정수의 평형은 연가의 사용 목적이다.

> **가공지선의 설치 목적**
> • 직격뢰로부터의 차폐
> • 유도뢰로부터의 차폐
> • 통신선유도장애 경감

11

정답 ②

$$\frac{(\text{합성최대수용전력})}{(\text{역률}) \times (\text{부등률})} = \frac{(\text{설비용량}) \times (\text{수용률})}{(\text{역률}) \times (\text{부등률})} = \frac{500 \times 0.6}{1.2 \times 0.9}$$

$$\fallingdotseq 278\text{kVA}$$

12

정답 ⑤

커패시터가 전하를 충전할 수 있는 능력을 '충전용량' 혹은 '커패시턴스'라고 한다.

오답분석

① 교류회로에서의 전류가 잘 흐르는 정도이며, 임피던스의 역수이다.
② 회로에서 작용하는 전자기유도 작용에 의해 발생하는 역기전력의 크기이다.
③ 회로에서 전압이 가해졌을 때 전류의 흐름을 방해하는 정도이다.
④ 어드미턴스에서의 허수부이다.

13

정답 ③

$$J = \frac{m}{S} = \frac{m}{\pi r^2}\,\text{Wb}/m^2 \text{에서 } m = J \times \pi r^2$$

$$= 300 \times \pi \times (10 \times 10^{-2})^2 = 3\pi\,\text{Wb}$$

14

정답 ⑤

보기 모두 직류 직권 전동기에 대한 설명으로 옳다.

15

정답 ③

애자의 구비조건
• 선로의 상규전압 및 내부 이상전압에 대한 절연내력이 클 것
• 우천 시 표면저항이 크고 누설전류가 작을 것
• 상규 송전전압에서 코로나 방전을 일으키지 않을 것
• 전선의 자중에 바람, 눈 비 등의 외력이 가해질 때 충분한 기계적 강도를 가질 것
• 내구성이 좋을 것
• 경제적일 것

16

정답 ②

이상적인 연산증폭기 모델의 가정
• 입력 임피던스는 무한대(∞)이고 출력 임피던스는 0일 것
• 입력 전압 및 출력 전압의 범위가 무한대(∞)일 것
• 주파수에 제한을 받지 않을 것
• 슬루율이 무한대(∞)일 것
• 개루프 전압이득이 무한대(∞)일 것
• 입력 전압과 출력 전압은 선형성을 갖출 것
• 오프셋 전압이 0일 것

17

정답 ①

$I_a = 0$ 이므로 $4 \times 15 = 20 \times R_x \rightarrow R_x = \dfrac{4 \times 15}{20} = 3\text{k}\Omega$ 이다.

18

①

공기식 발전기는 엔진 내부를 진공으로 만들면 그 진공을 채우기 위해 공기가 유입되고 유입된 공기가 터빈을 작동시키며 전기를 생산해내는 친환경 발전 기기이다.

19

정답 ④

회전계자형은 코일을 고정시키고 자석을 회전시킴으로써 전기를 얻는 발전 방식이다. 권선의 배열 및 결선이 회전전기자형보다 편리하고 절연 또한 유리하다. 이는 슬립링과 브러시의 사용량도 감소하여 대부분의 발전기에서 사용되는 방식이다.

20

정답 ④

정류자는 교류 전원을 직류로 변환하는 발전기 부품이다.

21

정답 ①

직류 전동기의 유도 기전력은 $E = \dfrac{PZ}{60a}\phi N$이다.

(P : 자극 수, Z : 전기자 총 도체 수, ϕ : 극당 자속, N : 분당 회전 수, a : 병렬 회로 수)

따라서 전기자 도체 1개에 유도되는 기전력의 크기는

$\dfrac{E}{Z} = \dfrac{P\phi N}{60a}$이다. 이때 중권이므로 $a = P$이고

$\dfrac{0.8 \times 1,800}{60} = 24\text{V}$이다.

22

정답 ②

(전달함수)$= \dfrac{C(s)}{R(s)} = \dfrac{\sum(\text{직선경로})}{1 - \sum(\text{폐루프})}$이다.

$\sum(\text{직선경로}) = G_1 G_2 G_3 G_4 G_5$

$\sum(\text{폐루프}) = -G_2 G_3 G_4 G_5 G_7 + G_3 G_6 - G_4$이다.

따라서 (전달함수)$= \dfrac{G_1 G_2 G_3 G_4 G_5}{1 - (-G_2 G_3 G_4 G_5 G_7 + G_3 G_6 - G_4)}$

$= \dfrac{G_1 G_2 G_3 G_4 G_5}{1 + G_2 G_3 G_4 G_5 G_7 - G_3 G_6 + G_4}$이다.

23

정답 ②

$V_{in}(s) = R + sL, \quad V_{out}(s) = sL$

따라서 전달함수는 $\dfrac{V_{out}}{V_{in}} = \dfrac{sL}{R + sL}$이다.

24

정답 ④

권선형 유도 전동기와 농형 유도 전동기

구분	권선형 유도 전동기	농형 유도 전동기
장점	• 기동전류가 작다. • 기동토크가 크다. • 용량이 크다.	• 구조가 간단하다. • 유지보수 및 수리가 간단하다. • 상대적으로 저렴하다.
단점	• 구조가 복잡하다.	• 기동전류가 크다. • 기동토크가 작다.

25

정답 ②

$$\mathcal{L}(f) = \int_0^\infty (3t^2 - 4t + 1)\,dt$$

$$= 3\int_0^\infty t^2\,dt - 4\int_0^\infty t\,dt + \int_0^\infty 1\,dt$$

$$= 3 \cdot \frac{2!}{s^{2+1}} - 4 \cdot \frac{1}{s^2} + \frac{1}{s}$$

$$= \frac{6}{s^3} - \frac{4}{s^2} + \frac{1}{s}$$

오답분석

① $\mathcal{L}(f) = \int_0^\infty e^{-st}(4\cos wt - 3\sin wt)\,dt$

$= 4\int_0^\infty e^{-st}\cos wt\,dt - 3\int_0^\infty e^{-st}\sin wt\,dt$

$= 4 \cdot \dfrac{s}{s^2 + w^2} - 3 \cdot \dfrac{w}{s^2 + w^2}$

$= \dfrac{4s - 3w}{s^2 + w^2}$

③ $\mathcal{L}(f) = \int_0^\infty (e^{2t} + 5e^t - 6)\,dt$

$= \int_0^\infty e^{2t}\,dt + 5\int_0^\infty e^t\,dt - 6\int_0^\infty 1\,dt$

$= \dfrac{1}{s-2} + \dfrac{5}{s-1} - \dfrac{6}{s}$

④ $\mathcal{L}(f) = \int_0^\infty \cosh 5t\,dt$

$= \dfrac{s}{s^2 - 5^2}$

$= \dfrac{s}{s^2 - 25}$

라플라스 변환

t에 대한 함수 $f(t)$에 대하여 $\mathcal{L}(f) = \displaystyle\int_0^\infty e^{-st} f(t)\,dt$으로 정의한다.

$f(t)$	$\mathcal{L}(f)$	$f(t)$	$\mathcal{L}(f)$
1	$\dfrac{1}{s}$	$\cos wt$	$\dfrac{s}{s^2 + w^2}$
t^n	$\dfrac{n!}{s^{n+1}}$ (n은 자연수)	$\sin wt$	$\dfrac{w}{s^2 + w^2}$
e^{at}	$\dfrac{1}{s-a}$	$\cosh wt$	$\dfrac{s}{s^2 - w^2}$
$-$	$-$	$\sinh wt$	$\dfrac{w}{s^2 - w^2}$

이때 $\mathcal{L}(f)$는 다음 성질을 갖는다.

$\mathcal{L}(ax + by) = a\mathcal{L}(x) + b\mathcal{L}(y)$

(단, a, b는 상수이고 x, y는 함수이다)

배우고 때로 익히면, 또한 기쁘지 아니한가.

− 공자 −

학습플래너

Date 202 . . .	D-7	공부시간 3H50M

◎ 사람으로서 할 수 있는 최선을 다한 후에는 오직 하늘의 뜻을 기다린다.
◎
◎

과목	내용	체크
NCS	대표유형 학습	○

MEMO

학습플래너

Date	.	.	.	D-	공부시간	H	M

◎
◎
◎

과목	내용	체크

MEMO

〈절취선〉

2023 하반기 기출이 답이다! 한국전력공사(한전) NCS & 전공 7개년 기출 + 무료한전특강

개정12판1쇄 발행	2023년 08월 30일 (인쇄 2023년 06월 22일)
초 판 발 행	2018년 03월 30일 (인쇄 2018년 02월 27일)
발 행 인	박영일
책 임 편 집	이해욱
편 저	SDC(Sidae Data Center)
편 집 진 행	김재희 · 김미진
표지디자인	조혜령
편집디자인	김지수 · 장성복
발 행 처	(주)시대고시기획
출 판 등 록	제10-1521호
주 소	서울시 마포구 큰우물로 75 [도화동 538 성지 B/D] 9F
전 화	1600-3600
팩 스	02-701-8823
홈 페 이 지	www.sdedu.co.kr

I S B N	979-11-383-5453-0 (13320)
정 가	20,000원

기출이 답이다

한국
전력공사

NCS & 전공 7개년 기출복원문제

+ 무료한전특강

All Pass

기업별 맞춤 학습 "기본서" 시리즈

공기업 취업의 기초부터 합격까지! 취업의 문을 여는 *Hidden Key!*

기업별 기출문제 "기출이 답이다" 시리즈

역대 기출문제와 주요 공기업 기출문제를 한 권에! 합격을 위한 *One Way!*

시험 직전 마무리 "봉투모의고사" 시리즈

실제 시험과 동일하게 마무리! 합격을 향한 *Last Spurt!*

SD에듀가 합격을 준비하는 당신에게 제안합니다.

성공의 기회! **SD에듀**를 잡으십시오.
성공의 Next Step!

결심하셨다면 지금 당장 실행하십시오.
SD에듀와 함께라면 문제없습니다.

기회란 포착되어 활용되기 전에는
기회인지조차 알 수 없는 것이다.

– 마크 트웨인 –